왕안석 자료 역주

이 책은 교육부 및 한국연구재단의 대학인문역량강화사업
(CORE) 지원에 의해 HUFS 인문학총서로 출판된 것임

왕안석 자료 역주

이근명 지음

HU:iNE

머리말

왕안석(王安石, 1021~1086) —— 지식인이라면 누구나 익히 알고 있는 이름이다. 심지어 중국으로부터 수천 킬로미터나 떨어진 땅에서 살았던 레닌도 그에 대해, '중국 11세기의 개혁가'라 칭하고 있을 정도이다. 왕안석은 중국 역사상의 인물 중 역대의 황제 몇 사람을 제외하면, 우리에게 가장 잘 알려진 인물 가운데 하나이다.

그의 등장과 함께 송대의 역사는 급속한 소용돌이에 휘말렸다. 그는 국가의 모든 것을 뜯어 고쳤다. 정치, 경제, 교육, 군사, 사회 등 모든 것이 개혁의 대상이었다. 이러한 개혁을 두고 통상, '왕안석의 신법', 혹은 '왕안석의 변법'이라 부른다. 신법의 도입과 더불어 북송의 역사는 전연 새로운 국면으로 진입하였다. 이후 금에 의해 멸망할 때까지, 북송의 역사는 왕안석 및 그가 도입한 신법을 둘러싼 논란으로 지새웠다 해도 과언이 아니다. 비단 북송뿐이 아니었다. 남송 시대에도 그가 드리운 그림자는 정치, 경제, 문화의 각 분야에 강하게 영향을 미쳤다.

왕안석의 신법이 시행되면서 북송의 정계는 확연히 두 진영으로 갈라섰다. 즉 왕안석 신법에 동조하는 측 및 그것에 대해 반대하는 측이 그것이다. 이 양 진영을 '신법당'과 '구법당'이라 부른다. 구법당은 왕안석 및 신법에 대해 실로 격렬하게 반대했다. 그런데 왕안석 신법이 시행되던 시기 정권은 신법당이 장악하고 있었지만, 신법당에 속했던 인물들은 오히려 소수였다. 대다수의 관료들, 특히 명망 있는 원로라든가 중견 사대부들은 모두 구법당이었다. 이는 무슨 연유에서 그렇게 된 것일까?

우리는 '왕안석의 신법'이라 하면, '가난하고 힘없는 사람들에게 도움을 주고자 했던 개혁'이라고 알고 있다. 심지어 구법당이 신법에 대해 반대한 것도 그들이 대지주 및 대상인들과 이해관계를 같이 하는 집단이었기 때문이라고 파악하고 있다. 즉, 신법은 중소 지주나 중소 상인을 보호하려는 취지를 지니고 있었고, 이것이 대지주나 대상인의 이익을 침해했기 때문에 구법당이 반대했다는 것이다. 이러한 평가는 우리나라 중고등학교의 역사 교과서에서 아직껏 대세로 자리 잡고 있다.

구법당을 대표하는 인물은 사마광, 한기, 부필, 구양수, 소식, 정호 등이다. 모두 한결같이 그 시대 최고의 명신이자 최대의 학자들이었다. 사마광은 유명한 역사서 《자치통감》의 저자이며, 한기와 부필은 왕안석이 집권하여 개혁을 추진할 당시 정계 최고의 원로였다. 또 정호는 동생 정이와 더불어 성리학을 대표하는 학자이다. 구법당 진영의 인물들은 모두 당대를 대표하는 지식인이자 학자들이었다. 설마 이들이 자신의 계급적 이해에 따라 '약자의 보호'라는 선의를 지닌 신법에 반대했으랴? 하물며 그들이 신봉하는 유학, 그리고 성리학은 천하 창생(蒼生)을 향한 인의(仁義)를 표방하는 것이지 않는가. 그들이 계급적 이해관계로부터 완전히 자유로울 수는 없을지 모른다. 그렇다고 해도 신법이 창생에게 절대적 선(善)이었다면 그것에 대해 전면적으로 반대할 수는 없었을 것이다.

신법당과 구법당의 대립을 계급적 이해관계에 기반하여 해석하는 것은 결코 온당치 않다. 그러한 해석은 20세기 초중반 지식인 사회를 지배하던 유물사관에 따른 것이었다. 역사를 오로지 유물사관에 입각하여 인식해야 된다고 여겼던 시대의 산물이다.

왕안석의 신법이 '약자의 보호'라는 사회정책적 측면을 지니고 있었던 것은 사실이다. 하지만 그것보다 '재정 확충의 추구'라는 지향이 비교할 수 없는 중요성을 띠고 있었다. 왕안석에게 이른바 겸병지가(兼竝之家), 즉 대지주 및 대상인으로부터 중소 농민과 중소 상인을 보호한다는 정신이 있었던 것은 분명하다. 그러나 재정 확충이 그 못지않은, 아니 그보다 더 중요한 의미를 지니고 있었다. 그의 집권기를 통해 그는 신법의 시행 실적을 가지고 지방관에 대한 고과를 결정하였다. 신법의 시행 실적이란, 다름 아니라 신법을 시행하여 얼마나 많은 재정의 잉여를 남겼는가 하는 점이다. 이러한 상황에서 지방관들은 왕안석이 지니고 있었던 또 다른 지향, 즉 '약자에 대한 보호'를 돌아볼 겨를이 없었다. 무리를 감수하며 신법을 시행할 수밖에 없었고, 그 과정에서 숱한 폐단이 발생하였다. 구법당 인사들이 지적했던 것, 즉 '신법이 천하 백성으로부터 원망을 산다.'는 정황이 이러한 구조에서 등장하였던 것이다.

왕안석은 잘 알려져 있다시피 이른바 당송팔대가(唐宋八大家)의 한 사람이다. 당송시대 최고의 문장가였던 것이다. 또한 시인과 사인(詞人)으로서도 결코 무시 못 할 지위를 점하고 있다. 뿐만 아니다. 그는 유학자로서도 당대 최고의 인물 가운데 하나였다. 왕안석은 자신의 학문, 즉 유교 경전에 대한 이해가 유학의 결정판이라 여겼다. 그의 학문을 신학(新學)이라 부른다. 신학은 북송 중기와 후기를 통해 도학(道學), 즉 후일의 정주학(程朱學)보다 월등히 많은 추종자를 거느렸다. 그는 자신의 유교 경전에 대한 해석, 즉 《삼경신의(三經新義)》와 《주관신의(周官新義)》를 과거 시험의 기본 텍스트로 삼았다. 심지어 문자학에 있어서도 자신의 이해(《字說》)가 최종적인 도달점이라 여겼다.

이렇듯 박학다식하였던 그는 자신의 생각이 절대적으로 옳다고 여겼다. 자신이 틀릴 수도 있다는 생각을 하지 못했다. 반대하는 사람들을 두고 모두 유속(流俗)에 찌들었다고 몰아세웠다. 이러한 독선적인 태도로 말미암아 신법을 둘러싼 논란은 더욱 첨예해졌다.

왕안석에 대해 흥미를 갖게 된 것은 학부 4학년 졸업 논문을 작성할 때부터였다. 이래로 30여년, 그 사이 다른 분야나 주제로 관심을 돌린 적도 많았으나, 왕안석에 대한 관심은 꾸준히 유지하였다. 10여년 전부터는 틈틈이 왕안석의 평전도 적기 시작하여 이제 거의 막바지 단계에 와 있다. 이 자료집의 출간, 그리고 미구에 완성될 평전을 마지막으로 왕안석에 대한 독서와 관심을 마무리 지으려 한다. 이로써 30여년에 걸쳤던 왕안석이란 인물의 탐색을 그만 둔다 생각하니 감회가 없지 않다.

이 책은 왕안석 및 왕안석 신법과 관련한 주요 사료들을 모아 해석한 것이다. 이해를 돕기 위해 한자 원문을 첨부하는 한편, 가능한 한 상세하게 역주를 붙이고자 했다. 이 책을 펴내게 된 데는 한국외국어대학교가 코어(CORE) 사업, 즉 대학 인문역량 강화사업을 수행하는 것이 직접적인 계기가 되었다. 코어 사업의 일환으로서 인문총서의 발간을 지원하는 프로그램이 마련되었고, 그 지원을 받아 이 책을 출간하게 된 것이다. 연구비를 지원해준 코어사업단의 여러 관계자들에게 깊은 감사를 표한다.

2017년 8월 20일

왕안석 자료 역주

목차

번역에 이용한 판본

1.『宋史』「王安石傳」

『宋史』(北京, 中華書局 標點校勘本) 권 327,「王安石傳」

2.『宋史』「司馬光傳」

『宋史』(北京, 中華書局 標點校勘本) 권 336,「司馬光傳」

3. 王夫之의『宋論』「神宗篇」

『宋論』(北京, 中華書局 點校本, 1964), 권 6의「神宗」

4. 王夫之의『宋論』「哲宗篇」

『宋論』(北京, 中華書局 點校本, 1964), 권 7의「哲宗」

5. 王安石의「上仁宗皇帝言事書」

『臨川先生文集』(香港, 中華書局 香港分局, 1971) 권 39,「上仁宗皇帝言事書」

6. 王安石의「本朝百年無事箚子」

『臨川先生文集』(香港, 中華書局 香港分局, 1971) 권 41,「本朝百年無事箚子」

7. 王安石의 政論 3편 :「上時政疏」「乞制置三司條例」「上五事箚子」

『臨川先生文集』(香港, 中華書局 香港分局, 1971) 권 39의「上時政疏」와 권 70의「乞制置三司條例」, 권 41의「上五事箚子」

8. 王安石과 司馬光 사이의 往復 書簡

- 司馬光,「與王介甫書」「與王介甫第二書」「與王介甫第三書」(『全宋文』 第55冊, 上海辭書出版社 安徽教育出版社, 2006).
- 王安石,「答司馬諫議書」(『臨川先生文集』권 73, 中華書局 香港分局, 1971)

9. 陸九淵의「荊國王文公祠堂記」

『陸九淵集』(北京, 中華書局, 1980, 理學叢書) 권 19,「荊國王文公祠堂記」

10. 朱熹『三朝名臣言行錄』의 王安石 篇

『三朝名臣言行錄』(『朱子全書』 所收, 上海古籍出版社 및 安徽教育出版社, 北京, 2002) 권 6之2,「王安石」

1. 송사 왕안석전

宋史 王安石傳

해 제

현재 宋元時代人들에 의해 기록된 왕안석 관련 전기자료는 불과 數種만이 잔존할 뿐이다. 연보 하나(詹大和의『王荊文公年譜』), 그리고 紀傳體 史書의 列傳 두 개(『宋史』와『東都事略』), 실록에서 집록한 열전 하나(『名臣碑傳琬琰之集』)가 고작이다. 송대에 그 흔하게 찬술되던 墓表나 墓誌銘, 行狀 등은 전연 남아 있지 않다. 이러한 정황은 북송의 정치사 내지 문화사에서 점유하는 왕안석의 위상에 비추어 볼 때 좀 의아하다는 느낌이 들 정도이다. 하지만 이는 당시 왕안석 내지 그의 신법이 첨예한 정치적 논쟁의 대상이었다는 사실을 감안할 때 당연한 귀추이기도 하다. 신법을 둘러싸고 熙豊時代로부터 元祐時代로, 그리고 紹聖時代를 거쳐 建中靖國 시대로, 여기서 또다시 崇寧 시대로 정국이 굽이쳤고 그때마다 이른바 신법당과 구법당 사이에 정권이 오가며 정치적 보복이 자행되었다. 이러한 정황에서 墓誌銘이나 行狀을 통해 왕안석에 대한 직접적인 평가를 내린다는 것은 정치적으로 극히 민감한 사안이었던 것이다.

따라서 현재 남아 있는 왕안석 관련 전기자료들은 그 희소성에 비추어 당시 정황을 판단하는 데 매우 귀중한 가치를 지닌다. 그런데 유감스럽게도 극히 소략한 내용을 전하고 있는 年譜를 제외하고는, 현존하는 전기 세 점은 사실상 동일한 자료라 하여도 과언이 아닐 정도로 그 내용이 대동소이하다. 기존의 연구(裵汝誠, 「論宋元時期的三個王安石傳」, 『半粟集』, 河北大學出版社, 2000)에서 소상히 논하고 있는 바와 같이, 남송 紹興 초년에 개수된 『神宗實錄』의 「왕안석전」이 거의 그대로 나머지 紀傳體 사서, 즉 『東都事略』과 『宋史』의 「왕안석전」에 의해 답습되었기 때문이다.

송대를 통해 『神宗實錄』은 세 차례에 걸쳐 찬수되었다. 첫 번째는 哲宗 元祐 6년(1091) 3월 范祖禹 및 黃庭堅이 중심이 되어 완성시킨 것이고, 두 번째는 신법당 시대인 哲宗 紹聖 3년(1096) 11월에 改修된 것이며, 마지막으로 세 번째는 南渡後인 高宗 紹興 5년(1135) 9월 修撰인 范冲 등에 의해 다시 改撰된 것이다. 이 가운데 세 번째의 改修는 신법당 시기에 완성된 두 번째 실록에 불만을 품고 거의 전면적으로 첫 번째 실록인 元祐本으로 되돌아 간 것이었다. 『신종실록』은 구법당으로부터 신법당으로, 다시 南渡後 구법당 계열로 정권이 바뀔 때마다 개수되었던 것이다. 결국 남송 초년의 『신종실록』을 전면적으로 따르고 있는 『宋史』의 「왕안석전」은 元祐 연간에 찬수된 첫 번째 『신종실록』의 관점에 의거하고 있는 셈이 된다.

이런 만큼 『宋史』 「왕안석전」의 성격을 이해하기 위해서는, 元祐本 『신종실록』의 찬수 과정을 파악하는 것이 선결과제가 된다. 元祐本 『신종실록』에 대해서는 이미 적지 않은 연구성과가 축적되어 있다. 이를 통해 당시의 실록 찬수가 철저히 왕안석 내지 신법당을 貶毁하는 시각 아래 진행되었다는 것, 의거한 사료 또한 官方의 時政記나 起居注 등은 도외시한 채 사마광의 저작(『溫公日錄』 및 『涑水記聞』 등)이나 일부 구법당 인사들의 기록에만 의거하고 있다는 것 등이 비교적 소상하게 밝혀진 상태이다. 이렇기 때문에 원우 초년 일시 『신종실록』의 찬수과정에 참여하였던 陸佃은, '誹謗書'라고까지 공박(『宋史』 권 343, 「陸佃傳」)한 바 있다. 실록의 찬수에 관여하였던 인물들 또한 '왕안석의 과실을 남김없이 적는 데 주안점을 두었다.'(『建炎以來繫年要錄』 권 79, 紹興 4년 8월 戊寅)고까지 거침없이 말하고 있을 정도이다.

『宋史』「왕안석전」은 이러한 元祐本『신종실록』을 답습한 것이니 만치 기본적으로 다분히 왕안석에 대해 악의적인 색채를 지니고 있다. 왕안석이 한 번 조정에 추천했을 뿐 전연 혈연적인 관련이 있는 것도 아닌 唐坰이란 인물을 附傳하고 있는 것부터 악의적 자세를 숨김없이 드러내는 것이라 할 수 있다. 더욱이 唐坰은 신종조차 '그 사람됨을 輕薄하다 여겼다.'고 말하고 있다. 唐坰傳의 내용도 사실상 왕안석에 대한 신랄한 모욕으로 일관하고 있을 뿐이다. 왕안석전의 내용 또한 事案의 輕重을 가리지 않고 왕안석의 부정적인 측면과 관련된 사실을 나열하는 데 집중하고 있다. 鬪鶉과 관련된 살인사건, 揚名을 위한 巨室에의 의도적 접근, 登州 婦人의 살인 사건, 開封民의 保甲 회피, 東明縣民의 호소, 宗廟의 구성 논의, 혜성 출현, 두 태후의 호소, 여혜경과의 알력 등이 모두 그러한 성격의 사안이라 할 수 있다. 이 가운데 적지 않은 사안을 두고 淸代의 蔡上翔은 實在하지 않았던 것이거나 혹은 악의적 조작이라 논단하고 있다(『王荊公年譜考略』).

사실『宋史』자체 철저히 왕안석 신법에 대해 적대적인 자세를 취하고 있다. 신법은 기본적으로 '聚斂'을 위한 것이며 國論을 분열시켜 '紛紜과 荒亂'을 이끈 장본이란 것이다.(『宋史』「進宋史表」) 이러한 관점은 이후 왕안석에 대한 惡評에 결정적인 작용을 미쳤다. 이미 남송시대에 진입한 이래 왕안석에 대한 평가는 부정 일변도가 되었다. 남송초 구법당 계열에서 정권을 장악하고 북송 멸망의 主因을 王安石과 新法으로 돌렸기 때문이다. 이어 주희가 등장하여 왕안석에 대해 부정적인 입장을 견지한 이래 왕안석에 대한 우호적 평가는 자취를 감추게 되었다. 이러한 정황에서 正史인『宋史』, 특히 그 한 篇目인「王安石傳」에서 王安石의 부정적인 면모만을 부각시킴으로써 그 부정적 평가는 결정적인 모습을 갖추게 되었던 것이다.

○○○

王安石字介甫撫州臨川人. 父益 都官員外郎. 安石少好讀書 一過目終身不忘. 其屬文動筆如飛 初若不經意 旣成 見者皆服其精妙. 友生曾鞏携以示歐陽修 修爲之延譽. 擢進士上第 簽書淮南判官. 舊制 秩滿許獻文求試館職 安石獨否. 再調知鄞縣 起堤堰 決陂塘 爲水陸之利 貸穀與民 立息以償 俾新陳相易 邑人便之. 通判舒州. 文彦博爲相 薦安石恬退 乞不次進用 以激奔競之風. 尋召試館職 不就. 修薦爲諫官 以祖母年高辭. 修以其須禄養言於朝 用爲羣牧判官 請知常州. 移提點江東刑獄 入爲度支判官. 時嘉祐三年也.

王安石은 字가 介甫이고 撫州 臨川 사람이다. 부친인 王益은 都官員外郎[1]을 역임한 바 있다. 왕안석은 어려서 책읽기를 좋아했는데 한 번 읽은 것은 종신토록 잊지 않았다. 그가 문장을 지을 때는 붓놀림이 마치 나는 듯하여 처음에는 마치 건성으로 대충 하는 듯했으나, 완성되고 나면 보는 사람들이 모두 그 精妙함에 탄복하였다. 이러한 그의 문장을 친구인 曾鞏이 歐陽修에게 보여주었고, 歐陽修는 이를 보고 주변에 두루 칭송하였다. 왕안석은 進士에 우수한 성적으로 급제[2]하여 簽書淮南判官에 임명되었다. 당시의 제도에 의하면 임기가 종료된 관원은 자신의 문장을 제출하여 館職[3]으로의 승진을 지원할 수 있었으나 왕안석만은 그러하지 않았다.

---

1) 刑部 휘하 都官司의 員外郎으로서 官階는 從六品上. 宋初 都官司는 職事가 없는 기구였으나 元豊改制 이후 刑徒의 流放 및 謀反罪人 가족의 籍沒 등을 관장하기에 이른다.

2) 王安石은 22세 되던 해인 仁宗 慶曆 2년(1042) 第一甲 第四名, 즉 4등의 성적으로 進士에 及第하였다.

3) 崇文院이라 통칭되었던 三館(昭文館, 史館, 集賢院) 및 秘閣의 관원에 대한 통칭. 본디의 職掌은 禁中의 圖書를 收藏하는 三館 및 秘閣에서 編書와 校書, 讀書 등을 담당하는 것이었으나, 그보다는 名流와 賢俊을 집결시켜 제왕의 咨詢과 訪問에 응하도록 하는 것에 주안점이 두어졌다. 따라서 館職은 宰執 등 고위직으로 진출하는 경로와 같은 기능을 하였다.

이어 그는 知鄞縣에 임명되었는데, 이곳에서 堤堰을 修築하고 陂塘을 보수함으로써 水陸 교통의 편의를 도모하였으며, 민간에 곡식을 대여하였다가 이자를 붙여 상환시키면서 묵은 쌀을 새 것으로 교체해 갔다. 이러한 조치에 대해 백성들이 매우 만족스레 여겼다. 다음으로는 舒州의 通判이 되었다. 그 무렵 文彦博이 재상이 되어 왕안석을 조정에 천거하였다. 그가 恬退[4]하니 파격적으로 발탁함으로써 당시 세간의 奔競[5] 풍조를 불식시키자는 것이었다. 얼마 후 조정에 나와 館職으로의 승진을 위한 시험에 응시하라는 명령이 내려졌으나 그는 응하지 않았다. 歐陽修가 諫官으로 천거하였을 때에도 祖母가 연로하다는 이유로 고사하였다. 이에 歐陽修는 그가 녹봉으로써 家屬들을 봉양해야만 되는 형편임을 조정에 말하여 群牧判官이 되었다. 그리고 얼마 되지 않아 왕안석은 지방관인 知常州의 직위를 요청하였다. 이후 그는 江東路提點刑獄에 임명되었다가 그 다음에는 중앙관으로 불리워져 度支判官이 되었다. 이때가 仁宗 嘉祐 3년(1058)의 일이다.

安石議論高奇 能以辨博濟其說 果於自用 慨然有矯世變俗之志. 於是上萬言書 以爲 "今天下之財力日以困窮 風俗日以衰壞 患在不知法度 不法先王之政故也. 法先王之政者 法其意而已. 法其意 則吾所改易更革 不至乎傾駭天下之耳目 囂天下之口 而固已合先王之政矣. 因天下之力以生天下之財 收天下之財以供天下之費 自古治世 未嘗以財不足爲公患也. 患在治財無其道爾. 在位之人才既不足 而閭巷草野之間亦少可用之才 社稷之託

---

4) 명예나 財利에 대해 청렴하고 사욕이 없는 것.

5) 選人이 幕職州縣官을 역임한 후 상급 직위인 京官으로 승진하는 것을 改官이라 불렀다. 이 改官을 위해서는 고위 관료들의 보증이 필요했는데 이를 保擧가 하였는 바, 점차 選人들의 保擧가 힘들어지자 이를 위한 각종 노력 내지 運動이 등장하게 되었다. 이러한 保擧를 획득하기 위한 選人들의 運動을 두고 당시인들이 奔競이라 칭하였다.

封疆之守 陛下其能久以天幸爲常 而無一旦之憂乎? 願監苟且因循之弊 明詔大臣 爲之以漸 期合於當世之變. 臣之所稱 流俗之所不講 而議者以爲迂闊而熟爛者也." 後安石當國 其所注措 大抵皆祖此書.

왕안석은 議論이 高深하고 독특하였으며 언변이 좋아 언제나 자신의 주장을 관철시켰다. 또 자신의 능력에 대해 자신이 넘쳐 세상의 잘못을 바로잡으려는 강력한 의지를 품고 있었다. 이러한 기개에 의거하여「萬言書」[6]를 上奏하여 다음과 같이 말했다.

"지금 天下의 財力은 날로 곤궁해지고 풍속은 날로 무너져 가고 있습니다. 문제는 法度를 모르는 데 있으며 先王의 정치를 본받지 않는 데 있습니다. 先王의 정치를 본받는다는 것은 그 정신을 본받는다는 것입니다. 그 정신을 본받는다면 우리의 개혁이 천하의 耳目을 시끄럽게 하고 또 천하 사람들의 비판에 직면하지도 않을 것입니다. 그러면서 자연스레 先王의 정치에 부합해 갈 것입니다. 또 천하의 생산력에 의거하여 천하의 재물을 생산토록 하고, 천하의 재물을 거두어 천하의 비용으로 삼아야 합니다. 자고로 治世에는 재물의 부족이 천하의 근심이 되었던 적이 없습니다. 문제점은 理財에 적절한 方略이 없기 때문입니다. 아울러 현재 官位에 있는 사람들 중에서도 인재가 부족할 뿐더러 草野에서도 可用의 인재가 적습니다. 社稷의 유지와 영토의 방어에 있어, 폐하께서는 오래토록 天幸만 계속되고 어느 날 갑자기 근심이 생기지 않는다 바랄 수 있겠습니까? 바라건대 구차히 이전대로만 따라하는 폐단을 明察하사, 大臣들에게 명확히 詔令을 내리시어 점진적으로 도모해 가도록 하십시오. 그리하여 當世의 변화에 부합하도록 개혁해야 합니다. 臣이 일컫는 바는 流俗이 말하지 않는 것들이며, 또 議論하는 무리들이 迂闊하며 고리타분하다 여기

---

6) 정식 명칭은「上仁宗皇帝言事書」. 본서에 수록된「5. 왕안석의 상인종황제언사서」를 참조.

는 말입니다."

후일 왕안석이 집권하여 행한 정책들은 대부분 이 글에 따른 것들이었다.

俄直集賢院. 先是 館閣之命屢下 安石屢辭. 士大夫謂其無意於世 恨不識其面 朝廷每欲畀以美官 惟患其不就也. 明年 同修起居注 辭之累日. 閤門吏齎勅就付之 拒不受 吏隨而拜之 則避於厠 吏置勅於案而去 又追還之 上章至八九 乃受. 遂知制誥 糾察在京刑獄 自是不復辭官矣.

갑자기 왕안석이 直集賢院에 임명되었다. 이에 앞서 왕안석을 館閣의 관원으로 임명한다는 명령이 수 차례나 내려졌으나 왕안석은 그때마다 고사하였다. 士大夫들은 이를 보고 그가 세속적 영달에 연연해 하지 않는다고 말하며 그와 면식이 없는 것을 한스러이 여겼다. 조정에서도 언제나 그에게 좋은 직위를 수여하려 하며 그가 받아들이지 아니할까 걱정할 정도였다. 이듬해 同修起居注에 임명[7]되었으나 며칠 간이나 固辭하였다. 그러자 閤門司[8]의 서리가 사령장을 들고 그에게 찾아와 직접 전달하려 했다. 왕안석이 거절하며 받지 않자 서리는 좇아다니며 머리를 조아리고 받아달라 하였다. 급기야 왕안석은 화장실로 도망해 버렸고, 서리는 어쩔 수 없이 책상 위에 사령장을 놓아두고 갔다. 하지만 왕안석은 그것을 되돌려 보냈다. 이후 왕안석은 8, 9 차례나 상주문을 올려 사양하다가 결국 받아들여 마침내 知制誥가 되어 京師의 刑獄을 糾察하게 되었다.[9] 이후 다시는 관직을 사양하지 않았다.

---

7) 仁宗 嘉祐 5년(1060) 4월의 일이다.

8) 황제의 관료에 대한 예물 하사라든가 혹은 宣答의 하달, 官員의 朝參·飮宴·儀禮 등을 관장하는 東西上閤門司의 簡稱.

9) 이때가 仁宗 嘉祐 5년(1060) 11월이었다.

有少年得鬪鶉 其儕求之不與 恃與之昵輒持去 少年追殺之. 開封當此人死 安石駁曰"按律 公取·竊取皆爲盜. 此不與而彼攜以去 是盜也. 追而殺之 是捕盜也 雖死當勿論." 遂劾府司失入. 府官不伏 事下審刑·大理 皆以府斷爲是. 詔放安石罪 當詣閤門謝. 安石言"我無罪." 不肯謝. 御史舉奏之置不問.

어느 젊은이가 鬪鶉[10]을 주웠는데, 친구 하나가 달라고 하다 주지 않자 그와 친한 것을 믿고 빼앗아 달아났고, 젊은이는 쫓아가 그 친구를 살해한 사건이 일어났다. 開封府에서는 그 젊은이를 사형에 처하려 했다. 이에 대해 왕안석이 반대하며 말했다.

"법률에 의하면 공공연히 略取하는 것이나 竊取하는 것이나 모두 절도이다. 이편에서 주지 않으려 하는데 저쪽에서 가지고 가버렸으니 바로 절도인 것이다. 그러니 이편이 쫓아가 살해한 것은 도둑을 잡은 일인 셈이며 비록 그가 죽었으나 그 사실을 문제 삼아서는 안된다."

왕안석은 開封府의 처리가 잘못되었다고 탄핵하였고, 開封府측에서는 이에 불복하여 사건이 審刑院과 大理寺[11]에 넘겨졌는데, 두 기관 모두 開封府의 판단이 옳다고 하였다. 조정에서는 왕안석의 잘못에 대해 책임 추궁하지 않되 閤門에 나아가 사죄할 것을 명하였다. 하지만 왕안석은, '나는 아무 죄가 없다'고 말하며 사죄하려 들지 않았다. 御史들이 이를 두고 上奏하였으나 조정에서는 불문에 부쳤다.[12]

---

10) 싸움 메추라기

11) 刑獄의 覆審 기관. 각지에서 處決한 獄案 가운데 중앙으로 寃訴 내지 上奏가 행해진 것을 재심하는 직능을 담당하였다. 먼저 大理寺에서 裁斷한 후 審刑院에 넘겨져 다시 詳議하는 형식을 취했다. 그러한 연후에 그 결과를 두 기관이 합동으로 조정에 보고토록 되어 있었다.

12) 저간의 사정에 대해 『續資治通鑑長編』에서는, '臺司因劾奏之 執政以其名重 釋不問'(권 197, 仁宗 嘉祐7年 10月 甲午, 北京, 中華書局 點校本, p.4783)이라 전하고 있다.

時有詔舍人院無得申請除改文字 安石爭之曰. "審如是 則舍人不得復行其職 而一聽大臣所爲 自非大臣欲傾側而爲私 則立法不當如此. 今大臣之弱者不敢爲陛下守法 而彊者則挾上旨以造令 諫官·御史無敢逆其意者 臣實懼焉." 語皆侵執政 由是益與之忤. 以母憂去 終英宗世 召不赴.

이 무렵 舍人[13]으로 하여금 황제의 詔勅에 대해 刪改를 신청하지 못하도록 하는 詔令이 내려졌다. 이에 왕안석이 반론을 펴며 말했다.

"참으로 이와 같다면 舍人들이 다시는 그 직무를 수행하지 못하게 되고, 다만 大臣의 지침대로 받들어 행해야만 될 것이다. 大臣들이 舍人들의 職權을 제약하여 사사로움을 펼칠 생각이 아니라면 이러한 명령을 내려서는 안된다. 요즈음 大臣 가운데 연약한 자는 감히 폐하를 위해 법령을 지키려 하지 않고, 강한 자는 폐하의 지침이라 핑계 대며 멋대로 명령을 내리고 있다. 그럼에도 諫官과 御史들은 감히 그 뜻을 거스르지 못하고 있다. 나는 이러한 정황이 심히 두렵다."

그의 말은 모두 執政을 공박하는 것이었고, 이로부터 執政과의 사이에 더욱 골이 패이게 되었다.[14] 이후 왕안석은 母喪을 당하여 하향하였고 英宗의 治世가 끝나도록 조정의 부름에 응하지 않았다.

安石本楚士 未知名於中朝 以韓·呂二族爲巨室 欲藉以取重. 故深與韓絳·絳弟維及呂公著友 三人更稱揚之 名始盛. 神宗在藩邸 維爲記室 每講說見稱 維曰. "此非維之說 維之友王安石之說也." 及爲太子庶子 又薦自代. 帝由是想見其人 甫即位 命知江寧府. 數月 召爲翰林學士兼侍講. 熙寧

13) 內制 및 外制, 즉 誥命의 起草를 담당하는 기관. 휘하에 知制誥와 直舍人院이 배치되었다.

14) 여기서 執政이라 칭해지는 인물은 『東軒筆錄』에서, "嘉祐末 魏公爲相 荊公知制誥因論蕭注降官詞頭 遂上疏爭舍人院職分 其言頗侵執政"(권 6, 唐宋筆記史料叢刊本, p.65)이라 하듯 韓琦였다.

元年四月 始造朝. 入對 帝問爲治所先 對曰. "擇術爲先." 帝曰. "唐太宗何如?" 曰. "陛下當法堯·舜 何以太宗爲哉? 堯·舜之道 至簡而不煩 至要而不迂 至易而不難. 但末世學者不能通知 以爲高不可及爾." 帝曰. "卿可謂責難於君 朕自視眇躬 恐無以副卿此意. 可悉意輔朕 庶同濟此道."

왕안석은 본디 남방의 선비로 중앙 무대에 이름이 알려져 있지 않았기 때문에 居室인 韓氏와 呂氏 두 가문에 기대어 명성을 얻고자 했다. 그래서 韓絳 및 韓絳의 동생인 韓維, 그리고 呂公著 등과 깊이 사귀었고, 이들 세 사람이 서로서로 왕안석을 칭찬하여 명성이 높아져 갔다. 神宗이 潁邸[15]에 있을 당시 韓維가 記室[16]로 있었는데, 그는 講說할 때마다 신종으로부터 칭찬을 받으면 늘,

"이는 제 주장이 아닙니다. 저의 친구인 왕안석의 주장입니다."

라고 말했다. 韓維는 太子庶子[17]가 되자 왕안석을 자기 대신 천거하기도 했다. 神宗은 이로 말미암아 왕안석이란 인물을 만나보고 싶어 하다가 즉위하자마자 知江寧府에 임명하였다. 그리고 몇 개월 뒤 翰林學士兼侍講으로 불러들였다. 이렇게 하여 왕안석은 熙寧 元年(1068) 4월 조정에 들어왔다. 왕안석이 入對하자 신종은 정치에 있어 무엇을 먼저 해야 하는지 물었다. 왕안석이 대답했다.

"政術을 택하는 일을 먼저 해야 합니다."

"唐太宗은 어떠하오?" 신종이 물었다.

"폐하께서는 마땅히 堯와 舜을 본받으셔야 합니다. 어찌 唐太宗을 말하십니까? 堯舜의 道는 지극히 간단하여 번잡스럽지 않으며, 지극히 簡要

15) 神宗이 즉위 이전 潁王으로 있을 때를 말한다. 신종은 英宗 治平 元年(1064) 6월 潁王에 봉해진다.

16) 親王府記室參軍事의 簡稱. 親王에 대한 教授 및 諮問 등을 담당하였다.

17) 東宮의 官屬인 太子左右庶子의 簡稱. 대부분 兼官으로서 특별한 職事는 없이 諮問에 응하는 등의 職任을 담당하였다.

하면서도 迂闊하지 않고, 지극히 쉬우면서 어렵지 않습니다. 단지 末世의 학자들이 두루 알지 못하는 까닭에 高遠하여 미칠 수 없다고 생각하는 것일 뿐입니다."

"卿은 진정 君主에게 너무 지나친 것을 요구하는 사람이오. 朕은 아주 작은 사람일 따름이어서 卿의 뜻에 부응하지 못할까 걱정이오. 성심을 다해 朕을 보필해 주어서 함께 이 道를 펼쳐 갈 수 있게 되기 바라오."

一日講席 羣臣退 帝留安石坐 曰. "有欲與卿從容論議者." 因言. "唐太宗必得魏徵 劉備必得諸葛亮 然後可以有爲 二子誠不世出之人也." 安石曰. "陛下誠能爲堯·舜 則必有皐·夔·稷·卨 誠能爲高宗 則必有傅說. 彼二子皆有道者所羞 何足道哉? 以天下之大 人民之衆 百年承平 學者不爲不多. 然常患無人可以助治者 以陛下擇術未明 推誠未至 雖有皐·夔·稷·卨·傅說之賢 亦將爲小人所蔽 卷懷而去爾." 帝曰. "何世無小人 雖堯·舜之時 不能無四凶." 安石曰. "惟能辨四凶而誅之 此其所以爲堯·舜也. 若使四凶得肆其讒慝 則皐·夔·稷·卨亦安肯苟食其祿以終身乎?"

어느 날 侍講이 끝나 群臣들이 물러가려는데 신종은 왕안석을 불러 앉히고 말했다.

"卿과 함께 차분히 논의하고 싶은 것이 있소이다. 唐太宗은 魏徵을 만났고 또 劉備는 諸葛亮을 만났기 때문에 큰 업적을 이룰 수 있었소. 하지만 魏徵이나 諸葛亮 과 같은 인물은 진실로 不世出의 위인들이 아니오?"

왕안석이 대답했다.

"폐하께서 진실로 堯, 舜처럼 될 수 있으시면 반드시 皐陶나 后夔, 后稷, 卨[18]과 같은 인물들이 나타날 것이요, 또 殷의 高宗과 같이 될 수 있으시

18) 공히 堯舜 시기의 名臣. 皐夔稷卨이라 병칭하기도 한다.

면 반드시 傳說[19]과 같은 인물이 나타날 것입니다. 魏徵이나 諸葛亮은 모두 유식자들이 부끄러이 여기는 사람들입니다. 어찌 일컬을 만한 가치가 있겠습니까? 천하는 방대하고 또 인민들은 이루 헤아릴 수 없이 많습니다. 게다가 우리 송조 건국 이래 100년간이나 태평이 지속되었으니 學者는 적지 아니할 것입니다. 하지만 늘 治世를 보필할 만한 인재가 부족하다 여겨지는 것은, 폐하의 政術 채택이 불명확하며 또 인재를 대하는 폐하의 誠心도 부족하기 때문입니다. 그래서 皐陶나 后夔, 后稷, 卨, 傅說과 같은 현자가 존재할지라도 小人들에 의해 물리쳐 지고 결국 물러나 은둔해 버리는 것입니다."

"어느 시대라고 小人이 어찌 없겠소? 堯舜 시대라 해도 四凶[20]이 있었소이다."

"四凶들을 분별하여 주살할 수 있었던 것, 이것이 바로 堯舜이 성군일 수 있었던 까닭입니다. 만일 四凶으로 하여금 그 讒言과 邪慝함을 내키는 대로 할 수 있게 내버려 두었다면, 皐陶나 后夔, 后稷, 卨 등이 어찌 종신토록 조정에 남아 있으려 했겠습니까?"

登州婦人惡其夫寢陋 夜以刃斷之 傷而不死. 獄上 朝議皆當之死 安石獨以律辨證之 爲合從謀殺傷 減二等論. 帝從安石說 遂著爲令.

그 무렵 登州의 어느 부인이 자기 남편의 생김새가 못난 것을 못마땅해 하다가 밤중에 칼로 찔러 죽이려 했으나 상처만 입힌 채 실패한 사건이 발생했다. 이 사건이 보고되자 조정에서는 사형에 처해야 한다는 데 의견의 일치를 보았다. 하지만 왕안석만은 법률에 의거하여 반대했다. '살인을 꾀하다 상해만 입힌 죄에 해당되므로 사형에서 2등을 감하여 처벌해야

19) 殷 高宗 시기의 賢相.
20) 共工, 驩兜, 三苗, 鯀의 통칭.

한다'고 주장했다. 신종은 이러한 왕안석의 말에 동조하였고 그 조치가 법률화되었다.

二年二月 拜參知政事. 上謂曰. "人皆不能知卿 以爲卿但知經術 不曉世務." 安石對曰. "經術正所以經世務 但後世所謂儒者 大抵皆庸人 故世俗皆以爲經術不可施於世務爾." 上問. "然則卿所施設以何先?" 安石曰. "變風俗 立法度 正方今之所急也." 上以爲然. 於是設制置三司條例司 令判知樞密院事陳升之同領之. 安石令其黨呂惠卿預其事. 而農田水利·青苗·均輸·保甲免役·市易·保馬·方田諸役相繼並興 號爲新法 遣提擧官四十餘輩 頒行天下.

熙寧 2년(1069) 2월 왕안석은 參知政事[21]에 임명되었다. 신종이 말했다.

"사람들이 다들 卿을 잘 모르오. 다만 卿이 經術에 조예가 있다고 생각할 뿐 世務에는 밝지 않다고 여기고 있소."

이에 왕안석이 대답했다.

"經術이란 바로 世務를 처리하는 원리입니다. 그런데 후세의 이른 바 儒者라 하는 무리들이 모두 용렬하였기 때문에 세속에서는 모두 經術을 世務에 적용할 수 없다 여기는 것일 뿐입니다."

"그렇다면 卿은 어떤 일부터 착수하겠소?"

"풍속을 변화시키고 법도를 세우는 일이야말로 지금 가장 시급한 일입니다."

신종은 이에 동조하였다. 얼마 후 制置三司條例司가 창설되어 왕안석으로 하여금 知樞密院事인 陳升之와 함께 이를 관장하도록 했다. 왕안석은 자신의 黨與인 呂惠卿에게 그와 관련한 일을 주도하게 했다. 그리하여

21) 부재상. 재상인 同平章事(同中書門下平章事)와 합하여 5인을 넘을 수 없었다. 參政, 知政事, 大參, 參大政 등으로 簡稱되기도 했다.

農田水利法, 青苗法, 均輸法, 保甲法, 免役法, 市易法, 保馬法, 方田法 등의 법안이 잇따라 반포되고 이것들을 일컬어 新法이라 했다. 또 提擧官 40여명이 전국에 파견되어 이들 신법을 전국에 실시하게 되었다.

青苗法者 以常平糴本作青苗錢 散與人户 令出息二分 春散秋斂. 均輸法者 以發運之職改爲均輸 假以錢貨 凡上供之物 皆得徙貴就賤 用近易遠 預知在京倉庫所當辦者 得以便宜蓄買. 保甲之法 籍鄉村之民 二丁取一 十家爲保 保丁皆授以弓弩 教之戰陣. 免役之法 據家貲高下 各令出錢顧人充役 下至單丁・女戶 本來無役者 亦一槩輸錢 謂之助役錢. 市易之法 聽人賒貸縣官財貨 以田宅或金帛爲抵當 出息十分之二 過期不輸 息外每月更加罰錢百分之二. 保馬之法 凡五路義保願養馬者 户一匹 以監牧見馬給之 或官與其直 使自市 歲一閱其肥瘠 死病者補償. 方田之法 以東・西・南・北各千步 當四十一頃六十六畝一百六十步爲一方 歲以九月 令・佐分地計量 驗地土肥瘠 定其色號 分爲五等 以地之等 均定税數. 又有免行錢者 約京師百物諸行利入厚薄 皆令納錢 與免行户祗應. 自是四方爭言農田水利 古陂廢堰 悉務興復. 又令民封狀增價以買坊場 又增茶鹽之額 又設措置河北糴使司 廣積糧穀于臨流州縣 以備饋運. 由是賦斂愈重 而天下騷然矣.

青苗法은 常平倉의 糴本[22]을 青苗錢으로 삼아 백성들에게 나누어 준 다음 2할의 이자를 내게 하는 것으로서 봄에 지급해 주었다가 가을에 환수하였다. 均輸法은 發運使[23]의 직능을 均輸로 바꾸어 錢貨를 지급해 준 후,

22) 常平倉의 양곡 매입 자본. 常平倉은 眞宗 景德 3년(1006) 전국적으로 확대 실시되며 州의 인구 多少에 따라 大州는 1~2萬貫, 小州는 2~3千貫의 上供錢을 유예시켜 糴本으로 삼게 했다.

23) 江南淮南荊湖兩浙發運使의 簡稱. 江南東路 및 江南西路, 淮南路, 荊湖北路, 荊湖南路, 兩浙路로부터 매년 600만석의 상공미를 漕運하는 것이 주임무였다. 이 江南六路로부터 漕運하는 600만석을 포함하여 매년 1200만석을 확보하였다가, 그

모든 上供物을 비싼 곳 대신 저렴한 곳에서, 또 먼 곳 대신 가까운 곳에서 구매하게 하는 것이었다. 아울러 在京의 창고에 미리 소요 물자를 통지해 줌으로써 市價의 변동에 따라 적절한 시기에 구입해 들이게 했다. 保甲法은 향촌 백성들을 파악하여 二丁 가운데 한 사람을 징발하고 十家를 一保로 삼는 것이었다. 징발된 保丁들에게는 무기를 지급하여 군사 훈련을 시켰다. 免役法은 재산의 高下에 따라 각각 免役錢을 내게 하여, 그 돈으로 일반인을 고용해 職役을 대신 처리하게 하는 법령이었다. 免役法에서는 單丁戶 및 女戶 등 본래 직역 부담이 없었던 자들까지 모두 돈을 내게 하여 이를 助役錢이라 불렀다.[24] 市易法은 상인들로 하여금 田宅이나 金帛을 저당으로 잡히고 관아의 財貨를 외상으로 구입할 수 있도록 하는 조치였다. 상인들은 이후 2할의 이자를 냈는데 그 납입 기한을 어길 경우 정해진 이자 이외에 매달 벌금으로 2 퍼센트를 더 내게 했다. 保馬法은 北方 五路[25]의 의용 保甲들 가운데 軍馬의 양육을 희망하는 자들에게 牧馬監 관하의 말을 가구 당 1필 씩 지급하거나 혹은 관아에서 그에 상당하는 돈을 지급하여 본인이 직접 구매할 수 있게 하는 것이었다. 그리고 해마다 한 번 씩 그 軍馬의 양육 상태를 조사하여 병들거나 죽은 경우 변상하게 했다. 方田法에서는 동서남북 각 1千步의 田土, 결국 41頃 66畝 160步를 一方[26]으로 삼아, 매해 9월에 縣令과 縣佐로 하여금 구획을 지어 측량하고 田土의 肥瘠을 조사시켜 그 등급을 매겼다. 田土를 5등으로 나누어 등급별로 조세 액수를 균등히 부과하였다. 이 밖에 免行錢法이란 것이 있

가운데 600만석을 비축하여 荒年에 대비하였다. 江淮等路發運使, 江淮發運使 등으로 불리워지기도 했다.

24) 單丁戶, 女戶 이외에도 官戶, 사찰과 道觀, 坊郭戶 등 또한 종래 免役 대상이었으나 免役法 실시 이후 助役錢을 부담하게 되었다. 助役錢은 免役錢의 절반이었다.

25) 河北, 河東, 陝西 일대에 위치한 5개로, 즉 河北東路, 河北西路, 河東路, 永興軍路, 秦鳳路를 가리킨다.

26) 1頃은 100畝, 1畝는 2400步이다.

었다. 이는 京師內 온갖 상공업자 조합(行)의 이익 정도를 조사하여 그에 따라 돈을 납입시키고, 대신 行戶의 祗應[27]을 면해주는 것이었다. 이러한 新法들이 행해지자 사방에서 農田水利를 다투어 떠들어 대며 과거의 陂나 버려진 제방 등도 모두 다시 건설하게 되었다. 또 백성들로 하여금 개별적으로 신청서를 내도록 하여 더 높은 가격을 제시하는 사람에게 坊場 운영권[28]을 주었으며, 차와 소금의 전매가를 높이 매겼다. 河北糴便司[29]를 설치하고 沿河 주현들로 하여금 양곡을 비축하여 변경지역으로의 군량 지원에 대비하도록 하는 조치도 취해졌다. 이러한 조치들로 인해 민간의 부담은 갈수록 무거워졌고 천하는 소란스러워졌다.

御史中丞呂誨論安石過失十事 帝爲出誨 安石薦呂公著代之. 韓琦諫疏至 帝感悟 欲從之 安石求去. 司馬光答詔 有'士夫沸騰 黎民騷動'之語 安石怒 抗章自辨 帝爲巽辭謝 令呂惠卿諭旨 韓絳又勸帝留之. 安石入謝 因爲上言中外大臣·從官·臺諫·朝士朋比之情 且曰. "陛下欲以先王之正道勝天下流俗 故與天下流俗相爲重輕. 流俗權重 則天下之人歸流俗 陛下權重 則天下之人歸陛下. 權者與物相爲重輕 雖千鈞之物 所加損不過銖兩而移. 今姦人欲敗先王之正道 以沮陛下之所爲 於是陛下與流俗之權適爭

---

27) 行의 취급 품목에 따라 관아에서 필요한 물품을 할당하는 것. 鄕戶의 差役에 대응하는 부담이었다.

28) 坊場이란 입찰 형식으로 운영되는 酒務를 일컫는다. 종래 長名衙前에 대한 보수의 형식으로 買撲되던 酒務에 대해, 왕안석은 모역법을 실시하며 그 買撲權을 회수하여 이익이 많은 것은 官이 직접 운영하고 나머지를 입찰에 부쳐 최고가를 제시한 民戶에게 買撲시켰다. 이에 따라 買撲權을 획득한 民戶가 정부에 납입하는 酒務 운영 댓가를 坊場錢이라 칭했다.

29) 神宗 熙寧 2년(1069) 河北의 沿邊 諸軍에 대한 糧草를 便糴하기 위해 설립된 기관. 정식 명칭은 提擧河北糴便糧草司. 유사한 기능을 지닌 기구로 이미 仁宗 寶元 元年(1038) 9월 이전에 河北陝西路提擧糴便糧草官이 존재했으며, 寶元 元年 9월 28일에는 轉運使副 및 各州 通判으로 하여금 提擧를 兼職하도록 하는 조치가 취해졌다.(『宋會要輯稿』「職官」 44之37·38 참조)

輕重之時 加銖兩之力 則用力至微 而天下之權 已歸于流俗矣 此所以紛紛也." 上以爲然. 安石乃視事 琦說不得行.

御史中丞 呂誨가 왕안석의 과실 10가지를 지적하고 나서자 신종은 呂誨를 좌천시켰다.[30] 왕안석은 그 대신 呂公著를 추천하였다. 그 직후에는 신법을 비판하는 韓琦의 章奏가 올라왔다.[31] 신종은 이를 보고 마음이 움직여 그 비판에 따르려 하자 왕안석은 파직과 낙향을 요청하였다. 이에 대해 司馬光이 작성한 신종의 答詔에는, '士大夫들의 여론이 비등하고 백성들이 소동을 일으키고 있다'는 말이 담겨 있었다. 왕안석은 노하여 상주문을 올리고 강력히 반론을 폈다. 이에 신종은 마음을 바꾸어 司馬光의 答詔를 철회하고 呂惠卿을 보내 왕안석에게 자신의 뜻을 알렸다. 韓絳 또한 신종에게 왕안석을 달래어 붙잡아 둘 것을 권하였다. 왕안석은 入朝하여 謝禮하고, 內外의 大臣 및 從官, 臺諫, 朝士 등이 무리를 지어 신법에 반대하는 정황에 대해 상주문을 올렸다. 여기서 이렇게 말했다.

"폐하께서는 현재 先王의 正道로써 천하의 流俗한 무리를 이기고자 하고 계십니다. 따라서 폐하는 천하의 流俗과 힘겨루기를 하고 있는 셈입니다. 流俗의 힘이 세면 천하의 사람들은 모두 유속의 편을 따를 것이고, 반대로 폐하의 힘이 세다면 천하의 사람들은 폐하께 돌아올 것입니다. 권세나 물건의 무게를 비교할 때에는, 千鈞[32]의 물건일지라도 아주 조금만 덧붙여지고 또 떼어내 진다면 곧바로 균형이 기울어지게 됩니다. 현재 간사한 무리들이 先王의 正道를 무너뜨리고 폐하의 하시는 바를 가로막으려 하고 있습니다. 그러므로 폐하와 유속은 바로 그 권세와 무게를 겨루고 있는 때이며, 그런 만큼 조그마한 힘이라도 유속에 덧붙여지면 그것이

30) 熙寧 2년(1069) 6월의 일이다.
31) 熙寧 3년(1070) 2월의 일이다.
32) 鈞은 30근.

아주 미세할지라도 천하의 권세는 유속 편에 돌아가 버리게 될 것입니다. 이 때문에 천하가 시끄러운 것입니다."

신종은 이 말에 동조하였다. 왕안석은 다시 정무를 주도하게 되었고 韓琦의 말은 채택되지 않았다.

安石與光素厚 光援朋友責善之義 三詒書反覆勸之 安石不樂. 帝用光副樞密 光辭未拜而安石出 命遂寢. 公著雖爲所引 亦以請罷新法出潁州. 御史劉述·劉琦·錢顗·孫昌齡·王子韶·程顥·張戩·陳襄·陳薦·謝景溫·楊繪·劉摯 諫官范純仁·李常·孫覺·胡宗愈皆不得其言 相繼去. 驟用秀州推官李定爲御史 知制誥宋敏求·李大臨·蘇頌封還詞頭 御史林旦·薛昌朝·范育論定不孝 皆罷逐. 翰林學士范鎭三疏言青苗 奪職致仕. 惠卿遭喪去 安石未知所託 得曾布 信任之 亞於惠卿.

왕안석은 평소 司馬光과 교분이 두터웠다. 사마광은 朋友 사이 善行을 권면해야 한다는 도의에 따라 세 차례나 왕안석에게 서신을 보내 신법의 잘못을 반복해서 지적하였다. 하지만 왕안석은 달가워하지 않았다. 神宗이 사마광을 樞密副使로 임용하려 하자 사마광은 사양하며 취임하지 아니하는 사이 왕안석이 다시 나왔고[33] 결국 사마광에 대한 인사명령은 취소되었다. 呂公著는 비록 왕안석의 추천을 받아 승진하였지만 新法의 폐지를 주청하다가 파직되어 知穎州로 좌천되었다. 御史인 劉述·劉琦·錢

33) 원문은 '安石出'. 神宗 熙寧 3년(1070) 2월 당시 왕안석은 韓琦의 青苗法 비판 상주문이 올려지자 稱疾하며 조정에 나가지 않고 있었다. 이러한 상태에서 神宗이 司馬光에게 樞密副使職을 除授하자, 사마광은 諸新法 및 制置三司條例司의 폐지를 奏請하며 固辭하였다. 그러다 神宗이 韓琦 주장을 받아들이지 않자 왕안석이 다시 조정에 나왔고, 이에 따라 司馬光에 대한 樞密副使 除授가 철회되었던 것이다. 이 전후의 사정에 대해서는『宋史』(北京, 中華書局, 標點校勘本) 권 336,「司馬光傳」, pp.10765·10767 및『宋史紀事本末』권 37,「王安石變法」(北京, 中華書局, 1977, pp.337~339)에 상세하다.

顗·孫昌齡·王子韶·程顥·張戩·陳襄·陳薦·謝景溫·楊繪·劉摯, 그리고 諫官인 范純仁·李常·孫覺·胡宗愈 등도 모두 자신들의 반대가 받아들여지지 않자 잇따라 물러났다. 갑자기 秀州의 推官인 李定이 御史로 임명되자, 知制誥인 宋敏求와 李大臨·蘇頌 등이 詞頭를 封還하였고[34] 御史인 林旦·薛昌朝·范育 등은 李定이 不孝하다고 주장[35]하다가 모두 쫓겨났다. 翰林學士인 范鎭은 세 차례나 상주하여 靑苗法을 공박하다가 관직이 박탈되어 致仕되었다. 이 무렵 呂惠卿이 親喪을 당해 낙향하자 왕안석은 누구를 의지해야 될지 몰라 하다가 曾布를 얻어 신임하게 되었는데 그 신뢰가 呂惠卿의 다음이 될 정도였다.

三年十二月 拜同中書門下平章事. 明年春 京東·河北有烈風之異 民大恐. 帝批付中書 令省事安靜以應天變 放遣兩路募夫 責監司·郡守不以上聞者. 安石執不下.

熙寧 3년(1070) 12월 왕안석은 同中書門下平章事에 임명되었다. 이듬해 봄 京東과 河北 일대에 폭풍의 災異가 발생하여 백성들이 크게 불안하게 여겼다. 神宗은 中書에 하명하여 민간에 대한 안정 조치를 취함으로써 天變에 순응토록 지시하였으며, 재해가 발생한 두 지방의 夫役을 중단시켰

---

34) 詞頭란 朝廷에서 制勅을 起草하는 詞臣들에게 내리는 摘要 내지 提要. 송대 知制誥 등이 詞頭를 封還할 수 있었던 내력에 대해『梁谿漫志』권 2,「學士不草詔」에서는, "唐制 惟給事中得封駁. 本朝富鄭公在西掖封還遂國夫人詞頭. 自是 舍人遂皆得封繳."(太原, 山西人民出版社, 1986, pp.17)라 기록하고 있다.

35) 林旦, 薛昌朝 등이 李定을 두고 不孝하다고 論劾했던 전후의 사정에 대해『宋史』에서는, "御史陳薦疏 定頃爲涇縣主簿 聞庶母仇氏死 匿不爲服. 詔下江東淮浙轉運使問狀 奏云. 定嘗以父年老 求歸侍養 不云持所生母服. 定自辯言 實不知爲仇所生 故疑不敢服 而以侍養解官. 曾公亮謂定當追行服 安石力主之 改爲崇政殿說書. 御史林旦·薛昌朝言 不宜以不孝之人居勸講之地."(권 329,「李定傳」, p.10602)라 적고 있다.

다. 또 監司와 郡守로서 이들 조치에 따르지 않는 자를 징벌하도록 했다. 하지만 왕안석은 이러한 신종의 하명을 계류시키며 하달하지 않았다.

開封民避保甲 有截指斷腕者. 知府韓維言之 帝問安石 安石曰. "此固未可知 就令有之 亦不足怪. 今士大夫睹新政 尚或紛然驚異 況於二十萬户百姓 固有惷愚爲人所惑動者 豈應爲此遂不敢一有所爲邪?" 帝曰. "民言合而聽之則勝 亦不可不畏也."

開封府의 백성들 가운데 保甲을 피하기 위하여 심지어 손가락과 팔을 자르는 자까지 있었다. 知府인 韓維가 이러한 정황을 보고하자 신종이 왕안석에게 묻었다. 왕안석은 이렇게 대답했다.

"정말 그런 일이 있었는지 저는 모르겠습니다. 하지만 설령 있었다 손치더라도 놀랄만한 일이 못됩니다. 현재 사대부들 중에는 간혹 新政을 보면서 變異라 어지러이 떠들어 대는 자도 있습니다. 그러니 開封府內 20만호의 백성들 가운데 어리석은 나머지 남들에게 부추김을 당하는 자도 있을 것입니다. 그러다 그런 짓까지 하는 자가 어찌 없을 수 있겠습니까?"

이에 신종이 말했다.

"백성들의 말에 귀 기울여야 성공을 이룰 수 있소. 백성의 동태에 대해서는 畏懼해야만 하오."

東明民或遮宰相馬訴助役錢 安石白帝曰. "知縣賈蕃乃范仲淹之壻 好附流俗 致民如是." 又曰. "治民當知其情僞利病 不可示姑息. 若縱之使妄經省臺 鳴鼓邀駕 恃衆僥倖 則非所以爲政." 其彊辯背理率類此.

東明縣의 백성으로서 재상이 탄 말을 가로막고 助役錢의 폐단을 호소한 자가 있었다. 왕안석이 신종에게 말했다.

“東明縣의 知縣인 賈蕃은 范仲淹의 사위로서 流俗에 부화뇌동하는 인물입니다. 그러다 그 백성들로 하여금 이러한 짓까지 하게 만들었습니다.”

덧붙여 이렇게 말했다.

“백성을 다스릴 때는 모름지기 그들의 거짓과 진실, 그리고 무엇이 그들에게 진정 도움이 되고 병폐가 되는지 잘 알아야 합니다. 고식적인 관용을 베풀어서는 안됩니다. 백성들로 하여금 망령되이 조정의 관아로 진입하여 북을 치고 관원의 수레를 가로막으며 집단의 수에 의지하여 요행을 바라게 하는 것은 올바른 정치가 아닙니다”

왕안석이 강변하며 이치를 거스르는 것이 모두 이와 같았다.

帝用韓維爲中丞 安石憾曩言 指爲善附流俗以非上所建立 因維辭而止. 歐陽修乞致仕 馮京請留之. 安石曰. “修附麗韓琦 以琦爲社稷臣. 如此人在一郡則壞一郡 在朝廷則壞朝廷 留之安用?” 乃聽之. 富弼以格青苗解使相 安石謂不足以阻姦 至比之共·鯀. 靈臺郎尤瑛言天久陰 星失度 宜退安石 即黥隷英州. 唐坰本以安石引薦爲諫官 因請對極論其罪 謫死. 文彦博言市易與下爭利 致華嶽山崩. 安石曰. “華山之變 殆天意爲小人發. 市易之起 自爲細民久困 以抑兼并爾 於官何利焉?” 閼其奏 出彦博守魏. 於是呂公著·韓維 安石藉以立聲譽者也 歐陽修·文彦博薦已者也 富弼·韓琦用爲侍從者也 司馬光·范鎮交友之善者也 悉排斥不遺力.

신종이 韓維를 御史中丞에 임명하려 하였다. 왕안석은 예전 知開封府 시절의 말을 유감스러이 여겨, 그를 두고 流俗에 附和하며 신종이 채택한 新法을 비난하는 인물이라고 주장하였다. 韓維는 결국 사직하였고 인사 명령도 철회되었다. 歐陽修가 퇴임을 요청하자 馮京은 만류할 것을 奏請하였다. 이에 왕안석이 말했다.

“구양수는 지난 날 韓琦에 附和하며 한기를 社稷臣이라 했습니다. 이와 같은 사람은 일개 郡에 있은즉 그 郡을 망하게 하고 조정에 있은즉 조정을 망하게 합니다. 그를 붙잡아 두어 무슨 쓸모가 있겠습니까?”

신종은 구양수의 사직을 허용하였다.

富弼이 청묘법의 시행을 방해하다가 使相[36]에서 해직되었다. 왕안석은 그것만으로는 奸人에 대한 처벌로 부족하다고 주장하였으며 심지어 富弼을 共과 鯀[37]에 비유하기도 했다. 靈臺郎[38] 尤英이, ‘天이 오랜 동안 陰하고 星辰들이 상궤를 벗어나 있으니 왕안석을 퇴진시켜야 한다’고 말하자, 즉시 墨刑에 처하여 英州에 예속시켰다. 唐坰은 본디 왕안석의 천거로 인해 諫官이 되었으나 신종과의 入對를 청하여 왕안석의 죄를 극력 주장했다가 유배에 처해져 죽었다. 文彦博이, ‘市易法은 백성들과 이익을 다투는 것이며 이로 인해 華山의 일부가 무너지는 變異가 생겼다’고 말했다. 이에 대해 왕안석이 말했다.

“華山의 변고는 단지 天意일 따름인데 小人에게 이용된 것이다. 시역법을 도입한 목적은 본래 細民들이 곤경에 처해 있어 兼竝을 억제하고자 함이었다. 官에는 아무런 이익도 없다.”

왕안석은 문언박의 上奏를 가로막고 河東의 지방관으로 좌천시켰다. 呂公著와 韓維는 왕안석에게 있어 그들에 의지하여 명성을 드높였던 사람들이고, 歐陽修와 文彦博은 자신을 천거했던 사람들이며, 富弼과 韓琦는 자신을 侍從으로 써준 사람들이었고, 司馬光과 范鎭은 절친한 交友들이었다. 하지만 왕안석은 이들 모두를 온 힘을 다해 내쫓아 버렸다.

---

36) 寄祿官. 최상위의 寄祿官階이다. 富弼의 使相職 파직 전후의 사정에 대해 『宋史』 권 313, 「富弼傳」에서는, “拜武寧節度使同中書門下平章事判河南, 改亳州. 青苗法出 弼以謂如是則財聚於上 人散於下 持不行. 提擧官趙濟劾弼格詔旨 侍御史鄧綰又乞付有司鞫治 乃以僕射判汝州.”(p.10256)라 전하고 있다.

37) 요순 시기 이른 바 四凶이라 지칭되던 共工과 鯀을 일컫는다.

38) 司天監靈臺郎의 簡稱. 天文을 관찰하는 관직.

禮官議正太廟太祖東嚮之位 安石獨定議還僖祖於祧廟 議者合争之 弗得. 上元夕 從駕乗馬入宣德門 衛士訶止之 策其馬. 安石怒 上章請逮治. 御史蔡確言. "宿衛之士 拱扈至尊而已 宰相下馬非其處 所應訶止." 帝卒爲杖衛士 斥内侍 安石猶不平. 王韶開熙河奏功 帝以安石主議 解所服玉帶賜之.

禮官이 종묘에서 太祖의 위패를 동향으로 위치시키자고 주장했지만 왕안석은 독단적으로 僖祖[39]를 祧廟[40]에 두기로 결정하였다.[41] 이에 다른 사람들이 모두 반대했지만 아랑곳하지 않았다. 上元節[42]의 저녁, 왕안석이 말을 탄 채 신종의 수레를 따라 宣德門에 들어서자 衛士가 큰 소리로 제지하다가 말을 채찍으로 후려쳤다. 왕안석은 화가 나서 章奏를 올려 그 衛士를 잡아 처벌해 달라고 요청하였다. 御史 蔡確이 말했다.

"근위병은 천자를 경호할 뿐입니다. 재상이 말을 내려야 할 곳에서 내리지 않으니까 규정에 따라 소리를 질러 제지하였던 것입니다."

신종은 衛士에게 매질을 가하고 그 상관인 內侍를 좌천시켰다. 하지만 왕안석은 여전히 불쾌해 했다. 이후 王韶가 熙河에서 戰功을 상주하자, 신종은 왕안석의 주장으로 말미암아 그리됐다 하여 자신이 드리우고 있던 玉帶를 끌러 하사하였다.[43]

---

39) 太祖 趙光胤의 高祖인 趙朓. 唐代 永淸, 文安, 幽都縣令 등을 역임하며 家勢를 진흥시키는 데 결정적인 공헌을 했다. 趙光胤의 先世에 대한 기록 또한 趙朓에서부터 비로소 확인이 가능할 정도이다.

40) 始祖의 廟. 王安石은 宋室 개창에 있어 太祖보다 僖祖인 趙朓의 역할이 더 막중하다고 해석하여 그를 祧廟에 위치시켰던 것이다.

41) 禮法에 있어 東向은 上方으로서 尊位이다. 仁宗 嘉祐 8년(1063) 6월 宗廟의 增室이 문제가 되었을 때 司馬光이, "蓋以太祖未正東嚮之位 故止祀一昭一穆 若太祖已正東嚮之位 則并三昭三穆爲七世矣."(『續資治通鑑長編』 권 198, 仁宗 嘉祐 8년 6월 癸酉)라 말하는 것은 그러한 사실을 단적으로 전하여 준다.

42) 음력 正月 15일. 즉 대보름.

43) 熙寧 6년(1073) 10월의 일이다. 王韶에 의한 이른바 熙河經略은 王安石의 단호한 주장에 따른 것이었다. 신종이 王韶의 捷報를 접하고 왕안석을 치하한 소이도 바

七年春 天下久旱 饑民流離 帝憂形於色 對朝嗟嘆 欲盡罷法度之不善者. 安石曰. "水旱常數 堯·湯所不免 此不足招聖慮 但當修人事以應之." 帝曰. "此豈細事 朕所以恐懼者 正爲人事之未修爾. 今取免行錢太重 人情咨怨 至出不遜語. 自近臣以至后族 無不言其害. 兩宮泣下 憂京師亂起 以爲天旱更失人心." 安石曰. "近臣不知爲誰 若兩宮有言 乃向經·曹佾所爲爾." 馮京曰. "臣亦聞之." 安石曰. "士大夫不逞者以京爲歸 故京獨聞其言 臣未之聞也." 監安上門鄭俠上疏 繪所見流民扶老攜幼困苦之狀 爲圖以獻曰. "旱由安石所致. 去安石 天必雨." 俠又坐竄嶺南. 慈聖·宣仁二太后流涕謂帝曰. "安石亂天下." 帝亦疑之 遂罷爲觀文殿大學士·知江寧府 自禮部侍郎超九轉爲吏部尚書.

熙寧 7년(1074) 봄, 천하에 가뭄이 계속되어 굶주린 백성들이 이리저리 떠돌아 다녔다. 신종의 얼굴에는 근심이 가득해져서 조회에서 탄식하며, 新法 조항 가운데 좋지 아니한 것을 모두 폐지하려 했다. 왕안석이 말했다.

"홍수나 가뭄은 늘 있었던 것으로서 堯 임금이나 湯 임금 시절에도 발생하였습니다. 그러니 이 때문에 폐하께서 우려하실 필요가 없습니다. 다만 정치적으로 처리할 수 있는 방안을 강구하여 대처하면 됩니다."

신종이 대답했다.

"이게 어찌 작은 일이오? 朕이 두려워하는 것은 바로 정치가 잘못되어 재해가 발생한 것은 아닌가 하는 점이오. 지금 免行錢의 부과가 너무 과도하여 백성들이 원망을 품고 있으며 심지어 불손한 말까지 하고 있는 실

로 이러한 전후배경으로 말미암은 것이었다. 『名臣碑傳琬琰之集』에서는 그 사정을, "王韶取熙·河·洮·岷·疊·宕等州 安石率羣臣入賀 上解所服玉帶賜安石 遣內侍諭旨曰. 洮河之擧 小大並疑 惟卿啓廸 迄有成功. 今解所御帶賜卿以旌卿功. 安石再拜固辭 不許."(권 14, 『王安石年譜三種』, 中華書局, 1994, pp.749)라 기록하고 있다.

정이라 하오. 近臣으로부터 외척에 이르기까지 그 폐해를 지적하지 않는 사람이 없소. 두 太后[44]께서는 눈물을 흘리며 京師에 난리가 일어나는 것이 아니냐고 근심하셨는데, 거기에 덧붙여 가뭄으로 여론이 더욱 흉흉해지고 있소."

"近臣이라 하면 누구를 말씀하시는지 모르겠습니다. 두 태후의 말씀이라는 것은 틀림없이 向經과 曹佾[45]의 소행일 것입니다."

곁에 있던 馮京이 말했다.

"近臣과 태후 뿐만 아니라 臣 또한 그러한 얘기를 들었습니다."

그러자 왕안석이 다시 말했다.

"士大夫 가운데 불만을 품고 있는 자들은 모두 馮京 곁으로 모입니다. 그래서 馮京만이 그러한 얘기를 들었던 것입니다. 臣은 아직 들어본 적이 없습니다."

그 직후 安上門의 문지기 鄭俠이 상소하여, 기근으로 말미암아 유민들이 노인을 부축하고 아이를 안고 가는 참상을 그림으로 그려 바치며 말했다.

"가뭄은 왕안석 때문에 발생한 것입니다. 그를 내쫓는다면 틀림없이 비가 내릴 것입니다."

鄭俠은 처벌을 받아 嶺南으로 유배 갔다. 慈聖太后와 宣仁太后는 울면서 신종에게 말했다.

"왕안석이 천하를 어지럽히고 있소이다."

이에 신종 또한 의구심이 들어 왕안석을 파직시켜 觀文殿大學士知江寧

---

44) 仁宗의 曹皇后(1018~1079)와 英宗의 高皇后(1028~1089)를 가리킨다.

45) 向經은 神宗 向皇后의 부친이며 曹佾은 仁宗 曹皇后의 동생이다. 특히 曹佾에 대한 神宗의 신임은 매우 돈독하여, "神宗每咨訪以政 然退朝終日語不及公事. 帝謂大臣曰. 曹王雖用近親貴 而端拱寡過 善自保 真純臣也. 進對未嘗名"(『宋史』권 464, 「曹佾傳」, p.13572)이라 할 정도였다.

府로 내보냈다.[46] 왕안석은 禮部侍郎으로부터 아홉 번 轉職하여 吏部尙書가 되었다.[47]

呂惠卿服闋 安石朝夕汲引之 至是 白爲參知政事 又乞召韓絳代己. 二人守其成模 不少失 時號絳爲傳法沙門 惠卿爲護法善神. 而惠卿實欲自得政 忌安石復來 因鄭俠獄陷其弟安國 又起李士寧獄以傾安石. 絳覺其意 密白帝請召之. 八年二月 復拜相 安石承命 即倍道來. 三經義成 加尙書左僕射兼門下侍郞 以子雱爲龍圖閣直學士. 雱辭 惠卿勸帝允其請 由是嫌隙愈著. 惠卿爲蔡承禧所擊 居家俟命. 雱風御史中丞鄧綰 復彈惠卿與知華亭縣張若濟爲姦利事 置獄鞫之 惠卿出守陳.

呂惠卿이 服喪을 마치고 나자 왕안석은 끊임없이 승진시켜 갔다. 그러다 자신이 재상직에서 물러나게 되자 신종에게 추천하여 參知政事가 되게 하였다. 또 신종에게 청하여 자기 대신 韓絳이 재상이 되게 하였다. 韓絳과 呂惠卿 두 사람은 왕안석이 도입한 법도를 조금도 고치지 않고 유지하였다. 그래서 세간에서는 韓絳을 '왕안석의 후계자(傳法沙門)'라 불렀고, 呂惠卿을 '신법의 수호자(護法善神)'라 불렀다. 하지만 여혜경은 내심 권세의 장악을 노리고 있어서 왕안석이 조정에 복귀하는 것을 달가워 하지 않았다. 그래서 鄭俠의 사건을 기화로 왕안석의 동생인 王安國을 모함하였고,[48] 또 李士寧의 사건을 일으켜 왕안석에게 타격을 주려 했다.[49] 韓絳은

---

46) 熙寧 7년(1074) 4월의 일이다.

47) 宰相으로서의 官階가 第20階의 禮部侍郎으로부터 第11階의 吏部尙書로 상승되었음을 말한다.

48) 그 顚末에 대해 『宋史』권 471, 「呂惠卿傳」에서는, "鄭俠疏惠卿朋姦壅蔽 惠卿怒 又惡馮京異己 而安石弟安國惡惠卿姦諂 面辱之. 於是乘勢併陷三人 皆獲罪."(p.13707)라 전하고 있다.

49) 神宗 熙寧 8년(1075)에 발생한 李逢 및 趙世居 등의 모반 사건에 연루된 李士寧을 王安石과 관련시키려 했던 사실을 가리킨다. 이 저간의 사정에 대해 『宋史』

그러한 여혜경의 의도를 간파하고 은밀히 신종에게 상주하여 왕안석을 다시 재상으로 불러오게 했다. 熙寧 8년(1075) 2월, 왕안석이 다시 재상으로 임명되었다. 왕안석은 命을 받자 즉시 서둘러 京師에 돌아왔다. 이후 『三經新義』가 완성되자 왕안석은 尙書左僕射兼門下侍郎이 되었으며 아들인 王雱이 龍圖閣直學士에 임명되었다. 王雱이 이에 대해 관례에 따라 짐짓 사양하자 여혜경은 신종에게 권하여 그것을 받아들이라고 했다. 이로 인해 왕안석과 여혜경 사이 감정의 골은 더욱 깊어졌다. 이 일이 있고 난 다음 여혜경은 蔡承禧의 탄핵을 받아 落職되어, 집안에 거하며 조정의 命을 기다리게 되었다. 王雱은 御史中丞 鄧綰을 시켜 여혜경과 知華亭縣 張若濟가 瀆職했던 일[50]을 탄핵하게 했다. 사건 조사가 진행된 끝에 여혜경은 陳州의 知州로 落職되었다.

十月 彗出東方 詔求直言 及詢政事之未協於民者. 安石率同列疏言. "晋武帝五年 彗出軫 十年 又有孛. 而其在位二十八年 與乙巳占所期不合. 蓋天道遠 先王雖有官占 而所信者人事而已. 天文之變無窮 上下傅會 豈無偶合? 周公·召公 豈欺成王哉? 其言中宗享國日久 則曰嚴恭寅畏 天命自度 治民不敢荒寧 其言夏 商多歷年所 亦曰德而已. 裨竈言火而驗 故禳之 國僑不聽 則曰 不用吾言 鄭又將火. 僑終不聽 鄭亦不火. 有如裨竈 未免妄誕

권 200, 「刑法志 2」에서는, "李士寧者 挾術出入貴人門 常見世居母康 以仁宗御製詩上之. 百祿謂士寧熒惑世居致不軌 且疑知其逆謀 推問不服. 禧乃奏 士寧贈詩 實仁宗御製 今獄官以爲反因 臣不敢同. 百祿以士寧嘗與王安石善 欲鍛鍊附致妖言死罪 卒論士寧徒罪 而奏禧故出之 以媚大臣. 詔詳劾理曲者以聞. 百祿坐報上不實 落職."(p.4998)이라 적고 있다.

50) 御史 蔡承禧는 呂惠卿을 탄핵하며 이 사건과 관련하여, "惠卿之舅監簿鄭膺 始寄居秀州華亭縣 以惠卿之故 一路監司如王庭老之輩皆卑下之 而招弄權勢 不復可數 至奪鹽亭户百姓之地以爲田. 而提刑盧秉挫其所爲 仍發覺惠卿黨人張若濟姦贓公事 遂急移秉淮東 以張靚充兩浙路轉運"(『續資治通鑑長編』권 269, 神宗 熙寧 8년 10월 庚寅, p.6586)이라 말하고 있다.

況今星工哉? 所傳占書 又世所禁 謄寫譌誤 尤不可知. 陛下盛德至善 非特賢於中宗 周·召所言 則既閱而盡之矣 豈須愚瞽復有所陳? 竊聞兩宮以此爲憂 望以臣等所言 力行開慰." 帝曰. "聞民問殊苦新法." 安石曰. "祁寒暑雨 民猶怨咨 此無庸恤." 帝曰. "豈若并祁寒暑雨之怨亦無邪?" 安石不悅 退而屬疾臥 帝慰勉起之. 其黨謀曰. "今不取上素所不喜者暴進用之 則權輕將有窺人間隙者." 安石是其策. 帝喜其出 悉從之. 時出師安南 諜得其露布言. '中國行青苗·助役之法 窮困生民. 我今出兵 欲相拯濟.' 安石怒 自草敕牓詆之.

10월에 東方에 혜성이 출현했다. 이에 신종은 直言을 구하는 조령을 내리고 정치 가운데 백성들에게 불편한 것은 없는지 널리 의견을 구했다. 왕안석이 동료 집정들을 이끌고 상언하였다.

"西晉의 武帝가 즉위한 지 5년째에 혜성이 軫宿에 나타났습니다. 10년째에는 또 孛星이 출현했지만 武帝의 재위 기간은 28년에 미쳤습니다. 『乙巳占』에서 말하는 것[51]과는 맞지 않았습니다. 무릇 天道라는 것 아득히 먼 것이기 때문에, 先王들도 비록 천문관을 두어 점을 치게는 하였으나 역시 人事만을 믿었을 따름입니다. 天文의 변화는 무궁하고 또 上下가 엇갈리며 연관을 짓는 것이니 어찌 우연한 변이상이 없을 수 있겠습니까? 그리고 周公이나 召公이 어찌 成王을 속일 리 있겠습니까? 周公과 召公은 殷 나라 中宗의 치세가 매우 장기간에 걸쳐 계속되었던 것을 말하며, '中宗은 엄숙함과 삼가함, 그리고 공경함과 두려움을 지니고 天命을 부여된 것을 헤아리며, 백성을 다스림에 힘써 노력하였다.'[52]고 했습니다. 이 말

51) 西晉 武帝 泰始 4년(268) 正月에 彗星이 軫宿에 출현한 바 이를 두고 『乙巳占』에서는 "爲兵喪"의 조짐이라 하였고, 또 泰始 10년(274)에는 孛星이 軫宿에 출현한 바 『乙巳占』에서는 장차 "天下兵起"의 조짐이라 했다.(『晉書』권 13, 「天文 下」「妖星客星」)

52) 『書經』「周書」「無逸」에 나옴.

은 夏와 商이 오랫 동안 천하를 지배할 수 있었던 것 역시 다름 아닌 '德' 때문이었음을 지적하는 것입니다. 또 일찍이 裨竈[53]는 화재가 발생할 것이라 예언하여 그 말이 들어맞았습니다. 그는 나아가 제사를 지냄으로써 화재 발생을 방지하여야 한다고 말했지만 國僑[54]가 듣지 않았습니다. 그러자 裨竈는, '내 말을 듣지 않으면 鄭國에 장차 화재가 발생할 것이다.' 라고 했음에도 國僑는 끝내 그 말에 따르지 않았습니다. 하지만 鄭國에 화재는 일어나지 않았습니다.[55] 裨竈와 같은 인물도 妄誕함을 면치 못했는데 오늘날의 점성가야 두 말할 나위가 있겠습니까? 더욱이 현재 전해지는 점술 서적은 대대로 금서가 되었던 적이 많아 그 옮겨적는 과정에 많은 오류가 있습니다. 그러니 더욱 믿을 수 없습니다. 현재 폐하께서 지니신 聖德과 至善은 中宗보다 훨씬 우월하며, 周公과 召公의 말 또한 폐하는 이미 두루 알고 계십니다. 그러니 어찌 저희 같은 어리석은 자들이 더 말할 필요가 있겠습니까? 삼가 듣건대 兩宮의 太后들께서 혜성의 출현으로 근심하고 계시다 하는데, 바라건대 폐하께서는 臣 등의 말로써 위로해 주십시오."

신종이 말했다.

"朕이 들으니 민간에서 新法 때문에 고통을 겪고 있다 하오."

왕안석이 대답했다.

"백성들은 혹한이나 폭우가 있어도 원망합니다. 신경 쓰실 필요 없습니다."

"어찌 그것을 혹한이나 폭우에 대한 원망 정도로 치부해 버릴 수 있단 말이오?"

---

53) 春秋時代 鄭國의 大夫. 天文占候에 정통하였다.

54) 鄭의 子産. 전후 20여년간 鄭國의 정치를 주도하며 國勢를 크게 진작시켰다는 평가를 받고 있다. 특히 '天道遠 人道邇 非所及也'란 관점에 의거하여 미신을 배척하였던 것으로 유명하다.

55) 魯昭公 18년(前 523)에 있었던 일이다.

왕안석은 불쾌해 하며 물러나 병을 핑계로 조정에 나가지 않았다. 신종은 그를 위로하여 조정에 나오게 하려 노력했다. 이때 왕안석의 黨與가 음모를 꾸몄다.

“지금의 시점에서 폐하가 좋아하지 않는 인물을 파격적으로 승진시켜 두어야만 우리의 권세가 약해지지 않을 것입니다. 그렇지 않으면 장차 틈을 노리는 자가 나타날 것입니다.”

왕안석은 그 말대로 따르기로 했다. 신종은 그저 왕안석이 다시 나왔다는 사실에 안도하며 그의 말대로 다 따라주었다. 그 무렵 越南 지방으로 군대를 보내 전쟁을 벌이고 있었는데,[56] 安南國에서 살포한 문서가 조정에 보고되었다. 거기에는, ‘중국에서 청묘법과 모역법 등을 실시하여 生民들을 곤경에 빠트리고 있다. 우리가 군대를 내어 그 백성들을 구해 주리라.’ 라고 적혀 있었다. 왕안석은 노하여 자신이 직접 安南을 비난하는 勅令을 起草하였다.

華亭獄久不成 雱以屬門下客呂嘉問·練亨甫共議 取鄧綰所列惠卿事 雜他書下制獄 安石不知也. 省吏告惠卿于陳 惠卿以狀聞 且訟安石曰. “安石盡棄所學 隆尚縱橫之末數 方命矯令 罔上要君. 此數惡力行於年歲之間 雖古之失志倒行而逆施者 殆不如此.” 又發安石私書曰‘無使上知’者. 帝以示安石 安石謝無有 歸以問雱 雱言其情. 安石咎之. 雱憤恚 疽發背死. 安石暴綰罪 云‘爲臣子弟求官及薦臣壻蔡卞’ 遂與亨甫皆得罪. 綰始以附安石居言職 及安石與呂惠卿相傾 綰極力助攻惠卿. 上頗厭安石所爲 綰懼失勢 屢

56) 熙寧 8년(1075) 9월 交趾의 入侵으로 말미암아 시작된 交戰. 宋側에서는 熙寧 9년(1076) 正月 이래 陝西와 河北, 河東 일대의 禁軍 약 5만명을 동원하여 南征軍을 편성했다. 이 전투는 일시 交趾軍이 북진하여 桂州(현재의 廣西 桂林市) 부근까지 진격하였으나, 宋軍이 反攻을 개시하여 수도 交州(현재의 하노이) 인근에 접근하자, 熙寧 9년 12월말 交趾側이 稱臣과 割地를 조건으로 강화를 요청함으로써 일단락되기에 이른다.

留之於上 其言無所顧忌. 亨甫險薄 諂事雱以進 至是皆斥.

여혜경을 얽어매기 위한 華亭縣 사건이 오랫동안 진척되지 않자, 王雱은 이를 자신 門下의 客인 呂嘉問과 練亨甫에게 맡겨 함께 논의해 처리하게 했다. 이들 두 사람은 鄧綰이 제기한 바 있는 여혜경의 의혹에다가 다른 일들을 첨가하여 사건을 구성하려 했다. 이에 대해 왕안석은 전연 모르고 있었다. 그런데 省吏[57] 하나가 이러한 사실을 陳州에 있는 여혜경에게 전해주었다. 여혜경은 상주문을 올려 왕안석을 공격하였다.

"왕안석은 자신이 배운 학문을 모두 내던지고 縱横家의 末流를 숭상하고 있습니다. 폐하의 명령을 거스르고 칙명을 날조하며 폐하를 欺妄하는 것입니다. 이러한 악행들은 최근 1년여 간 더욱 멋대로 자행되고 있습니다. 저 옛날 조정에서 버림받아 역모를 꾀했던 자들도 이런 정도는 아니었습니다."

그는 나아가 왕안석이 자신에게 보내며, '폐하는 모르도록 하시오.' 라 썼던 과거의 서신[58]을 폭로하였다. 신종이 이를 왕안석에게 보이자, 왕안석은 사죄하고 돌아와 王雱에게 물어서야 비로소 일이 전개된 전후 사정을 알 수 있었다. 왕안석은 왕방을 크게 질책하였다. 왕방은 분한 나머지 등에 창이 나서 죽었다. 이에 왕안석은 신종에게 鄧綰의 죄를 폭로하여, '그는 臣에게 아첨하기 위해 臣의 子弟들에게 좋은 관직을 알선해 주었고 또 臣의 사위인 蔡卞을 추천하였습니다.' 라고 말했다. 鄧綰과 練亨甫는 이로 인해 모두 처벌받았다. 애초 鄧綰은 왕안석에게 아첨하여 言職

57) 중앙의 서리에 대한 통칭.

58) 蘇轍은 훗날 이러한 呂惠卿의 私信 폭로 행위에 대해, "惠卿復發其一曰. 無使上知. 安石由是得罪. 夫惠卿與安石 出肺肝托妻子 平居相結惟恐不深 故雖欺君之言見於尺牘不復疑間 惠卿方其無事 已一一收録 以備緩急之用. 一旦爭利 遂相抉摘不遺餘力 必致之死. 此犬彘之所不爲 而惠卿爲之."(『續資治通鑑長編』 권 378, 哲宗 元祐 元年 5월 乙亥)라 술회하고 있다.

으로 발탁된 바 있으며, 왕안석과 여혜경이 서로를 다툴 때에는 여혜경을 공격하는 것을 적극적으로 도왔다. 또 신종이 점차 왕안석에 대해 싫증을 내게 되자 등관은 자신이 失勢하게 될까 우려하여, 온갖 발언으로 신종에게 왕안석을 변호하였던 바 있다. 練亨甫란 인물 또한 음험하고 간사하여 王雱에게 아첨함으로써 승진했다. 하지만 그 두 사람 모두 이때 파직되고 말았다.

安石之再相也 屢謝病求去 及子雱死 尤悲傷不堪 力請解幾務. 上益厭之 罷爲鎭南軍節度使・同平章事・判江寧府. 明年 改集禧觀使 封舒國公. 屢乞還將相印. 元豐二年 復拜左僕射・觀文殿大學士. 換特進 改封荊. 哲宗立 加司空.

왕안석은 재상에 복귀한 이래로 걸핏하면 병을 핑계로 사직을 요청하다가, 아들인 왕방이 죽자 그 슬픔을 견딜 수 없어 더욱 강하게 사직을 희망하였다. 신종도 그가 더욱 싫어져 마침내 鎭南軍節度使同平章事로서 判江寧府[59]로 내보냈다. 이듬 해에는 集禧館使로 轉職시켜서 舒國公에 봉하였다.[60] 왕안석은 이후에도 수차에 걸쳐 將相印의 반환[61]을 요청하였다. 元豊 2년(1079)년에는 다시 左僕射兼觀文殿大學士에 복귀하였다.[62]

---

59) 이 가운데 '鎭南軍節度使同平章事'는 宰相이 아닌 使相의 직함. 使相에 대해서는 주 36)을 참조. 判江寧府가 差遣. '判府'는 使相 이상이 州府 知事職에 있을 때의 칭호이다. 왕안석이 두 번째로 재상직에서 파직되는 것은 神宗 熙寧 9년(1076) 10월의 일이다.

60) 判江寧府의 職에서 물러나 差遣이 없는 宮觀職인 集禧觀使가 된 것. 舒國公은 爵位.

61) 將相은 使相의 별칭.

62) 왕안석 자신의 요청에 따라 최상위의 寄祿官에서 다음인 尙書左右僕射로 한 단계 강등된 것을 의미한다.

이후 特進되어 荊公에 봉해졌으며,[63] 철종이 즉위한 후에는 司空[64]에 제수되었다.

元祐元年 卒 年六十八 贈太傅. 紹聖中 謚曰文 配享神宗廟庭. 崇寧三年 又配食文宣王廟 列于顔·孟之次 追封舒王. 欽宗時 楊時以爲言 詔停之. 高宗用趙鼎·吕聰問言 停宗廟配享 削其王封.

왕안석은 哲宗 元祐 元年(1086)에 66살의 나이로 작고하여 太傅가 追贈되었다. 紹聖 연간에는 文公이란 諡號가 내려졌고 神宗의 廟庭에 配享되었다. 徽宗 崇寧 3년(1104)에는 또 孔子廟에 配享되어 顔子와 孟子 다음 지위에 모셔졌으며 舒王에 追封되었다. 그러다 欽宗 시기에 楊時의 발언[65]에 따라 孔子廟 配享이 정지되었고, 高宗 시대에는 趙鼎과 呂聰問의 말에 따라 宗廟의 配享이 정지되는 한편 王封도 취소되었다.[66]

初安石訓釋詩·書·周禮 既成 頒之學官 天下號曰新義. 晩居金陵 又作字說 多穿鑿傅會. 其流入於佛·老. 一時學者 無敢不傳習 主司純用以取士 士莫得自名一說 先儒傳註 一切廢不用. 黜春秋之書 不使列於學官 至戱目爲斷爛朝報.

이에 앞서 왕안석은 『시경』 『서경』 『周禮』에 訓釋을 가하여 學官에 반포했다. 천하에서는 이를 '新義'라 불렀다. 만년에는 金陵에 거주하며 『字

63) 神宗 元豊 3년(1080) 9월의 일이다. 여기서 特進이란 爵制上 '舒國公'에서 '荊國公'으로 改稱됨으로써 '國公'이란 爵位는 동일하나 國等이 상승된 것을 지칭한다.
64) 여기서 司空이란 差遣이 아니라 宰相級 官階의 하나이다.
65) 이 전후의 사정에 대해서는 『宋史』 권 428, 「楊時傳」, pp.12741~12743에 상세하다.
66) 高宗 紹興 4년(1134) 8월의 일이다. 이 전후의 사정에 대해서는 『建炎以來繫年要錄』 권 79, 紹興 4년 8월 丙申(叢書集成初編本, pp.1296·1297)을 참조.

說』을 저술하였는데 대부분 견강부회하는 내용이었다. 또한 그의 학문은 불교와 도가적 색채를 깊숙히 띄고 있었다. 이러한 그의 저작에 대해 당시의 士人들은 익히지 않을 수 없었다. 과거의 시험관들은 순전히 이로써 當落을 판별하였으며 士人들은 자신의 학설을 펼 수 없었다. 先儒들의 경전 해석서는 모두 폐기되고 사용되지 않았다. 특히 왕안석은 『춘추』를 學官에서 제외시키고 심지어, '너덜너덜한 조정의 기록(斷爛朝報)' 라 조롱하기까지 했다.

安石未貴時 名震京師 性不好華腴 自奉至儉 或衣垢不澣 面垢不洗 世多稱其賢 蜀人蘇洵獨曰. "是不近人情者 鮮不爲大姦慝." 作辯姦論以刺之 謂王衍・盧杞合爲一人.

왕안석은 관직이 높아지기 전 京師에 그 이름을 드높이 떨치고 있었다. 천성적으로 좋은 의복과 맛난 음식을 좋아하지 않으며 극히 검소했다. 또 의복이 더러워도 세탁하지 않았고 얼굴에 때가 묻어도 씻지 않았다. 이러한 그를 두고 세상에서는 '賢者'라 칭했다. 하지만 사천 사람인 蘇洵만은, '이는 사람으로서의 常情에서 벗어나는 것으로 크게 간사하고 邪慝한 사람임에 틀림없다.' 라고 말하며, 「辯姦論」을 지어 비판하였다. 蘇洵은 왕안석을 王衍이나 盧杞[67]와 다를 바 없는 자라고 말했다.

安石性强忮 遇事無可否 自信所見 執意不回. 至議變法 而在廷交執不可 安石傅經義 出己意 辯論輒數百言 衆不能詘. 甚者謂'天變不足畏 祖宗不足法 人言不足恤.' 罷黜中外老成人幾盡 多用門下儇慧少年. 久之 以旱引去 洎復相 歲餘罷 終神宗世不復召 凡八年. 子雱.

67) 王衍(256~311)은 西晉의 權臣이며 盧杞는 唐 德宗 연간의 大臣. 공히 음험하였던 것으로 악명이 높다.

왕안석은 성격이 강하고 고집 세어, 어떠한 일에 대해서건 자신의 생각을 제시하며 끝내 그것을 바꾸지 않았다. 新法을 시행할 때는 조정내 인사들이 다투어 안된다고 말했으나 그는 經義를 끌어대며 자신의 의견을 펴나갔다. 그는 고집 세게 수백 마디씩 말하여 누구도 그 뜻을 꺾을 수 없었다. 심지어 그는, '天變을 두려워할 필요가 없고, 祖宗을 모범으로 삼을 필요가 없으며, 사람들의 말에 거리낄 필요가 없다.' 고까지 말했다. 新法을 시행하면서는 조정 내외의 老成한 원로들을 모두 내쫓고, 총명하지만 경박한 젊은이들을 데려다 썼다. 그 한참 후 가뭄으로 말미암아 파직되었다가 다시 재상직에 복귀하였으며, 그 일년여 만에 다시 파직되었다. 그리고 신종 시대의 마지막에 이르기까지 8년 동안 다시 불리지 않았다. 아들로는 王雱이 있다.

雱字元澤. 爲人慓悍陰刻 無所顧忌. 性敏甚 未冠 已著書數萬言. 年十三得秦卒言洮·河事 歎曰. "此可撫而有也. 使西夏得之 則吾敵彊而邊患博矣." 其後王韶開熙河 安石力主其議 蓋兆於此. 擧進士 調旌德尉.

王雱의 字는 元澤이다. 사람됨이 사납고 음험하고 각박했으며 아무 것에도 거리낌이 없었다. 매우 총명하여 성년이 되기 이전에 이미 數萬言의 저서가 있었다. 13살 되던 때 陝西의 병졸로부터 洮河와 黃河 일대의 상황에 대해 전해 듣고 탄식하며 말했다.

"이들 지역은 우리가 잘 대처하여 영유해야만 한다. 만일 西夏가 영유하게 되면 우리의 적들이 강해져 邊患이 커질 것이다."

훗날 王韶가 熙河를 經略하고 왕안석이 그에 대해 적극적인 자세를 취했던 것은 실로 여기에 그 연원이 있었던 것이다. 왕방은 이후 진사과에 급제하여 江東의 旌德縣 縣尉가 되었다.

雱氣豪 睥睨一世 不能作小官. 作策二十餘篇 極論天下事 又作老子訓傳及佛書義解 亦數萬言. 時安石執政 所用多少年 雱亦欲預選 乃與父謀曰. "執政子雖不可預事 而經筵可處." 安石欲上知而自用 乃以雱所作策及注道德經鏤板鬻于市 遂傳達於上. 鄧綰·曾布又力薦之 召見 除太子中允·崇政殿說書. 神宗數留與語 受詔註詩·書義 擢天章閣待制兼侍講. 書成 遷龍圖閣直學士 以病辭不拜.

하지만 왕방은 호기로와 세상을 업수이 내려다 보는 인물이어서 小官인 縣尉에 안주할 수 없었다. 그는 30여편의 策을 지어 天下事에 대해 적극적인 주장을 폈으며, 또『老子訓傳』및『佛書義解』를 저술했는데 이 역시 數萬言에 달했다. 당시 왕안석이 대신으로 있으며 많은 젊은이들을 발탁하였다. 왕방 역시 중앙의 정치에 참여하고 싶어 왕안석과 상의하였다.

"大臣의 아들이 政事에 참여할 수는 없겠으나 經筵官이 될 수는 있으리라."

왕안석은 神宗으로 하여금 왕방의 재능을 알아보고 직접 발탁할 수 있게 하려고, 왕방이 지은 책 및『道德經注』를 板刻하여 시중에 판매하였다. 결국 이것이 신종에게까지 전달되었고 또 한편으로 鄧綰과 曾布가 왕방을 강력히 추천하였다. 신종은 왕방을 召見한 후 太子中允兼崇政殿說書에 임명하였다. 신종은 이후 수 차례 그와 더불어 얘기를 나누고『詩義』와『書義』를 찬술하라는 명을 내린 다음 天章閣待制兼侍講에 임명하였다. 책들이 완성되자 신종은 龍圖閣直學士로 승진시켰으나 왕방이 병들어 除授되지 못했다.

安石更張政事 雱實導之. 常稱商鞅爲豪傑之士 言不誅異議者法不行. 安石與程顥語 雱囚首跣足 攜婦人冠以出 問父所言何事. 曰. "以新法數爲人所阻 故與程君議." 雱大言曰. "梟韓琦·富弼之頭于市 則法行矣." 安石遽

曰. "兒誤矣." 卒時纔三十三 特贈左諫議大夫.

왕안석이 정치를 대대적으로 개혁할 때 실상 왕방이 그것을 이끌었다. 왕방은 늘상 商鞅을 豪傑之士라고 칭찬하며, 이의를 제기하는 자를 죽이지 않으면 新法이 시행되지 않을 것이라 말했다. 언젠가 왕안석이 程顥와 더불어 애기를 나누고 있는데 왕방이 헝클어진 머리에 맨발을 하고 부인의 모자를 쓴 채 바깥으로 나왔다. 그리고 부친에게 무슨 애기를 나누고 있었느냐고 물어 왕안석이 대답했다.

"新法이 다른 사람들로부터 비판을 받고 있어 程君과 의논한 것이다."

이에 왕방이 큰 소리로 말했다.

"韓琦와 富弼의 목을 저자 거리에 매단다면 법이 아무 이상 없이 시행될 것입니다."

왕안석이 놀라 말했다.

"어린애가 허튼 소리를 하는구나"

왕방은 작고할 때 나이가 33살이었으며 사후 左諫議大夫가 追贈되었다.

唐坰者 以父任得官. 熙寧初 上書云. "秦二世制於趙高 乃失之弱 非失之彊." 神宗悅其言. 又云. "青苗法不行 宜斬大臣異議如韓琦者數人." 安石尤喜之 薦使對 賜進士出身 爲崇文校書. 上薄其人 除知錢塘縣. 安石欲留之 乃令鄧綰薦爲御史 遂除太子中允. 數月 將用爲諫官 安石疑其輕脫 將背己立名 不除職 以本官同知諫院 非故事也.

唐坰은 부친의 門蔭으로 관직을 얻었다. 熙寧 연간초에 상서하여 다음과 같이 말했다.

"秦 二世 황제는 趙高에게 제어를 받았으니 秦은 군주권의 연약함 때문에 잘못된 것이지 폭정 때문에 잘못된 것이 아닙니다.”

신종은 그 말을 좋아했다. 그는 또 말했다.

“청묘법이 행해지지 않는데 마땅히 韓琦와 같이 이의를 제기하는 대신 몇 명을 참수해야 할 것입니다.”

왕안석 또한 그의 말에 기뻐하여 그를 추천하여 신종과 면대하게 하고, 賜進士出身[68]을 부여한 다음 崇文校書로 삼았다. 하지만 신종은 그의 사람됨이 경박스럽다 여겨 錢塘縣 知縣으로 내려보냈다. 이에 왕안석은 그를 조정에 붙잡아 두기 위해 鄧綰으로 하여금 御史로 추천하게 해서 마침내 그는 太子中允이 되었다. 그 몇 달 뒤 그가 諫官으로 임용되려 할 때, 왕안석은 그가 경박스러워 신뢰할 수 없으며 장차 자신을 배반함으로써 명성을 얻으려 할지도 모른다고 판단하였다. 그래서 諫官에 임명하지 아니하고 本官 그대로 同知諫院에 임명하였다. 이는 관례에 어긋난 조치였다.

坰果怒安石易己 凡奏二十疏 論時事 皆留中不出. 乃因百官起居日 扣陛請對 上令諭以他日 坰伏地不起 遂召升殿. 坰至御坐前 進曰. “臣所言 皆大臣不法 請對陛下一一陳之.” 乃搢笏展疏 目安石曰. “王安石近御坐 聽劄子.” 安石遲遲 坰訶曰. “陛下前猶敢如此 在外可知!” 安石悚然而進. 坰大聲宣讀 凡六十條 大略以“安石專作威福 曾布等表裏擅權 天下但知憚安石威權 不復知有陛下. 文彦博·馮京知而不敢言. 王珪曲事安石 無異厮僕.” 且讀且目珪 珪慚懼俛首. “元絳·薛向·陳繹 安石頤指氣使 無異家奴. 張琥·李定爲安石爪牙 臺官張商英乃安石鷹犬. 逆意者雖賢爲不肖 附已者雖不肖爲賢.” 至詆爲李林甫·盧杞. 上屢止之 坰慷慨自若 畧不退懾. 讀已下殿再拜而退. 侍臣衛士 相顧失色 安石爲之請去. 閤門糾其瀆亂朝儀 貶

68) 有出身, 즉 과거급제자가 아닌 자에 대해 특혜를 베풀어 중용하기 위해 내리는 칭호. 同進士出身, 혹은 賜出身이라 칭하기도 한다.

潮州別駕. 鄧綰申救之 且自劾繆舉. 安石曰. "此素狂 不足責." 改監廣州軍資庫 後徙吉州酒稅 卒官.

아니나 다를까 唐坰은 왕안석이 자신을 가벼이 대했다고 화가 나서 20여 차례나 상주문을 올려 시국 문제를 논했다. 하지만 모두 황제가 조정으로 내려보내지 않았다. 唐坰은 百官들이 조정에 집결하는 날을 골라 신종에게 알현을 요청하였다. 신종은 다른 날 다시 찾아오라 명하였으나 그는 땅에 엎드린 채 일어서지 않았다. 결국 신종은 그를 불러 殿 위로 올라오라 일렀다. 당경은 御座 앞에 이르러 말했다.

"臣이 말하고자 하는 것은 모두 大臣의 不法에 관한 것입니다. 폐하께 하나하나 아뢰겠습니다."

이어 그는 笏을 腰帶에 꽂은 후[69] 상주하기 시작했다. 먼저 왕안석을 쳐다보며 말했다.

"왕안석은 御座 곁으로 다가서서 상주문을 들으라."

왕안석이 머뭇거리자 당경은 꾸짖었다.

"폐하 앞에서도 감히 이러하거늘 바깥에서야 오죽하겠는가?"

왕안석은 송구스러워 하며 다가섰다.

당경은 큰 소리로 읽어 내려갔다. 모두 60條였는데 그 대체적인 내용은 다음과 같았다.

"왕안석은 멋대로 위세를 부리고 禍福을 좌우하고 있습니다. 曾布 등은 왕안석과 表裏를 이루어 권세를 장악하고 있습니다. 그래서 천하 사람들은 다만 왕안석의 위세만을 두려워할 뿐 폐하가 계시다는 것을 모르고 있습니다. 文彦博과 馮京은 이러한 사실을 알면서도 감히 말하지 않고 있습니다. 王珪는 뜻을 굽혀 왕안석을 섬기고 있는데 奴僕이나 다를 바 없습

69) 朝見時의 의례. 執笏하기도 한다.

니다."

그는 읽어 내려가는 한 편으로 王珪를 쳐다보았다. 王珪는 부끄럽고 두려워 고개를 숙였다.

"元絳·薛向·陳繹은 왕안석이 턱으로 부리다시피 하는 존재들로서 家奴와 다를 바 없습니다. 張琥·李定은 왕안석의 앞잡이이며, 臺官 張商英은 왕안석의 개나 매입니다. 왕안석의 뜻을 거스르는 자는 賢者도 不肖者가 되고 반대로 그에 아부하는 자는 不肖者도 賢者가 됩니다."

그는 왕안석을 李林甫와 盧杞라고까지 공박하였다. 신종은 그 사이 몇 차례나 제지하였으나 당경은 의분에 찬 모습으로 계속하며 전연 위축되지 않았다. 읽기를 마치자 殿에서 내려가 두 번 절한 후 물러갔다. 이에 侍臣과 衛士들은 서로 돌아보며 사색이 되었고 왕안석은 사직을 요청하였다. 閤門[70]에서는 당경이 조정의 체통을 모독하고 어지럽혔다고 탄핵하여 潮州別駕로 좌천되었다. 이후 鄧綰은 자신이 당경을 잘못 추천했으니 자기 잘못이라며 스스로 파직을 요청하였다. 왕안석이 말했다.

"이 자는 본디 미치광이니 자책할 필요 없소."

당경은 이후 監廣州軍資庫가 되었다가 吉州酒稅로 옮겨졌고 이 관직에 있다 죽었다.

論曰. 朱熹嘗論安石. "以文章節行高一世 而尤以道德經濟爲已任. 被遇神宗 致位宰相 世方仰其有爲 庶幾復見二帝三王之盛. 而安石乃汲汲以財利兵革爲先務 引用凶邪 排擯忠直 躁迫强戾 使天下之人 囂然喪其樂生之心. 卒之羣姦嗣虐 流毒四海 至於崇寧·宣和之際 而禍亂極矣." 此天下之公言也. 昔神宗欲命相 問韓琦曰. "安石何如?" 對曰. "安石爲翰林學士則有餘 處輔弼之地則不可." 神宗不聽 遂相安石. 嗚呼! 此雖宋氏之不幸 亦

70) 閤門에 대해서는 주 8)을 참조.

安石之不幸也.

論贊하여 말한다. 朱熹는 일찍이 왕안석에 대해 다음과 같이 논한 바 있다.

"그는 文章과 節行으로 그 이름이 한 시대를 풍미하였고 도덕과 經濟를 자신의 사명이라 여겼다. 이후 신종의 知遇를 입어 재상의 자리에 오르자, 세상에서는 우러러보며 장차 큰 偉業을 남겨서[71]의 盛世를 재현할 것이라 기대했다. 하지만 그는 財利와 軍功에 급급하여 간사한 무리들을 등용하고 충직한 관원들을 배척한 채 백성들을 급하게 몰아세우며 많은 부담을 지웠다. 그리하여 천하 사람들로 하여금 편안히 살아가지 못하게 만들었다. 급기야 이를 기화로 간사한 무리들이 온갖 수탈을 자행하여 그 毒이 四海에 두루 퍼졌다. 崇寧과 宣和 연간에는 그 禍亂이 극도에 달하였다."

이는 天下의 공식적인 평가이다. 이에 앞서 신종이 재상을 새로이 임용하려고 韓琦에게 물었다.

"왕안석은 어떻소?"

韓琦가 대답하였다.

"왕안석은 翰林學士로서는 매우 유능한 인물이나 재상 직위에 올라서는 안되는 사람입니다."

신종은 이 말을 듣지 않고 끝내 왕안석을 재상으로 삼았다. 嗚呼라, 이는 비단 宋室의 불행이었을 뿐만 아니라 왕안석에게도 불행이었다.

---

71) 二帝와 三王 二帝는 堯와 舜, 三王은 夏의 禹王, 商의 湯王, 周의 文王과 武王을 가리킨다.

2. 송사 사마광전

宋史 司馬光傳

해 제

《宋史》는《遼史》 및《金史》와 함께 元 말기에 편찬된 正史이다. 역대 正史들 가운데 최대의 분량으로서 총 496권에 달한다. 하지만 그 찬술 기간은 겨우 2년여에 불과했다. 이처럼 방대한 분량임에도 불구하고 단기간에 완성될 수 있었던 것은 그 찬술의 근거자료가 잘 구비되어 있었기 때문이다.

宋代는 전통사학의 전성기 가운데 하나였다고 일컬어진다. 起居院 · 日曆所 · 實錄院 · 國史院 · 會要所 등 각종 修史機構가 완비되었을 뿐만 아니라 기전체 · 편년체 · 기사본말체 · 政書類 · 史評 등 다양한 형태의 사학 저작이 출현하였다. 통상 이러한 송대 사학의 흥성에는 성리학의 발흥이 커다란 영향을 주었다고 평가되고 있다. 그 결과 13세기 후반 南宋이 元에 의해 멸망되었을 때 수도 臨安에는 수많은 사학 저술들이 존재하였고, 이것이 거의 손상됨 없이 元都의 國史院으로 인계되었다. 그 중에서도《宋史》 저술 시 가장 중요한 참고의 대상이 되었던 것은 宋代를 통해 간단 없이 찬술되었던《國史》였다.《國史》란 신임 황제가 즉위한 후 이전 황제 시기의 역사를 紀傳體 형식으로 편찬한 것이었다. 송대에는 太祖 이래 남송의 寧宗에 이르기까지 도합 13부의《國史》가 존재하였고 이것이 고스란히 元으로 넘겨져《宋史》의 편찬 과정에서 참고자료가 되었던 것이다.

그렇다 해도《宋史》는 단기간에 다소 졸속으로 찬술되었던 관계로 여러 문제점을 안고 있다. 이 점에 대해서는 고래로 많은 史評家들의 지적이 있었거니와 그 비판의 주안점은 사실 관계의 착오, 체제 내지 형식상의 혼란, 그리고 특정 자료에의 지나친 의존으로 말미암은 편향된 시각 등이었다. 그러한 졸속은 심지어 동일 인물의 열전이 두 곳에 중복되어 설정되기도 하는 점(권 357 및 권 453의〈李熙靖傳〉)에서 단적으로 드러난다.

〈司馬光傳〉 역시 그러한《宋史》 편찬과정의 문제점을 그대로 반영하고 있다고 할 수 있다.〈司馬光傳〉은 대소 45개의 사건 내지 일화로 구성되어 있는 바, 그 모두 예외 없이 사마광의 嘉言懿行이라 할 만한 것들 뿐이다. 사마광의 어두운 면이라든가 혹은 정책적 실수 등은 전연 언급되고 있지 않다.《송사》〈사마광전〉에 의거하는 한 사마광은 성실하고 엄정한 인격형이었을 뿐만 아니라 모든 정치 행위에 있어 완벽하게 절대선을 구현하였던 인물이었다. 심지어 타인의 비판조차도 그의 통찰력 내지 엄정함을 수식하는 자료로 등장할 뿐이다.

하지만 역사인물 사마광이《송사》〈사마광전〉에 묘사되어 있듯 완전한 인격과 균형감각을 지닌 존재는 결코 아니었다. 특히 神宗 死後 재상 직위에 올라 일체의 신법에 대해 是非論斷을 불허하고 일률적으로 舊法으로 대체시켰던 점은, 구법당 내부에서도 논란의 대상이 되었던 바 있다. 만년의 사마광은 新法 및 왕안석에 대한 반대에 과도하게 집착하고 있었다. 元祐 舊黨內의 파쟁이라든가 紹述政治 이후의 新舊 양당 간 감정적 대립 등에 있어서도 사마광은 책임을 면키 어렵다 할 것이다. 그러나〈사마광전〉에서는 만년의 사마광에 대해 단 한 마디의 유보도 가하지 않은 채 상찬으로 일관하고 있으며, 오히려 '哲人인 사마광이 急逝하는 바람에 문제가 생겼다'고 말하고 있을 정도이다.

그렇다면《송사》〈사마광전〉은 어떠한 자료들을 근거로 하여 찬술되었던 것일까? 앞서《송사》가 송대의《國史》에 크게 의거하였다는 사실을 말한 바 있지만 현재《國史》는 모두 산일되고 남아있지 않다. 현존하는 송대의 자료 등을 통해 검토하건대, 송대의《國史》 및 이에 크게 의거하였다고 일컬어지는《송사》의 〈사마광전〉은 기본적으로 蘇軾이 撰述한 司馬光의 行狀(《蘇軾文集》 권 16, 〈司馬溫公行狀〉, 北京, 中華書局, 中國古典文學基本叢書本, 1986)을 바탕으로 기술되었던 것이라 여겨진다. 실제로 《송사》 〈사마광전〉의 기술형식 자체 〈司馬溫公行狀〉과 완전히 동일하며 문장도 그대로 채록하는 경우가 허다하다. 〈사마광전〉을 구성하고 있는 도합 45개의 사건 내지 일화 가운데 단 두 개를 제외한 나머지가 모두 소식의 〈司馬溫公行狀〉을 거의 그대로 답습하고 있다. 구조적으로 볼 때 《송사》 〈사마광전〉은 〈司馬溫公行狀〉에 절대적으로 의존하고 있다고 판단된다.

〈司馬溫公行狀〉의 撰者 蘇軾은 사마광과 긴밀한 유대를 지니고 있는 인물이었다. 왕안석의 신법 정치에 시종일관 반대의 입장에 서 있었다는 점을 제외하고도 양인 사이에는 특별한 사적 관계가 있었다. 다름 아니라 蘇軾의 實弟이자 평생을 통해 최고의 교분을 나누는 知友라 할 수 있는 蘇轍이, 과거시험 응시 당시 사마광의 절대적 도움에 힘입어 급제할 수 있었던 것이다. 그런 만큼 蘇軾 撰述의 〈司馬溫公行狀〉이 사마광에 대해 철저한 상찬 일변도의 자세를 취하고 있는 것도 어찌 보면 당연한 귀결이라 할 것이다.

阿魯圖는 《송사》를 완성지은 후 〈進宋史表〉에서 그 撰述의 원칙이, '道德을 높이고 公利를 내치는 것(崇道德而黜功利)'에 있었다고 밝히고 있다. 또한 송대의 역사를 개괄하며 王安石의 新法이 '憲章을 문란시킴으로써 粉紜과 荒亂을 초래했다'고 말하고 있다. 《송사》는 철저히 신법에 대한 반대의 입장에 서 있었던 것이며, 그러한 견지에서 功利를 주창하는 왕안석에 대한 반대는 도덕적 善과 동일한 것으로 평가되었다. 《송사》 〈사마광전〉이 그 열전의 주인공과 격별한 사적 관계에 있었던 인물인 蘇軾이 撰述한 〈司馬溫公行狀〉에 거의 전적으로 의존하고 있었던 점, 그리고 그 밖의 자료에는 거의 눈을 돌리지 않고 있는 점, 나아가 사마광을 道德 및 정치적 감각을 구비한 이상적 인간으로 묘사하고 있는 점 등은, 바로 그러한 《송사》의 구조적 성격 내지 그 편찬의 태도를 잘 반영하는 것이라고 할 것이다.

○○○

司馬光字君實 陝州·夏縣人也. 父池 天章閣待制. 光生七歲 凛然如成人 聞講《左氏春秋》愛之 退為家人講 即了其大指. 自是手不釋書 至不知饑渴寒暑. 羣兒戲于庭 一兒登甕 足跌没水中 衆皆棄去 光持石擊甕破之 水迸 兒得活. 其後京·洛間畫以為圖. 仁宗寶元初 中進士甲科. 年甫冠 性不喜華靡 聞喜宴獨不戴花 同列語之曰"君賜不可違." 乃簪一枝.

司馬光은 字가 君實이고 陝州 夏縣 사람이다. 부친은 司馬池로서 天章閣待制를 역임하였다. 사마광이 일곱 살 되었을 때 당당한 위엄이 있어 마치 成人처럼 보였다. 이 무렵《春秋左氏傳》을 배우고 나서 매우 좋아하여 집에 돌아온 다음 집안 사람들에게 얘기해 주었는데 그 대의를 정확히 꿰뚫고 있었다. 이때로부터 언제나 손에서 책을 떼지 않고 공부하였으며, 심지어 배고프고 목마른 것이라든가 춥고 배고픈 것까지 잊을 정도였다. 한 번은 다른 아이들과 함께 뜰에서 놀다가, 어느 아이가 큰 단지 위에 올라가서는 발을 헛디뎌 물속에 빠져 버리는 일이 발생했다. 다른 아이들은 놀라서 모두 도망갔다. 하지만 사마광은 홀로 남아 돌로 단지를 깨부수어 물이 빠지게 하였고 이로 인해 아이가 살아날 수 있었다. 이 후 東京과 낙양 인근에서는 이 일을 그림으로 그렸다고 한다. 仁宗 寶元 初年 사마광은 進士 甲科에 급제하였다.[1] 당시 그는 갓 성년이 된 나이였는데 화려하고 사치스러운 것을 좋아하지 않아서 聞喜宴[2] 석상에서 그 혼자만 머리에

---

1) 寶元 元年(1038년)의 일로서 당시 司馬光의 나이는 20세였다. 進士 甲科란, 進士科 합격자 가운데 第一等 혹은 第一甲을 의미한다. 송대 과거합격자는 唐制를 沿用하여 數等 혹은 數甲으로 나뉘어져 있었다. 이 가운데 第一等 혹은 第一甲을 甲科, 第二等 혹은 第二甲을 乙科, 第三等 혹은 第三甲을 丙科 등으로 俗稱하였다.

2) 進士科 합격자 발표 후 조정에서 新進士들을 소집하여 베푸는 축하연. 唐代부터 연원하여 五代와 宋代, 明淸時代로 계승되었다.《燕翼詒謀錄》에서는 聞喜宴에 대

꽃을 꽂지 않았다. 이를 보고 동료가, '황제 폐하의 하사품을 버려두면 안 된다.' 고 말하자 어쩔 수 없이 한 가지만 머리에 꽂았다.

除奉禮郎 時池在杭 求簽蘇州判官事以便親 許之. 丁內外艱 執喪累年 毁瘠如禮. 服除 簽書武成軍判官事 改大理評事 補國子直講. 樞密副使龐籍薦爲館閣校勘 同知禮院.

이후 奉禮郎[3]에 제수되었는데 당시 부친인 司馬池가 杭州에 있었기 때문에, 그는 부친을 모시기 편하도록 簽蘇州判官事 직위를 요청하여 허락 받았다. 얼마 후 양친이 차례로 세상을 떠나자 여러 해에 걸쳐 服喪[4]하였는데 그 동안 슬픔으로 인해 수척해졌다. 服喪 기간이 끝나자 簽書武成軍判官事에 임명되었다가 大理評事로 전임되어 國子直講에 임명되었다.[5] 또 그 후 樞密副使인 龐籍의 추천으로 館閣校勘으로 승진하여 同知禮院[6]에 임명되었다.

中官麥允言死 給鹵簿. 光言 "繁纓以朝 孔子且猶不可. 允言近習之臣 非

해, "故事 唱第之後 醵錢於曲江爲聞喜之歌. 近代於明園佛廟 至是官爲供帳 歲以爲常. 先是進士參選方解褐衣祿 是歲錫宴後五日癸酉 詔賜新進士幷諸科人綠袍·靴·笏. 自後以唱第日賜之 惟賜袍·笏 不復賜靴."라 기록하고 있다(권 1, p.4, 中華書局, 唐宋史料筆記, 1981).

3) 從9品上의 寄祿官. 太常寺奉禮郎의 略稱이다.

4) 모친인 聶氏는 寶元 2年(1039)에, 부친인 司馬池는 그 2년 후인 慶曆 元年(1041)에 작고하였다. 사마광은 모친상 직후부터 慶曆 4년(1044)까지 服喪하였다.

5) 大理評事는 官俸을 지급하는 기준인 官階(총35階 가운데 34번째)이며, 國子直講은 職事官(差遣, 실제의 담당 직무)이다.

6) 館閣校勘은 職(貼職)의 명칭. 職이란 學行과 德望을 상징하는 표지로서 통상 職事官(差遣) 및 本官(階官)과 함께 連稱된다. 館閣校勘은 최말단 館職으로서 京官이 充任된다. 同知禮院은 文物制度를 主持하는 職事官(差遣)으로 同持禮儀院事 혹은 同知院 등으로 簡稱되었다.

有元勳大勞 而贈以三公官 給一品鹵簿 其視繁纓 不亦大乎." 夏竦賜謚文正 光言 "此謚之至美者 竦何人 可以當之?" 改文莊. 加集賢校理.

환관 麥允言이 죽자 鹵簿[7]를 지급해 주었다. 이에 사마광이 말했다.

"大臣이 繁纓을 하고 臨朝하는 것에 대해서도 孔子께서는 안 된다 하셨습니다.[8] 麥允言은 측근의 신하일 뿐 큰 공훈이나 勞苦가 있었던 인물이 아닙니다. 그럼에도 불구하고 三公의 관직을 추증하고 一品官의 鹵簿를 주는 것은, 大臣이 繁纓하는 것과 비교하여 더욱 지나친 것이라 해야 되지 않겠습니까?"

또 조정에서 夏竦에게 '文正'이란 시호를 내리자 사마광이 말했다.

"이는 시호 가운데 가장 영예로운 것이다. 대체 夏竦이 누구길래 이러한 시호를 내릴 수 있단 말인가?"

결국 하송에게는 '文莊'이 내려졌다. 이어 사마광은 集賢校理가 되었다.

從龐籍辟 通判并州. 麟州屈野河西多良田 夏人蠶食其地 為河東患. 籍命光按視 光建 "築二堡以制夏人 募民耕之 耕者衆則糴賤 亦可漸紓河東貴糴遠輸之憂." 籍從其策 而麟將郭恩勇且狂 引兵夜渡河 不設備 沒於敵 籍得罪去. 光三上書自引咎 不報. 籍沒 光升堂拜其妻如母 撫其子如昆弟 時人賢之.

---

7) 帝王의 車駕에 부수하는 의장대. 이와 관련하여 葉夢得은《石林燕語》에서, "大駕儀仗 通號鹵簿 蔡邕《獨斷》已有此名. 唐人謂鹵 櫓也 甲楯之別名. 凡兵衛以甲楯居外爲前導 捍蔽其先後 皆著之簿籍 故曰鹵簿."라 기록하고 있다(권 4, p.50, 中華書局, 唐宋史料筆記, 1984).

8) 繁纓이란 말의 장식으로서 繁은 腹帶, 纓은 頸革. 모두 天子 및 諸侯만이 취할 수 있는 服飾이다. 이를 大夫에게 허용했으므로 孔子가 탄식한 것이다.《左傳》成公 2년조에 출현한다.

그 후 사마광은 龐籍의 부름(徵辟)을 받고서 幷州의 通判이 되었다.[9] 당시 麟州 屈野河의 서쪽에는 비옥한 토지가 많았는데, 西夏에서 야금야금 잠식하여 하동 일대의 근심 거리가 되어 있었다. 방적이 사마광에게 명하여 그 일을 처리하게 하자, 사마광은 다음과 같이 건의하였다.

"두 개의 보루를 쌓아 서하를 방어하면서 백성을 모집하여 그 땅을 경작시킵시다. 그리하여 경작자가 많아진다면 穀價도 저렴해질 것이고, 그렇게 되면 먼 거리로부터 곡물을 운송시켜 비싸게 구입해야 하는 하동 일대의 근심도 약간 덜 수 있을 것입니다."

방적은 그 말에 따르기로 했다. 그런데 麟州의 장수 郭恩이란 인물이 용감하지만 무모하여 밤에 병사를 이끌고 아무런 방비도 없이 屈野河를 건너 서하를 공격했다가 대패해 버렸다. 이 일로 방적은 처벌을 받아 파면되었다. 사마광은 세 차례나 上書하여 자신의 잘못 때문이라고 주장하였지만 받아들여지지 않았다. 방적이 죽자 사마광은 방적의 처를 모친처럼 받들어 모셨으며 그 아들들을 마치 형제처럼 보살폈다. 이를 보고 사람들이 그 인품을 칭찬하였다.

改直秘閣 · 開封府推官. 交趾貢異獸 謂之麟 光言 "真僞不可知 使其真非自至不足為瑞 願還其獻." 又奏賦以風. 修起居注 判禮部. 有司奏日當食故事食不滿分 或京師不見 皆表賀. 光言 "四方見京師不見 此人君為陰邪所蔽 天下皆知而朝廷獨不知 其為災當益甚 不當賀." 從之.

이어 사마광은 直秘閣으로서 開封府推官에 임명되었다.[10] 그 무렵 交趾에서 기이한 동물을 바치며 기린이라 하는 일이 있었다. 이에 사마광이

---

9) 仁宗 至和 2년(1055)의 일로서 당시 사마광은 37살이었다. 幷州는 河東路의 路治인 太原府를 일컫는다.

10) 仁宗 嘉祐 3년(1058)의 일이다.

말했다.

"진짜 기린인지 아닌지는 알 수 없는 일이거니와, 설령 진짜라 하더라도 스스로 우리 조정에 온 것이 아니므로 祥瑞라 할 수 없습니다. 되돌려 보내는 것이 좋겠습니다."

이와 함께 그는 賦[11]를 하나 지어 올리며 그러한 뜻을 개진하였다. 이후 그는 修起居注로서 判禮部에 임명되었다. 이때 天文 담당 관원으로부터 장차 日食이 있을 것이란 상주가 올려졌다. 그런데 日食이 일정 정도에 도달하지 않거나 혹은 京師에서 보이지 않을 경우, 群臣들이 모두 상주하여 경하하는 것이 관례였다. 사마광이 말했다.

"사방에서 다 보였는데 경사에서만 보이지 않았다면 이는 人君이 간사한 무리에 의해 가리워져 있음을 의미하는 것입니다. 또 천하가 모두 아는데 조정에서만 모르고 있다면 그 재난은 더욱 엄중해질 것입니다. 경하해서는 안 됩니다."

결국 이 말이 채택되었다.

同知諫院. 蘇轍答制策切直 考官胡宿將黜之 光言"轍有愛君憂國之心 不宜黜."詔寘末級.

同知諫院이 되었다. 당시 蘇轍이 과거에 응시하여 策問에 답하며 매우 격렬한 답안을 제출하자 考官인 胡宿이 낙제시키려 했다.[12] 이에 사마광이 말했다.

"소철은 군주를 사랑하고 국가를 걱정하는 마음을 지니고 있습니다. 떨어뜨려서는 안 됩니다."

---

11) 《傳家集》 권 1의 〈交趾獻奇獸賦〉를 가리킨다.

12) 仁宗 嘉祐 6년(1061)의 일이었다(孔凡禮, 《蘇轍年譜》, 北京, 学苑出版社, 2001 pp.35~38 참조).

仁宗은 詔를 내려 소철을 하위 성적으로 급제시키도록 했다.

仁宗始不豫 國嗣未立 天下寒心而莫敢言. 諫官范鎮首發其議 光在并州聞而繼之 且貽書勸鎮以死爭. 至是 復面言"臣昔通判并州 所上三章 願陛下果斷力行." 帝沈思久之 曰"得非欲選宗室為繼嗣者乎? 此忠臣之言 但人不敢及耳." 光曰"臣言此 自謂必死 不意陛下開納." 帝曰"此何害 古今皆有之." 光退未聞命 復上疏曰"臣向者進説 意謂即行 今寂無所聞 此必有小人言陛下春秋鼎盛 何遽為不祥之事. 小人無遠慮 特欲倉卒之際 援立其所厚善者耳. '定策國老''門生天子'之禍 可勝言哉?" 帝大感動曰"送中書." 光見韓琦等曰"諸公不及今定議 異日禁中夜半出寸紙 以某人為嗣 則天下莫敢違." 琦等拱手曰"敢不盡力." 未幾 詔英宗判宗正 辭不就 遂立為皇子 又稱疾不入. 光言"皇子辭不貲之富 至于旬月 其賢于人遠矣. 然父召無諾 君命召不俟駕 願以臣子大義責皇子 宜必入." 英宗遂受命.

처음 仁宗의 건강이 안 좋아졌을 때[13] 아직 後嗣가 정해지지 않은 상태라서 天下가 걱정하였지만 누구 한 사람 감히 말하고 나서는 자가 없었다. 이런 때 諫官인 范鎭이 그 논의를 처음으로 제기하였다. 사마광은 당시 幷州通判으로 있었는데 그 소식을 듣고 뒤를 이어 상주문을 올리는 한편 范鎭에게 서신을 보내 죽기를 다해 간언하라고 말했다. 사마광은 諫官이 되자 다시 인종을 면대하고 말했다.[14]

"臣은 전에 幷州通判으로 있을 때 세 차례 상주문을 올린 바 있습니다. 원컨대 폐하께서 과감히 결단을 내려 실행에 옮겨 주십시오."

仁宗은 오랫 동안 생각한 후 대답했다.

---

13) 仁宗 嘉祐 元年(1056)의 일이다.

14) 仁宗 嘉祐 6년(1061) 閏8월 26일의 일이다. 이에 앞서 사마광은 嘉祐 6년(1061) 7월 同知諫院에 임명되었다.

"宗室 가운데서 後嗣者를 가리자는 말이 아니오? 이는 忠臣의 말이오. 다만 아무도 감히 말하지 못했던 것일 뿐이오."

사마광이 말했다.

"臣은 이 말을 꺼낼 때 죽음까지도 각오했습니다. 폐하께서 이렇게 흔쾌히 받아들여 주실 줄은 몰랐습니다."

"그 말에 무슨 문제가 있소? 古今에 모두 그런 전례가 있소이다."

사마광은 물러나 기다렸으나 아무 후속 명령이 취해지지 않자 다시 상주하였다.

"臣이 지난 번 아뢴 말씀에 대해 폐하께서는 즉시 실행시킬 것이라 말씀하셨습니다. 그런데 지금까지 아무 소식이 없는 것을 보면 어느 小人인가 폐하께,

'폐하는 아직 春秋가 한창이신데 어찌 서둘러 이러한 상서롭지 못한 일을 하신단 말입니까?'

라고 아뢴 것이 틀림없다고 생각됩니다. 小人들에게는 조정을 위한 깊은 고려가 없습니다. 오직 창졸간 큰 일이 벌어졌을 때 자신들과 가깝고 편한 사람을 황제로 세우려 할 뿐입니다. 政策國老니 門生天子니 하는 재앙[15]이 얼마나 컸습니까?"

인종은 크게 감동하여 말했다.

"논의를 中書로 내려 보내도록 하시오."

사마광이 中書로 가서 韓琦 등을 보고 말했다.

"諸公들이 지금 서둘러 논의를 결정짓지 않으면, 훗날 한 밤중에 禁中으로부터 종이 한 장이 내려와 누구를 後嗣로 삼으라 할 것이오. 그러면 천

15) 唐 후반기 환관들이 朝政을 장악하고 恣意로 황제를 廢立하던 상황을 가리킨다. 신황제의 冊立이 환관들의 意中에 의해 결정되니, 天子는 환관의 문하생이나 진배없는 존재(門生天子)이고, 반면 환관들은 天子의 결정이라는 국가의 大策을 결정하는 원로(定策國老)라는 의미이다.

하의 누구도 그것을 거스를 수 없을 것이외다."

韓琦 등은 손을 맞잡으며 말했다.

"어찌 온 힘을 다하지 않을 수 있겠소?"

얼마 후 英宗을 判宗正司[16]로 삼는다는 詔勅이 내려졌지만 英宗은 고사하며 그 직책을 맡으려 하지 않았다. 그 후에는 드디어 英宗을 皇子로 세웠다. 하지만 병을 이유로 응하지 않았다. 사마광이 말했다.

"皇子께서는 天下라는 엄청난 재물을 두고도 무려 열 달 동안[17]이나 사양하고 있습니다. 그러니 그 賢德함은 보통 사람을 멀리 뛰어넘는다 할 것입니다. 하지만 부친이 소환하는데 응낙이 없으며 君命으로 부르는데도 달려와 御駕를 기다리지 않는 셈입니다. 원컨대 신하된 도리를 들어 皇子를 책망하십시오. 그리하면 반드시 들어와 命을 받들 것입니다."

마침내 영종은 命을 받아들였다.

兗國公主嫁李瑋 不相能 詔出瑋衛州 母楊歸其兄璋 主入居禁中. 光言 "陛下追念章懿太后 故使瑋尚主. 今乃母子離析 家事流落 獨無雨露之感乎? 瑋既黜 主安得無罪?" 帝悟 降主沂國 待李氏恩不衰.

兗國公主가 李瑋에게 시집갔는데 서로 사이가 좋지 않아, 詔를 내려 李瑋를 衛州로 내보내고 그 모친 楊氏는 이위의 형인 李璋에게 보냈으며,

---

16) 宗室 관련 업무를 총괄하는 기구인 大宗正司의 장관. 大宗正司의 장관은 知大宗正司事이지만, 황제의 近屬人이나 宰相 등의 관위를 역임한 인물일 경우 '判'이란 글자를 부여하였다. 英宗의 부친 汝南王(후일의 濮王)이 전후 20여년간 知大宗正司事 및 判宗正司를 역임한 바 있다. 仁宗 嘉祐 6년(1061) 10월 후일의 英宗을 判宗正司에 임명할 당시 英宗은 부친상 중이었다. 그럼에도 불구하고 부친인 濮王이 장년간 담당하던 직위를 수여함으로써 특별한 은혜 및 의미를 전달하고자 했던 것이다.

17) 嘉祐 6년(1061) 10월 判宗正司 직위의 수여에 대해 服喪을 이유로 固辭한 이래 이듬해 9월 마침내 수락하기까지의 기간을 말한다.

공주는 궁중에 들어와 살게 했다. 이에 사마광이 말했다.

"폐하께서는 章懿太后를 追念하여 이위를 공주의 배필로 맞이하셨습니다.[18] 그런데 이제 이위의 母子를 떨어지게 하고 家事가 영락하게 만드셨으니 어찌 그들에게 폐하를 원망하는 마음이 없겠습니까? 또한 이위가 쫓겨난 마당에 공주에게 죄가 없다 할 수 있겠습니까?"

황제는 뉘우치고 공주를 沂國公主로 강등시켰으며 이위의 가문에 대해서는 변함없이 특별히 대해 주었다.

進知制誥 固辭 改天章閣待制兼侍講·知諫院. 時朝政頗姑息 胥史諠譁則逐中執法 輦官悖慢則退宰相 衛士凶逆而獄不窮治 軍卒詈三司使而以為非犯階級. 光言皆陵遲之漸 不可以不正.

이후 사마광은 知制誥로 발탁되었지만 고사했다. 그러자 天章閣待制兼侍講· 知諫院에 임명되었다. 당시 조정의 정치가 매우 고식적이고도 관대하여, 서리들이 소란을 피우면 中執法[19]을 내쫓으며 輦官[20]들이 행패를 부리면 宰相을 퇴진시켰다. 또 衛士들이 凶逆을 범해도 사건을 엄밀히 다스리지 않으며 군졸들이 三司使를 욕해도 위계 침범이라 하지 않았다. 이에 대해 사마광은, '모두 기강해이의 조짐이니 바로잡지 않으면 안 된다'

18) 章懿太后는 仁宗의 生母인 李宸妃를 가리킨다. 仁宗은 출생 직후 章獻皇后 劉氏에 의해 입양되어, 章獻太后가 死去할 때까지 자신에게 生母가 따로 있다는 사실을 알지 못했다. 章獻太后 死後에야 비로소 李宸妃가 生母였다는 사실을 알고 章懿太后로 追尊하였다. 이때의 사정에 대해 《宋史》에서는, "後章獻太后薨 燕王爲仁宗言. '陛下乃李宸妃所生 妃死以非命.' 仁宗號慟頓毁 不視朝累日 下哀痛之詔自責 尊宸妃爲皇太后."(권 242, 〈李宸妃傳〉, 中華書局 標點校勘本, p.8617)라 적고 있다. 李瑋는 章懿太后의 實弟인 李用和의 아들이었다.

19) 御史中丞의 簡稱. 中丞·臺丞·中司·中憲·臺長 등으로 지칭되기 한다.

20) 황제의 御輦을 메는 役夫. 선발이 매우 엄격하여 일정 身長·視力 이상을 지니고 있어야 했으며 질병과 科犯이 없는 40세 이상으로 충원하였다(《宋會要輯稿》〈職官〉 19之20 참조).

고 말했다.

充媛董氏薨 贈淑妃 輟朝成服 百官奉慰 定謚 行册禮 葬給鹵簿. 光言"董氏秩本微 病革方拜充媛. 古者婦人無謚 近制惟皇后有之. 鹵簿本以賞軍功 未嘗施於婦人. 唐平陽公主有擧兵佐高祖定天下功 乃得給. 至韋庶人始令妃主葬日皆給鼓吹 非令典 不足法." 時有司定後宮封贈法 后與妃俱贈三代 光論"妃不當與后同 袁盎引却愼夫人席 正為此耳. 天聖親郊 太妃止贈二代 而況妃乎?"

充媛 董氏가 죽자 淑妃를 追敍하고 황제는 朝會를 그친 다음 상복을 입었다. 또 百官들은 奉慰[21]하였으며 시호를 정하여 책봉하는 예를 행하고 장례시 鹵簿를 지급했다. 이에 사마광이 말했다.

"董氏의 秩次는 본디 낮았는데 신병이 심해지자 充媛으로 승진되었습니다. 또 옛날에는 부인에게 시호를 내리지 않았으며 근래에 이르러서도 오직 皇后에게만 시호가 부여됩니다. 鹵簿는 본디 軍功에 대한 포상으로서 부인에게는 주어진 바 없습니다. 그러다 唐代의 平陽公主[22]가 군대를 일으켜 高祖가 천하를 평정하는 데 크게 도와주는 공을 세웠으므로 鹵簿를 얻을 수 있었습니다. 이후 唐 中宗의 廢后인 韋氏[23] 시기에 이르러 처

---

21) 唐宋時代 禮制의 하나로서, 帝 및 后의 忌日이 당도했을 때 百官이 列班하여 天子나 皇太后에게 拜慰하는 것. 이에 관해《宋史》권 123,〈禮志 26〉〈忌日〉에서는, "天祐初 始令百官詣閤奉慰. 宋循其制 惟宣祖 · 昭憲皇后爲大忌. 前一日不坐 群臣詣西上閤門奉慰 移班奉慰皇太后 退赴佛寺行香."(p.2889)이라 기록하고 있다.

22) 平陽公主(?~623)는 唐高祖 李淵의 딸로서 隋煬帝 大業 13년(617) 李淵이 擧兵하였을 때 家財를 털어 7만의 병사를 모아 향응하였다. 平陽公主의 군대는 이후 渭北에서 李世民軍과 합류한다.

23) 唐 제4대 황제 中宗의 황후. 中宗이 則天武后에 의해 廢位된 후 노이로제에 걸려 자살을 시도하였을 때 만류한 바 있으며, 則天武后 사후 中宗이 復位하자 사실상 정치를 좌우하였다. 그러다 景龍 4년(710)에는 中宗을 독살 한 후 則天武后의 所爲를 본따 황태후로서 臨朝聽政하고자 했으나, 훗날 玄宗으로 즉위하는 李隆基의

음으로 妃와 公主의 장례식에 鼓吹를 지급해 주었는데 이는 좋은 법이 아니니 본받아서는 안 됩니다."

그 무렵 有司가 후궁에 대한 封贈法[24]을 정했는데 황후와 妃는 모두 三代의 선조에 대해 封贈하게 되어 있었다. 사마광이 이를 보고 논했다.

"妃는 后와 동일해서는 안 됩니다. 漢代의 袁盎이 愼夫人의 좌석을 낮추었던 것[25]은 바로 이 때문이었습니다. 폐하께서는 天聖 연간 친히 南郊에서 祭天한 후 李太妃에 대해 다만 二代를 封贈하신 바 있습니다. 하물며 妃에 대해서야 더할 나위가 있겠습니까?"

英宗立 遇疾 慈聖光獻后同聽政. 光上疏曰 "昔章獻明肅有保佑先帝之功 特以親用外戚小人 負謗海內. 今攝政之際 大臣忠厚如王曾 清純如張知白 剛正如魯宗道 質直如薛奎者 當信用之. 猥鄙如馬季良 讒諂如羅崇勳者 當疎遠之 則天下服."

英宗이 즉위하여 와병하자 慈聖光獻太后가 수렴청정하게 되었다. 사마

거병으로 계획이 무산되고 그 자신도 살해되고 말았으며 死後에 庶人으로 追貶되었다.

24) 臣下에 대한 推恩으로서 그 부모에게 官爵을 수여하는 것. 父母가 살아 있을 경우 封이라 칭했고 사망한 경우에는 贈이라 칭했다. 封贈制는 晉과 南朝 宋에서 연원하여 唐代에 완비되었는데, 최초에는 부모만을 대상으로 했으나 唐末 五代 이후 曾祖와 祖·父의 三代에까지 미치게 되었으며 왕왕 자손의 官位를 그대로 증여하기도 했다. 이에 대해 洪邁는《容齋隨筆》에서, "封贈先世 自晉·宋以來有之 迨唐始備. 然率不過一代 其恩延及祖廟者絶鮮 亦未嘗至轢品……唐末五季 宰輔貴臣 始追榮三代 國朝因之."(《容齋四筆》 권 13,〈宰相贈本生父母官〉, 上海古籍出版社, p.767)라 기록하고 있다.

25) 漢文帝의 寵妃. 禁中에서 언제나 황후와 同坐하였는데, 어느 날 文帝 및 皇后와 함께 上林에 행차하였을 때 中郎將 袁盎이 愼夫人의 자리를 下席으로 낮추었다. 이에 皇帝와 愼夫人이 노하자, '尊卑의 위계를 그르치다 훗날 愼夫人이 禍를 당할 수도 있다'는 논리로 설득하여, 愼夫人으로부터 金 50근을 하사받았다.《史記》 권 101,〈袁盎傳〉 참조.

광이 상소하여 말했다.

"과거 章獻明肅太后께서는 先帝를 保佑하신 공이 높았지만 외척의 소인들을 총애하여 중용하신 까닭에 천하의 원망을 샀습니다. 이제 섭정을 하시게 되었는데, 대신으로서는 王曾과 같이 忠厚한 인물과 張知白처럼 淸純한 인물, 그리고 魯宗道와 같이 剛正한 인물 및 薛奎와 같이 質直한 인물을 信用하여야 합니다. 馬季良처럼 猥鄙한 인물이라든가 羅崇勳처럼 아첨하는 인물은 마땅히 멀리 하셔야 합니다. 그러한즉 천하가 깊이 따를 것입니다."

帝疾愈 光料必有追隆本生事 即奏言"漢宣帝為孝昭後 終不追尊衛太子·史皇孫 光武上繼元帝 亦不追尊鉅鹿·南頓君 此萬世法也." 後詔兩制集議濮王典禮 學士王珪等相視莫敢先 光獨奮筆書曰"為人後者為之子 不得顧私親. 王宜準封贈期親尊屬故事 稱為皇伯 高官大國 極其尊榮." 議成珪即命吏其以手藁為按. 既上與大臣意殊 御史六人爭之力 皆斥去. 光乞留之 不可 遂請與俱貶.

英宗의 병이 낫자 사마광은 앞으로 필시 生父를 追尊하는 일이 있을 것이라 판단하고 다음과 같이 상주하였다.

"漢의 宣帝는 孝昭帝의 뒤를 이었지만 끝내 생조부인 衛太子와 생부인 史皇孫을 추존하지 않았으며,[26] 光武帝는 위로 元帝를 이었지만 그 역시 생조부인 鉅鹿都尉와 생부인 南頓君을 추존하지 않았습니다. 이는 萬世의 법입니다."

---

26) 衛太子란 武帝 시기 太子의 자리에 있다 巫蠱의 亂으로 自決에 처해진 인물. 宣帝는 昭帝가 8세의 나이로 즉위하였다가 13년만인 元平 元年(傳 74)에 後嗣도 없이 요절하자 霍光에 의해 황제로 추대되었다.

그 후 兩制[27]에 조칙을 내려 濮王[28]에 대한 典禮를 의논하게 하자, 學士 王珪 등은 서로 쳐다보기만 할 뿐 감히 먼저 나서려 하지 않았다. 이러한 정황에서 사마광만이 붓을 잡고 이렇게 썼다.

"남의 뒤를 이은 자는 그 아들이 되는 것이다. 私親을 돌아보아서는 안 된다. 濮王은 期親[29]과 尊屬을 封贈하는 전례에 따라 皇伯이라 칭하고 高官과 大國에 追封함으로써 최대한으로 尊榮을 바치면 된다."

이렇게 결론이 난 다음 王珪는 즉시 서리에게 명하여 사마광이 적은 대로 상주문을 작성하게 했다. 하지만 이러한 주장은 大臣의 생각[30]과 매우 다른 것이어서 御史 6인이 강력히 논쟁을 벌이다 모두 좌천되었다. 사마광은 그 좌천을 저지하려다 뜻이 관철되지 않자 함께 물러날 것을 청하였다.

初 西夏遣使致祭 延州指使高宜押伴 傲其使者 侮其國主 使者訴於朝. 光與呂誨乞加宜罪 不從. 明年 夏人犯邊 殺略吏士. 趙滋為雄州 專以猛悍治邊 光論其不可. 至是 契丹之民捕魚界河 伐柳白溝之南 朝廷以知雄州李中祐為不材 將伐之. 光謂"國家當戎夷附順時 好與之計較末節 及其桀驁又從而姑息之. 近者西禍生於高宜 北禍起於趙滋. 時方賢此二人 故邊臣皆以生事為能 漸不可長. 宜勑邊吏 疆埸細故輒以矢刃相加者 罪之."

이에 앞서 西夏가 仁宗의 제사에 사자를 파견하였을 때 延州의 指揮使인 高宜가 押伴使로 임명된 바 있다. 그런데 高宜는 서하의 사자를 능멸

---

27) 內制와 外制의 合稱. 翰林學士와 中書舍人을 가리킨다.

28) 英宗의 生父인 濮安懿王 趙允讓. 太宗의 子 商王 元份의 子로서 仁宗에게는 從兄이 된다.

29) 期年(1년)의 服을 입는 관계. 조부모 · 伯叔父母 · 형제 · 嫡孫 등

30) 同平章事 韓琦와 參知政事 歐陽修 등은 實父를 伯이라 부른 전례가 없으므로 皇考라 칭해야 한다고 주장했다.

하며 그 군주까지 모욕하여 사자가 조정에 항의하였다. 이에 사마광과 呂誨는 高宜를 처벌할 것을 요구하였으나 받아들여지지 않았다. 이듬 해 서하는 변경을 침범하여 吏卒들을 殺傷하였다. 한편 趙滋는 知雄州로 있으며 그는 거란에 대해 거칠고 엄한 자세로 일관했다. 사마광은 이를 보고 그 잘못됨을 지적하였다. 治平 2년(1065), 거란의 백성들이 界河에서 물고기를 잡고 白溝의 남쪽에 있는 버드나무를 베어갔다.[31] 조정에서는 知雄州 李中祐의 잘못만을 탓하고 그를 교체하려 했다.[32] 사마광이 말했다.

"조정에서는 四夷들이 귀순해올 때 그들과 親和하는 것을 소홀히 여기다가, 그들이 사납게 공격해오면 그때그때 고식적으로 문제를 해결하려 합니다. 근래 西方에서 재난이 생긴 것은 高宜 때문이며, 북쪽에서 재난이 생긴 것은 趙滋 때문입니다. 당시 이 두 사람을 유능하다 평가했던 까닭에 변경의 관원들은 문제 일으키는 것을 能事로 여겼습니다. 이러한 풍조는 막아야만 합니다. 변경의 관원들을 申勅하고, 사소한 일에 대해 군대를 동원하는 자는 엄벌에 처하도록 하십시오."

仁宗遺賜直百餘萬 光率同列三上章 謂"國有大憂 中外窘乏 不可專用乾興故事. 若遺賜不可辭 宜許侍從上進金錢佐山陵." 不許. 光乃以所得珠為諫院公使錢 金以遺舅氏 義不藏于家. 后還政 有司立式 凡后有所取用 當覆奏乃供. 光云"當移所屬使立供已 乃具數白后 以防矯僞."

仁宗이 유언으로 백여만(貫)의 재물을 하사하였다. 사마광은 同列들과 함께 세 차례에 걸쳐 상주문을 올렸다.

---

31) 界河와 白溝는 공히 宋遼間의 국경을 이루는 하천이다.

32) 趙滋는 仁宗 嘉祐 6년(1061) 4월 이래 英宗 治平 元年(1064)까지, 그리고 李中祐는 趙滋의 뒤를 이어 治平 2년(1065) 6월까지 知雄州로 재임하였다(李之亮,《宋河北東路大郡守臣易替考》, 成都, 巴蜀書社, 2001, pp.111 · 112 참조)

"현재 나라에 國喪이 있고 내외로 궁핍한 상황이니 乾興 연간의 故事[33]를 원용해서는 안 됩니다. 만일 遺賜品을 사양할 수 없다면, 侍從들로 하여금 하사받은 금전들을 上進하여 山陵 업무[34]를 보조할 수 있도록 윤허하셔야 할 것입니다."

이 요청은 받아들여지지 않았다. 이에 사마광은 하사받은 주옥들은 諫院의 公使錢[35]으로 사용하였으며 金은 장인에게 보내고, 집안에는 어떤 것도 들이지 않았다. 太后가 垂簾聽政을 그치고 英宗에게 政事를 되돌려주자 有司가 규정을 만들어, '태후가 필요로 하는 물품은 요청이 있는 즉시 공급해 주어야 한다.' 고 했다. 사마광이 말했다.

"마땅히 관련 부서로 하여금 물품을 갖추게 한 다음 그 액수를 태후께 보고함으로써 중간에서 농간부리지 못하도록 막아야 합니다."

曹佾無功除使相 兩府皆遷官 光言 "陛下欲以慰母心 而遷除無名 則宿衛將帥·內侍小臣 必有覬望." 已而遷都知任守忠等官 光復爭之 因論 "守忠大姦 陛下為皇子 非守忠意 沮壞大策 離間百端 賴先帝不聽 及陛下嗣位 反覆交構 國之大賊. 乞斬於都市 以謝天下." 責守忠為節度副使 蘄州安置

---

33) 乾興 元年(1022) 2월 眞宗이 崩御하고 仁宗이 즉위한 후 朝野에 내렸던 進級과 優賞을 말한다. 이와 관련하여《續資治通鑑長編》에서는, "大赦 除常赦所不原者. 百官進官一等 服緋紫及十五年者 與改服色. 優賞諸軍如乾興故事 所費無慮一千一百萬貫·匹·兩 在京費四百萬. 時禁衛或相告 乾興故事 內納食物中有金 既而宮中果賜食."(권 198, 仁宗 嘉祐 8년 4월 癸酉, 北京, 中華書局 點校本, p.4794)이라 기록하고 있다. 乾興 元年 2월 眞宗이 崩御한 후에도, "大赦 除常赦所不原者. 百官進官一等 優賞諸軍."(《宋史》 권 9,〈仁宗本紀 1〉, 乾興 元年 2월, p.175)이라는 조치가 취해진 바 있다.

34) 帝王의 陵墓를 造營하는 일

35) 宋代 각급 官衙에 지급되어 각종 宴會나 官員의 출장비용 등의 용도로 사용되던 財源. 公使錢을 위해 설비된 창고 내지 기구를 公使庫라 칭하였다. 公使庫는 각종 명목을 빙자한 민간으로부터의 기금 염출, 술·약 등의 강매 등을 통해 재원을 조달하며 민간에서 많은 폐해를 야기하였다.

天下快之.

曹佾이 아무 功도 없이 使相[36]에 除授되었고 兩府[37]의 관원들이 모두 승진되었다. 사마광이 말했다.

"폐하께서는 이러한 조치로 母后를 위로[38]하고자 하시는 것이지만, 아무런 까닭 없이 승진이 이루어지게 되면 필시 宿衛의 장수와 內侍 小臣 등도 무언가 바라게 될 것입니다."

얼마 후 都知 任守忠[39] 등의 官이 승진되자 사마광은 그에 다시 반대하며 말했다.

"任守忠은 大姦의 인물입니다. 폐하께서 仁宗의 황태자가 되셨던 것도 임수충의 도움 때문이 아니었습니다. 그는 국가 대사를 가로막고 백방으로 이간질하는 자로서 그 간사함이 先帝 때문에 비로소 막아질 수 있었습니다. 그런데 폐하께서 즉위하시자 다시 이리저리 농간을 부리고 있으니 실로 국가의 大賊입니다. 바라건대 그를 시장 한 복판에서 참하시어 천하의 마음을 달래 주십시오."

조정에서는 임수충을 문책하여 樞密副使로 좌천시켰다가 蘄州에 安置[40]시켰다. 이에 천하가 통쾌히 여겼다.

---

36) 節度使 · 樞密使 · 親王 · 留守 · 檢校官 등이 中書令 · 侍中 · 同平章事 등의 직함을 겸하는 경우.

37) 中書와 樞密院의 合稱,

38) 曹佾은 仁宗의 皇后인 慈聖光獻皇后 曹氏(1016~1079)의 동생. 英宗은 曹皇后의 嗣子로 입양되었다.

39) 都知는 內侍省의 장관. 任守忠은 仁宗이 英宗을 嗣子로 선정하는 과정에서 상당한 영향을 미쳐서 英宗 즉위 후 파격적인 우대를 받았다. 이에 대해《宋史》에서는, "仁宗未有嗣 屬意英宗 守忠居中建議 欲援立昏弱以徼大利. 及英宗卽位 拜宣慶使 · 安靜軍留後"(권 468, 〈任守忠傳〉, p.13657)라 기록하고 있다.

40) 송대 官員이 貶謫될 때 가벼운 것을 '居住'라 하고, 좀 더 무거운 것은 '安置'라 稱했으며, 가장 무거운 처벌을 '編管'이라 불렀다. 居住 · 安置 · 編管은 거주지의 제한과 생활의 통제 등에서 차이가 있었다.

詔刺陝西義勇二十萬 民情驚撓 而紀律疎略不可用. 光抗言其非 持白韓琦. 琦曰"兵貴先聲 諒祚方桀驁 使驟聞益兵二十萬 豈不震慴?" 光曰"兵之貴先聲 為無其實也 獨可欺之於一日之間耳. 今吾雖益兵 實不可用 不過十日 彼將知其詳 尚何懼?" 琦曰"君但見慶曆間鄉兵刺為保捷 憂今復然 已降勅榜於民約 永不充軍戍邊矣." 光曰"朝廷嘗失信 民未敢以為然 雖光亦不能不疑也." 琦曰"吾在此 君無憂." 光曰"公長在此地 可也 異日他人當位因公見兵 用之運糧戍邊 反掌間事耳." 琦嘿然 而訖不為止. 不十年 皆如光慮.

陝西의 義勇 20만명을 刺字[41]하여 정식 군대로 편성하라는 조칙이 내려지자 민정이 소란스러워졌다. 더욱이 義勇은 기율이 없어 아무 쓸모가 없었다. 사마광은 상주하여 그 잘못을 지적한 다음, 韓琦를 찾아가 말하니 한기가 대답했다.[42]

"兵法에서는 勢 과시를 앞세우는 것이오. 지금 西夏 諒祚[43]가 방자히 우리 조정에 맞서고 있는데, 갑자기 섬서 지방에서 20만명의 군대를 확충하였다는 소식을 듣게 된다면 어찌 두려워하지 않겠소?"

---

41) 송대 兵制의 중요 特點 가운데 하나가 刺字이다. 이로 인해 사병의 招募를 '招刺'라 부르기도 했다. 글자를 入墨하는 부위는 얼굴과 손등, 팔 등이었다. 이러한 병사에 대한 刺字를 黥兵制라 부른다. 黥兵制는 唐末에 도입되어 五代에 성행하였는데 이것이 송대로 계승된 것이다. 刺字의 목적은 병사의 도망을 방지하기 위한 것이었다. 刺字라는 치욕 자체 宋代 사병의 지위가 극히 천하였음을 잘 보여준다. 남송시대가 되면 效用兵에게는 刺字를 면제해주기도 했다. 黥兵制는 元代 이후 사라진다(王曾瑜,《宋朝兵制初探》, 北京, 中華書局, 1983, pp.212~215 참조).

42) 陝西의 義勇을 정식 군대로 편입시키는 조치는 韓琦의 건의로 취해진 것이었다. 이에 대해《龍川別志》에서는, "治平中 韓魏公建議於陝西刺義勇. 凡三丁刺一人 每人支買弓箭錢二貫文省 共得二十餘萬人."(권 下, 北京, 中華書局, 唐宋史料筆記, p.92)이라 기록하고 있다.

43) 李元昊의 長子. 1048년(北宋 仁宗 慶曆 8년) 李元昊가 46세의 나이로 死去하자 뒤를 이어 毅宗으로 즉위한다.

사마광이 말했다.

“병법에서 세 과시를 앞세울 때는 그 내실이 없기 때문이고 그로써 속일 수 있는 것도 불과 하루 정도일 뿐입니다. 현재 우리가 군사를 증원시켰지만 실제로는 쓸모없는 존재일 뿐이며, 10일이 지나지 않아 西夏人들은 그 실상을 소상히 알 것이고 따라서 더 이상 두려워하지 않게 될 것입니다.”

한기가 말했다.

“그대는 다만 慶曆 연간에 鄕兵들을 刺字하여 保捷軍[44)]으로 삼았던 일이 다시 되풀이 되지 않을까 우려하는 것 아니오? 이미 勅旨로써 榜을 내걸고, ‘절대 군대로 충원하여 변경 방어에 임하게 하는 일은 없을 것’이라고 백성들과 약속하였소이다.”

사마광이 말했다.

“조정에서 여러 차례 약속을 어겼기 때문에 민간에서는 모두 그런 일이 다시 일어나지 않을까 근심하고 있습니다. 저 역시 의심을 떨쳐버릴 수 없습니다.”

“내가 이 자리에 있는 한 그대는 걱정할 필요가 없소.”

“公이 오래토록 이 자리를 지키신다면 그럴 수 있습니다. 하지만 후일에 다른 사람이 이 자리를 차지하게 되면, 公이 모으신 군대를 보고 軍糧을 운반하게 하거나 변경을 방비토록 하는 일이 손바닥 뒤집듯 순식간에 이루어질 것입니다.”

한기는 아무 말 못하고 묵묵히 앉아 있었지만 끝내 조치를 철회하지 않았다. 그리고 그 후 10년이 되지 않아 모두 사마광의 우려대로 되었다.

---

44) 禁軍의 부대 명칭. 眞宗 咸平 4년(1001)에 최초로 도입되었다. 高承은《事物紀原》에서 保捷軍의 연원에 대해, “咸平四年九月 詔陝西緣邊州軍兵士 先選中者 並升爲禁軍 名保捷.”(권 10,〈軍伍名額部〉〈保捷〉, 北京, 中華書局, 1989, p.522)이라 기록하고 있다.

王廣淵除直集賢院 光論其姦邪不可近 "昔漢景帝重衛綰 周世宗薄張美. 廣淵當仁宗之世 私自結於陛下 豈忠臣哉? 宜黜之以厲天下." 進龍圖閣直學士.

王廣淵이 直集賢院에 임명되자, 사마광은 그가 간사하여 가까이 해서는 안 되는 인물이라며 다음과 같이 상주하였다.

"옛날 漢의 景帝는 衛綰을 중용[45]하였으며 周의 世宗은 張美를 박하게 대하였습니다.[46] 王廣淵은 仁宗 시기에 폐하와 은밀히 연줄을 만들려 했으니 어찌 충신이라 할 수 있겠습니까? 마땅히 내쫓음으로써 천하의 본보기로 삼아야 할 것입니다."

얼마 후 사마광은 龍圖閣直學士로 승진되었다.

神宗即位 擢為翰林學士 光力辭. 帝曰 "古之君子 或學而不文 或文而不學 惟董仲舒·揚雄兼之. 卿有文學 何辭為?" 對曰 "臣不能為四六." 帝曰 "如兩漢制詔可也 且卿能進士取高第 而云不能四六 何邪?" 竟不獲辭.

神宗은 황제로 즉위한 후 사마광을 翰林學士로 발탁하였다. 사마광은 固辭하자 신종이 말했다.

"예로부터 君子는 학문이 깊으면 문장의 재능이 없고 반대로 문장이 뛰

---

45) 衛綰(?~전 131)은 前漢 文帝 및 景帝 시기의 관료. 景帝 즉위 후 그의 廉忠 및 他將과 功을 다투지 않는 점이 높이 평가받아 河間王太傅에 임명되었으며, 吳楚七國의 亂 평정시 공을 세워 御史大夫와 丞相에까지 이르렀다. '謹謹自守 無所興廢'로 말미암아 景帝의 두터운 신임을 받았다고 한다(《漢書》 권 46, 〈衛綰傳〉 참조).

46) 張美(918~985)는 五代 後周 시기 左藏庫 小吏로부터 起家하여 宋初에 節度使에까지 오른 인물. 機敏하고 利病을 熟知하여 온갖 방법을 동원해 상급자의 요구에 맞추어갔다. 특히 後周 世宗을 좇아 澶淵에 있을 당시, "每有求取 美必曲爲供給. 周祖聞之怒."하였으며 이 일로 인해 世宗 역시 그를 매우 박하게 대했다고 한다(《宋史》 권 259, 〈張美傳〉, pp.8997·8998).

어나면 학문이 부족하였소. 董仲舒나 揚雄만이 양자를 겸했을 뿐이오. 卿은 문장과 학문을 겸비하고 있는데 어찌 사양한단 말이오?"

"臣은 四六騈儷體를 지을 줄 모릅니다."

"兩漢時代 制詔의 형식대로만 하면 되오. 더욱이 卿은 進士科에 응시하여 높은 성적으로 급제하지 않았소? 그런데 四六騈儷體를 못한다니 무슨 말이오?"

사마광은 결국 사양하지 못했다.

御史中丞王陶以論宰相不押班罷 光代之 光言"陶由論宰相罷 則中丞不可復為. 臣願俟既押班 然後就職." 許之. 遂上疏論修心之要三 曰仁 曰明 曰武. 治國之要三 曰官人 曰信賞 曰必罰. 其說甚備. 且曰"臣獲事三朝 皆以此六言獻 平生力學所得 盡在是矣." 御藥院内臣 國朝常用供奉官以下 至内殿崇班則出. 近歲暗理官資 非祖宗本意. 因論高居簡姦邪 乞加遠竄. 章五上 帝為出居簡 盡罷寄資者. 既而復留二人 光又力爭之. 張方平參知政事 光論其不叶物望 帝不從. 還光翰林兼侍讀學士.

御史中丞[47] 王陶가 재상이 押班[48]하지 않는 것을 지적하였다가 파직되고 사마광이 대신 그 자리에 앉게 되었다.[49] 사마광이 말했다.

"王陶는 재상의 잘못을 거론하였다가 파직되었으니 御史中丞이 직위를 수행할 수 없는 상황입니다. 臣은 押班이 이루어진 이후에야 그 직위에 취임하겠습니다."

그대로 받아들여졌다. 얼마 후 사마광은 상주하여 修心의 요체 세 가지,

---

47) 御史臺의 장관으로서 正四品.

48) 조회시 百官이 着席하는 位次를 주관하는 것.

49) 治平 4년(1067) 4월의 일이다. 당시 英宗이 崩御하고 神宗이 즉위한 상태였으며 司馬光의 나이는 49세였다.

즉 仁과 明, 武에 대해 논하였으며, 治國의 요체 세 가지, 즉 用人과 信賞, 必罰에 대해 논하였다. 그 주장은 매우 정연하였다. 그는 이어 말했다.

"臣은 세 황제를 섬겼는데 언제나 이 여섯 가지 말씀을 上言했을 따름입니다. 평생에 힘써 공부하여 얻은 것도 모두 이 안에 있습니다."

御藥院의 內臣[50]은 송조를 통해 언제나 供奉官 이하를 썼으며, 內殿崇班의 직위[51]에 오르게 되면 御藥院을 떠나는 것이 관례였다. 그런데 神宗 초년 무렵이 되면 이들이 암암리에 御藥院 內臣들로부터 뇌물을 받아 챙기고 있었다. 이러한 상황은 어약원을 하위 內臣 중심으로 운영했던 太祖·太宗의 본 뜻에 어긋나는 것이었다. 사마광은 高居簡의 간사함을 탄핵[52]하며 그를 멀리 유배시킬 것을 요청하였다. 이러한 상주문이 다섯 차례나 올라가자 신종은 高居簡을 내쫓고 그에게 뇌물 준 자들도 모두 파직시켰다. 그런데 얼마 후 그 가운데 두 사람을 다시 유임시키자 사마광은 재차 강력히 문제를 제기하였다. 또 당시 張方平이 參知政事로 있었는데, 사마광은 그가 여론에 부응하지 못하는 인물이라고 논하였으나 신종은 받아들이지 않았다. 그 후 사마광은 翰林學士兼侍讀學士로 복귀하였다.

光常患歷代史繁 人主不能遍覽 遂為《通志》八卷以獻. 英宗悅之 命置局祕閣 續其書. 至是 神宗名之曰《資治通鑑》 自製〈序〉授之 俾日進讀.

사마광은 평소 역대의 史書가 번잡하여 군주가 두루 읽을 수 없다는 점을 우려하여, 《通志》 8권을 지어 바쳤다. 英宗은 이를 보고 기뻐하여 秘閣

50) 御藥院은 환관의 관할 기구. 內臣은 환관의 별칭으로서 中人·宦者·中官·內官 등으로 불리기도 했다.

51) 供奉官과 內殿崇班은 공히 武階를 원용한 內侍官의 官階. 供奉官은 從8品이며 內殿崇班은 正8品이었다.

52) 司馬光은 高居簡에 대해, "竊見勾當御藥院高居簡 資性姦回 工讒善佞 久處近職 罪惡甚多."(《司馬光奏議》, 太原, 山西人民出版社, 1986, p.236)라 말하고 있다.

에 史局을 두고 그 작업을 계속하라고 명하였다. 신종 초년에 이르러 신종은 이 책에 대해《資治通鑑》이란 이름을 붙여주고 친히〈序文〉를 지어준 다음 매일 그 내용을 進讀하도록 했다.

詔錄潁邸直省官四人為閤門祗候 光曰"國初草創 天步尙艱 故御極之初必以左右舊人為腹心耳目 謂之隨龍 非平日法也. 閤門祇侯在文臣為館職豈可使廝役為之?"

潁邸의 直省官[53] 4인을 閤門祗候에 임명한다는 詔令이 내려졌다. 사마광이 말했다.

"우리 송조가 처음 창건되었을 때 아직 국운이 艱難하였던 까닭에, 태조께서는 즉위한 초기 좌우의 옛 사람들을 심복으로 삼고 '隨龍'[54]이라 불렀습니다. 이는 평상시의 법이 아닙니다. 閤門祗候는 文臣으로 치자면 館職[55]에 해당되는 것인데 어찌 머슴과 같은 자들에게 수여할 수 있겠습니까?"

---

53) 潁邸란 神宗의 東宮 시절 거주지. 神宗은 英宗 治平 元年(1064) 潁王에 봉해졌다. 直省官은 賓客을 接引하고 저택을 경비하는 역할을 맡은 職任. 直省官에 대해 胡三省은《資治通鑑音註》에서 "三省有直省官 凡百官詣宰相 皆差直省官引接 其職則外鎮客司通引之職也." 라고 설명하고 있다(《資治通鑑》 권 290, 後周 太祖 廣順元年 正月 戊寅, 北京, 中華書局 校點本, p.9454).

54) 皇帝가 즉위하기 이전 혹은 東宮時節에 隨從하던 僚佐 및 환관. 이들 隨龍에 대한 우대에 대해 사마광은, "自後嗣君守承平之業 繼聖考之位 亮陰未言之間 有司因循踵為故事. 凡東宮僚吏 一槩超遷 謂之隨龍."(《司馬光奏議》 권 22,〈郭昭選箚子〉, p.242)라고 말하고 있다.

55) 崇文院이라 통칭되었던 三館(昭文館, 史館, 集賢院) 및 秘閣의 관원에 대한 통칭. 본디의 職掌은 禁中의 圖書를 收藏하는 三館 및 秘閣에서 編書와 校書, 讀書 등을 담당하는 것이었으나, 그보다는 名流와 賢俊을 집결시켜 제왕의 咨詢과 訪問에 응하도록 하는 것에 주안점이 두어졌다. 따라서 館職은 宰執 등 고위직으로 진출하는 경로와 같은 기능을 하였다.

西戎部將嵬名山欲以橫山之衆 取諒祚以降 詔邊臣招納其衆. 光上疏極論 以為"名山之衆 未必能制諒祚. 幸而勝之 滅一諒祚 生一諒祚 何利之有? 若其不勝 必引衆歸我 不知何以待之. 臣恐朝廷不獨失信諒祚 又將失信於名山矣. 若名山餘衆尚多 還北不可 入南不受 窮無所歸 必將突據邊城以救其命. 陛下不見侯景之事乎?" 上不聽 遣將种諤發兵迎之 取綏州 費六十萬 西方用兵 蓋自此始矣.

西戎의 部將 嵬名山이 陝西 橫山의 무리를 이끌고 西夏의 李諒祚[56]를 사로잡아 투항해오겠다고 했다. 조정에서는 邊臣에게 그 무리들을 招納하라고 명하였다. 사마광은 상소를 올려 강력하게 반대하였다.

"嵬名山의 무리는 단언코 李諒祚를 제압할 수 없을 것입니다. 요행 그들이 이겨서 李諒祚를 멸한다 해도 또다른 李諒祚가 생길 것이니 무슨 이득이 있겠습니까? 더욱이 嵬名山이 이기지 못한다면 필시 무리를 이끌고 우리에게 귀순할 터인데, 그들을 어떻게 처우할지 난감해질 것입니다. 臣은 이번 조치로 인해 조정이 비단 李諒祚에게 신의를 잃을 뿐만 아니라 머지않아 嵬名山에게도 신의를 잃게 되지 않을까 걱정스럽습니다. 만일 嵬名山의 무리가 적지 않은 상황에서 북으로 돌아가는 것도 불가능해지고 또 남으로 내려와 귀순하는 것 역시 여의치 않게 된다면, 어찌할 수 없는 궁박한 처지에 빠져 틀림없이 변경의 城으로 돌격하여 점거하고 그 목숨을 지키려 할 것이 뻔합니다. 폐하께서는 저 옛날 侯景[57]의 일을 듣지 못하셨

56) 西夏의 2대 황제 毅宗.

57) 侯景(503~552)은 東魏의 武將으로서 관할하의 河南 13주를 거느리고 남조 양에 귀순하였다가 반란을 일으켜 결국 梁의 멸망을 초래하였던 인물. 梁의 武帝는 애초 侯景이 귀순하자 크게 기뻐하며 받아들였지만, 이에 노한 東魏의 공격을 받아 대패하고 화평교섭을 진행시켰다. 그러자 이 과정에서 불안해진 侯景이 548년 반란을 일으켜 梁의 수도 建康으로 진격하였다. 梁의 군대는 최초 천여명에 불과하였던 侯景에게 철저히 패배했고, 결국 建康이 함락되었으며 그 와중에서 武帝도 사망하였다. 이후 후경은 陳霸先 등의 공격을 받아 살해되기에 이른다.

습니까?"

신종은 이 말을 듣지 않고 장수 种諤을 보내 군대를 이끌고 외명산의 무리를 맞아오게 했다. 이렇게 綏州를 얻었고 그 비용으로 60만관이 들었다. 서방의 전쟁은 무릇 이로 말미암아 시작되었다.

百官上尊號 光當答詔 言 "先帝親郊 不受尊號. 末年有獻議者 謂國家與契丹往來通信 彼有尊號我獨無 於是復以非時奉册. 昔匈奴冒頓自稱'天地所生日月所置匈奴大單于' 不聞漢文帝復為大名以加之也. 願追述先帝本意 不受此名." 帝大悅 手詔獎光 使善為答辭 以示中外.

百官이 尊號를 바쳐서 사마광이 그 答詔를 담당하게 되었다. 사마광이 이렇게 말했다.

"先帝께서는 親郊[58]하실 때 尊號를 받아들이지 아니하셨습니다. 그러다 末年에 누군가 다시 그 문제를 거론하며, '우리 宋朝는 거란과 왕래하며 통신하고 있는데 저들에게는 尊號가 있으되 우리만 없습니다.'라고 말했습니다. 그래서 부랴부랴 尊號의 册書를 英宗께 올리게 된 바 있습니다. 옛날 흉노의 묵특은 '天地가 낳고 日月이 설치한 흉노의 대선우'라 자칭하였지만, 漢의 文帝가 여기에 더 영예로운 수식을 덧붙였던 사실을 알지 못했습니다. 원컨대 폐하께서는 先帝의 本意를 이어서 尊號를 받아들이지 마소서."

신종은 크게 기뻐하며 친히 조칙을 지어 사마광을 칭찬하고는, 그로 하여금 尊號에 대한 答辭를 잘 작성하게 하여 內外에 고시토록 하였다.

58) 帝王이 친히 나가 天地에 郊祀하는 것. 親郊時에는 大赦를 내리고 百官으로부터 玉册과 尊號를 받는 것이 관례였다.

執政以河朔旱傷 國用不足 乞南郊勿賜金帛. 詔學士議 光與王珪·王安石同見 光曰“救災節用 宜自貴近始 可聽也.” 安石曰“常衮辭堂饌 時以為衮自知不能 當辭位不當辭禄. 且國用不足 非當世急務 所以不足者 以未得善理財者故也.” 光曰“善理財者 不過頭會箕斂爾.” 安石曰“不然 善理財者不加賦而國用足.” 光曰“天下安有此理? 天地所生財貨百物 不在民 則在官彼設法奪民 其害乃甚於加賦. 此蓋桑羊欺武帝之言 太史公書之以見其不明耳.” 爭議不已. 帝曰“朕意與光同 然姑以不允答之.” 會安石草詔 引常衮事責兩府 兩府不敢復辭.

執政이, ‘황하 이북 지방에 가뭄이 발생하여 國用이 부족하니 南郊[59]가 끝난 후 金帛을 하사하지 말자’ 고 주장하였다.[60] 이에 대해 翰林學士들에게 의논하게 하니, 사마광과 王珪, 왕안석이 함께 신종을 알현하였다. 사마광이 말했다.

“재해 구제를 위해 절약하는 일은 폐하의 측근에서부터 시작해야 합니다. 받아들여야 합니다.”

왕안석이 말했다.

“唐代에 常袞[61]은 황제가 하사한 재물을 고사한 바 있습니다. 이를 두고 당시인들은, ‘만일 常袞이 자신의 능력부족을 안다면 마땅히 사직해야

59) 대략 3년에 한 번 씩 冬至에 圜丘에서 거행하는 祭天儀式. 이와는 별도로 夏至에 거행하는 北郊의 祭地가 있었으나 송대를 통해 天地의 合祭가 병행되는 사례도 많았다. 이 南郊에는 의식 자체의 비용은 물론이고 郊祀 이후의 恩蔭에 막대한 비용이 소모되었다. 이와 관련하여 清人인 趙翼은《廿二史劄記》권 25,〈宋郊祀之費〉에서, “是郊祀恩蔭 已極冗濫. 此外又有賞賚 計每次緡錢五百餘萬 大半以金·銀·綾·絹·絁·紬 平其直給之. 景德郊祀至七百餘萬……丁謂爲三司使 著〈景德會計錄〉自後歷代郊祀 常以爲準.”(臺北, 世界書局, p.330)이라고 적고 있다.

60) 神宗 熙寧 元年(1068) 11월의 일이다.

61) 常袞(729~783)은 唐 玄宗 天寶末 進士에 급제하여 代宗 시기 재상을 역임한 인물. 餐錢과 堂封을 사양하였던 것은 代宗 大曆 12년(777) 8월의 일이었다(《資治通鑑》권 225, 代宗 大曆 12년 8월 癸卯 참조, pp.7246·7247).

지 녹봉을 사절해서는 안 된다.'고 말했습니다. 또한 國用의 부족은 현재의 急務가 아닙니다. 國用이 부족한 것은 理財에 능한 사람을 얻지 못했기 때문입니다."

사마광이 말했다.

"理財에 능하다는 것은 키질하듯 세금을 거두어 백성의 재산을 다 빼앗는 것에 불과합니다."

왕안석이 말했다.

"그렇지 않습니다. 理財에 능한 사람은 세금을 늘리지 않고도 國用을 충족시킬 수 있습니다."

"천하에 어찌 그런 일이 있겠습니까? 天地에서 나는 재화와 만물은 액수가 제한되어 있습니다. 재화는 백성에게 있지 않으면 官府에 있는 것입니다. 법률로써 백성의 재산을 빼앗는 것은 그 해악이 세금을 늘리는 것보다도 큽니다. 이것이야말로 옛날 桑弘羊이 漢武帝를 기만할 때 하던 말입니다. 太史公 司馬遷은 그 사정을 기록하여 漢武帝의 잘못을 분명히 드러내고 있습니다."

두 사람 사이의 쟁론은 끝날 줄 몰랐다.

神宗이 말했다.

"朕의 뜻은 사마광과 같소이다. 하지만 執政들의 건의는 윤허하지 않겠소."

왕안석은 答詔를 지으며 常袞의 고사를 인용하여 兩府를 책하였고 兩府 또한 더 이상 아무 말이 없었다.

安石得政 行新法 光逆疏其利害. 邇英進讀 至曹參代蕭何事 帝曰 "漢常守蕭何之法不變 可乎?" 對曰 "寧獨漢也 使三代之君常守禹·湯·文·武之法 雖至今存可也. 漢武取高帝約束紛更 盜賊半天下 元帝改孝宣之政 漢業遂衰. 由此言之 祖宗之法不可變也."

왕안석이 정치를 주도하기 시작하여 新法을 시행하자 사마광은 상주를 올려 그 이해득실을 소상히 언급하였다. 사마광이 邇英閣에서 進讀하다가 曹參이 蕭何를 대신하여 재상이 되었던 일[62]에 이르자 신종이 말했다.

"漢 나라가 언제까지나 蕭何의 법령을 고치지 않고 유지할 수 있었겠소?"

"어찌 漢 뿐이겠습니까? 三代의 군주들이 禹·湯·文王·武王의 법도를 지켰으면 그 법도가 오늘날까지도 능히 남아 그대로 전해졌을 것입니다. 漢武帝는 高祖의 법도를 改變시킴으로써 천하에 도적이 절반이나 차게 만들었습니다. 또 元帝가 孝宣帝의 정치를 개변시키면서 漢 나라는 쇠약해지기 시작했습니다. 이를 통해 보건대 祖宗의 法度는 개변시켜서는 안 됩니다."

呂惠卿言 "先王之法 有一年一變者 '正月始和 布法象魏' 是也. 有五年一變者 巡守考制度是也. 有三十年一變者 '刑罰世輕世重' 是也. 光言非是 其意以風朝廷耳." 帝問光 光曰 "布法象魏 布舊法也. 諸侯變禮易樂者 王巡守則誅之 不自變也. 刑新國用輕典 亂國用重典 是為世輕世重 非變也. 且治天下譬如居室 敝則修之 非大壞不更造也. 公卿侍從皆在此 願陛下問之. 三司使掌天下財 不才而黜可也 不可使執政侵其事. 今為制置三司條例司何也? 宰相以道佐人主 安用例? 苟用例 則胥吏矣. 今為看詳中書條例司何也?" 惠卿不能對 則以他語詆光. 帝曰 "相與論是非耳 何至是?" 光曰 "平民舉錢出息 尚能蠶食下户 況縣官督責之威乎!" 惠卿曰 "青苗法 願取則與

---

62) 曹參(?~前 190)이 蕭何(?~前 193)의 뒤를 이어 丞相이 된 것은 蕭何의 사후인 前漢 惠帝 2년(前 193) 7월의 일이다. 曹參이 승상이 된 후 蕭何의 정책(黃老術)을 그대로 유지했던 것은 유명하다. 《資治通鑑》에서는 이와 관련하여, "參代何為相 舉事無所變更……參為相國 出入三年 百姓歌之 曰. '蕭何為法 較若畫一. 曹參代之 守而勿失 載其清淨 民以寧壹."(권 12, 前漢 惠帝 2년, pp.411 · 412)이라고 기록하고 있다.

之 不願不强也." 光曰 "愚民知取債之利 不知還債之害 非獨縣官不强 富民亦不强也. 昔太宗平河東 立糴法 時米斗十錢 民樂與官為市. 其後物貴而和糴不解 遂為河東世世患. 臣恐異日之青苗 亦猶是也." 帝曰 "坐倉糴米何如?" 坐者皆起 光曰 "不便." 惠卿曰 "糴米百萬斛 則省東西之漕 以其錢供京師." 光曰 "東南錢荒而粒米狼戾 今不糴米而漕錢 棄其有餘 取其所無 農末皆病矣." 侍講吳申起曰 "光言 至論也."

그 뒤 呂惠卿이 進講하면서 말했다.

"先王의 법은 1년마다 변하는 것이 있습니다. '正月이 되어 따뜻해지기 시작하면 象魏에서 법령을 포고한다.'[63]는 것이 그것입니다. 5년마다 한 번 씩 바꾸는 것도 있습니다. '지방으로 巡視하며 制度를 고찰한다.'[64]는 것이 그것입니다. 30년마다 한 번 씩 바꾸는 것도 있습니다. '형벌은 一世는 가볍게 하고 다음 一世는 무겁게 한다.(世輕世重)'[65]는 것이 그것입니다. 지난 번 사마광이 한 말은 옳지 않습니다. 그는 풍자로써 조정을 비판하려 했던 것입니다."

신종이 이를 사마광에게 물으니 이렇게 대답하였다.

"象魏에서 법령을 포고한다고 할 때의 법령은 舊法입니다. 諸侯 가운데 禮樂을 개변시킨 자는 천자가 지방을 巡狩하면서 주살합니다. 그러니 천자는 제도를 바꾸지 아니한 것입니다. 또 刑은 새로운 나라에서는 가볍게 하고 어지러운 나라에서는 무겁게 적용합니다. 이것이 바로, '時世에 따라 輕重을 달리한다(世輕世重)'는 것입니다. 개변시키는 것이 아닙니다. 천하를 다스린다는 것은 비유하자면 집에 거주하는 일과 같습니다. 헤지면 수

63) 《周禮》〈天官冢宰 上〉〈大宰〉에 나온다. 여기서 象魏란 궁정 외곽에 위치한 문으로서 魏闕이라고도 불렀다.

64) 《尙書》〈虞書〉〈舜典〉에 나온다.

65) 《尙書》〈周書〉〈呂刑〉에 나온다.

리하는 것이며 크게 무너지기 전에는 다시 짓지 않는 것입니다. 이 자리에는 公卿과 侍從들이 모두 있으니 원컨대 폐하께서 한 번 물어보아 주십시오. 또 三司使는 천하의 재물을 관장하는 자리입니다. 능력이 부족하면 내쫓으면 되지 執政으로 하여금 그 업무를 침해하게 해서는 안 됩니다. 지금 制置三司條例司란 관청을 설치했는데 이는 무엇입니까? 재상은 道로써 천자를 보좌하는 자리입니다. 그런데 어찌 舊例를 따지는 것입니까? 관례를 따진다면 서리로써 족할 것입니다. 지금 看詳中書條例司란 기구를 두었는데 이는 어찌된 것입니까?"

여혜경은 응대하지 못한 채 다른 말로 사마광을 비난하였다.

그러자 신종이 말했다.

"서로 옳고 그름을 논하는 자리일 뿐이오. 어찌들 이러시오?"

사마광이 말했다.

"青苗法의 이자는 평민이 운영하더라도 下戶를 잠식하게 될 것입니다. 하물며 서슬 퍼런 官法으로 운용한다면 어찌 되겠습니까?"

여혜경이 말했다.

"청묘법은 대여를 원하는 자에게만 대여하고 원치 않으면 강요하지 않습니다."

사마광이 말했다.

"어리석은 백성들은 빌릴 때 우선 좋은 것만 알고 되갚을 때의 어려움을 모릅니다. 또 관아에서만 강요하지 않는 것이 아니라 富民들도 고리대를 하며 강요하지 않습니다. 지난 날 太宗께서는 河東을 평정하며 和糴法을 시행하였습니다.[66] 당시 米價는 한 말(一斗)에 10여전이었는데, 백성들은

66) 河東의 평정이란 太宗 太平興國 4년(979) 北漢을 멸망시킨 것을 말한다. 北漢의 멸망으로 중국 내지의 통일은 일단락된다. 이후 陝西 일대에 和糴法을 최초로 도입했던 것이다. 和糴의 도입과 관련하여《宋史》권 175,〈食貨 上三〉〈和糴〉에서는, "初 河東既下 減其租賦. 有司言 其地沃民勤 頗多積穀 請每歲和市 隨常賦輸送 其直多折色給之."(p.4241)라 기록하고 있다.

和糴法에 따라 관아와 거래하는 것을 좋아했습니다. 그런데 후에 물가가 높아졌음에도 화적법은 그대로 시행되었고 결국 河東에 대대로 우환거리가 되었습니다. 臣은 훗날 청묘법이 河東의 화적법처럼 되지 않을까 걱정스럽습니다."

신종이 말했다.

"그렇다면 창고를 설치하여 미곡을 매입하면 어떻겠소이까?"

신종의 말에 앉아 있던 사람들이 놀라서 모두 일어났다. 사마광이 말했다.

"좋지 않은 정책입니다."

여혜경이 말했다.

"미곡 창고를 설치하여 백만 석의 쌀을 비축하게 된다면, 東南地方으로부터 漕運하는 수고를 덜 수 있을 것입니다. 그리고 대신 그 비용만을 동전으로 京師에 운송하면 됩니다."

사마광이 말했다.

"동남지방에서는 錢荒이 생겨 미곡이 낭자하게 묵고 있습니다. 그럼에도 미곡을 매입하지 않고 동전만을 거둬 京師로 조운한다면, 이는 남는 것은 버려둔 채 없는 것을 거두는 꼴이 됩니다. 농민과 상인 모두에게 병폐가 될 것입니다."

이때 侍講인 吳申이 일어나 말했다.

"사마광이 말이 지극히 옳습니다."

它日留對 帝曰"今天下洶洶者 孫叔敖所謂'國之有是 衆之所惡'也." 光曰"然. 陛下當論其是非. 今條例司所為 獨安石·韓絳·惠卿以為是耳 陛下豈能獨與此三人共為天下邪?" 帝欲用光 訪之安石. 安石曰"光外託劘上之名 内懷附下之實. 所言盡害政之事 所與盡害政之人 而欲寘之左右 使與國論 此消長之大機也. 光才豈能害政 但在高位 即異論之人倚以為重. 韓信

立漢赤幟 趙卒氣奪 今用光 是與異論者立赤幟也."

그 후 신종을 알현할 때 신종이 말했다.

"지금 천하가 흉흉한 것은 옛날 孫叔敖가 말한, '나라에서는 옳은 정책을 펴는데 衆論이 모두 싫어하는 격'[67]이오"

"그렇습니다. 폐하께서는 모든 일의 옳고 그름을 잘 헤아리셔야 합니다. 현재 條例司가 하는 일에 대해 오직 왕안석과 韓絳, 여혜경만 옳다고 할 뿐입니다. 폐하께서 어찌 이들 세 사람하고만 천하를 다스릴 수 있겠습니까?"

신종은 사마광을 중용하고자 마음먹고 왕안석에게 물으니 이렇게 대답했다.

"사마광은 겉으로는 감연히 위에 대해 爭論한다는 명성을 얻고 있지만 기실 안으로는 아랫 사람들에게 부회하고 있습니다. 그가 말하는 것은 모두 정치에 해악을 미치는 일이고 그가 함께 어울리는 무리도 모두 정치에 해를 끼치는 사람들입니다. 만일 그를 좌우에 두고 국정에 참여시키려 하신다면, 그것은 실로 국운의 消長이 걸린 중대한 문제입니다. 사마광은 능히 국정에 해를 끼칠 인물일 뿐만 아니라, 그가 고위직에 있게 되면 新法에 異論을 지닌 사람들이 이를 기화로 큰 세를 얻게 될 것입니다. 옛날 韓信이 漢의 붉은 깃발을 세우자 趙의 병졸들은 그것만으로 의기가 꺾였습니다.[68] 만일 지금 사마광을 발탁한다면 이는 異論을 지닌 자들을 위해 붉은 깃발을 세우는 격이 될 것입니다."

---

67) 孫叔敖는 춘추시대 楚 莊王의 賢相. 이 말은 楚 莊王이 施政의 大綱을 물은 것에 대한 대답의 일부이다. 이 문답 직후 莊王은 孫叔敖를 丞相으로 등용한다.

68) 前漢 高祖 3년(前 204) 韓信이 趙를 공격하며, 趙의 壘壁에 漢의 赤幟를 꽂게 하여 趙의 병졸들을 속였던 사실을 말한다. 이로써 趙의 병졸은 이미 壘壁이 漢에게 넘어간 것으로 알고 의기를 잃어버렸다고 한다.

安石以韓琦上疏 卧家求退. 帝乃拜光樞密副使 光辭之曰"陛下所以用臣 蓋察其狂直 庶有補於國家. 若徒以禄位榮之 而不取其言 是以天官私非其人也. 臣徒以禄位自榮 而不能救生民之患 是盜竊名器以私其身也. 陛下誠能罷制置條例司 追還提舉官 不行青苗·助役等法 雖不用臣 臣受賜多矣. 今言青苗之害者 不過謂使者騷動州縣 為今日之患耳. 而臣之所憂 乃在十年之外 非今日也. 夫民之貧富 由勤惰不同 惰者常乏 故必資於人. 今出錢貸民而斂其息 富者不願取 使者以多散為功 一切抑配. 恐其逋負 必令貧富相保 貧者無可償 則散而之四方 富者不能去 必責使代償數家之負. 春算秋計 展轉日滋 貧者既盡 富者亦貧. 十年之外 百姓無復存者矣. 又盡散常平錢穀 專行青苗 它日若思復之 將何所取? 富室既盡 常平已廢 加之以師旅 因之以饑饉 民之羸者必委死溝壑 壯者必聚而為盜賊 此事之必至者也." 抗章至七八 帝使謂曰"樞密 兵事也 官各有職 不當以他事為辭." 對曰"臣未受命 則猶侍從也 於事無不可言者." 安石起視事 光乃得請 遂求去.

왕안석은 韓琦가 상소를 올려 青苗法의 해악을 주장하자 병을 핑계로 사직을 요청하였다.[69] 이에 신종은 司馬光을 樞密副使에 임명하려 하였으나 사마광은 固辭하며 말했다.

"폐하께서 臣을 중용하시려는 것은 저의 강직함을 아시고 국가에 보탬이 되기를 바라시기 때문입니다. 만일 俸祿과 官位로써 영예만 높여주고 제 말을 받아들이지 아니하신다면, 이는 국가의 관직을 그릇이 못되는 인물에게 사사로이 사용한 것이 됩니다. 臣 또한 俸祿과 官位로써 영예만 누리고 백성들의 고통을 덜어주지 못한다면, 이는 명예와 직위를 도둑질하여 사사로이 一身만 보살피는 것이 됩니다. 폐하께서 진실로 制置三司條例司를 폐지하고 提舉官들을 불러들이신 다음 青苗法, 免役法 등을 철

69) 神宗 熙寧 3년(1070) 2월의 일이다.

회하신다면, 비록 臣이 등용되지 않더라도 臣은 많은 은혜를 받은 셈이 됩니다. 지금 청묘법의 해악을 말하는 사람들은 모두, 使者들이 州縣에서 소동을 피움으로써 당장 근심거리가 되고 있다는 것을 얘기할 따름입니다. 하지만 臣이 근심하는 바는 오히려 10년 뒤의 일이지 지금 당장이 아닙니다. 무릇 백성들이 가난하고 부유한 것은 게으름과 부지런함에서 연유합니다. 게으른 자들은 항상 궁핍한 까닭에 언제나 남으로부터 빌려야 합니다. 지금 돈을 백성들에게 꾸어주고 그 이자를 거두고자 하는데, 부자들은 대출을 원치 아니하므로 使者들은 많이 대출한 실적을 올리기 위해 강제로 배당을 하고 있습니다. 또 한편으로 회수가 안 될까 우려하여 가난한 자와 부자를 묶어 서로 연대책임을 지게 합니다. 하지만 가난한 자들은 갚을 도리가 없기에 사방으로 흩어져 도망해 버리고 나면, 부자들은 도망칠 수 없는 까닭에 그냥 남아 있다가 도망해버린 몇 집의 부채를 대신 갚아주어야만 할 것입니다. 이자는 봄으로부터 가을에 걸쳐 날로 불어납니다. 그리하여 가난한 자들은 모두 도망해 버리고 부자 또한 가난해 질 것입니다. 10년 후가 되면 백성은 남은 자가 없게 될 것입니다. 또 常平倉의 錢穀을 전용하여 모두 청묘법에 끌어대면, 훗날 다시 常平倉을 복원하고자 해도 어떻게 할 수 있겠습니까? 부자들은 모두 없어지고 상평창도 없어져버린 상태에서 전쟁이 벌어지고 또 거기에 덧붙여 기근이나 발생한다면, 남은 백성들은 필시 구렁텅이에서 죽어갈 것이고 그 중에 强壯한 자들은 서로 모여 도적이 되어버릴 것입니다. 이러한 정황이 반드시 벌어질 것입니다."

사마광은 이렇게 7, 8 차례에 걸쳐 반대의 상주문을 올렸다. 그러자 신종이 사람을 보내 말했다.

"樞密院은 군사문제를 관할하는 기구요. 관직은 각각 직분이 있으니 다른 일은 얘기하지 말기 바라오."

"臣은 아직 命을 받들지 않았으므로 현재는 侍從입니다. 그러니 발언하지 못할 일이 없습니다."

이후 왕안석이 다시 조정에 나와 업무를 보게 되었고 사마광의 固辭도 받아들여졌다. 사마광은 外任을 요청하였다.

以端明殿學士知永興軍. 宣撫使下令分義勇戍邊 選諸軍驍勇士 募市井惡少年為奇兵 調民造乾糒 悉修城池樓櫓 關輔騷然. 光極言"公私困敝 不可舉事 而京兆一路皆內郡 繕治非急. 宣撫之令 皆未敢從 若乏軍興 臣當任其責." 於是一路獨得免. 徙知許州 趣入覲 不赴 請判西京御史臺歸洛 自是絶口不論事. 而求言詔下 光讀之感泣 欲嘿不忍 乃復陳六事 又移書責宰相吳充 事見〈充傳〉.

端明殿學士로서 知永興軍이 되었다.[70] 宣撫使가 명령을 하달하여, 義勇을 동원하여 변경을 방비시키도록 했다. 또 각 부대 가운데 정예병을 선발하고 여기에 시정의 불량배들을 모집하여 奇兵이란 군대를 창설하게 했다. 이에 덧붙여 백성에게 乾糧을 만들도록 하였으며 성채와 보루 등을 전부 보수하였다. 이로 인해 關輔 일대[71]가 소란해졌다. 사마광이 강력하게 문제점을 거론하였다.

"公私가 모두 곤궁한 이때 큰 일을 새로 벌여서는 안 됩니다. 더욱이 永興軍路는 변경에서 멀리 떨어진 內郡이므로 성채의 보수가 급한 일이 아닙니다. 宣撫使의 명령은 모두 따를 수 없는 것들입니다. 만일 이후 전쟁이 벌어져 문제가 생긴다면 臣이 그 책임을 지겠습니다."

이 진언 때문에 永興軍路만이 소란을 피할 수 있었다. 이후 사마광을 知許州로 轉任시키며 부임 도중 궁궐에 들를 것을 재촉하는 지시가 내려졌

---

70) 神宗 熙寧 3년(1070) 9월의 일로서 당시 司馬光은 52세였다.

71) 關中과 三輔 지구. 三輔란 漢代 京畿 일원을 관할하던 세 관직(左史 · 右史 · 內史)에서 유래하던 용어로 후대가 되면 경성 부근지역을 범칭하는 용어로 쓰이게 된다.

으나, 그는 부임하지 아니하고 判西京御史臺 직위를 요청하여 낙양으로 돌아갔다.[72] 이때부터 입을 다물고 정치에 대해 논하지 않았다. 그 후 直言을 구하는 詔가 내려지자 사마광은 感泣하여, 잠자코 있으려 했으나 참을 수 없어 여섯 가지 일을 상주하였다.[73] 또 재상인 吳充에게 책망하는 서신을 보냈다. 이 일은 〈吳充傳〉에 적혀 있다.[74]

蔡天申為察訪 妄作威福 河南尹・轉運使敬事之如上官 嘗朝謁應天院神御殿 府獨為設一班 示不敢與抗. 光顧謂臺吏曰 "引蔡寺丞歸本班." 吏即引天申立監竹木務官富贊善之下. 天申窘沮 即日行.

蔡天申이 察訪使[75]가 되어 멋대로 권세를 부리자 河南尹과 轉運使 등이 그를 마치 상관처럼 받들어 모셨다. 한 번은 應天院의 神御殿을 참배하는데, 河南府에서는 그를 위해 따로 열을 하나 만들어 그와 감히 맞서지 않

72) 神宗 熙寧 4년(1071) 4월의 일이다. 判西京御史臺란 西京 洛陽에 두어진 명예직으로 前 執政官들의 休老養病을 위한 직위였다. 그러다가 神宗 熙寧 2년(1069) 12월 이후 대폭 증원되어, 新法에 찬동하지 않아 퇴직한 監司 이상의 관원에게 주어지는 관직으로 이용되었다. 정식 직함은 西京留守司御史臺로서 留臺・西京留臺・西都留臺・西京留司御史臺・外臺 등으로 簡稱되었다.

73) 神宗 熙寧 7년(1074) 4월의 일이다.

74) 이 전후의 사정에 대해《宋史》권 312,〈吳充傳〉에서는, "充雖與安石連姻 而心不善其所為 數為帝言政事不便. 帝察其中立無與 欲相之 安石去 遂代為同中書門下平章事・監修國史. 充欲有所變革 乞召還司馬光・呂公著・韓維・蘇頌 乃薦孫覺・李常・程顥等數十人. 光亦以充可告語 與之書曰. '自新法之行 中外洶洶. 民困於煩苛 迫於誅斂 愁怨流離 轉死溝壑. 日夜引領 冀朝廷覺悟 一變敝法 幾年于茲矣. 今日救天下之急 苟不罷青苗・免役・保甲・市易 息征代之謀 而欲期成效 猶惡湯之沸 而益薪鼓橐也. 欲去此五者 必先別利害 以悟人主之心. 欲悟人主之心 必先開言路. 今病雖已深 猶未至膏肓 失今不治 遂為痼疾矣.' 充不能用."이라 적고 있다(pp.10239・10240).

75) 神宗 시기 각처 新法(청묘법・모역법・농전수리법 등)의 실시상황을 점검하고 독려하기 위해 파견된 관원. 熙寧 4년(1071) 10월 최초로 파견되었으며, 監司 이하의 지방관에 대한 파면권까지 주어져 있었다.

겠다는 뜻을 나타냈다. 이를 보고 사마광은 西京御史臺의 서리에게 말했다.

"蔡寺丞을 원래의 열 가운데로 오게 하라."

서리는 즉시 蔡天申을 데려다 監竹木務官 富贊善의 다음에 서게 했다. 채천신은 풀이 죽어 그날로 가버렸다.

元豐五年 忽得語澁疾 疑且死. 豫作遺表置卧内 即有緩急 當以畀所善者上之. 官制行 帝指御史大夫曰"非司馬光不可." 又將以為東宮師傅. 蔡確曰"國是方定 願少遲之."《資治通鑑》未就 帝尤重之 以為賢於荀悦《漢紀》數促使終篇 賜以潁邸舊書二千四百卷. 及書成 加資政殿學士. 凡居洛陽十五年 天下以為真宰相 田夫野老皆號為司馬相公 婦人孺子亦知其為君實也.

元豐 5년(1082) 사마광은 갑자기 말이 어눌해지자 이대로 죽는 것이 아닌가 의심하고는 미리 遺表를 적었다. 이를 침실에 두었다가 자신이 죽으면 평소 가까이 지내던 사람[76]에게 주어 신종에게 올리게 하라고 일렀다. 官制改革[77]이 단행된 후 신동은 御史大夫 직위를 지목하며 말했다.

"여기에는 사마광이 아니면 안 된다."

또 신종은 그를 東宮의 師傅로 삼으려 했다. 이에 蔡確이 말했다.

"이제 막 國是가 정해졌으니 원컨대 조금 기다리시는 게 좋겠습니다."

76) 范純仁과 范祖禹였다. 蘇軾,《蘇軾文集》(北京, 中華書局, 中國古典文學基本叢書, 1986) 권 16,〈司馬溫公行狀〉, p.488을 참조.

77) 神宗 元豐 3년(1080에 단행된 官制의 대개혁. 당 후반기 이래의 令外職을 폐지하고 당대의 三省六部制로 완전히 회귀하기를 기했던 조치이나, 오히려 송초의 差遣(職事官)과 당대의 律令制(三省六部制)가 뒤섞여 官制를 한층 복잡하게 만드는 결과만 초래하였다. 이로 인해 이후 시기를 통해 官制의 잦은 조정과 변화가 잇따르게 된다.

《資治通鑑》이 아직 완성되지 않은 상태였는데 신종은 이를 높이 평가하여, '荀悅의 《漢紀》보다 낫다.' 고 여기며 몇 차례나 그 마무리를 서두르라고 재촉하였다. 이를 위해 신종은 穎邸의 舊書 2,400권을 하사하기도 했다. 마침내 《자치통감》이 완성되자 사마광에게 資政殿學士 직위를 수여했다. 이렇게 洛陽에 거주하기 15년, 천하에서는 그야말로 참된 재상감이라 여겼다. 田野의 父老라 할지라도 모두 그를 '司馬相公'이라 불렀는데 부인과 어린애조차 그 이름을 알 정도였다.

帝崩 赴闕臨 衛士望見 皆以手加額曰 "此司馬相公也" 所至 民遮道聚觀 馬至不得行 曰 "公無歸洛 留相天子 活百姓." 哲宗幼沖 太皇太后臨政 遣使問所當先 光謂 "開言路." 詔榜朝堂. 而大臣有不悅者 設六語云 "若陰有所懷 犯非其分 或扇搖機事之重 或迎合已行之令 上以徼倖希進 下以眩惑流俗. 若此者 罰無赦." 后復命示光 光曰 "此非求諫 乃拒諫也. 人臣惟不言 言則入六事矣." 乃具論其情 改詔行之 於是上封者以千數.

神宗이 崩御[78]하여 사마광은 궁성으로 나아갔는데 어느 衛士가 그가 들어오는 것을 보고 손을 이마에 갖다 대며 말했다.

"이 분이 司馬相公이시다."

그가 이르는 곳마다 백성들이 길을 가로막고 모여 바라보는 바람에 말이 지나가지 못할 정도였다.

"公께서는 낙양으로 돌아가지 마시고 이곳에 남아 天子의 승상이 되어 주십시오. 그래서 우리 백성들을 살려 주십시오."

당시 哲宗이 어려서 太皇太后가 섭정을 하였는데, 그에게 사자를 파견하여 시급히 해야 될 것이 무엇인지를 물었다. 사마광은 다음과 같이 말

78) 元豊 8년(1085) 3월의 일이다.

했다.

"言路를 열어야만 합니다."

이에 따라 조정에 言路 개방의 방을 내걸게 하였다. 그런데 당시의 대신 가운데 이를 내켜하지 않는 자가 있어, 다음과 같은 여섯 개 항목이 담긴 조칙을 만들었다.

"속으로 딴 마음이 있는 자, 그 직분을 범하여 上言하는 자, 선동하여 국가 대사를 뒤흔드는 자, 이미 시행되고 있는 법령에 영합하는 자, 위로 비위를 맞춰 승진을 노리는 자, 아래로 流俗의 백성들을 현혹하는 자, 이와 같은 무리들에게는 용서 없이 벌을 내릴 것이다."

태황태후가 이를 사마광에게 보여주니, 사마광이 말했다.

"이는 諫言을 구하는 것이 아니라 오히려 諫言을 막는 것입니다. 신하들은 말하지 않으려 할 것이고 말하다가는 여섯 개 항목에 저촉될 것입니다."

사마광이 이러한 정황을 논하여 개정된 詔書가 하달되었고, 이에 따라 수천에 달하는 上言이 올라왔다.

起光知陳州 過闕 留為門下侍郎. 蘇軾自登州召還 緣道人相聚號呼曰 "寄謝司馬相公 毋去朝廷 厚自愛以活我." 是時天下之民 引領拭目以觀新政 而議者猶謂三年無改於父之道 但毛擧細事 稍塞人言. 光曰 "先帝之法 其善者雖百世不可變也. 若安石·惠卿所建 為天下害者 改之當如救焚拯溺. 況太皇太后以母改子 非子改父." 衆議甫定. 遂罷保甲團教 不復置保馬 廢市易法 所儲物皆鬻之 不取息 除民所欠錢 京東鐵錢及茶鹽之法 皆復其舊. 或謂光曰 "熙·豐舊臣 多憸巧小人 他日有以父子義間上 則禍作矣." 光正色曰 "天若祚宗社 必無此事." 於是天下釋然 曰 "此先帝本意也."

이 직후 조정에서는 사마광을 知陳州로 발탁하였다가, 궁성을 경유할 때 그대로 잔류시켜 門下侍郎에 임명하였다.[79] 당시 蘇軾도 登州로부터 소환[80]되었는데, 京師에 오는 도중 연도에 사람들이 모여들어 외쳤다.

"司馬相公에게, 조정을 떠나지 말고 잘 몸 보신하며 우리를 살려내 달라 전해 주십시오."

당시 천하의 백성들은 목을 빼고 눈을 비벼가며 정치의 혁신을 기대하였다. 그러나 누군가, '새 황제는 3년 동안 부친의 제도를 고쳐서는 안 된다'고 말하고, 이리저리 세세한 일들을 거론하며 남들의 간언을 가로막았다. 이에 사마광이 말했다.

"先帝의 法 가운데 옳은 것은 百世가 지난다 하더라도 바뀌어서는 안 된다. 하지만 왕안석과 여혜경이 세운 제도는 천하의 해악이니, 마땅히 불을 끄거나 물에 빠진 사람을 구하듯 서둘러 고쳐야만 한다. 하물며 지금 太皇太后께서 어머니로서 자식의 잘못을 고치는 것이다. 자식이 아버지의 조치를 고치는 것이 아니다."

이로 인해 분분한 의론이 잠잠해졌다. 그래서 保甲法의 團敎[81]가 폐지되고 保馬法도 시행되지 않게 되었다. 市易法도 폐지하여 그 관하의 재물은 모두 팔아버리고 이자를 거두지 않았다. 민간의 대출분에 대해서는 이자를 면제해 주었다. 京東路의 鐵錢이라든가 茶鹽의 法 등은 모두 舊法을 부활시켰다. 이에 누군가 사마광에게 말했다.

"熙寧과 元豊의 舊臣들은 모두 음험한 소인입니다. 훗날 父子之間의 도리를 들먹이며 폐하를 꼬드기면 재앙이 생길 것입니다."

사마광이 정색을 하고 말했다.

---

79) 元豊 8년(1085) 5월의 일로서 당시 司馬光은 67세였다.

80) 元豊 8년(1085) 9월 蘇軾은 知登州職에서 중앙으로 소환되어 禮部郎中에 임명되었다.

81) 西夏 및 거란 접경지역에서 保甲法을 기존의 義勇과 결합하여 군사훈련을 시키는 것. 開封府路와 河東路, 河北路(河北東路 및 河北西路), 陝西路(永興軍路 및 秦鳳路)에서 실행되었다. '敎閱'이라고도 칭했다.

"하늘이 우리 宋朝를 도우신다면 결코 그런 일이 일어나지 않을 것이오."

그리하여 천하의 모든 이가 주저 없이 말했다.

"이야말로 先帝의 본 뜻이었다."

元祐元年 復得疾 詔朝會再拜 勿舞蹈. 時青苗·免役·將官之法猶在 而西戎之議未決. 光嘆曰 "四患未除 吾死不瞑目矣." 折簡與呂公著云 "光以身付醫 以家事付愚子 惟國事未有所託 今以屬公." 乃論免役五害 乞直降勅罷之. 諸將兵皆隸州縣 軍政委守令通決. 廢提舉常平司 以其事歸之轉運·提點刑獄. 邊計以和戎為便. 謂監司多新進少年 務為刻急 令近臣於郡守中選舉 而於通判中舉轉運判官. 又立十科薦士法. 皆從之.

元祐 元年(1086) 사마광은 다시 臥病하였다. 이에 조회시 再拜만 하고 舞蹈는 면해 주었다.[82] 당시 青苗法과 免役法, 將兵法이 아직 그대로 남아 있었고 西夏와의 외교 문제도 아직 해결되지 않은 상태였다. 사마광은 탄식하며 말했다.

"네 가지 근심 거리들이 아직 그대로여서 내가 죽어도 눈을 감지 못하겠구나."

그는 呂公著[83]에게 짧은 편지를 보냈다.

"내가 몸은 醫員에게 맡겼고 家事는 아들에게 맡겼으되, 國事만은 아직

---

82) 《宋史》 권 116, 〈禮志 19〉〈常朝儀〉에서는 통상시의 朝會 儀禮에 관하여, 百官들이 그 位次에 따라 도열한 후, "宰相·參知政事最後入. 止再拜 朔望及三日假 樞密使以下皆舞蹈. 早朝 則宰相·樞密·宣徽使起居畢 升殿問聖體. 宰相奏事 樞密·宣徽使退候. 宰相對畢 樞密使復入奏事. 次三司·開封府·審刑院及羣臣以次登殿. 其見·謝·辭官 以次入于庭. 凡見者先之 謝次之 辭又次之. 惟宰相·親王·使相赴崇德殿 即宣徽使通喚 餘皆側立候通 再拜舞蹈 致辭 即不舞蹈 見 即將相升殿問聖體. 其賜分物酒食及收進奉物 皆舞蹈稱謝.(p.2754)라 기록하고 있다.

83) 哲宗 元祐 元年(1086) 正月 당시 呂公著는 副宰相인 尙書左丞의 직위에 있었다.

누구에게도 부탁하지 못했소. 그대에게 부탁하오."

사마광은 이어 상주하여, 면역법의 다섯 가지 해악을 논하고 즉시 勅旨를 내려 폐지할 것을 요청하였다. 將兵들은 모두 州縣에 예속시키고 軍政 또한 郡守와 縣令들이 주도하게 할 것, 또 提擧常平司를 폐지하고 그 업무를 轉運使 및 提點刑獄에 귀속시킬 것 등을 말하였다. 서하와의 외교문제는 화친이 유리하다고 주장하였다. 아울러 監司 가운데 신진의 젊은 관료가 많아 각박하게 급한 공적을 이루려 하므로, 近臣들에게 명하여 郡守 가운데 마땅한 인물을 천거하게 하고, 또 通判 중에서 轉運判官을 뽑아 쓸 것을 주장하였다. 이밖에 十科의 薦士法[84]을 제시하였는데, 이러한 주장은 모두 받아들여졌다.

拜尚書左僕射兼門下侍郎 免朝覲 許乘肩輿 三日一入省. 光不敢當 曰 "不見君 不可以視事." 詔令子康扶入對 且曰 "毋拜." 遂罷青苗錢 復常平糴糶法. 兩宮虛己以聽. 遼·夏使至 必問光起居 勅其邊吏曰 "中國相司馬矣 毋輕生事 開邊隙." 光自見言行計從 欲以身徇社稷 躬親庶務 不舍晝夜. 賓客見其體羸 舉諸葛亮食少事煩以為戒 光曰 "死生 命也." 為之益力. 病革不復自覺 諄諄如夢中語 然皆朝廷天下事也.

尙書左僕射兼門下侍郎에 임명되었는데, 朝覲이 면제되고 肩輿[85]를 이용하는 것이 허용되었으며 3일에 한 번 씩 출근하도록 하였다. 이에 사마광은 감히 그럴 수 없다 하며 말했다.

"천자를 뵙지 못하면서 정무를 처리할 수는 없습니다."

---

84) 哲宗 元祐 元年(1086) 7월 司馬光의 제안으로 채택된 官人 薦擧制. 行義純固可爲師表科·節操正方可備獻納科·智勇過人可備將帥科 등 10개 과목을 개설하고 侍從 이상으로 하여금 매년 3인을 천거토록 하는 제도였다.

85) 두 사람이 앞뒤에서 메는 가마.

태후는 아들인 司馬康으로 하여금 부축하여 入對하라고 명하였다. 또, '拜禮를 하지 말라' 고 말했다. 이후 靑苗法이 폐지되고 常平糴糶法[86]이 부활하였다. 兩宮[87]은 겸허히 사마광의 제언을 받아들였다. 또 遼와 西夏로부터 사신으로 오면 반드시 사마광의 안부를 물었으며, 변경의 관리들에게 勅旨를 보내 다음과 같이 지시하였다.

"중국의 승상은 사마광이다. 공연히 문제를 일으켜 분쟁이 발생하지 않도록 하라."

사마광은 자신의 말이 그대로 받아들여지는 것을 보면서 사직을 위해 신명을 바치려 하였다. 그래서 밤낮을 가리지 않고 모든 업무를 직접 챙겼다. 賓客 가운데 누군가 그의 몸이 수척해지는 것을 보고, 諸葛孔明이 업무량은 과다한 반면 음식을 적게 먹어 건강을 해쳤다고 충고하자 사마광은,

"죽고 사는 것은 天命이오." 라고 말하며 더욱 노력을 기울였다.

병이 깊어지자 자신도 깨닫지 못하는 사이 마치 꿈 속에서인 듯 말을 하였는데, 모두 조정의 大事에 관한 것들이었다.

是年九月薨 年六十八. 太皇太后聞之慟 與帝即臨其喪 明堂禮成不賀 贈太師·溫國公 襚以一品禮服 賻銀絹七千. 詔户部侍郎趙瞻·内侍省押班馮宗道護其喪 歸葬陝州. 諡曰文正 賜碑曰〈忠淸粹德〉. 京師人罷市往弔 鬻衣以致奠 巷哭以過車. 及葬 哭者如哭其私親. 嶺南封州父老 亦相率具祭 都中及四方皆畫像以祀 飮食必祝.

---

86) 常平倉制. 매 해 夏秋에 穀價가 저렴할 때 高價로 매입하였다가 穀價가 騰貴하면 低價로 放賣함으로써 穀價를 조절하는 기구. 王安石은 神宗 熙寧 2년(1069) 常平倉을 폐지하고 靑苗法으로 대체시켰다.

87) 垂簾聽政을 하고 있는 宣仁太后와 황제인 哲宗.

그러다 이 해 9월에 나이 68 세로 죽었다. 太皇太后는 그 소식을 듣고 통곡하였으며 哲宗과 함께 빈소를 찾아갔다. 明堂의 祭天禮가 끝난 다음에 朝賀도 거행하지 않았다. 사마광에게는 太師와 溫國公이 追贈되었고, 1품 예복의 수의와 부의금으로 銀絹 7,000[88]이 하사되었다. 또 戶部侍郎 趙瞻 및 內侍省押班 馮宗道에게 명하여 그 護喪을 맡게 하였다. 그는 陝州에 묻혔다. 시호로 '文正公'이 주어졌으며 '忠淸粹德'이란 碑가 하사되었다. 京師의 백성들은 철시하고 조문하러 갔으며 옷가지를 팔아 奠儀를 바쳤다. 거리에서는 울며 상여의 수레 앞을 지나갔다. 장례일이 되자 백성들은 마치 자신들의 양친상인양 곡하였다. 嶺南 封州의 父老들조차 京師에까지 무리지어 찾아와 조문하기도 했다. 京師와 사방에서 모두 사마광의 초상을 모시고 제사지냈으며 음식을 먹을 때마다 그를 향해 기도하였다.

光孝友忠信 恭儉正直 居處有法 動作有禮. 在洛時 每往夏縣展墓 必過其兄旦 旦年將八十 奉之如嚴父 保之如嬰兒. 自少至老 語未嘗妄 自言"吾無過人者 但平生所為 未嘗有不可對人言者耳." 誠心自然 天下敬信 陝·洛間皆化其德 有不善曰"君實得無知之乎?"

사마광은 효성스럽고 우애가 있었으며 충성스럽고 신뢰를 지켰다. 恭儉하고 정직하였으며, 평상시에도 법도를 지켰고 모든 행동이 예를 벗어나지 않았다. 洛陽에 있을 때 夏縣을 찾아가 성묘할 때마다 반드시 형인 司馬旦의 집에 들렀다. 司馬旦은 당시 나이가 80에 가까웠는데, 그를 마치 嚴父처럼 받들며 어린애처럼 보살폈다. 그는 어릴 때부터 늙기까지 일찍이 망령된 말을 한 적이 없었다. 그는 이렇게 말한 바 있다.

---

88) 銀의 兩과 絹의 疋을 합한 수.

"내게는 남보다 나은 점이 없다. 다만 평생토록 남에게 말할 수 없는 일을 한 적이 없을 따름이다."

誠心을 지니고 자연스런 性情을 지니고 있어 천하가 모두 신뢰하였다. 陝西와 洛陽 지방은 모두 그 德에 교화되어, 누군가 좋지 않은 행동을 보이면, '君實이 모를 줄 아느냐?' 라고 말할 지경이었다.

光於物澹然無所好 於學無所不通 惟不喜釋·老 曰 "其微言不能出吾書 其誕吾不信也." 洛中有田三頃 喪妻 賣田以葬 惡衣菲食以終其身.

사마광은 재물에 대해 담박하여 좋아하는 것이 없었으며 학문에 있어서는 통하지 않는 바가 없었다. 다만 불교와 도교는 좋아하지 않아서 다음과 같이 말했다.

"그 심오함은 우리의 경전만 못하고 또 그 虛誕함에 대해서는 믿을 수 없다."

낙양에 田土가 3頃 있었는데 부인이 죽자 그것을 팔아 장사 비용으로 썼다. 평생토록 거친 옷을 입고 조잡한 음식을 먹었다.

紹聖初 御史周秩首論光謗誣先帝 盡廢其法. 章惇·蔡卞請發冢斲棺 帝不許 乃令奪贈謚 仆所立碑. 而惇言不已 追貶清遠軍節度副使 又貶崖州司户參軍. 徽宗立 復太子太保. 蔡京擅政 復降正議大夫 京撰〈姦黨碑〉 令郡國皆刻石. 長安石工安民當鐫字 辭曰 "民愚人 固不知立碑之意. 但如司馬相公者 海内稱其正直 今謂之姦邪 民不忍刻也." 府官怒 欲加罪 泣曰 "被役不敢辭 乞免鐫安民二字於石末 恐得罪於後世." 聞者愧之.

哲宗 紹聖 연간 초 御史 周秩이, '사마광은 先帝를 誣告하여 비방하고 그 법제를 모두 없애 버렸다.'고 비난하고 나섰다. 이어 章惇과 蔡卞은 사

마광의 무덤을 파헤쳐 棺을 절단해야 한다고 주장했다.[89] 철종은 이를 받아들이지 않았으나, 사마광에 대한 追贈과 시호를 박탈하고 비석을 제거하라고 명하였다. 이후 장돈은 進言을 계속하여, 사마광은 淸遠軍節度副使로 追貶되었다가 다시 崖州司戶參軍이 되었다. 徽宗이 즉위한 후에는 일시 太子太保로 복귀하였지만, 蔡京이 정권을 장악하자 다시 正議大夫로 강등되었다. 채경은 姦黨碑[90]를 만들어 전국에 빠짐없이 세우라 명하였다. 長安에서는 石工 安民이 글자 새기는 일을 맡게 되었는데, 그 일을 거절하며 말했다.

"저는 어리석은 백성이라서 姦黨碑를 세우는 뜻을 이해하지 못하겠습니다. 다만 司馬相公에 대해 천하가 모두 그 정직함을 칭찬했는데, 이제 그를 두고 간사하다고 말하니 저는 차마 그렇게 새길 수 없습니다."

京兆府의 관리가 노하여 그를 처벌하려 하자 다시 울면서 말했다.

"글자 새기는 것을 감히 피할 수 없다면, 비석의 마지막에 安民이란 두 글자만은 새기지 않게 해 주십시오. 후세에 욕을 먹을까 두렵습니다."

이 얘기를 듣고 사람들은 부끄러워 했다.

靖康元年 還贈諡. 建炎中 配饗哲宗廟廷.

---

89) 哲宗 紹聖 元年(1094) 7월의 일이다. 哲宗은 元祐 8년(1093) 10월 宣仁太后가 사거한 이래 親政을 펼치며 新法 정치로 회귀하고 있었다. 이에 따라 신법당 관료들이 대거 정계로 복귀하여, 紹聖 元年(1094) 4월 章惇이 재상직에 올랐고 또 王安石의 사위 蔡卞이 國史修撰 직에 임용되었다.

90) 徽宗 崇寧 元年(1101) 9월의 일이다. 司馬光 · 文彦博 · 蘇軾 등 元祐 년간 집권하였던 舊法黨 인사 120인을 '姦黨'이라 규정하고 그 이름을 비석에 새겨 宮城의 端禮門 및 전국 각처에 세우게 했다. 이어 崇寧 3년(1103)에는 여기에 曾布와 章惇 등 신법당 인사까지 포함하여 총 309명으로 인원을 늘렸다. 이를 '元祐黨人碑' 혹은 '元祐黨籍碑', '元祐姦黨碑'라 칭한다. 黨人碑에 이름이 등재되면 그 본인은 물론 친척들까지 수도에 들어오는 것이 금지되었으며 관리로서의 등용도 기본적으로 불허되었다.

欽宗 靖康 元年(1126) 追贈과 시호가 원래대로 회복되었으며, 建炎 연간에 哲宗의 廟庭에 配饗되었다.[91]

論曰 熙寧新法病民 海内騷動 忠言讜論 沮抑不行 正人端士 擯棄不用. 聚斂之臣日進 民被其虐者將二十年. 方是時 光退居於洛 若將終身焉. 而世之賢人君子 以及庸夫愚婦 日夕引領望其為相 至或號呼道路 願其毋去朝廷 是豈以區區材智所能得此於人人哉? 德之盛而誠之著也.

一旦起而為政 毅然以天下自任 開言路 進賢才. 凡新法之為民害者 次第取而更張之 不數月之間 剗革略盡. 海内之民 如寒極而春 旱極而雨 如解倒懸 如脱桎梏 如出之水火之中也. 相與咨嗟歎息 驩欣鼓舞 甚若更生 一變而為嘉祐·治平之治. 君子稱其有旋乾轉坤之功 而光於是亦老且病矣. 天若祚宋 憖遺一老 則姦邪之勢未遽張 紹述之説未遽行 元祐之臣固無恙也. 人衆能勝天 靖康之變 或者其可少緩乎? 借曰有之 當不至如是其酷也. 《詩》曰 "哲人云亡 邦國殄瘁." 嗚呼悲夫!

論贊하여 말한다.

熙寧 연간의 新法은 백성에게 害惡을 끼쳐 천하가 소란스러워졌으나 忠言과 正論은 모두 저지되고 받아들여지지 않았다. 그리하여 곧고 정직한 인사들은 배제되어 등용되지 못하고, 대신 백성들로부터 財利를 걷어 모으는 관료들이 날로 승진하였다. 이렇게 백성들이 그 虐政에 시달린 것이 20년에 달했다. 이러한 때 사마광은 낙양으로 은퇴하여 그대로 세상을 마칠 것처럼 보였다. 하지만 세상의 賢人과 군자로부터 凡人에 이르기까지, 아침 저녁으로 목을 빼고 그가 재상이 되기만을 기다렸다. 때로는 도로를 메우고 외치며, '조정을 떠나지 말아 달라' 고 하기도 했다. 이 어찌

91) 高宗 建炎 2년(1128) 3월, 經筵에서 《資治通鑑》을 侍讀하라는 詔令과 함께 취해진 조치였다(《建炎以來繫年要錄》 권 14 참조).

구구한 계략으로 모든 사람들을 이렇게 만들 수 있었겠는가? 덕망과 성실함이 지극하였기 때문이다.

사마광은 발탁되어 政事를 맡게 되자 毅然히 天下事를 자기 일로 自任하고 言路를 열고 賢才를 등용하였다. 新法으로서 백성에게 해가 되었던 것을 차례로 개혁하여 불과 수개월 내에 모두 폐지하였다. 그리하여 천하의 백성들은, 마치 극한 추위 다음에 봄을 맞은 듯하고 극한 가뭄에서 비를 만난 듯하였으며, 거꾸로 매달려 있다 벗어나고 桎梏에서 풀려났으며 물과 불 속에서 탈출한 듯하였다. 백성들은 서로 붙들고 기뻐하며 춤추기를 다시 살아난 것보다 더하였다. 그렇게 일거에 嘉祐와 治平의 정치로 복귀시켰다. 君子들은 이를 보고 천하를 일신시킨 공이 있다고 칭찬하였으나 그때 이미 사마광도 늙고 병들어 있었다. 만일 하늘이 宋朝를 도우려 하여 그 老臣을 좀더 세상에 남겨두었다면, 간사한 무리들이 그처럼 급히 세를 얻지 못했을 것이고 紹述의 정치[92]도 그처럼 급히 시행되지 않았으며 元祐의 臣僚들도 아무 해를 입지 않았을 것이다. 그렇게 인재가 많아졌다면 하늘까지 이겨내, 靖康의 變 또한 면할 수 있지 않았을까? 설령 靖康의 變이 있었다 한들 그렇게 참혹하지는 않았을 것이다.

《詩》에서는,

"賢人이 死去하면 邦國이 재난을 당한다."[93] 고 말한다.

아아, 슬프도다.

---

92) 元祐 8년(1093) 10월 宣仁太后가 死去한 이후 哲宗이 親政하며 元祐 연간의 舊法 정치를 청산하고 전면적으로 神宗時代의 新法으로 회귀한 것을 가리킨다.

93) 《詩經》〈大雅〉〈湯之什〉〈瞻卬〉에 나온다.

3. 왕부지의 송론 신종편

王夫之의 宋論 神宗篇

해 제

王安石에 대한 평가가 극단적으로 엇갈렸다는 사실은 잘 알려져 있다. 왕안석에 대한 정치적 후견인이자 지지자였던 神宗은 熙寧 6년(1073) 그에게 자신의 玉帶를 하사하며, "이 玉帶를 卿의 자손에게 전함으로써 朕과 卿이 한 시대를 같이 살며 서로 만날 수 있었던 아름다움을 상징토록 하라."[1]고 말하고 있을 정도이다. 또 왕안석의 정치적 계승자라 할 수 있는 蔡京은 왕안석을 孔子廟에 配享하고 있다.

반면 반대자들에게 있어 왕안석은 거의 惡의 화신과 같이 묘사되었다. 蘇洵이 〈辨姦論〉에서, '왕안석은 人之常情을 거스르는 大姦으로서 奸人의 대명사라 칭해지는 西晉 王衍과 唐代의 盧杞를 합한 것보다 세상에 더 큰 해악을 미칠 인물'이라고 말했던 사실[2]은 유명하다. 심지어 근엄한 도학자인 司馬光조차 한때는 왕안석과 德談을 주고받는 점잖은 관계를 유지했지만 熙寧 3년(1070) 2월 및 3월의 서신왕래[3]를 통해 절교한 후에는, "잘못된 공부를 하여 거짓을 말

1) 賜卿帶以傳遺子孫 表朕與卿君臣一時相遇之美也.《續資治通鑑長編》권 247, 神宗 熙寧 6년 10월 辛巳.

2) 蘇洵,《嘉祐集》권 9,

3) 이에 대해서는, 본서에 수록된,〈8. 왕안석과 사마광 사이의 왕복서간〉을 참조.

하니 誅殺되어야만 한다. 결코 良臣이 아니라 실로 백성의 賊이다."[4]고 말하고 있다.

전통시대 왕안석에 대한 평가는 구법당 라인의 남송정권이 출범하며 일단락 되었다. 이후 왕안석은 朝政을 그르치고 國論을 양분시켜 북송을 멸망으로 이끈 장본인이라고 규정되었다. 그가 기획하여 시행했던 新法 제조항도 기본적으로 백성들에게 해악을 끼친 악법으로 인식되었다. 이러한 악평은 20세기에 들어 청조가 멸망할 때까지 기본적으로 답습되었다. 왕안석과 동향의 인물인 陸象山이라든가 혹은 清代에 이례적으로 왕안석의 연보[5]를 편찬하였던 蔡上翔 등과 같은 인물이 일부 등장하기도 했으나, 이러한 목소리는 압도적 매도에 묻혀버렸다.

그러다가 왕안석에 대한 평가가 극적으로 전환되는 것은 20세기 이후의 일이다. 중국이 제국주의 열강의 압박에 시달리는 상황에서, 강력한 추진력으로 국정을 지휘하며 국가적 난제에 대처하고자 하는 왕안석의 모습이 재조명되기 시작했던 것이다. 그가 제안했던 신법 조항들에 대한 평가도 이전과는 판이해져서, 약자인 중소농민과 상인들을 배려하는 것이었다고 이해되었다. 왕안석에 대한 총체적 상찬이 지배적인 흐름을 구성하게 된 것이다. 심지어 梁啓超와 같은 인물은, 왕안석이 출현했던 것이 중국사의 영광이었다고 말하고 있다.[6] 이러한 왕안석에 대한 호의적 평가는 오늘날에도 지속되고 있다.[7]

본고에서 소개하는 王夫之의《宋論》은 왕안석에 대한 전통시대의 평가 가운

---

4) 安石首倡邪術 欲生亂階 違法易常 輕革朝典 學非言偽 王制所誅 非曰良臣 是為民賊.《司馬溫公傳家集》권 17,〈奏彈王安石表〉.

5) 蔡上翔,《王荊公年譜考略》.

6) 梁啓超,《王安石傳》〈敍論〉.

7) 오늘날 대륙학계에 왕안석에 대한 비판적 평가가 전연 없는 것은 아니다. 절대 다수는 물론 왕안석의 정책 내지 왕안석에 대해 상찬하는 입장에 서 있지만, 여전히 왕안석 내지 新法을 비판적으로 인식하는 견해도 소수나마 존재한다. 그러한 비판적 평가 가운에 가장 대표적인 논술이, 王曾瑜,〈王安石變法簡論〉(《錙銖編》, 河北大學出版社, 2006 및《凝意齋集》, 蘭州大學出版社, 2003 등에 수록)이라 할 수 있다.

데 가장 극렬한 비판이라 할 수 있다. 왕부지가 명말청초의 시기를 살았던 강렬한 華夷論者였다는 사실은 잘 알려져 있거니와, 그의 왕안석 평가는 철저히 春秋學的 명분론에 입각해 있다. 《宋論》은 도처에서 왕안석에 대한 강렬한 반감을 표출하고 있지만, 특히 〈神宗篇〉은 가위 왕안석에 대한 종합적이고 체계적인 비판 내지 공격으로 채워져 있다 해도 과언이 아닐 정도이다.

왕부지는 왕안석에 대해 실로 쾌도난마와 같이 엄히 분석하여 '小人'이며 '姦人'이라 규정한다. 왕안석의 식견이나 性情 자체 비루하기 그지 없었으며, 게다가 온갖 小人的 술수를 부렸기 때문에 수하의 심복으로부터 배반당하고 또 만년에 자식이 요절하는 업보를 당하게 되었다고 한다. 하지만 왕안석과 같은 인물이 한 시대를 횡행하게 되었던 데에는 그만한 까닭이 있었으니, 神宗의 웅대한 포부와 추진력을 뒷받침할 만한 인물이 없었기 때문이다. 대외경략의 의지를 뒷받침할 만한 장수도 없었으며, 司馬光이나 韓琦·富弼과 같은 당시의 朝臣들도 여러모로 문제가 많은 사람들이었다고 논한다.

이어 왕안석이 도입하였던 제신법 조항에 대해 조목조목 분석해 간다. 新法 가운데 青苗法·均輸法·市易法 등은 일고의 가치도 없을 만큼 해악이 컸던 것이었으며, 保甲法·免役法·과거제개혁·保馬法 등은 후대에 채택되기도 하는 등 논란이 많았다고 말한다. 하지만 保馬法은 명대에 답습되었으나 민간에 재앙만 끼친 악법이었고, 保甲法은 일부에서 그 명분이 좋다하나 기실 아무 효과 없이 민간에 부담으로 작용한 것일 뿐이었다. 免役法은 差役에 비하면 분명 良法이라 할 수 있으나, 사실 양세법에 의해 면역 조치가 취해졌던 것을 본질을 호도한 채 민간으로부터 다시 면역전을 징수한 것이었다. 왕안석의 면역전 重徵은 이후로 연결되는 선례가 되었을 뿐이다. 이에 비해 유독 과거제의 개혁은 적절한 것이었지만 이후 그 본질이 왜곡되었다고 말한다.

이러한 신법에 대한 공격 내지 비판과 더불어 왕부지가 특별히 관심을 기울이는 대상이 대외 전쟁이다. 우선 王韶가 중심이 된 熙河經略에 대해서는 역시 혹독한 비판을 가한다. 正道가 아닌 邪術에 불과한 것이었던 만큼 실패로 귀결되는 것은 당연하였다. 왕부지는 熙河經略에 대해, '칼자루 구멍의 미미한 소리처럼 돌아볼 가치도 없는 것이었다.'고 극언하고 있다.

마지막으로 왕부지는 章惇의 호북일대 소수민족 정복전에 대해 언급한다. 이 부분이야말로 왕부지의 명분론이 유감없이 잘 드러나는 대목이다. 章惇이란 인물 자체는, '논할 가치도 없을 만큼 사악하다.'고 말한다. 하지만 그의 호북지방 蠻夷 정벌은 결코 비판할 수 없는 훌륭한 업적이란 것이다. 蠻夷, 특히 중국 內地의 蠻夷는 궁극적으로 中華에 동화되어야만 하는 존재이고, 章惇의 정벌은 그것을 실현시킨 행위였기 때문이다.

왕부지의 논술은 기백에 차 있으며 명쾌하기 그지없다. 하지만 때로 기백이 지나쳐 전후 문맥에서 다소간 모순이 드러나기도 한다. 경우에 따라서는 사실 자체의 인식에서 오류를 범하기도 한다. 이러한 문제점 등은 그가 청조의 지배에 대한 강렬한 반감을 포지한 채 살아갔다는 점이라든가, 혹은 그 자신 호남이란 제한된 공간에 갇혀 있었던 인물이란 사실을 감안하면 어느 정도 수긍이 가는 것이기도 하다. 또한 바로 이러한 점, 즉 그가 호남 일대의 바깥으로는 알려지지 않은 인물이었다는 것과 또 그의 논조에 강렬한 기백이 담겨 있다는 점으로 인해, 청말 그의 저술이 유포되어 갈 때 강렬한 흡인력이 유발될 수 있었던 것이다. 오늘날 중국 대륙이나 일본 및 구미, 그리고 국내의 학계를 막론하고, 신법의 사회정책적 측면이 일반적으로 긍정되고 또 왕안석의 역할에 대한 호의적 평가가 주류를 점하고 있다. 《宋論》〈神宗篇〉은 왕부지의 사상을 재구성하는 데 있어서 뿐만 아니라 오늘날의 왕안석 인식과 전통시대의 평가 사이의 편차를 이해하는 데 있어서도 중요한 재료를 제공하는 것이라 할 수 있다.

○○○

1.

言有大而無實 無實者 不祥之言也. 明主知之 知其拓落而以是相震 則一聞其說 而屛退之唯恐不速. 唯智小而圖大 志陋而欲飾其短者 樂引取之 以箝天下之口 而遂其非. 不然 望而知其爲妄人 豈難辨哉?

큰 소리를 쳐 놓고 거기에 실질이 따르지 않는다면, 그 실질이 없는 말은 불길한 것이다. 영명한 군주는 이를 알기에, 어려운 상태이므로 더욱 그 큰 소리가 세상을 뒤흔들 수 있다고 판단하여, 그러한 소리를 듣자마자 서둘러 물리쳤다. 오직 뜻은 큰데 지혜는 적다든가 혹은 비천한 생각을 지니고 있으면서 그것을 아닌 것처럼 꾸미려 하는 군주만이, 그렇게 큰 소리 치는 자를 끌어들여 등용한다. 그럼으로써 천하의 言路를 막고 그 잘못이 이루어지도록 하는 것이다. 그렇지 아니하고 한 번 보아 망령되다는 것을 안다면 어찌 그대로 놓아두겠는가?

王安石之入對 首以大言震神宗. 帝曰 "唐太宗何如?" 則對曰 "陛下當法堯、舜 何以太宗爲哉?" 又曰 "陛下誠能爲堯、舜 則必有皐、夔、稷、契 彼魏征、諸葛亮者 何足道哉?"

왕안석은 入對하면서 먼저 큰 소리로 神宗을 뒤흔들었다. 신종이 말했다.

"당태종은 어떠하오?"

이에 대답하여 다음과 같이 말했다.

"폐하께서는 마땅히 堯와 舜을 본받아야지 어찌 당태종을 말하십니까?"

또 이렇게 말했다.

"폐하께서 능히 요순이 되신다면 반드시 皐·夔·稷·契[8]이 생길 것입니다. 魏徵이나 諸葛亮 정도야 말할 필요도 없을 것입니다."

嗚呼! 使安石以此對颺於堯、舜之廷 則靖言庸違之誅 膺之久矣. 抑誠爲堯、舜 則安石固氣沮舌噤而不敢以此對也. 夫使堯、舜而生漢、唐之後邪 則有稱孔明治蜀、貞觀開唐之政於前者 堯、舜固且揖而進之 以畢其說 不鄙爲不足道而遽斥之. 何以知其然也? 舜於耕稼陶漁之日 得一善 則沛然從之. 豈耕稼陶漁之侶 所言善言 所行善行 能軼太宗、葛、魏之上乎? 大其心以函天下者 不見天下之小 藏於密以察天下者 不見天下之疏. 方步而言趨 方趨而言走 方走而言飛 步趨猶相近也 飛則固非可欲而得者矣. 故學者之言學 治者之言治 奉堯、舜以爲鎭壓人心之標的 我察其情 與緇黃之流推高其祖以樹宗風者無以異. 韓愈氏之言曰"堯以是傳之舜 舜以是傳之禹"相續不斷以至於孟子. 愈果灼見其所傳者何道邪? 抑僅高擧之以誇其所從來邪? 愈以俗儒之詞章 安石以申、商之名法 無不可曰 堯、舜在是 吾甚爲言堯言舜者危也.

아아! 왕안석이 이러한 말을 요순의 조정에서 발언했다면 곧바로 심한 처벌을 받았을 것이다. 아니 진정 요순 앞이었다면 왕안석은 기가 꺾이고 혀가 얼어붙어 감히 이러한 말을 하지도 못했을 것이다. 또한 요순이 漢唐 시대에 나타났다면, 왕안석에 의해 가볍게 여겨진 蜀의 諸葛亮이나 唐貞觀 연간의 諸臣들도 모두 요순이 예를 갖추어 발탁함으로써 그들의 뜻이 다 이루어지도록 했을 것이다. 결코 비속하다며 왕안석의 말처럼 말할 필요도 없다 하고 내치지 않았을 것이다. 어찌 그것을 알 수 있는가? 舜은 농사짓고 고기 잡던 시절 하나라도 좋은 것을 접하면 기뻐하며 따랐

8) 皐陶와 夔, 그리고 周 文王의 선조인 后稷, 殷 湯王의 선조인 契 네 사람의 병칭. 모두 堯舜 시대의 名臣이다.

다. 농사짓고 고기 잡는 사람의 동료들이 하는 말이나 행동이, 아무리 좋다 한들 어찌 당태종이나 諸葛亮· 魏徵보다 낫겠는가? 마음을 크게 하고 천하를 품는 사람은 천하가 작다 하지 않으며, 세심히 대비하며 천하를 살피는 사람은 천하가 성기다 하지 않는다. 무릇 걷는 사람은 종종걸음을 지향하고, 종종걸음 치는 사람은 달리는 것을 지향하며, 달리는 사람은 나는 것을 지향한다. 걷는 것과 종종걸음, 그리고 달리는 것은 서로 유사하나, 나는 것은 도저히 욕심낼 수 없다. 그러기에 배우는 사람이 학문을 말할 때나 다스리는 사람이 정치를 말할 때는 요순을 받들어 여론을 잠재우는 기치로 삼고자 하는 것이다. 그러한 정서를 살피건대 승려나 道士 무리들이 그 祖師를 받듦으로써 宗風을 세우고자 하는 것과 진배가 없다고 판단된다. 韓愈는 말하기를, '堯는 이 道를 舜에게 전하고 舜은 이를 또 禹에게 전했다.'[9] 이후 끊이지 않고 계속 이어져 맹자에 이르렀다는 것이다. 한유가 전해져 내려왔다고 보았던 것은 과연 어떠한 道였는가? 그저 그것을 높이 떠받듦으로써 자신의 말을 권위 있게 만들려 했던 것에 불과하지 않았는가! 한유라는 俗儒의 詞章에서도, 그리고 왕안석의 申· 商를 본받은 法家流의 주장[10]에서도, 모두 堯舜이 거론되고 있으니 내 심히 堯를 말하고 舜을 말하는 사람들을 위해 우려하는 바이다.

---

9) 韓愈, 〈原道〉에 나온다.

10) 왕안석을 두고 法家流라 공박하는 논설은 이미 송대에도 적지 않았다. 楊時가 欽宗에게 올리는 상주문에서, '謹按安石挾管 · 商之術 飾六藝之文姦言 變亂祖宗法度.'(《송사》 권428, 〈楊時傳〉)라 단언했던 것은 유명하다. 이밖에 張九成은, '介甫所學者申 · 韓 而文之以六經 温公所學者周 · 孔 亦文之以六經. 故介甫之門多小人而温公之門多君子. 温公一傳而得劉器之 再傳而得陳瑩中 介甫一傳而得吕太尉 再傳而得蔡新州 三傳而得章丞相 四傳而得蔡太師 五傳而得王太傅. 介甫學行 使二聖北狩 夷狄亂華,'(《橫浦先生文集》 권 16, 〈盡言集序〉)라고 말한 바 있으며, 范純仁은 神宗 熙寧 2년 8월에 올리는 상주문에서 더 직설적으로, '安石議桑羊之術 不恭甚矣.'(《范忠宣公奏議》 권 上, 〈論劉琦等不當責降〉)라고 말하고 있다.

夫堯、舜之學 與堯、舜之治 同條而共貫者也. 安石亦知之乎? 堯、舜之治 堯、舜之道爲之 堯、舜之道 堯、舜之德爲之. 二典具存 孔、孟之所稱述者不一 定以何者爲堯、舜之治法哉? 命岳牧 放四凶 敬郊禋 覲群后 皆百王之常法. 唯以允恭克讓之心 致其精一以行之 遂與天同其巍蕩. 故堯 曰 "無名". 舜曰 "無爲". 非無可名 而不爲其爲也. 求一名以爲獨至之美 求一爲以爲一成之例 不可得也. 今夫唐太宗之於堯、舜 其相去之遠 夫人而信之矣. 而非出號令 頒科條之大有異也. 藉令堯、舜而舉唐太宗所行之善政 允矣其爲堯、舜. 抑令唐太宗而仿堯、舜所行之成跡 允矣其僅爲唐太宗而止. 則法堯、舜者之不以法法 明矣. 德協於一 載於王心 人皆可爲堯、舜者 此也. 道貞乎勝 有其天綱 湯、武不師堯、舜之已跡 無所傳而先後一揆者 此也. 法依乎道之所宜 宜之與不宜 因乎德之所慎. 舍道與德而言法 韓愈之所云"傳" 王安石之所云"至簡、至易、至要"者 此也. 皋、夔、稷、契以其恭讓之心事堯、舜 上畏天命 下畏民碞. 匹夫匹婦有一善 而不敢驕以所不屑 唐、虞之所以時雍也. 顧乃取前人經營圖度之苦心以撥亂扶危者 而淩躐之 枵然曰 "堯、舜之道至易 而無難旦夕致也." 商鞅之以脅秦孝公者 亦嘗用此術矣. 小人而無忌憚 夫亦何所不可哉?

대저 요순의 학문과 요순의 정치는 일맥상통하는 것이다. 왕안석이 이를 알았을까? 요순의 정치는 요순의 道로 말미암은 것이었고, 요순의 道는 또 요순의 德으로 말미암은 것이었다. 〈二典〉[11]이 모두 전해져 내려오고 공자와 맹자가 언급한 바 또한 동일하지 않으니 무엇을 가리켜 요순의 통치방식이라 할 것인가? 四岳[12]에게 명하여 다스리게 하고 四凶을 내치며, 天地에 대한 제사를 공손히 받들고 群后를 朝覲시키는 것,[13] 이는 모

11) 《書經》의 〈堯典〉과 〈舜典〉.

12) 堯 시기에 四方 諸侯 관련 업무를 관장하였던 羲氏 및 和氏 四人.

13) 四凶은 舜 시기 등장했던 四人의 惡人으로 共工 · 驩兜 · 三苗 · 鯀을 지칭한다. 群

든 군주가 다 행하는 것이다. 요순은 이 뿐만 아니라 지극한 조심과 겸양의 마음으로 순수한 상태에 이르렀으며 이를 또 실천에 옮겼으므로 마침내 하늘과 마찬가지로 우뚝 설 수 있었다. 그렇기에 堯를 일컬어 '無名'이라 말했고 舜은 '無爲'라 했다.[14] 가히 이름 붙일 만한 것이 없었던 것이 아니며, 할 일을 하지 않았던 것이 아니었다. 하나의 이름으로써 완벽한 지칭을 구현한다든가 혹은 하나의 행동으로써 모든 것의 모범으로 될 수 없었기 때문이다. 당태종과 요순이 시기적으로 멀리 떨어져 있다는 사실은 누구나 다 안다. 제도라든가 명령 또한 크게 달랐다. 하지만 만일 요순으로 하여금 당태종이 펼쳤던 善政을 따르게 한다면 그 역시 진실로 요순이 될 것이다. 하지만 반대로 당태종으로 하여금 아무리 요순의 행적을 본받게 한들 겨우 당태종이 되는 것에 그칠 것이다. 그런즉 요순을 본받는다는 것은 그 법을 본받는다는 것이 아님은 명맥하다. 군주의 마음 속에 德이 조화를 이루고 자리잡아야만 요순이 되는 것은 바로 이 때문이다. 또한 道는 큰 원칙을 지키되 상황에 따라 변화되어야 한다. 湯王과 武王이 요순의 지난 행적을 따르지 않고 왕위를 선양하지 않은 채 후손들에게 세습하였던 것이 바로 그러한 사례이다. 법이란 道가 마땅한 바에 따라 변하는 것이며, 道의 마땅함과 마땅하지 않음은 德이 어떠한가에 달려 있다. 도와 덕을 버리고 법을 말해서는 안 된다. 한유가 '道의 전해짐'[15]을 말하는 것이라든가 왕안석이 '지극히 간단하고 지극히 쉽다(至簡 至易 至要)'라

后는 四方의 제후 및 九州의 牧伯.

14) 孔子가《論語》에서 堯 및 舜에 대해 평가한 말이다. 孔子는 堯에 대해, '大哉 堯之為君也. 巍巍乎唯天為大 唯堯則之. 蕩蕩乎 民無能名焉.(〈泰伯〉)라 말하고, 또 舜에 대해서는, '無為而治者 其舜也與 夫何為哉? 恭已正南面而已矣.'(〈衛靈公〉)라 평가하고 있다.

15) 韓愈가〈原道〉에서 儒家 道의 流傳을 설명하며, '堯以是傳之舜 舜以是傳之禹 禹以是傳之湯 湯以是傳之文·武·周公 文·武·周公傳之孔子 孔子傳之孟軻 軻之死 不得其傳焉.'이라 주장하는 것을 일컫는다.

고 말한 것[16]이 그러한 것이다. 皐·夔·稷·契은 그 근신과 겸양의 마음으로 요순을 섬기며 위로는 天命을 두려워하고 아래로는 민심을 두려워하였다. 匹夫匹婦에게 하나라도 좋은 점이 있으면 그것이 자질구레하다고 업수이 여기지 않았다. 그러기에 唐·虞[17]의 태평을 이룰 수 있었다. 그런데 앞 시대 사람들이 고심하여 세우고 설비함으로써 어지러운 세상을 바로잡고 또 위기를 이겨낸 것을 두고, 밟아 누르며 큰 소리 치기를, "요순의 道는 지극히 쉬워서 하루 아침 저녁도 걸리지 않고 이룰 수 있다."고 말했다.[18] 商鞅이 秦 孝公을 부추겼던 것 또한 일찍이 이러한 술수를 썼던 것이었다. 왕안석 같은 소인은 거리끼는 바가 없다. 무엇인들 못하겠는가?

揚堯、舜以震其君 而誘之以易 揭堯、舜以震廷臣 而示之以不可攻. 言愈高者(趨)[志]愈下 情愈虛者氣愈驕. 言及此 而韓、富、司馬諸公亦且末如之何矣! 曹丕曰 "吾舜、禹也" 則舜、禹矣. 源休曰 "吾蕭何也" 則蕭何矣. 姦人非妄不足以利其姦 妄人非姦無因而生其妄. 妄人興而不祥之禍延於天下 一言而已蔽其生平矣. 奚待其潰堤決岸 而始知其不可遏哉?

요순을 들먹거리며 그 군주를 뒤흔들고 또 쉽다고 유인하였으며, 이어 요순을 내걸고 조정의 臣僚들을 뒤흔듦으로써 공박할 수 없도록 하였다. 말이 거창할수록 그 뜻은 비천하며 속내가 텅 비어 있을수록 의기는 교만

16) 神宗 熙寧 元年(1068) 4월 王安石이 翰林學士에 임명되어 처음 神宗을 入對하였을 때 堯舜의 道에 대해 설명한 말이다. 그는 神宗에게 마땅히 堯舜의 道를 본받아야 한다고 말하며, '堯·舜之道 至簡而不煩 至要而不迂 至易而不難 但末世學者不能通知 以為高不可及爾.'(《宋史》 권 327, 〈王安石傳〉)라고 진언하고 있다.

17) 陶唐과 有虞로서 堯舜 시대를 가리킨다. 陶唐은 堯의 號이며 有虞는 舜의 號이다.

18) 《宋史》에는 왕안석의 이러한 발언이 어디에도 기록되어 있지 않다. '至簡 至易 至要'란 발언에 근거한 王夫之의 자의적 확대해석이라 판단된다.

한 법이다. 이렇게 말하니 한기나 부필· 사마광 등의 인사 또한 어찌할 수 있겠는가! 曹조가, '나는 舜과 禹이다.'라고 말하자 舜· 禹가 되었다. 源休가 , '나는 蕭何이다.'[19]라고 말하니 蕭何가 되었다. 간사한 자는 망명됨이 덧붙여지지 않으면 그 간사한 이익을 추구할 수 없으며, 망녕된 자는 간사함이 아니면 그 망녕됨을 펼칠 수 없다. 왕안석이란 망녕된 자가 나타나니 불길한 재앙이 천하에 두루 퍼졌고 그가 한 마디 하자 폐단이 모든 사람에 미치게 되었다. 어찌 제방이 터지고 둑이 무너진 다음에야 비로소 막을 수 없음을 알게 되겠는가?

2.

君子之道 有必不爲 無必爲. 小人之道 有必爲 無必不爲. 執此以察其所守 觀其所行 而君子小人之大辨昭矣. 必不爲者 斷之自我 求諸己者也. 雖或誘之 而爲之者 必其不能自固而躬冒其爲焉. 不然 熒我者雖衆 弗能驅我於叢棘之中也. 必爲者 強物從我 求諸人者也. 爲之雖我 而天下無獨成之事 必物之從而後所爲以成 非假權勢以迫人之應 則銳於欲爲 勢沮而中止 未有可必於成也. 以此思之 居心之邪正 制行之得失 及物之利害 其樞機在求人求己之閑 而君子小人相背以馳 明矣.

君子의 道에는 반드시 안 할 일(必不爲)이 있는 반면 반드시 하는 일(必爲)은 없다. 小人의 道에는 반드시 하는 일이 있는 반면 반드시 안 할 일이란

---

19) 唐 德宗 建中 4년(783) 朱泚(742~784)가 涇源軍에 의해 추대되어 반란을 일으켰을 당시, 반란을 주모한 源休가 涇源節度使 姚令言과 거사의 공을 다투며 발언한 것. 이와 관련하여《舊唐書》에서는, "群兇宴樂既醉 令言與源休論功 令言自比蕭何. 源休曰 '帷幄之謀 成秦之業 無出予之右者 吾比蕭何無讓 子當曹參可矣.' 時朝士在賊廷者 聞之皆笑"(권 127,〈源休傳〉)라 기록하고 있다.

없다. 이것을 가지고 그 생활태도를 살피거나 그 행동을 관찰해보면 군자와 소인 사이의 차이가 분명히 드러난다. 군자의 경우 반드시 안 할 일(必不爲)은 스스로 판단하여 자신에게만 요구한다. 혹시 남의 꼬임에 넘어가 하게 되더라도 결국에는 그렇게 하는 것을 스스로 견딜 수 없게 된다. 그렇기에 나를 속이는 자가 많을 지라도 스스로를 가시덤불 속에 몰아넣지 않게 되는 것이다. 소인이 반드시 하는 일(必爲)이란, 남을 윽박질러 나를 따르도록 남에게 요구하는 일이다. 일을 하는 것은 비록 나일지라도 천하에 혼자 이뤄내는 일이란 없다. 상황이 잘 따라주었기 때문에 이루어진 것이다. 따라서 권세에 의지하여 남으로 하여금 나를 따르도록 강요하는 것이 아니라면, 이루려고 서두르다가 기세가 꺾여 중단됨으로써 결국에는 이루지 못하게 되는 것이다. 이로써 생각하건대 心性의 선악과 행동결과의 成敗를 결정짓는 관건은 자신에게 요구하는가 혹은 남에게 요구하는가에 달려 있다. 그리고 이러한 점에서 군자와 소인은 현격히 차이가 난다.

夫君子亦有所必爲者矣. 子之事父也 臣之事君也 進之必以禮也 得之必以義也. 然君子之事父 不敢任孝 而祈免乎不孝. 事君不敢任忠 而祈免乎不忠. 進以禮者 但無非禮之進 而非必進. 得以義者 但無非義之得 而非必得. 則抑但有所必不爲 而無必爲者矣. 況乎任人家國之政 以聽萬民之治. 古今之變遷不一 九州之風土不齊 人情之好惡不同 君民之疑信不定. 讀一先生之言 暮夜得之 雞鳴不安枕而揣度之 一旦執政柄而遽欲行之 從我者愛而加之膝 違我者怒而墜諸淵 以迫脅天下而期收功於旦夕. 察其中懷 豈無故而以一人犯兆民之指摘乎? 必有不可問者存矣. 夫既有所必爲矣 則所迫以求者人 而所惛然忘者己矣. 故其始亦勉自鈐束 而有所不欲爲. 及其欲有爲也 爲之而成 或爲之而不成 則喜怒橫行 而乘權以逞. 於是大不韙之事 其夙昔之所不忍與其所不屑者 苟可以濟其所爲而無不用. 於是而其獲疚

於天人者 昭著而莫能揜. 夫苟以求己、求人、必爲、必不爲之衡 而定其趨嚮 則豈待決裂已極而始知哉?

군자 또한 반드시 하는 일(必爲)이 있다. 자식으로서 부모에게 효도하는 것, 신하로서 군주를 섬기는 것, 나아갈 때 반드시 禮로써 하는 것, 취할 때 반드시 義로써 하는 것이다. 하지만 군자가 부모를 섬길 때 감히 멋대로 孝를 함으로써 不孝란 말을 모면하려 들지는 않으며, 군주를 섬길 때 감히 멋대로 충성을 바침으로써 不忠이란 말을 모면하려 들지는 않는다. 禮로써 나아갈 때도 禮가 아닌데 나아가는 일은 없으니 반드시 나아가야 하는 것은 아니다. 義로써 취할 때도 義가 아닌데 취하는 법은 없으니 반드시 취해야 하는 것은 아니다. 그러니 이 또한 반드시 안 할 일(必不爲)이 있는 반면 반드시 하는 일(必爲)은 없는 것이다. 하물며 국가의 정치를 맡아 만민을 다스릴 때는 오죽하겠는가! 古今의 변천은 다양하며 천하의 풍토는 제각각 다르고, 사람들이 좋아하고 싫어하는 것 또한 다르며 군주와 만민이 의심하고 믿는 것도 상황에 따라 변화한다. 그런데 王安石이란 인물은 어느 선생의 말을 읽어 저녁에 무언가 깨달은 다음 밤새 전전긍긍하며 생각하다가, 하루 아침에 정권을 잡자 갑자기 그것을 시행하려 하면서 나를 따르는 사람은 좋아하며 가까이 두고 나를 거스르는 사람에게는 화를 내며 구렁텅이로 빠트려 버렸다. 그리고 천하를 협박하며 일조일석에 공을 이루려 했다. 그 마음가짐을 살피건대 혼자서 만민의 지적에 거스르고자 하는 생각이 없었겠는가? 그러니 누구도 그의 잘못을 지적할 수 없는 상태였다. 대저 반드시 하고자 하는(必爲) 바를 갖게 되면, 그것을 남들에게 요구하게 되고 반면 자신은 몽롱히 잊어버리게 된다. 따라서 처음에는 그 또한 억지로 스스로를 단속하며 하고자 하지 않는 마음을 지니려 한다. 하지만 일단 하고 싶은 마음을 갖게 되면, 시도해서 이루어지기도 하고 또 이루어지지 않기도 함에 따라 기쁨과 노여움이 엇갈려 생겨서 그 권세를 타고 표출되기에 이른다. 그리하여 크게 부당한 처사라든가 혹은 일찍부터 차마 하지 못했던 일, 그리고 평소 옳지 못하다 여기던 행위에 이르기까지, 하고자 하는 일을 성사시킬 수만 있다면 무엇이든 행하게 된다. 이에 하늘과 만민에 죄를 짓는 것이 너무도 뚜렷하여 가릴 수 없게 된다. 대저 자기에게 구하는 것(求己)과 남에게 구하는 것(求人), 그리고 반드시 하는 일(必爲)과 반드시 안 할 일(必不爲)의 균형에 있어 한 번 그 형세가 정해지게 되면, 상황이 극한에 이르러 파국에 이른 다음에야 알게 되는 것은 아니다.

故王安石之允爲小人 無可辭也. 安石之所必爲者 以桑弘羊、劉晏自任 而文之曰周官之法 堯、舜之道. 則固自以爲是 斥之爲非而不服. 若夫必不可爲者 即令其反己自攻 固莫之能遁也. 夫君子有其必不可爲者 以去就要君也 起大獄以報睚眥之怨也 辱老成而獎遊士也 喜諂諛而委腹心也 置邏卒以察誹謗也 毁先聖之遺書而崇佛、老也 怨及同產兄弟而授人之排之也 子死魄喪而舍宅爲寺以丐福於浮屠也. 若此者 皆君子所固窮瀕死而必不爲者也. 乃安石則皆爲之矣. 抑豈不知其爲惡而冥行以蹈汙塗哉? 有所必爲 骨強肉憤 氣溢神馳 而人不能遂其所欲 則荊棘生於腹心 怨毒興於骨肉. 迨及一蹶 而萎縮以沉淪 其必然者矣.

따라서 王安石이 진실로 小人인 것은 더 말을 덧붙일 필요도 없다. 그가 고집하며 했던 일은 桑弘羊과 劉晏으로 자임[20]하면서 그것을 두고《周禮》의 법[21]이라느니 혹은 堯舜의 道라느니 하며 꾸미는 것이었다. 그러면

---

20) 王夫之는 왕안석이, "安石言. '昔周置泉府之官 以摧制兼并 均濟貧乏 變通天下之財 後世惟桑弘羊·劉晏粗合此意. 學者不能推明先王法意 更以為人主不當與民爭利 今欲理財 則當修泉府之法 以收利權.'"(《宋史紀事本末》권 37,〈王安石變法〉)이라 발언한 것에 근거하여 이렇게 평가하고 있는 듯하다.

21) 위의 인용문 참조.

서 자기 편을 들면 옳다고 하고 나쁘다 말하며 반대하면 받아들이지 않았다. 만일 그가 군자여서 반드시 할 필요는 없다고 생각했다면 스스로 돌아보아 반성하면서 능히 잘못에서 벗어날 수도 있었을 것이다. 대저 군자에게 있어 반드시 해서는 안 되는 일들이 있다. 자신의 거취를 가지고 군주를 압박하는 것,[22] 대탄압사건을 일으켜 원한을 갚는 것,[23] 나이 지긋한 사람을 욕보이고 뜨내기 선비를 부추기는 것, 아첨하는 무리를 좋아하고 수하의 심복을 부리는 것, 밀정을 배치하여 비방을 검속하는 것, 옛 성인들의 서적을 헐뜯고[24] 도교나 불교를 숭상하는 것,[25] 일족 및 형제들에게 원망이 미쳐 남들로부터 배격 당하게 하는 것, 아들이 죽자 낙담하여 자신이 거처하는 집을 사찰에 헌납하고 불교에 福을 비는 것[26] 등이 그것

22) 神宗 熙寧 3년(1070) 2월 青苗法에 대해 반대하는 韓琦의 상주문을 보고 神宗이 동요하자, 왕안석이 파직과 낙향을 요청하며 칩거했던 일을 가리킨다.

23) 神宗 熙寧 3년(1070) 이래 新法에 반대했던 인사들을 줄줄이 좌천시킨 일을 가리킨다. 이 가운데는 呂公著 · 韓維 · 歐陽修 · 文彦博 · 富弼 · 韓琦 등과 같이 평소 왕안석에게 상당한 은혜를 주었던 인물도 적지 않았다. 이러한 정황에 대해《宋史》에서는, "於是 呂公著 · 韓維 安石藉以立聲譽者也 歐陽修 · 文彦博薦已者也 富弼 · 韓琦用為侍從者也 司馬光 · 范鎮交友之善者也 悉排斥不遺力."(권 327,〈王安石傳〉)이라 전하고 있다.

24) 이를테면《春秋》를 學官에서 제외시키고 나아가 '斷爛朝報'라 폄하했던 것이 그 단적인 사례이다.

25) 王安石의 老子 惑愛에 대해 사마광은, "光昔者從介甫遊 介甫於諸書無不觀 而特好孟子與老子之言."(《司馬公文集》 권 40,〈與王介甫書〉)이라 전하고 있다.

26) 왕안석은 만년 불교에 심취하여 자신의 소유한 전택을 거의 전부 佛寺에 기증한다. 특히 元豐 7년(1084) 64세이 되던 해 그는 이틀 동안 말도 하지 못할 정도의 중병을 앓았다. 이에 神宗은 이해 5월 蔡卞을 江寧府에 파견하여 문병토록 하였다. 6월 병에서 회복된 왕안석은 神宗에게 상주하여 자신이 거주하는 半山園을 佛寺에 기증하고 싶다는 의사를 피력하였다. 신종은 이를 윤허하고 '報寧禪寺'라는 寺名을 하사하였다. 이와 동시에 왕안석은 자신의 아들인 王雱 및 부모의 명복을 빌기 위해 상당 규모의 전답을 蔣山의 太平興國寺에 기증하였다. 半山園의 기증에 대해《漁隱叢話》에서는, "半山 報寧禪寺 荊公故宅也. 其地名白塘 舊以地卑積水為患 自荊公卜居 乃鑿渠决水以通城河. 元豐七年 公病愈 乃請以宅為寺 因賜寺額. 由城東門至蔣山 此半道也 故今亦名半山寺."(後集 권 25)라 전하고 있다.

이다. 이러한 것들은 군자라면 죽기 직전에 이를 정도로 곤궁해질 지라도 반드시 안 하는 일이다. 그런데 왕안석은 모두 다 하였다. 그러니 어찌 그가 무지함으로 말미암아 잘못이라는 사실을 모르고 그 악행을 행한 것이겠는가? 반드시 하려는 바가 있었기 때문에 신경이 곤두서고 몸이 굳어 있었던 것이다. 그런데 남들이 그 하고자 하는 바를 따르지 못하자, 수하의 심복들 가운데 자신을 향한 가시[27]가 생겨나고 원망과 해독이 가족에 미치게 되었다.[28] 이렇게 한 번 어그러지기 시작하여 깊은 수렁에 빠져버리고 만 것은 필연의 일이었다.

夫君子相天之化 而不能違者天之時. 任民之憂 而不能拂者民之氣. 思而得之 學而知其未可也. 學而得之 試而行之未可也. 行而得之 久而持之未可也. 皆可矣 而人猶以爲疑. 則且從容權度以待人之皆順. 如是而猶不足以行 反己自責 而盡其誠之至. 誠至矣 然且不見獲於上 不見信於友 不見德於民. 則奉身以退 而自樂其天. 唯是學而趨入於異端 行而沉沒於好利 興羅織以陷正人 畏死亡而媚妖妄 則弗待遲回 而必不以自喪其名節. 無他 求之己者嚴 而因乎人者不求其必勝也. 唯然 則決安石之爲小人 非苛責之矣.

27) 新法의 실행시기를 통해 왕안석의 절대적 신임을 받으며 사실상 2인자 역할을 했던 呂惠卿의 배반을 일컫는다. 《宋史》에서는 이러한 왕안석의 呂惠卿에 대한 신임을, "安石言於帝曰 '惠卿之賢 豈特今人 雖前世儒者 未易比也. 學先王之道而能用者 獨惠卿而已.' 及設制置三司條例司 以為檢詳文字事 無大小 必謀之 凡所建請章奏 皆其筆."(권 471, 〈呂惠卿傳〉)이라 기록하고 있다. 하지만 여혜경은 이후 왕안석을 배반하여, "惠卿既叛安石 凡可以害王氏者 無不為."(《宋史》 권 471, 〈呂惠卿傳〉)라 할 정도가 되었다. 이러한 여혜경의 배반은 왕안석에게 심대한 충격을 주어서 심지어 江寧府로 은퇴한 晩年에 이르기까지, "王荊公晚年 於鍾山書院多寫'福建子'三字 蓋悔恨於吕惠卿者 恨為惠卿所陷 悔為惠卿所誤也. 每山行多恍惚 獨言若狂者."(邵伯溫,《邵氏聞見錄》 권 12)라 할 지경이었다고 한다.

28) 神宗 熙寧 9년(1076) 맏아들인 王雱(1044~1076)이 33살의 나이로 요절한 것을 말한다. 이로 인해 왕안석은, "及子雱死 尤悲傷不堪 力請解幾務."(《宋史》 권 327, 〈王安石傳〉)라 할 정도로 충격을 받았다고 한다.

대저 군자는 하늘의 변화를 따라야 하며 하늘이 주는 때를 거스를 수 없다. 또 백성의 근심을 보살펴야 하며 백성의 기운을 누를 수 없다. 어느 일이고 생각하여 떠오르는 바가 있으면, 다음에는 공부하여 과연 그것을 실행에 옮길 수 있는지 알아보아야 한다. 공부하여 확인했다면 그 다음에는 시행하며 타당한지를 알아보아야 한다. 시행하여 확인했다면 장구한 법제가 될 수 있을지 알아보아야 한다. 이 모든 과정을 거친 다음에도 사람들이 의심한다면 조용히 돌아보며 남들이 따라주기를 기다려야 한다. 이리하고도 아직 시행에 부족한 점이 있다면 자신을 돌아보며 至誠을 다해야 한다. 그럼에도 불구하고 위로 군주로부터 동의를 얻지 못한다든가, 혹은 벗들로부터 신뢰를 받지 못한다든가, 나아가 백성들이 따르지 아니하면, 모두 버리고 물러나 유유자적하며 살아야 한다. 그런데 王安石은 오직 자신이 공부한 것만 옳다 여기며 이단으로 함몰해 갔으며 그것을 행하며 이익추구에 빠져들었다. 또 탄압을 일으켜 바른 사람들을 처벌했으며 죽음을 두려워하여 요망한 불교를 믿었다. 그러니 만년에 이르기 이전 그 스스로 자신의 名節을 무너뜨린 것이다. 이는 다른 것 때문이 아니다. 자신에게 구하는 것은 엄격하고 또 남에게는 구할 수 없는 것을 구했기 때문이다. 그러므로 王安石을 小人이라 규정하는 것은 결코 지나친 일이 아니다.

或曰 "安石而爲小人 何以處夫黷貨擅權導淫迷亂之蔡京、賈似道者? 夫京、似道能亂昏荒之主 而不能亂英察之君 使遇神宗 驅逐久矣. 安石唯不如彼 而禍乃益烈. 諓諓之辯 硜硜之行 奚足道哉!

누군가 이렇게 말할지 모른다.

"왕안석을 두고 소인이라고 한다면, 재물을 탐하고 권력을 농단하였으며 또 음란함을 조장하고 국가를 혼란에 빠트렸던 蔡京이나 賈似道는 뭐라 말할 것인가?"

蔡京이나 賈似道는 昏庸하고 荒淫한 군주를 어지럽혔을 뿐이다. 英察의 군주라면 어지럽히지 못했을 것이다. 만일 神宗을 만났다면 그들은 일찍이 내쫓겼을 것이다. 왕안석은 이와 달리 英明한 신종을 꼬였으니 잘못이 더욱 크다. 나아가 그의 궤변이라든가 소인스러운 경박한 행동은 더 말해 무엇하겠는가

3.

神宗有不能暢言之隱 當國大臣無能達其意而善謀之者 於是而王安石乘之以進. 帝初蒞政 謂文彦博曰"養兵備邊 府庫不可不豐."此非安石導之也 其志定久矣.

神宗에게는 밖으로 드러내어 말할 수 없는 비밀이 있었다. 그런데 대신들 중에는 그 뜻에 부응하여 잘 도모해 갈 사람이 없었다. 왕안석이 이를 타고 나아가게 되었던 것이다. 신종은 즉위한 초기 文彦博에게 말했다.

"군대를 길러 국경을 방비하기 위해서는 예산의 축적이 풍부해야만 합니다."[29]

이는 왕안석이 유도한 것이 아니다. 이미 일찍부터 이러한 뜻을 지니고 있었다.

國家之事 相仍者之必相變也 勢也. 大張之餘 必仍之以弛. 大弛之餘 必仍之以張. 善治者 酌之於未變之前 不極其數. 持之於必變之日 不毀其度.

---

29) 神宗 熙寧 元年(1068) 3월에 있었던 발언이다.《宋史全文》권 11을 참조.

不善治者反此 而大張大弛 相乘以勝 則國乃速敝. 夫神宗固承大弛而勢且求張之日也. 仁宗在位四十一年 解散天下而休息之. 休息之是也 解散以休息之 則極乎弛之數 而承其後者難矣. 歲輸五十萬於契丹 而俯首自名曰"納". 以友邦之禮禮元昊父子 而輸繒帛以乞苟安. 仁宗弗念也. 宰執大臣、侍從臺諫、胥在廷在野、賓賓嘖嘖以爭辯一典之是非 置西北之狡焉若天建地設而不可犯. 國既以是弱矣. 抑幸無耶律德光、李繼遷鷙悍之力 而暫可以賂免. 非然 則劉六符虛聲恐喝而魄已喪 使疾起而卷河朔以向汴、雒 其不爲石重貴者 何恃哉? 於是而神宗若處栫棘之臺 盡然不容已於傷心 奮起而思有以張之. 固仁宗大弛之反 授之以決裂之資. 然而弗能昌言於衆 以啟勁敵之心 但曰"養兵備邊"待廷臣之默喻. 宰執大臣惡容不與其焦勞 而思所以善處之者乎?

국가의 운영 방향은 서로 기대면서 필연의 변화를 지니게 된다. 이것이 事勢이다. 크게 떨쳐진 다음에는 반드시 그로 말미암아 느슨해지며, 크게 느슨해진 다음에는 반드시 그로 말미암아 떨쳐지게 된다. 잘 다스리는 사람은 변화하는 것을 미리 헤아려서 그 事勢가 극한 상태에 다다르기 이전에 변화하는 날을 대비한다. 이로써 국가의 법도가 무너지지 않게 한다. 반면 잘 다스리지 못하는 사람은 이와 달리, 크게 떨쳐지고 크게 느슨해질 때 그것을 타고서 이겨내고자 한다. 그리하여 국가가 신속히 무너져 가는 것이다. 무릇 신종이 즉위하던 시점은 크게 느슨해진 뒤를 이어 추세가 장차 떨쳐지려 하던 때이다. 仁宗은 재위 41년 동안 천하를 풀어서 휴식하게 했다. 휴식하게 한 것은 옳았다. 하지만 풀어서 휴식하게 한 까닭에 느슨해진 사세가 극한에 다다랐고 그로 인해 뒤를 이은 사람이 어려움을 겪게 되었다. 매년 50만 씩을 거란에 보내주면서도[30] 머리를 조아리

30) 眞宗 景德 元年(1004) 澶淵의 盟約 당시 송 · 거란 사이에 합의된 歲幣의 액수는 은 10만냥 비단 20만필로서 총 50만이었다. 하지만 仁宗 慶曆 2년(1042) 거란은

며 스스로 '바친다(納)'고 말했다. 우방의 禮로써 李元昊 父子를 대하면서도 매년 비단을 보내주며 구차한 평화를 구걸하였다.[31] 하지만 仁宗은 이러한 것들에 괘념치 않았다. 宰執의 大臣들이나 侍從官 및 臺諫,[32] 그리고 조정 및 재야에 있는 사람들도, 모두 모여앉아 떠들며 사소한 제도 하나의 옳고 그름을 두고 쟁론하였다. 서북지방에 거란 및 西夏와 같은 사나운 무리들이 있음에도 天地가 엄호하여 감히 침범하지 못할 것이라 여겼다. 이러한 일들로 국가는 이미 쇠약해져 있었다. 요행히 耶律德光이나 李繼遷[33]과 같은 사납고 거센 자들이 없었기에 거란 및 서하에 뇌물을 주며 잠시 혼란을 모면할 수 있었던 것뿐이다. 그렇기에 劉六符가 허장성세로 위협하자 넋이 빠져 허겁지겁 하북일대를 팽개치고 변경과 낙양으

송측이 서하와의 전쟁으로 곤경에 처한 것을 이용하여 은과 비단 각각 10만씩을 증액시킨다.

31) 李元昊(1003~1048)는 李德明의 아들로서 1032년 즉위한 이래 탕구트 제부족을 통합하고 주변의 민족들을 평정하였다. 이어 1038년 송조의 지배로부터 완전히 이탈하여 독립왕국을 세우고 국호를 大夏라 칭하였다. 이후 송조와의 국교를 단절하고 대거 섬서지방을 공격하기 시작하였다. 이렇게 시작된 송-서하 사이의 전투는 1044년(仁宗 慶曆 4년) 西夏가 송조에 대해 신하의 예를 취하는 대신, 송측이 歲幣로서 은 5만냥과 비단 13만필, 차 2만근을 지급하고 국경에 互市를 개설한다는 조건으로 和約을 체결함으로써 종결되었다.

32) 宰執은 宰相과 執政을 가리킨다. 臺諫이란 御史와 諫官의 합칭으로서 臺는 御史臺를, 諫은 諫院을 지칭한다. 또 侍從官이란 황제를 近侍하는 요직을 가리킨다. 송대에는 통상 殿閣學士 · 直學士 · 待制 · 翰林學士 · 給事中 · 六部尙書 · 六部侍郎을 侍從이라 칭하고, 中書舍人 · 寄居郎 · 起居舍人 등을 小侍從이라 칭하였다.

33) 耶律德光은 거란의 제2대 황제 太宗(在位 926~947)으로서 중국측으로부터 燕雲十六州를 할양받은 인물이다. 한 걸음 더 나아가 거란 太宗은 後晋을 멸망시키고 한때 華北 전체를 지배하기도 했다. 李繼遷(963~1004)은 탕구트족의 지도자로서 형 李繼捧과의 사이에 불화가 발생하여 李繼捧이 宋朝에 귀순한 후, 송측의 귀순종용을 받아들이지 않고 끝까지 저항 태세를 견지하였다. 이계천이 서북변에서 이렇듯 송조에 대한 침입과 약탈을 되풀이하자, 송측은 경제봉쇄 등 여러 가지 수단을 동원하여 복속시키려 했지만 압력이 가해질수록 이계천은 내부단속을 강화시키며 결속력을 강화시켜 갔다. 결국 1004년 이계천이 죽고 아들 李德明이 뒤를 이은 다음에야 비로소 탕구트 족은 宋朝에 臣屬하게 된다. 이러한 송-탕구트 간의 소강 상태는 李元昊가 등장할 때까지 20여년 간 지속되었다.

로 물러서려 했던 것이다.[34] 당시 宋이 石重貴[35]와 같이 되지 않았던 것은 요행이었다. 이러한 정황에서 신종은 나약한 가시울타리 속에 있는 듯 여기며 나약하게 마음만 아파하지 않았다. 강하게 일어나 국세를 떨치려 했다. 진실로 인종 시기 크게 느슨해진 것의 반작용이자 동시에 그것을 끝맺음할 수 있는 가능성을 열었던 것이다. 하지만 신종은 속내를 모든 사람들에게 드러내 말할 수는 없었다. 거란 및 서하의 사나운 적들을 자극할 수 있기 때문이다. 그래서 다만 '군대를 길러 국경을 방비한다.'고 말하며 조정 신하들의 암묵적인 깨달음을 기대했다. 그런데 宰執大臣들은 어찌하여 그 노심초사에 부응하지 않아 신종으로 하여금 새로운 대안을 물색하게 했던 것일까?

夫神宗之誤 在急以貧爲慮 而不知患不在貧 故以召安石聚斂之謀 而敝天下. 然而無容怪也 凡流俗之說 言強國者 皆不出於聚財之計. 太祖亦嘗爲此言矣. 餉不宿 則軍易潰. 賞不重 則功不興. 器仗、甲冑、牛馬、舟車、糗糒、芻槀、椎牛釃酒 不庀不腆 則進不速而守不固. 夫孰謂其不然者 要豈有國者之憂哉? 漢高起於亭長 無儋石之儲 秦據六國之資 斂九州之賦於關中 而不能與爭一戰之生死 且以爲興亡之大數 置勿論也. 劉裕承桓玄播亂、盧循內訌之餘 以三吳一隅之物力 俘姚泓 縛慕容超 拓拔氏束手視其去來 而

34) 仁宗 慶曆 2년(1042) 거란의 興宗이 蕭特末과 劉六符를 파견하여 關南之地(瓦橋關 이남의 10縣)의 할양을 요구했을 때의 顚末을 가리킨다. 이해 5월 거란측이 幽州・薊州 등지에서 군대를 취합한 후 대거 남침을 聲言하자, 宋 조정에서는 河北 일대를 버리고 洛陽 등지에 방어선을 구축하자는 논의가 일어났다. 이때의 宋遼間 절충은 富弼의 파견을 통해 은과 비단 각 10만씩의 증액 및 세폐의 지급 형식을 '納'이라 표현하는 것으로 마무리된다.

35) 石重貴(914~964)는 後晋의 마지막 황제인 出帝. 先代 황제인 高祖 石敬瑭과는 달리 거란과의 약속을 어기고 불손한 태도를 보이다가 거란 太宗(耶律德光)의 침공을 받았다. 이로 인해 後晋은 멸망되고 그 자신도 거란에 포로로 잡혀 끌려가게 된다.

莫之敢較. 唐積長安之金帛米粟 安祿山擁之 而肅宗以朔方斥鹵之鄉 崛起東向 驅之速遁. 德宗匹馬而入梁州磽確之土 困朱泚而誅夷之. 則不待積財已豐 然後可強兵而挫寇 亦較然矣.

무릇 신종의 잘못은 다급하게 貧寒함을 우려한 데 있었다. 문제가 빈한함에 있는 것이 아니란 사실을 몰랐기에 왕안석을 등용하여 대민 수탈 방식을 채택했고 그리하여 천하를 피폐하게 만들었다. 하지만 이것이 완전히 괴이하지만은 않다. 어떠한 流俗의 발언일지라도 强國을 말하면서 대민수탈을 표방하지는 않는다. 太祖 또한 유사한 말을 한 바 있다. 배불리 먹고 넉넉히 살지 않으면 군대는 쉽게 무너지며, 賞을 충분히 주지 않으면 軍功이 나타나지 않는다. 병장기나 갑옷, 소와 말, 戰船과 戰車, 군량, 馬草, 술 등이 충분히 갖추어지지 않으면 진군도 더디며 방어도 튼튼하지 못하게 된다. 그 누가 그렇지 않다고 말함으로써 군주로 하여금 안일에 빠지게 만들려 하겠는가? 하지만 漢高祖는 하급 관리인 亭長 출신으로서 거병할 때 거의 군량 비축이 없었다. 반면 秦은 천하의 자원을 장악하고 또 전국의 조세를 關中 지방에 쌓아두고 있어, 세력이란 면에서 도저히 生死를 내건 싸움을 벌일만한 상대가 되지 못했다. 그렇지만 한고조는 그러한 물자의 차이를 두고 흥망을 결정하는 기본 요소라 전연 여기지 않았다. 劉裕는 桓玄으로 말미암은 혼란[36] 및 盧循의 반란[37]에 뒤이어 三

36) 桓玄(369~404)은 東晋의 大司馬 桓溫의 庶子. 桓溫은 전후 3차례에 걸쳐 북벌을 감행하고 일시 낙양을 탈환하는 전과를 올렸다. 나아가 桓溫은 동진정권을 탈취하려 기도하였으나 성공하지 못하고 병사하였다(373년). 桓玄은 환온을 계승한 후 孫恩의 난 토벌을 구실로 동진의 수도 建康城에 진입하여 帝位에 올랐다(403년). 桓玄의 楚 정권은 建武將軍 劉裕에 의해 궤멸된다.

37) 盧循(?~411)은 孫恩의 사후 그 餘衆을 이끌고 반란을 지속한 인물. 일시 동진정권의 초무에 의해 廣州刺史에 임명되기도 했다. 얼마 후 劉裕가 慕容超 토벌에 나선 틈을 이용하여 南康·廬陵·予章 등을 정복하고 建康을 위협하였으나 劉裕의 귀환과 함께 토벌되기에 이른다.

吳란 한 귀퉁이의 물자에 의거하여 일어났으되, 姚泓과 慕容超를 사로잡으며 宋을 건립하였다.[38] 이때 북위의 拓拔氏는 팔짱을 낀채 그 귀추를 바라만 볼 뿐 감히 간섭을 하려들지 못했다. 또 唐은 장안에 금과 비단· 식량 등을 쌓아두고 있었는데 이를 安祿山이 장악하였다. 하지만 肅宗은 朔方의 척박한 땅에서 거병[39]하여 東으로 향하였고, 압도적인 물자를 보유했던 안록산은 그 앞에서 신속하게 무너져 갔다. 德宗은 단기필마로 梁州라는 척박한 땅으로 들어갔으나 朱泚를 포위하여 주멸하였다.[40] 그러니 재물을 풍성히 쌓아야만 군대를 강하게 하여 적을 물리칠 수 있다는 말이 옳지 않음은 명확하다 할 것이다.

若夫仁宗之過於弛而積弱也 實不在貧也. 密勿大臣如其有定識與? 正告神宗曰:"以今日之力 用今日之財 西北之事 無不可爲也. 仁宗之休養四十年 正留有餘、聽之人心、以待後起之用. 而國家所以屈於小醜者 未得人耳. 河北之能固圉以待用者 誰恃而可也? 綏、延之能建威以制寇者 誰恃而可也? 守先皇之成憲 而益之殷憂 待之十年 而二虜已在吾指掌." 則神宗不言之隱 早授以宅心定志之弘圖 而戢其求盈無已之妄. 安石揣摩雖工 惡能攻無瑕之玉哉?

38) 三吳는 양자강 하류 일대의 汎稱. 姚泓(388~417)은 五胡十六國의 하나인 後秦 최후의 황제. 劉裕의 공격으로 수도 長安이 함락된 후 東晋으로 압송되어 建康의 市井에서 斬刑에 처해진다. 慕容超(385~410)는 五胡十六國의 하나인 南燕 최후의 황제. 南燕 역시 後秦과 마찬가지로 劉裕의 공격을 받아 멸망된다.

39) 안록산의 반란으로 말미암아 玄宗이 四川으로 蒙塵할 때 756년 肅宗이 서북방의 靈武에서 즉위한 것을 일컫는다. 이후 肅宗은 위구르 및 西域諸國에 援兵을 요청하고 전열을 정비하여 이듬해인 757년 長安과 洛陽을 수복하였다.

40) 梁州는 禹貢 九州의 하나로서 현재의 섬서성 서부와 사천성 일대. 唐 德宗 建中 4년(783) 朱泚(742~784)가 涇源軍에 추대되어 반란을 일으키자 德宗은 太子 등과 함께 서부의 奉天으로 피신하였다. 朱泚의 난은 神策將軍 李晟 등의 활약에 의해 진압된다.

대저 仁宗 시기에는 느슨함이 지나쳐 너무 약해졌지만 사실 빈한하지는 않았다.[41] 기밀에 참여하는 대신들은 그러한 사실을 알았던 것일까? 바로 이렇게 신종에게 보고하고 있다.

"오늘날의 힘에다가 오늘날의 재력을 더하여 사용하면 서북지방의 문제는 해결하지 못할 것이 없습니다. 인종황제께서 천하를 쉬게 하여 기르기를 40년, 많은 재정의 여유를 남기고 민심을 보살피시면서 후일에 일을 도모할 때를 대비하셨습니다. 그런데 조정이 작은 오랑캐에 몸을 낮추고 있는 까닭은 사람을 얻지 못했기 때문입니다. 현재 河北에서는 변경을 굳게 지키며 언젠가 쓰이기를 기다리고 있는데 그것을 쓸 사람으로 누가 있습니까? 또 綏德軍과 延安府[42]에서 위세를 세우고 적들을 제어하고 있는데 그것을 쓸 사람으로 누가 있습니까? 선조 황제들의 업적을 지키면서 그것에 준비를 더해 앞으로 10년만 더 기다린다면 거란과 서하의 두 오랑캐는 우리의 손바닥 안에 있게 될 것입니다."

그러니 신종이 말하지 못한 채 감추고 있었던 것에다가, 일찍부터 지니고 있었던 커다란 포부를 덧붙이되 그 끝없이 재정을 확보하려 했던 그릇됨을 버리기만 했다면, 왕안석이 아무리 교묘히 공을 들인다 한들 어찌 능히 아무 흠 없는 구슬을 깨트릴 수 있었겠는가?

夫宋之所以財窮於薦賄 國危於坐困者 無他 無人而已矣. 仁宗之世 亦孔棘矣. 河北之守 自畢士安撤備以後 置之若遺. 西事一興 韓、范二公小爲補

41) 인종시기의 상황은 積弱이었으되 積貧은 아니었다는 王夫之의 論斷은 오늘날 학자들의 연구나 평가와 일치되지 않는다. 북송의 재정적자는 이미 眞宗 후반기부터 발생하였으며 仁宗 시대를 거치며 그 양상이 심각해진다는 것이 일반론이다. 英宗 治平 2년(1065)의 경우 연간 예산 적자는 총세입의 약 12%인 1억 6000만緡에 달하고 있었다(《文獻通考》〈國用考 二〉).

42) 綏德軍과 延安府는 永興軍路의 동북방에 위치. 오늘날의 陝西省 綏德市와 延安市.

葺 輒貢"心膽寒裂"之謠 張皇自炫. 二公雖可分閫 固不能出張子房、李長源之上. 藉使子房執桴鼓以敵秦、項 長源佩櫜鞬以決安、史 勢固不能. 而其爲彭、韓、李、郭者何人? 宋固不謀也. 懷黃袍加身之疑 以痛抑猛士 僅一王德用、狄青 而猜防百至 夫豈無可恃之才哉? 使韓、岳、劉、吳生北宋之代 亦且束身偏裨 老死行閑 無以自振. 黃天蕩、朱僊鎮、藕塘、和尚原之績 豈獲一展其赳雄邪? 唯不知此 而早以財匱自沮 乃奪窮民之銖絫 止以供無益之狼戾 而畜其所餘 以待徽宗之奢縱. 若其所恃以挑敵者 王韶已耳 徐禧已耳 高遵裕已耳 又其下者 宦者李憲已耳. 以兵爲戲 而以財爲彈鵲之珠. 當國大臣 無能以定命之訏謨 爲神宗辰告 徒欲摧抑其有爲之志 宜神宗之厭薄已亟 固必曰:"贊仁宗四十餘年養癰之患者 皆此儔也." 言之徒長 祇益其驕而已.

대저 宋朝에 있어 재정이 곤궁하고 국방에 위기가 발생했던 것은 다른 것 때문이 아니다. 사람이 없었기 때문이다. 仁宗의 시대에도 다급한 대외위기가 있었다. 河北의 방어는 畢士安이 대비태세를 걷어버린 이래[43] 그냥 버려진 상태나 다름없었다. 서하와의 전쟁이 터지자 韓琦와 范仲淹 두 사람이 조금 전세를 만회했다 해도 여전히 '간담이 서늘하고 찢겨진다.'는 노래가 있을 정도로 두서없고 혼란한 상황이었다. 韓琦와 范仲淹 두 사람이 비록 지역을 지킬만한 인물이기는 했으되 張子房이나 李長源[44]보다 나을 수는 없었다. 또 張子房으로 하여금 군사를 지휘하며 秦과 項羽를 대적하듯이 하고 李長源으로 하여금 직접 활과 화살을 들고 安祿

---

43) 澶淵의 盟 체결 이후 畢士安의 주도로 취해진 조치를 일컫는다. 당시 畢士安이 취한 정책은 유능한 守將을 택하여 邊防을 맡기고 戰備를 강화하는 것이었다.《宋史》에서는 이를 두고, '按邊要善良守將易置之' '抄流亡 廣儲蓄'이라 기록하고 있다(권 281.〈畢士安傳〉). 왕부지가 '撤備'라 말하는 것에는 무언가 곡해가 있는 듯하다.

44) 張子房은 漢의 개국공신인 張良(?~前 186), 李長源은 唐 肅宗 시기의 중신이었던 李泌(722~789).

山 및 史思明과 맞서듯이 했을지라도, 송대에는 사세상 불가능했을 것이다. 彭越이나 韓信, 李光弼과 郭子儀[45]의 역할을 할 사람은 누구일 것인가? 송으로서는 진실로 어찌할 수 없었다. 黃袍加身[46]이 재발할지 모른다는 의심을 품고 용맹한 장수를 통렬히 억압했기 때문이다. 송대를 통해 장수다운 인물로는 王德用[47]과 狄青[48]이 있었을 따름이다. 시기와 방해가 백방으로 가해지는 정황이었지만 어찌 믿을만한 인재가 없기야 하겠는가? 하지만 韓世忠과 岳飛, 劉光世, 吳玠 등이 북송시대에 태어났던들 裨將 정도로 신분이 묶여버렸을 것이다. 성장하지 못한 채 군대 조직 속에서 늙어갔을 것이 분명하다. 남송시대 黃天蕩· 朱僊鎭· 藕塘· 和尙原[49]과 같은 전장이라면 맹장들이 어떻게 자질을 발휘할 수 있을 것인가? 신종은 이를 깨닫지 못하고 일찍부터 재원이 부족하다는 것에만 매달린 나머지

45) 彭越(?~前 196)과 韓信(?~前 196)은 漢의 개국공신, 李光弼(708~764)과 郭子儀(697~781)는 安史의 亂 진압의 주역이다.

46) 趙匡胤이 陳橋驛에서 황제로 즉위할 당시 휘하의 무장들이 황제의 복장인 黃袍를 억지로 입힌 것을 가리킨다. 이후 黃袍加身은 武臣의 皇帝位 찬탈을 의미하는 용어로 자리잡는다.

47) 王德用(980~1058)은 仁宗 시기의 武將. 團練使, 知樞密院事, 節度使 등을 역임하였다. 慶曆 2년(1042) 거란의 興宗이 사신을 파견하여 關南之地의 할양을 요구했을 때, 군대를 지휘하며 변경 대비태세를 공고히 한 공로로 保靜軍節度使에 拜任된다.

48) 狄青(1008~1057)은 인종시기의 명장. 行伍 출신으로서 훗날 樞密使에까지 승진한다. 대서하 전쟁에서 늘 선봉을 맡으며 전후 4년간 25차의 전투를 수행하였다. 銅面具를 착용하고 종횡으로 전선을 누볐던 것으로 유명하다. 廣源州(현재의 廣西 邕州 일대)의 소수민족 儂智高가 반란을 일으켰을 때는 出征을 자원하여 宣撫使로서 그 진압을 주도하였다. 士卒과 甘苦를 같이 하고 휘하의 屬僚를 推功함으로써 커다란 聲望을 떨쳤다.

49) 黃天蕩 전투란 高宗 建炎 4년(1130) 3월 이래 한 달여 간 韓世忠 휘하의 군대 8천여 명이 양자강 南岸에 위치한 金의 군대 10여만의 北歸를 저지하며 곤경에 빠트렸던 것을 가리킨다. 朱僊鎭 전투는 고종 紹興 10년(1140) 7월 북벌을 감행한 岳飛의 군대가 개봉 인근의 朱僊鎭에서 金側에 상당한 타격을 가한 것이며, 藕塘의 전투란 고종 紹興 6년(1136) 僞齊軍의 남침을 楊沂中 · 劉光世 등의 군대가 대파했던 것이다. 和尙原의 전투는 紹興 元年(1131) 10월 富平의 전투에서 승리한 기세를 타고 쇄도하는 金軍에 대해 吳玠의 군대가 대승을 거둔 것을 가리킨다.

가난한 백성들의 티끌만한 돈까지 빼앗았다. 이것들은 결국 아무 쓸모없이 어지러이 쌓이기만 했다. 그리고 이러한 축적이 훗날 徽宗 시대 사치와 방종의 자료가 되었다. 이 시기 적과의 싸움에 내세울 수 있는 인물은 王韶[50]· 徐禧[51]· 高遵裕[52] 정도였다. 그 다음으로는 환관인 李憲[53]이 있었다. 이들은 병사를 희롱감으로 만들었고 또 재원을 까치나 맞춰 잡는 구슬[54] 정도로 여겼다. 조정의 대신들 또한 大義로써 신종을 경계하지 못하고, 한갓 그 큰 뜻을 꺾으려 들 뿐이었다. 신종은 이러한 대신들에게 극도의 염증을 느꼈다. 그래서,

"인종 시대 40여년 동안 大患을 기르도록 조장한 자는 모두 이러한 무리들이다."라고 말했다. 말만 쓸 데 없이 많으나 모두 자신들의 교만함을 자랑하는 것일 따름이었다.

嗚呼! 宋自神宗而事已難爲矣. 仁宗之弛已久 仍其弛而固不可 張其弛而

50) 王韶(1030~1081)는 神宗 熙寧 연간 이른바 熙河經略의 주역. 熙寧 初 〈平戎策〉을 올려 西夏의 공략을 위해 河湟 지방으로부터의 협공을 주장하였다. 熙河經略에 나서 羌族 등을 복속시키고 마침내 熙河路가 설치될 수 있게 하였다. 河湟 일대의 평정으로 그는 樞密副使로 발탁되기에 이른다.

51) 徐禧 (?~1082)는 이른바 永樂城 전투의 주역. 神宗 元豊 5년(1082) 永樂城이 築城될 때 내시 李舜擧와 함께 그 책임을 맡았다. 이후 西夏側이 총력을 기울여 永樂城을 공격해 오자 城中에서 저항하다 水源이 고갈되어 士卒 태반이 渴死하고 城도 함락되면서 피살된다.

52) 高遵裕(1022~1085)는 熙寧 연간 王韶의 熙河經略을 도와 羌族을 결파하는 데 상당한 공훈을 세웠다. 이 공로로 知慶州에까지 올랐으나 元豊 4년(1081) 11월 西夏와의 靈州 공방전에서 進軍을 머뭇거리다 宋側이 대패하는 구실을 제공하고 좌천된다.

53) 李憲(1042~1092)은 熙寧 연간 王韶의 熙河經略 과정에서 상당한 공을 세웠다. 하지만 元豊 4년(1081) 11월 西夏에 대한 공략에서 기약대로 靈州에 진군하지 못해 송측의 진군에 차질을 빚었고, 이러한 李憲의 행동은 결국 宋의 대패에도 상당한 영향을 미치게 된다.

54) 輕重이 도치된 상황에 대한 비유. 《莊子》〈讓王〉에 나온다. 원래는 彈雀之珠로서, 구슬을 던져 참새를 잡는 것을 말한다.

又已乖. 然而酌其所自弛以漸張之 猶可爲也 過此而愈難矣. 安石用而宋敝 安石不用而宋亦敝. 神宗急進富公與謀 而無以對也. 宋之日敝以即於亡也 可於此而決之矣.

아아! 송은 신종시기부터 난국에 직면하게 되었다. 인종시대의 느슨함이 이미 오래되어 그대로 느슨함을 유지한다는 것은 진실로 안 될 일이었다. 그 느슨함을 일변시켜 떨치게 하기에는 또 문제가 있었다. 스스로 점차 느슨한 것으로부터 떨쳐지도록 적절히 유도해야 했다. 그러한 유도가 지나치면 더욱 어려워질 것이다. 왕안석을 등용하여 송은 피폐해졌지만, 왕안석을 등용하지 않았을 지라도 송은 역시 피폐해졌을 것이다. 신종은 서둘러 富弼을 승진시켜 타진해 보았으나 그로부터는 아무런 대답을 얻을 수 없었다. 송이 날로 피폐해져 멸망으로 치닫는 것은, 이미 이때부터 결정되었던 것이다.

4.

王安石之未試其虐也 司馬君實於其新參大政 而曰"衆喜得人" 明道亦與之交好而不絕 迨其後悔前之不悟而已晚矣. 知人其難 洵哉其難已! 子曰: "不知言 無以知人也." 夫知言者 豈知其人之言哉? 言飾於外 志藏於中. 言發於先 行成於後. 知其中 乃以驗其外. 考其成 乃以印其先. 外易辨 而中不可測. 後易覈 而先不能期. 然則知言者 非知其人之所言可知已. 商鞅初見孝公而言三王 則固三王之言矣. 王莽進漢公而言周公 則固周公之言矣. 而天下或爲其所欺者 知鞅、莽之言 而不知三王與周公之言也. 知言者 因古人之言 見古人之心. 尚論古人之世 分析古人精意之歸. 詳說群言之異同而會其統宗. 深造微言之委曲 而審其旨趣. 然後知言與古合者 不必其不離矣. 言與古離者 不必其不合矣. 非大明終始以立本而趣時 不足以與於斯矣.

왕안석이 그 虐政을 실행에 옮기기 이전 司馬光은 그가 새로이 重職에 발탁되자, '제대로 된 인사라고 사람들이 기뻐한다.'[55]고 말했다. 程明道 또한 왕안석과 두터운 교분을 유지하였다. 그러다 훗날 이전의 잘못을 후회하였지만 이미 늦은 후였다.[56] 사람을 아는 것은 어렵다. 진실로 어렵도다. 공자는, '말을 알지 못하면 사람을 알 수 없다.'[57]고 하셨다. 대저 말을 안다 해도 어찌 그 사람의 말을 알 수 있겠는가? 말은 바깥으로 꾸며지는 것이고 뜻은 안에 감추어져 있다. 말은 앞서 나오는 것이고 행동은 뒤에 이루어진다. 그 속내를 알아야 바깥을 검증할 수 있다. 그 이루어짐을 살펴보아야 그 앞을 확인할 수 있다. 바깥은 쉽게 판별되지만 속은 헤아리기 어렵다. 사후에는 쉽게 조사할 수 있지만 사전에는 어떻게 될지 알 수 없다. 그런즉 말을 안다는 것은, 그 사람이 한 말을 가히 알 수 있다는 것이 아니다. 商鞅은 처음 孝公을 만났을 때 三王을 말했다.[58] 당시 그가

---

55) 神宗 熙寧 2년(1069) 2월 왕안석이 參知政事로 발탁되었을 때 사대부들 사이의 여론을 司馬光이 집약적으로 표현한 발언이다.《宋史紀事本末》권 37,〈王安石變法〉, 熙寧 2년 6월 丁巳.

56) 程顥는 熙寧 2년(1069) 制置三司條例司가 설치될 당시 이에 참여하여 相度利害官으로 8,9개월을 근무한 적이 있다. 이후 왕안석과 정치적으로 결별하게 되는데 이 사정에 대해《宋史》에서는, "顥被旨赴中堂議事……自安石用事 顥未嘗一語及於功利. 居職八九月 數論時政 最後言曰. '智者若禹之行水 行其所無事也. 舍而之險阻 不足以言智. 自古興治立事 未有中外人情交謂不可而能有成者 況於排斥忠良 沮廢公議 用賤陵貴 以邪干正者乎? 正使徼倖有小成 而興利之臣日進 尙德之風浸衰 尤非朝廷之福.' 遂乞去言職. 安石本與之善 及是雖不合 猶敬其忠信 不深怒."(권 427,〈程顥傳〉)라 전하고 있다.

57) 《논어》〈堯曰〉에 나온다.

58) 三王이란 夏商周 三代의 聖王, 즉 夏의 禹王과 商의 湯王, 周의 文王·武王을 가리킨다.《사기》에서는 商鞅이 秦孝公을 入對할 때 帝道와 王道, 覇道를 말하였고 결국 覇道가 孝公에 의해 받아들여졌다고 한다(권 68,〈商君列傳〉).

한 말은 진실로 三王의 말이었다. 王莽은 漢公으로 봉해지며 周公을 말했다.[59] 당시 그가 한 말은 진실로 周公의 말이었다. 그런데 당시 천하 사람들이 그것에 속아 넘어간 것은, 商鞅과 王莽의 말은 알되 三王 및 周公의 말을 알지 못했기 때문이다. 말을 안다는 것은 옛 사람의 말에 의거하여 옛 사람의 마음을 보는 것이다. 옛 사람의 시대를 살펴서 옛 사람이 지니고 있던 정신을 분석해 내는 일이다. 여러 말들의 상이점을 엄밀히 비교하여 그 갈래를 확인하는 일이다. 또 미묘한 말들의 의미를 깊이 탐색함으로써 그 진짜 의미를 밝혀내는 일이다. 이러한 연후에 그 말이 옛 사람의 것과 부합된다는 사실을 확인하면 그것은 신뢰할 수 있다. 하지만 그 말이 옛 사람의 것과 일치되지 않는다면 그 결과가 옛 사람의 것과 동일해 질 수 없다. 이러한 까닭에 本末을 명확히 밝히고 근본을 세워 추진하는 것이 아니라면 결코 동의하여 따라서는 안 되는 것이다.

立聖人之言於此以求似 無不可似也. 爲老氏之言者曰"虛靜". 虛靜亦聖人之德也. 爲釋氏之言者曰"慈閔". 慈閔亦聖人之仁也. 爲申、韓、管、商之言者曰 "足兵食 正刑賞". 二者亦聖人之用也. 匿其所師之邪慝 而附以君子之治教 奚辨哉? 揣時君之所志 希當世之所求 以獵取彝訓 而跡亦可以相冒. 當其崇異端、尙權術也 則弁髦聖人以恣其云爲. 及乎君子在廷 法言群進 則抑捃拾堯、舜、周公之影似 招搖以自詭於正. 夫帝王經世之典 與貪功謀利之邪說 相辨者在幾微. 則苟色莊以出之 而不易其懷來之所挾 言無大異於聖人之言 而君子亦爲之動. 無惑乎溫公、明道之樂進安石而與之言也.

---

59) 前漢 平帝 元始 元年(1) 正月의 일이다. 당시 남방의 먼 나라로 전해지던 越裳氏의 사자가 찾아와서 흰 꿩 한 마리와 검은 꿩 두 마리를 헌상했다. 이것은 周 成王의 故事와 관련시켜 王莽이 益州에 암시하여 만든 조작으로 보인다. 周 成王은 숙부인 周公의 도움을 받아 정치를 한 것으로 되어 있으므로, 왕망은 平帝를 成王에 비유하고 자신은 周公에 비교한 것이다. 이 吉兆에 의해 왕망은 漢室을 보호할 대공신이라 하여 安漢公이란 칭호를 받게 된다.

聖人의 말을 거론하며 비슷하게 꾸미려 든다면 비슷하게 될 수밖에 없다. 老子를 신봉하는 사람은 '虛靜'을 말한다. 虛靜 또한 聖人의 德이다. 불교를 신봉하는 사람은 '慈閔'을 말한다. 慈閔 또한 성인의 仁이다. 申不害· 韓非子· 管子· 商鞅의 말을 따르는 자들은, '軍糧을 풍족히 하고 형벌과 포상을 바르게 한다.'고 말한다. 이 말 또한 성인의 가르침과 동일하다. 자신이 신봉하는 스승의 邪慝함을 감추고 군자의 治敎에 부회한다면 어찌 분별할 수 있겠는가? 군주가 뜻하는 바를 헤아리고 시대가 원하는 바에 영합한 후 여기에 위대한 가르침을 따서 수식한다면 그 외양 또한 비슷해진다. 이단 및 法術 숭상을 드러낸 다음에야 비로소 성인의 가르침을 뒤로 제치며 본색을 보이게 되는 것이다. 君子들이 조정에 있고 성인의 가르침이 권위를 유지하고 있으면, 堯舜이나 周公의 그림자를 주워 자신의 잘못을 그럴 듯하게 위장한다. 聖王이 세상을 다스렸던 원칙과 貪功謀利의 邪說 사이의 차이는 아주 미묘하다. 따라서 그럴 듯하게 꾸미고 나와서 속에 품은 것을 밖으로 드러내지 않은 채 성인의 말과 크게 다를 바 없는 말을 하게 되면 군자라 하더라도 미혹되기 마련이다. 司馬光과 程明道가 왕안석의 발탁을 기뻐하고 또 함께 교유했던 것도 이상할 것이 없다.

夫知言豈易易哉? 言期於理而已耳 理期於天而已耳. 故程子之言曰 "聖人本天 異端本心." 雖然 是說也 以折浮屠唯心之論 非極致之言也. 天有成象 春其春 秋其秋 人其人 物其物 秩然名定而無所推移 此其所昭示而可言者也. 若其密運而曲成 知大始而含至仁 天奚在乎? 在乎人之心而已. 故聖人見天於心 而後以其所見之天爲神化之主. 知言者 務知其所以言之密藏而非徒以言也. 如其有一定之是非 而不待求之於心 則惻怛不生於中 言仁者即仁矣. 羞惡不警於志 言義者即義矣. 飾其言於仁義之圃 而外以毒天下內以毁廉隅 皆隱伏於內 而仁義之言 抑可不察. 安石之所能使明道不斥絕而與之交者 此也. 當其時 秀慧之士 或相奬以寵榮 或相溺於詩酒. 而有人

焉 言不及於戲豫 行不急於進取 則奉天則以鑒之 而不見其過. 將以爲合於聖人之言 而未知聖人之言初不僅在於此. 乃揖而進之 謂是殆可與共學者與! 實則繇言之隱 與聖人傳心之大義微言相背以馳 尤甚於戲(渝)[豫]詭遇之徒. 何則? 彼可裁之以正 而此不可也.

말을 아는 것이 어찌 쉽겠는가! 말을 할 때는 이치에 닿게 하려 노력하고, 또 그 이치는 하늘(天)에 닿게 하려는 법이다. 그러기에 程子는 말하기를, '성인은 하늘에 근본을 두고 이단은 마음에 근본을 둔다.'[60]고 말했다. 하지만 이 말은 불교의 唯心論을 꺾으려 했던 것으로서 최선의 기준은 아니다. 하늘에는 분명한 형상이 있어서, 봄은 봄답게 하고 가을은 가을답게 하며 사람은 사람답게 하고 만물은 만물답게 한다. 질서정연하게 이름이 정해져 있으며 그것이 변화하는 법은 없다. 하지만 이는 눈으로 분명히 보여서 말로 표현할 수 있는 것들의 경우에 그렇다. 만일 은밀히 움직이고 복잡하게 모양을 갖추어 가서 큰 형상을 이룬 다음에야 비로소 본질이 드러나는 것이라면 하늘은 도대체 어디서 구할 것인가? 이러할 경우 하늘은 마음에 있을 뿐이다. 그래서 성인은 마음으로 하늘을 본 다음 그렇게 파악한 하늘을 이해의 중심으로 삼았다. 말을 안다는 것은, 그 말한 바 뒤에 감춰진 것을 알려 노력한다는 것이지 다만 드러난 말을 의미하는 것은 아니다. 만일 분명히 규정된 是非의 기준이 있고 그것에 대해 마음을 통해 판단하지 않아도 된다면, 측은히 여기는(惻怛) 마음이 한 가운데 없어도 仁을 말하면 곧 仁이 될 것이다. 惡을 부끄러이 여기는(羞惡) 경계심이 없어도 義를 말하면 곧 義가 될 것이다. 말을 仁義로 수식한 채 밖으로 천하에 해독을 입히고 안으로 예의염치를 돌보지 않으면서 그 모두를 안에 감추어 둘 수도 있다. 그럴 경우에도 仁義의 말은 헤아릴 수 없을

60) 伊川의 言說. 伊川은, "《書》言天叙天秩. 天有是理 聖人循而行之 所謂道也. 聖人本天 釋氏本心."(《河南程氏遺書》 권 21下)이라 말하고 있다.

것이다. 왕안석이 程明道로부터 내침을 당하지 않고 交往을 할 수 있었던 것은 바로 이 때문이었다. 당시 일류의 선비들은 서로 자극하며 관직의 영달을 도모하기도 하고 또 서로 어울려 시와 술에 탐닉하기도 했다. 그런데 누군가, 유희와 오락에 대해 말하지 않고 부귀와 영달에 대해 괘념치 않으며 하늘을 받들며 본받으려 노력하여 허물이 보이지 않는 사람이 있었다. 또 성인의 말에 부합되려 노력하는데, 처음에는 성인의 말이 그 속에 없다는 사실을 알 수 없었다. 이러한 인물이 공손히 나아온다면 누구나 같은 길을 가는 학자라 여기지 않겠는가! 하지만 그 당사자인 왕안석은 사실상 妖言을 감추고 있었으며, 성인이 전한 大義 微言과 서로 배치되기가 유희나 邪術을 일삼는 무리보다도 더 심했다. 왜 그러한가? 저들은 바르게 다스릴 수 있으되 이는 불가능하기 때문이다.

若溫公則愈失之矣 其於道也正 其於德也疏矣. 聖人之言 言德也 非言道也 而公所篤信者道. 其言道也 尤非言法也 而公所確持者法. 且其憂世也甚 而求治也急 則凡持之有故 引之有徵 善談當世之利病者 皆嘉予之 而以爲不謬於聖人之言. 於明道肅然敬之矣 於安石竦然慕之矣 乃至於蕩閑敗度之蘇氏 亦翕然推之矣. 侈口安危 則信其愛國. 極陳利病 則許以憂民. 博徵之史 則喜其言之有餘. 雜引於經 則羨其學之有本. 道廣而不精 存誠而不知閑邪 於以求知人之明 不爲邪慝之所欺 必不可得之數矣. 凡彼之言 皆聖人之所嘗言者 不可一概折也. 唯於聖人之言 洗心藏密 以察其精義. 則天之時 物之變 極乎深而研以其幾. 然後知堯、舜、周、孔之治教 初無一成之軌則 使人揭之以號於天下. 此之謂知言 而人乃可得而知 固非溫公之所能及也. 窮理 而後詭於理者遠. 盡性 而後淫於性者詘 至於命 而後與時偕行之化 不以一曲而蔽道之大全. 知言者"窮理盡性以至於命"之謂也. 明道早失之 而終得之. 溫公則一失已彰 而又再失焉. 悔之於安石敗露之餘 而又與蘇氏爲緣. 無他 在知其人之言 而不知古今先哲之言也.

司馬溫公에 이르러서는 잘못이 더 컸다. 道에 대해서는 올바른 인식을 지니고 있었지만 德에 대해서는 미흡했다. 하지만 성인의 말은 德을 말하는 것이지 道를 말하는 것이 아니다. 또 司馬溫公이 독실히 믿었던 것은 道였는데, 성인이 道를 말할 때 法은 말하지 않는다. 그런데 사마온공이 분명히 지키고자 했던 것은 法이었다. 나아가 그는 세상에 대한 근심이 매우 컸고 治世를 이루고자 하는 마음이 급했다. 그래서 논리적인 말을 하거나 증거를 대는 사람, 그리고 당시 제도의 장단점에 대해 말하기를 좋아하는 사람에 대해, 모두 높이 평가하며 성인의 말과 어긋나지 않는다고 생각했다. 그는 程明道에 대해 깍듯하게 존경했으며 왕안석에 대해서도 높이 흠모했다. 심지어 방탕하고 법도를 어그러뜨리는 蘇氏에 대해서조차 마음을 열고 맞이해 주었다. 큰 소리로 安危를 말하면 그 애국심을 믿었고, 제도의 장단점에 대해 소상히 분석하면 백성을 근심한다고 여겼다. 역사로부터 널리 근거를 찾으면 그 박식함을 좋아했고, 경전을 이리저리 인용하면 그 학문에 근본이 있다고 부러워하였다. 그는 道에 대해 많이 알고 있으되 정밀하지는 않았으며 至誠을 지니고 있으되 사악함을 막아야 한다는 생각이 없었다. 따라서 사람을 명확히 분별한다든가 혹은 사특함에 기만되지 않다는 것은 그에게 구할 수 없는 것이었다. 물론 그의 말은 모두 성인이 일찍이 말한 것들이니 모두 배척할 수는 없다. 하지만 성인의 말은 마음을 가다듬고 깊은 뜻을 헤아려야 그 본질적인 의미를 알 수 있다. 그것은 하늘의 시세라든가 만물의 변화를 극히 엄밀하게 분석한 것이다. 이를 이해해야 堯·舜·周公·孔子의 治敎를 아는 것이다. 그리하여 처음에는 일정한 틀을 지니지 아니하나 마침내 천하에 나서서 호령할 수 있다. 이것이 바로 말을 아는 것이며, 그 연후에 사람을 분별할 수 있게 되는 것이다. 하지만 이는 司馬溫公이 이를 수 없는 것이었다. 窮理를 한 다음에야 비로소 理가 아닌 것을 멀리 할 수 있으며, 性을 다 파악한 다음에야 비로소 性을 어지럽히는 것을 물리칠 수 있다. 天命을 알게 된 다음에야 비로소 時勢와 조응하여 함께 나아가며, 세세한 것으로 인해 온전한 道의 모습을 잃지 않게 되는 것이다. 말을 아는 사람이, '窮理하고 性을 다 파악하여야만 하늘이 부여한 命을 누릴 수 있다.'[61]고 하는 것은 이를 일컫는다. 程明道는 이를 젊었을 때는 잃어버렸으나 만년에 얻었다. 사마온공은 한 번 크게 잃었다가 재차 다시 잃었다. 그리고 왕안석의 잘못이 뚜렷이 드러난 이후에야 후회했다. 그리고 또 蘇氏와 교유했다. 이는 다른 것 때문이 아니니다. 그 이유는 사람의 말을 분별하여 아는 문제에 있었던 것이고 또 古今 先哲의 말을 알지 못한 데 있었다.

5.

熙、豐新法 害之已烈者 青苗、方田、均輸、手實、市易 皆未久而漸罷. 哲、徽之季 姦臣進紹述之說 亦弗能強天下以必行. 至於後世 人知其爲虐 無復有言之者矣. 其元祐廢之不能廢 迄至於今 有名實相仍行之不革者 經義也 保甲也. 有名異而實同者 免役也 保馬也. 數者之中 保馬之害爲最烈.

熙寧 · 元豊의 新法 가운데 폐해가 가장 컸던 것은 青苗法 · 方田法 · 均輸法 · 手實法 · 市易法으로서 모두 얼마 되지 않아 점차 폐지되었다. 哲宗과 徽宗 시대 姦臣들이 紹述의 논리[62]를 내세웠으나 그들 또한 천하에 시행되도록 억지할 수는 없었다. 후세에 이르러 사람들이 그 폐해를 인식함에 따라 다시는 거론하는 자가 없게 되었다. 그 밖에 元祐 시대에 폐지

61) 窮理盡性 以至於命.《周易》〈說卦傳〉에 나오는 말이다.
62) 元祐 8년(1094) 宣仁太后가 병사하고 哲宗이 親政에 나서면서 紹述新政을 표방하여 新法으로의 전면적 복귀를 천명한 것, 그리고 崇寧 元年(1102) 徽宗이 親政을 행하며 紹述을 선언하고 신법을 채용한 것을 말한다.

하였으나 종내 없어지지 않고 지금에 이르는 것들이 있다. 명칭과 실상이 그대로 이어져 바뀌지 아니한 것으로는 經義와 保甲法이 있으며, 명칭은 바뀌었으되 실상은 동일한 것으로 免役法 · 保馬法이 있다. 이들 몇 가지 가운데 보마법의 해악이 가장 크다.

保馬者 與民以值使買馬 給以牧地而課其孳生以輸之官. 洪武以後 固舉此政於淮北、山東而廢牧苑. 愚民貪母馬之小利於目前 幸牧地之免征於後世 貿貿然而任之. 迨其子孫貧弱 種馬死 牧地徙 閑歲納馬 馬不能良 則折價以輸 一馬之值 至二十五金 金積於閹寺 而國無一馬 戶有此役 則貧餓流亡、求免而不得 皆保馬倡之也. 夫馬 非其地弗良 非其人弗能牧也. 水旱則困於芻粟 寒暑則死於疾疫. 唯官有牧苑 而群聚以恣其遊息. 官有牧人 而因時以蠲其疾. 官有牧資 而水旱不窮於飼. 則一虛一盈 孳產自倍. 自成周以迄於唐 皆此制也. 漢、唐車騎之盛 用捍邊陲 而不憂其匱 柰何以誘愚民而使陷於死亡哉? 行此法者 曾不念此爲王安石之虐政 徒以殃民而無益於國馬 相踵以行 禍延無已 故曰害最烈也.

保馬法은 백성들에게 돈을 주어 말을 사게 한 다음 牧地를 주고 번식시켜 관아에 내게 하는 것이다. 洪武 연간 이후 이 제도를 淮北과 山東에 실시하고 牧苑을 폐지하였다.[63] 어리석은 백성들은 우선 당장 어미 말을 사

63) 明太祖 朱元璋은 明朝 開國 직후 南直隸의 應天府 · 太平府 · 鎭江府 · 廬州府 · 鳳陽府 · 揚州府의 六府와 滁州 및 和州 二州의 백성들에게 官馬를 飼養토록 명하였다. 馬戶는 長江을 경계로 하여 강남지방에서는 10戶에 마 1필을 飼養토록 하고, 강북에서는 최초 매호당 1필을 부과하였다가 洪武 23년(1390)부터 5호당 1필을 사양시켰다. 암말을 사양하는 경우에는 매년 망아지 1마리를 납입토록 하였으며 죽거나 분실하면 배상토록 하였다. 이어 홍무 28년(1395)에는 모든 官牧監을 폐지하고 官馬의 양육을 모두 民牧에 맡겼다. 처음에는 민간에 官馬를 양육시키면서 歲糧을 면제시키는 한편 관영의 목마장을 지급하였으므로 민간에 부담이 되지 않았다. 하지만 목마장이 점차 황실 勳貴에 의해 점거되어 그 莊田化되었으며, 馬

는 데 약간의 이익이 남는 것에 욕심을 내고, 또 후세에 이르도록 牧地에는 세금이 면제되는 것을 달갑게 여겨 무턱대고 받아들였다. 하지만 그 자손대에 이르러 가난해져서 종마가 죽거나 목지가 옮겨지는 경우 또 말을 납부해야 하는 경우, 그리고 말이 건강하지 않을 때에는 값을 낮춰 팔아서 관아에 납부하였다. 말 한 마리 가격은 25金에 달한다. 그래서 국가에는 말 한 마리 없는데 환관 집안에 금이 쌓였다. 농민 집안에 이 役이 잔존하면 가난하고 배가 주려서 벗어나고자 해도 불가능했다. 모두 보마법이 불러일으킨 폐단이다. 무릇 말이란 그 땅이 좋지 아니하고 그 돌보는 사람이 말을 알지 못하면 양육할 수 없다. 홍수가 나거나 가뭄이 들면 마초가 부족해지고, 춥거나 더우면 질병으로 죽어 나간다. 따라서 관아에서 牧苑을 경영해야만 말들이 떼 지어 편안히 쉴 수 있다. 또 관아의 牧人이 있어야만 제때에 병을 막고 고칠 수 있다. 또 官에 牧馬 자금이 비축되어 있어야 홍수가 나거나 가뭄이 들 때 마초를 사서 먹일 수 있다. 이렇게 관에서 말을 길어야만 때로 말 숫자가 줄어들고 또 늘어나면서도 점차 그 수를 늘려갈 수 있는 것이다. 서주시대 이래 唐에 이르기까지 모두 이러한 제도를 시행하였다. 漢과 唐의 시대에는 戰車와 騎馬가 넘쳐 이로써 변경을 방어하면서 그 숫자의 감소를 걱정하지 않아도 되었다. 그런데 어찌 갑자기 어리석은 백성들을 꼬드겨 죽음의 구렁텅이에 몰아넣었단 말인가? 이 제도를 시행한 자는, 본디 이것이 왕안석의 虐政으로서 한갓 백성에 재앙이 될 뿐 국가의 馬政에는 아무 보탬이 되지 않았다는 사실을

戶에 대한 세량감면도 유명무실화하고 이에 덧붙여 각종 부담이 부가되었다. 이렇듯 馬役이 점차 심각한 부담으로 발전하여 민간에서는 '馬禍'란 용어까지 등장하였다. 그러다가 成化 연간에 이르러 강남의 馬役을 면제하는 대신 銀兩으로 대납시켰다. 화북일대에 잔존한 馬役은 이후 더욱 문란해져서, '養馬之費十一 爲馬而費者恒十九.'(《名臣經濟錄》권 36, 〈兵部〉〈車駕下〉〈題覆救偏補弊以期裕馬政事〉)라든가 혹은, '江南之患糧爲最 北直之患馬爲最.'(顧炎武,《名臣經濟錄》〈直隸中〉)라고 일컬어지는 현상이 발생하였다.

돌아보지 않았던 것이다. 그래서 뒤따라 시행함으로써 재앙이 끝없이 커지게 되었다. 해악이 가장 컸다고 말하는 것은 이 때문이다.

保甲之法 其名美矣 好古之士 樂稱說之. 飾文具以塞責之俗吏 亟擧行之. 以爲可使民之親睦而勸於善邪? 則非片紙尺木之能使然矣. 以爲團聚而人皆兵 可以禦敵邪? 則寇警一聞而攜家星散 非什保之所能制矣. 以爲互相覺察而姦無所容邪? 則方未爲盜 誰能詰之. 旣已爲盜 乃分罪於鄰右 民皆重足以立矣. 以爲家有器仗 盜起而相援以擒殺之邪? 則人持數尺之仗、蝕(鏑)[鏽]之鐵 爲他人以與盜爭生死 誰肯爲之? 責其不援而加以刑 賕吏猾胥且乘之以索賄 而民尤無告矣. 如必責以器仗之精 部隊之整 拳勇者賞之 豪桀者長之. 始勸以梟雄 終任以嘯聚. 當熙、豐之世 乘以爲盜者不一 而禍(危)[尤]昭著者 則鄧茂七之起 殺掠遍於閩中 實此致之也. 溺古不通之士 無導民之化理、固國之洪猷 寶此以爲三代之遺美 不已愚乎!

保甲法은 그 명분이 매우 좋다. 그래서 옛날을 좋아하는 선비들이 즐겨 그것을 칭찬한다. 또 명분을 꾸며대며 백성을 독촉하는 俗吏들이 서둘러 시행한다. 그런데 이 보갑법으로써 백성들 사이의 친목을 도모하고 또 선행을 서로 권하게 할 수 있는가? 결코 조금도 그렇게 하지 못한다. 그렇다면 백성을 모아 훈련시켜 군사로 만듦으로써 적을 막을 수 있는가? 만일 도적이 쳐들어왔다는 소리를 들으면 그 즉시 가족을 이끌고 흩어져 버릴 것이다. 도적은 什伍制로 제압할 수 있는 것이 아니다. 서로 감시하게 함으로써 간악한 무리가 끼어들지 못하게 할 수는 있는가? 간악한 무리가 도적이 되지 않았을 때에는 그 누구라서 감히 힐책하겠는가? 또 이미 도적이 된 다음이라면 그 이웃들에게 죄를 나누어 물으니, 백성들은 모두 두려워할 뿐일 것이다. 집집마다 병장기가 있으니 도적이 일어나면 서로 도와 도적을 사로잡을 수 있을 것인가? 하지만 누가 몇 자(尺)의 몽둥이나 녹슨 쇳덩이를 가지고 과연 남을 위해 生死를 건 싸움을 하겠는가? 오히려 도적 진압을 지원하지 않았다는 이유로 형벌이 가해지고, 또 이를 기화로 간악한 서리들이 뇌물을 탐해서 백성들은 더욱 하소연할 데가 없어질 것이다. 도적 진압을 요구하기 위해서는 우수한 병장기를 지급하고 부대도 잘 정비하며 또 호걸을 뽑아 長으로 삼은 다음 용맹스러운 자를 포상해야 할 것이다. 하지만 이렇게 하다가는 사납고 드센 자를 반란으로 부추기는 결과를 낳게 된다. 熙寧·元豊 시대에도 이를 타고 도적이 된 자가 하나둘이 아니었다. 그러한 폐단이 가장 두드러졌던 것은 鄧茂七의 반란이다.[64] 鄧茂七은 福建 일대에서 두루 殺掠을 범하였는데 사실상 보갑이 불러일으킨 것이었다. 옛날에 빠져 시세를 모르는 선비들이 백성을 교화하고 국가를 공고히 하는 방략은 돌보지 아니한 채 이 보갑법을 칭찬하며 三代의 훌륭한 遺制라 말하니 이 어찌 어리석지 아니한 것인가!

免役之愈於差役也 當溫公之時 朝士已群爭之 不但安石之黨也. 民寧受免役之苛索 而終不願差役者 率天下通古今而無異情. 驅遲鈍之農人 奔走於不習知之政令 未受役而先已魂迷 既受役而弗辭家破 輸錢畢事 酌水亦甘 不復怨杼柚之空於室矣. 故免役之害日增 而民重困者 有自來也. 自宇文氏定"租、庸、調"之三法以徵之民也 租以田 庸以夫. 庸者 民之應役於官而出財以輸官 爲雇役之稍食也. 庸有征而役免矣. 承平久而官務簡 則庸恒有餘 而郡庫之積以豐 見於李華所論清河之積財 其徵也. 及楊炎行"兩稅"之法 概取之而斂所餘財歸之內帑 於是庸之名隱 而雇役無餘資. 五代僭偽之國 地狹兵興 兩稅悉充軍用 於是而復取民於輸庸之外 此重征之一也. 安

64) 正統 13년(1448) 8월부터 이듬해 2월까지 복건일대에서 전개된 농민반란의 영수이다. 鄧茂七은 總小甲制의 總甲으로서 지주측에게 소작농들의 보호와 과도한 수탈의 자제를 요구하였으나, 지주들이 이러한 요구를 받아들이지 않고 縣 당국에 고소하자 반란에 나섰다. 鄧茂七의 亂은 기본적으로 抗租 투쟁의 연장선상에 위치한 것이었다.

石唯務聚財 復行雇役之法 取其餘羨以供國計 而庸之外又征庸矣. 然民苦於役 乃至破產而不償責 抑不復念兩稅之已輸庸 寧復納錢以脫差役之苦. 繇是而或免或差 皆瑣屑以責之民. 民雖疲於應命 然止於所應派之役而已. 朱英不審 而立"一條鞭"之法 一切以輸之官 聽官之自爲支給. 民乍脫於煩苛 而欣然以應. 乃行之漸久 以軍興設裁減之例 截取編徭於條鞭之內 以供邊用. 日減日削 所存不給 有司抑有不容已之務 酷吏又以意爲差遣 則條鞭之外 役又興焉. 於是免役之外 凡三徵其役 概以加之田賦 而遊惰之民免焉. 至於亂政已亟 則又有均差之賦而四征之. 是安石之立法 已不念兩稅之已有雇貲. 而溫公之主差役 抑不知本已有役 不宜重差之也. 此歷代之積弊已極 然而民之願雇而不願差者 則脂竭髓幹而固不悔也.

免役法이 差役보다 낫다는 사실은 사마온공 당시에도 조정의 선비들 여럿이서 주장한 바 있다.[65] 비단 왕안석의 黨與만 그러했던 것이 아니다. 백성들은 차라리 免役의 가혹한 징발을 받을지언정 差役은 원하지 않는다. 이는 고금을 통하여 천하에 공통적인 것이고 이와 다른 생각은 없다. 느리고 둔한 농민들을 몰아서 익숙치 못한 政令에 시달리게 하니, 役을 담당하기도 전에 혼백이 빠져버리고 役을 담당한 다음에는 파산으로 내몰리게 된다. 이러한 상황에서 돈을 내고 면제해 준다면, 맹물을 마신다 해도 달다 할 것이며 온 집안에 아무 것도 없이 텅 비게 된다 해도 원망하지 않을 것이다. 따라서 免役의 해악이 날로 커지고 백성들이 그로 인해 고통을 겪게 된 것에는 그 나름의 내력이 있었다. 宇文氏가 租庸調制를 제정하여 백성들에게 부담을 지울 때, 租는 토지에 그리고 庸은 民夫

65) 哲宗 元祐 元年(1086) 司馬光이 募役法의 폐지와 差役法의 부활을 강력히 추진할 때, 구법당 인사인 范百祿·蘇轍·蘇軾·范純仁 등이 差役의 전면적 부활에 대해 강력히 반발하였다. 특히 蘇軾의 경우는, "極言役法可雇不可差 第不當於雇役實費之外 多取民錢 若量入為出 不至多取 則自足以利民"(《송사》 권 178, 〈食貨志 上六〉)이라고까지 말하였다.

에 매겼다.[66] 庸이란 백성이 관아에서 役을 담당하는 것이었는데 그 대신 재물을 관아에 바쳤다. 庸은 雇役者의 노임이었던 셈이고 그래서 庸을 내고 役이 면제되었다. 그 후 평화가 오래가고 관아의 업무가 간단해지자 庸의 액수에 여유가 남아돌고 지방의 창고에는 잉여가 쌓였다. 李華가 논한 바 있는 淸河의 재물 축적이 바로 그 증거이다. 그러다 楊炎이 兩稅法을 시행하면서 庸을 징수하고 남은 재물을 모아 內帑庫로 돌렸다.[67] 이로 말미암아 庸이란 명목이 은닉되는 한편 雇役의 비용이 없어지게 되었다. 이러한 상태로 五代가 되자, 그 僭僞의 국가들은 토지는 협소한데 전란이 계속되자 양세를 모두 군사비로 돌렸다. 그러면서 민간에 庸을 납입하는 것 이외의 부담을 새로 지웠다.[68] 이것이 바로 이중 징수의 첫 번째였다. 왕안석은 재정확보에만 열을 올려 이 상태에서 다시 雇役하는 제도를 시행하고 그 잉여금을 국고로 돌렸다. 庸 이외에 또 庸을 징수했던 것

66) 租庸調制의 확립 시점이 언제인가 하는 것은 미묘한 문제이다. 租庸調制가 田租·役의 代償·丁調의 체계로 형식이 정비되는 것은 수당시대이며, 均田制가 도입되는 北魏 시기에는 상당히 내용이 달랐기 때문이다. 田租와 役은 고래로 존재하였으며 調는 후한말 曹操가 제정한 戶調式과 긴밀한 연관이 있다. 북위시기에는 戶調가 牀調로 변모하였다가 마침내 隋代에 이르러 丁調가 정식으로 성립되기에 이른다. 西魏 시기에도 다소의 변화는 있었으나 王夫之처럼 租庸調制가 西魏의 宇文氏 정권에서 성립되었다는 표현은 제도의 실상과는 다소 거리가 있다고 할 것이다.

67) 內帑庫는 宮室의 府庫. '內帑庫로 돌렸다'는 말은 양세수입액 가운데 王夫之가 말하는 이른바 雇役 대금을 留縣·留州·留使의 형태로 지출한 다음 그 잔여분을 중앙으로 上供하였다는 의미이다.

68) 兩稅額으로 편입된 庸 이외에 새로운 實役의 부과가 시작되었다는 주장이다. 하지만 五代에 새로운 實役이 파생되었다는 이러한 王夫之의 주장 역시 논란의 여지가 많다. 唐末 五代의 무인정권 시기에 兩稅 이외의 부가세인 沿徵이 대거 출현했다는 것에는 이론이 없다. 다만 과연 이전까지 존재하지 않던 實役이 부과되었다는 것은 사실과 상당한 거리가 있다고 생각된다. 오히려 宋代의 差役은 양세법으로 흡수되고 남은 부분, 즉 徭役이 아닌 職役이었다고 이해하는 것이 일반론이다. 職役은 양세법 실시 이후에도 조세화하지 않고 잔존하여 五代·宋으로 이어졌다는 것이다.

이다. 그런데 差役에 시달리던 백성들은 役을 담당하게 되면 파산하고서도 빚을 갚지 못하는 상태가 빈번했던지라, 兩稅를 통해 이미 庸을 납입하고 있다는 사실을 떠올리지 못한 채 차라리 돈을 내고라도 差役의 고통에서 벗어나기를 원했다. 이후 어떤 것은 면제되고 어떤 것은 差役되었지만 언제나 백성들에게는 자질구레한 부담이 지워졌다. 백성들은 관아의 명령에 응하느라 피곤했지만 그래도 役의 범위는 작아서 견딜 수 있는 정도였다. 그런데 朱英은 이러한 정황을 돌아보지 않고 一條鞭法을 시행[69]하여, 일체를 官에 납부토록 하고 官이 雇役하여 그 대금을 지불토록 했다. 이에 백성들은 번잡하고 가혹한 부담에서 벗어나는 것을 바라고 흔연히 따랐다. 하지만 이 제도가 시행되고 시간이 흐르면서, 전쟁이 발생하자 일조편법 내의 雇役 대금을 전용하는 사례가 발생했다. 그것을 떼어내 군사비로 돌렸던 것이다. 이렇게 雇役 대금이 갈수록 줄어들어 급기야 거의 아무 것도 남지 않게 되자, 관아에서는 필요한 役人을 고용하는 데 어려움을 겪게 되었다. 그리하여 酷吏들은 다시 差役을 백성들에게 부과하였고, 이렇게 일조편법 이외에 다시 役이 생겨났다. 免役 이외에 세 번째로 役을 징수한 것이다. 이때 役은 田賦에 따라 부과되어 게으르게 놀고 먹는 자(游惰之民)들은 모두 면제되었다. 이후 정치가 신속하게 어지러워지면서 均差之賦란 것이 생겼고 이로써 네 번째로 징수하게 되었다. 왕안석의 면역법은 양세법 내에 이미 雇役의 비용이 포함되어 있다는 사실을 돌아보지 않은 것이다. 사마온공은 差役을 주장했지만 그 역시 이미 役이 면제되었으니 다시 差役으로 물러서는 안 된다는 것을 몰랐다. 이러한 정황은 역대의 폐단이 극단적인 상태로 누적되어 발생한 것이다. 하지만 백

69) 이 부분의 서술 역시 상당한 오해가 있다. 朱英이 도입한 제도는 均徭法일 뿐 一條鞭法과는 거리가 멀다. 均徭法 또한 朱英이 최초로 도입한 것이 아니라 正統 8년(1443) 강서일대에서 按察司僉事인 夏時의 立案에 의해 시행되었다. 均徭法이란 이전까지 필요에 따라 수시로 부과되던 里甲 雜役을 제도화(정기화 및 정량화)한 것이었다.

성들은 雇役을 원하고 差役을 원하지는 않았다. 그러면서 설령 살갗이 다 벗겨지고 뼈만 남는 한이 있더라도 후회하지 않았던 것이다.

若夫經義取士 則自隋進士科設以來 此爲正矣. 納士於聖人之教 童而習之 窮年而究之 涵泳其中而引伸之. 則耳目不淫 而漸移其不若之氣習. 以視取青妃白 役心於浮華蕩冶之中者 貞淫之相去遠矣. 然而士不益端 學不益醇 道不益明 則上之求之也亡實 而下之習之也不令也. 六經、語、孟之文有大義焉 如天之位於上 地之位於下 不可倒而置也. 有微言焉 如玉之韞於山 珠之函於淵 不可淺而獲也. 極之於小 而食息步趨之節 推求之而各得其安也. 擴之於大 經邦制遠之猷 引伸之而各盡其用也. 研之於深 保合變化之真 實體之而以立其誠也. 所貴乎經義者 顯其所藏 達其所推 辨其所異於異端 會其所同於百王 證其所得於常人之心 而驗其所能於可爲之事 斯爲尚矣. 乃司試者無實學 而干祿者有鄙心 於是而王鏊、錢福之徒 起而爲苟成利試之法. 法非義也 而害義滋甚矣. 大義有所自止 而引之使長. 微言有所必宣 而抑之使隱. 配之以比偶之詞 絡之以呼應之響 竊詞賦之陋格 以成窮理體道之文 而使困於其中. 始爲經義者 以革詞賦之卑陋 繼乃以詞賦卑陋之成局爲經義 則侮聖人之言者 白首經營 傾動天下 而於道一無所睹. 如是者凡屢變矣. 而因其變以變之 徒爭肥癯勁弱於鏡影之中 而心之不靈 已瀕乎死. 風愈降 士愈偷 人爭一牘 如兔園之册 復安知先聖之爲此言者將以何爲邪? 是經義之納天下於聾瞽者 自成、弘始 而潰決無涯. 豈安石之爲此不善哉?

經義로써 인재를 선발하는 방식[70]은 隋代에 進士科가 개설된 이래 正

70) 송대 科擧 과목은 進士科와 諸科(九經・五經・通禮・三禮・三史・三傳・學究・一經・明經 등)로 구성되었고, 進士科의 解試 및 省試에서는 최초 詩・賦・雜文(箴・銘・論・表 등)・策五題・《論語》 十帖・《左傳》 혹은《禮記》의 墨義를 부과

道였다. 선비들로 하여금 성인의 가르침을 배우게 하여, 어려서부터 익혀서 이후 오랜 세월을 두고 연마토록 하면 그 감화를 받아서 응용할 수 있게 될 것이다. 그리하여 눈과 귀가 음란해지지 않아서 점차 나쁜 습관을 개선하게 된다. 詩文을 지으며 미사여구를 쓰는 것이라든가 혹은 마음을 허탄한 문장 장식에 쏟는 것에 비하면, 經義가 비교할 수 없게 올바른 학업이다. 하지만 선비들이 더 이상 단정하지 않고 학문이 더 이상 純正하지 않으며 道가 더 이상 분명하지 않게 되자, 위로 조정에서 선비를 선발하는 것도 실질을 잃게 되었고 아래로 선비가 공부하는 것 또한 잡다해졌다. 六經과 《논어》《맹자》의 내용에는 大義가 있다. 하늘이 위에 자리하고 땅이 아래에 자리하는 것처럼 결코 바뀔 수 없는 것이다. 微言도 있다. 玉이 산에 감춰져 있고 구슬이 물 속에 잠겨 있어 쉽게 얻을 수 없는 것이다. 이들 경서의 내용은 작은 즉 먹고 숨쉬고 걷는 세세한 일들에 그 원리를 적용하여 편안함을 얻을 수 있다. 크게 확대한즉 나라를 경영하고 천하를 제압하는 법에 이르기까지 모두 유추하여 적용할 수 있다. 또 깊게 연구하면 변화의 요체를 깨달아 그것을 체득함으로써 誠을 이룰 수 있다. 經義의 공부에서 중요시되어야 할 것은 그 안의 내용을 이해하고 유추하는 것이다. 그러함으로써 이단과의 차이를 분별하고 모든 聖王들에게 공통적이었던 점을 추출하여, 그것이 보통 사람의 마음에서도 얻어지는 것임을 확인하는 일이다. 그리하여 그것이 실천할 수 있음을 인식해야 한다. 그렇기에 經義의 공부가 소중한 것이다. 그런데 과거 시험을 주관하는 자에게 진정한 학문이 있지 아니하고 또 入仕를 원하는 선비들은 卑俗

하였으나 唐 이래의 전통을 이어 詩賦가 중시되었다. 進士科의 殿試에서는 詩·賦·論(합하여 三題라 칭함)을 시험보았다. 그런데 神宗 熙寧 2년(1069) 왕안석의 주장에 따라 대개혁이 단행되어 進士科의 解試 및 省試에서 試·賦·墨義 등을 정지하고 經義·論·策만을 시험하게 되었다. 이밖에 諸科도 점차 합격 인원을 감축하여 폐지시켜 가기로 결정하였다. 이로써 經義 중시의 방향이 확정되어 후세로 계승되기에 이르렀다.

한 마음을 지니고 있어, 王鏊와 錢福의 무리가 나와 조잡하고 구차하게 시험하는 규정[71]을 만들었다. 무릇 제도가 올바르지 아니하면 정의를 헤치는 바가 심대하다. 大義는 스스로 멈추는 바가 있는데 이를 조장하여 자라도록 하고, 微言은 반드시 드러나야 하는데 이를 억눌러 감춰지게 하는 것이다. 또 이에 덧붙여 비유의 문장을 짓고 서로 호응하는 對句로 연결시키게 하여 詞賦의 고루한 격식으로 삼았다. 그리고 理를 추구하고 道를 실천하는 문장이 그 속에 갇히게 했다. 처음 經義로써 선비를 선발한 것은 비루한 詞賦를 개혁하기 위함이었다. 그런데 이후 그 비루한 詞賦의 격식이 經義를 가두게 되었다. 성인의 말을 모욕하여 白首가 되도록 공부하고 온 천하를 다 뒤져도 그 道를 전연 볼 수 없게 만든 것이다. 이렇듯 經義를 詞賦 속에 가두는 것이 몇 차례 더 진행되어, 마침내 經義는 거의 다 사라지고 마치 거울 속에서 詞賦의 기교를 겨루는 식이 되었다. 마음의 수양은 버려져 거의 죽어 버릴 지경이 되었다. 풍속은 더욱 비루해지고 선비는 더욱 경박해졌다. 사람들은 토끼 동산의 책이나 다를 바 없는 문장 하나 짓는 것을 두고 경쟁하니, 옛 성인이 한 말에 무슨 의미가 있는 것인지를 어찌 알겠는가? 이렇듯 經義를 가르치면서 천하의 소경이나 귀머거리를 만들 듯 해버린 것은 成化, 弘治 연간으로부터 시작되어 이후 그 폐해가 끝없이 커졌다. 어찌 왕안석에게만 그 허물을 돌릴 수 있겠는가?

合此數者觀之 可知作法之難矣. 夫安石之以成憲爲流俗而亟改之者 遠奉堯、舜 近據周官 固以脅天下曰 "此聖人之教也." 夫學聖人者 得其精意而古今固以一揆矣. 詩云 "思無疆 思馬斯臧." 此固自牧畜之證 而保馬可廢矣. 子曰 : "苟子之不欲 雖賞之不竊." 此不責民以弭盜之證也 而保甲徒勞

71) 공히 명대 중엽 八股文을 鄕試와 會試의 기본적 문장형식으로 확정짓는 데 중요한 역할을 한 인물들이다.

矣. 周官行於千里之畿 而胥盈於千 徒溢於萬 皆食於公田 此民不充役之驗也. 則差役之虐政捐 而免役之誅求亦止矣. 記曰:"順先王詩、書、禮、樂以造士." 則經義者 允爲良法也. 而曰順者 明不敢逆也. 爲瑣瑣之法以侮聖言者 逆也. 絀其逆 而士可得而造 存乎其人而已矣. 誠得聖人之精意以行之而天下大治. 自立辟以擾多辟之民 豈學古之有豁哉?

이 몇 가지를 통해 보건대 제도를 만든다는 것이 얼마나 어려운 일인지 알 수 있다. 왕안석은 전래의 제도를 통속적인 것으로 급하게 바꿔치기 하면서 멀리는 堯舜을 떠받들고 가까이는《주례》를 끌어댔다. 그리고 천하를 협박하며, '이는 성인의 가르침이다.' 라고 말했다. 대저 성인을 배우는 자가 그 精妙한 뜻을 깨쳤다면 그 도리는 예나 지금이나 매한가지가 되어야 한다.《시경》에서는, '한없이 말들이 훌륭하기만 하네.'[72]고 말한다. 이는 진실로 관아가 직접 목축해야 한다는 증좌이니 보마법은 폐지되어야만 한다. 또 공자는, '진실로 그대가 탐욕하지 않으면 비록 상을 준다 하더라도 남들이 도둑질 하지 않으리라.'[73]라고 하셨다. 이는 백성들에게 도적 단속을 책임지워서는 안 된다는 증좌이다. 보갑법은 헛된 노력이다.《주례》가 京畿 일대 천리에서 행해질 때 胥는 천 명이 넘고 徒는 만 명이 넘었지만[74] 모두 公田으로 먹여 살렸다. 이는 백성을 役에 동원해서는 안 된다는 증거이다. 그렇게 되면 差役의 虐政도 사라질 뿐만 아니라 면역법을 통한 苛斂誅求도 없어질 것이다.《禮記》에서는, '先王의《시경》

72) 《詩經》〈魯頌〉〈駉〉에 나온다.

73) 《論語》〈顔淵〉에 나온다.

74) 《주례》에 등장하는 胥徒는 관원이 아닌 서민으로서 관아에서 공무를 담당하는 존재를 가르킨다. '庶民在官者'라 일컬어기도 한다. 후대에는 서리와 衙役을 汎稱하는 용어로 사용되기도 한다. 胥徒에 대해 鄭玄은《周禮注》에서, '此民給傜役者 若今衛士矣. 胥 讀如諝 謂其有才知 爲什長'이라 注를 가하고 있다(《周禮注疏》 권 1, 〈天官冢宰第一音義〉).

《서경》《예기》《樂經》의 가르침에 따라 선비를 기른다.'[75] 고 말하고 있다. 그런즉 經義는 진실로 良法이다. '순종'이란 말은 거슬러서는 안 됨을 가르킨다. 왕안석이 자질구레한 법을 만들어 古聖王의 말을 모욕했던 일은 거스른 것이다. 그 거스름을 물리쳐야 선비들을 제대로 기를 수 있으며 사람답게 만들 수 있다. 진실로 성인의 참된 뜻에 따라 행동하면 천하는 크게 다스려진다. 이러저러한 규정을 만들어 그렇지 않아도 많은 법에 시달리는 백성을 어렵게 하는 것이 어찌 옛날의 잘못을 돌아보는 일이겠는가?

6.

老氏之言曰 "以正治國 以奇用兵." 言兵者師之 爲亂而已矣. 王韶請擊西羌、收河湟、以圖夏 王安石稱爲奇策而聽之. 誠奇矣. 唯其奇也 是以進無尺寸之功 而退有邱山之禍也. 以奇用兵而利者有之矣. 正不足而以奇濟之 可以暫試 不可以常用. 可以脫險 不可以制勝. 可乘疲寇而速平 不可禦強敵而徐效. 如其用之 抑必有可正而後可奇也. 舍正用奇 而恃奇以爲萬全之策 此古今畫地指天之妄人 誤人家國者所以積也. 論者皆咎陳餘之不用李左車也 使餘用左車之策 韓信抑豈輕入其阱中者? 前(車)[軍]偶涉 伏起受挫 信亦自有以制之. 以漢之強、信之勇 加脆弱之孤趙 井陘小蹶 四面環攻 餘固無術以繼其後 惡足以救其亡哉? 一彼一此 一死一生 視其力而已矣. 唯在兩軍相持而不犯 不須臾之頃 姑試其奇 發於其所不及防而震撓之 可矣. 然而其不可震撓者 固自若也. 議之於朝廷 傳之於天下 明示以奇 而延之歲月以一試 吹劍首者之一吷而已矣.

---

75) 《禮記》 제5, 〈王制〉에 나온다.

老子가 말하기를, '正道로써 나라를 다스리고 기발함으로 군대를 움직인다.'[76]고 했다. 군사에 대해 논하는 자가 이 말을 본받으면 실패만 당할 뿐이다. 王韶가 西羌을 공격하고 河湟을 정복함으로써 서하를 압박하자고 청하자,[77] 이에 대해 왕안석은 기발한 생각이라 칭찬하며 받아들였다. 진실로 기발한 생각이었다. 하지만 그 기발한 정책으로 조금의 功도 세우지 못하고 오히려 커다란 재앙만 불러 일으켰다.[78] 用兵에 있어 기발한 책략을 써서 좋을 때가 있다. 正道가 부족하여 기발함으로 타개하는 것이 그것이다. 하지만 이는 잠시 이용할 수 있는 것이지 상용해서는 안 된다. 기발함으로 위기를 벗어날 수는 있지만 승리를 결정지을 수는 없다. 피

---

76) 《道德經》 제57, 〈淳風〉에 나온다.

77) 神宗 熙寧 元年(1068) 〈平戎策〉을 올려, '西夏를 공략하기 위해 먼저 河州와 湟州 일대의 蕃部를 제압하여야 한다. 그러면 서하는 앞뒤로 압박을 받게 되므로 반드시 정복될 것이다.'라고 주장한 것을 가리킨다. 王韶는 또 〈平戎策〉에서 그 구체적인 方略과 조치를 제시하였다. 이러한 왕소의 주장은 神宗 시대(熙寧 및 元豊 연간)를 통해 서하 공략의 대원칙으로 채용되기에 이른다.

78) 王韶의 〈평융책〉은 신종 및 왕안석에 의해 받아들여져 熙寧 4년(1071) 8월 이래 河湟 일대에 대한 경략이 개시된다. 그 과정에서 송측은 상당한 패전을 겪기도 하였으나 1년여가 지난 熙寧 5년(1072)의 시점이 되면 대략 河湟地區에 대한 공략이 완료되어, 이 일대에 熙河路를 설치하기에 이른다. 이러한 王韶의 河湟 일대 공격을 '熙河經略'이라 부른다. 熙河經略은 熙寧 6년 10월 경 일단락되고, 이 성공에 고무된 神宗은 희하경략에 대해 시종일관 지지하는 자세를 견지하였던 왕안석에게 자신의 玉帶를 하사하며 치하하기에 이른다. 이때의 정황에 대해《續資治通鑑長編》에서는, "上解所服玉帶賜安石 遣內侍李舜擧諭旨曰 '洮河之擧 小大並疑 惟卿啟廸 迄有成功. 今解朕所御帶賜卿 以旌卿功.' 安石再拜固辭曰 '陛下拔王韶於疎遠之中 恢復一方 臣與二三執政奉承聖旨而已 不敢獨當此賜.' 上又令舜擧諭旨曰 '羣疑方作 朕亦欲中止 非卿助朕 此功不成. 賜卿帶以傳遺子孫 表朕與卿君臣一時相遇之美也.'"라고 기록하고 있다(권 247, 神宗 熙寧 6년 10월 辛巳). 하지만 왕안석의 은퇴 이후인 元豊 4년(1081) 11월 西夏의 政變을 이용하여 대대적인 정벌에 나섰다가 괴멸적인 타격을 입고 후퇴하게 된다. 이어 이듬해인 元豊 5년(1082) 9월에는 서하 공략을 위해 건설하였던 永樂城이 서하의 공격을 받아 함락되고 12,000여명의 士卒이 몰살되는 사건이 벌어졌다. 이 소식을 접하고 神宗은 輔臣을 대하며 통곡을 하였고, 마침내 이를 계기로 서하 정벌의 꿈을 최종적으로 접게 된다.

곤한 적을 이용하여 신속히 평정할 수는 있으나, 강적을 다스리며 천천히 효과를 얻는 데는 쓸 수 없다. 만일 기발함을 쓴다면 正道를 선택한 이후에야 가능한 것이다. 정도를 버리고 기발함을 쓰면서 그것을 만전의 계책이라 믿는 것은, 땅에 줄긋고 하늘이라 칭하는 망령된 자나 혹은 古來로 국가의 대사를 그르친 자의 소행이었다. 사람들은 모두 陳餘가 李左車의 말을 받아들이지 않아 실패[79]했다고 말한다. 만일 陳餘가 李左車의 계책을 받아들였다면 韓信이 어찌 그리 쉽게 그 險要한 곳을 점령할 수 있겠느냐는 것이다. 설령 前軍이 운 좋게 진군했을지라도 복병을 만나 어려움을 겪었을 것이니, 韓信도 그 점령과정에서 상당한 고초를 당했을 것이라 말한다. 하지만 漢의 강력함이나 韓信의 용맹함을 감안한다면, 그리고 덧붙여 趙 나라의 고립된 정황이라든가 나약함을 생각하면, 설령 진여가 井陘에서 조금 성공을 거둔다 한들 漢이 사방에서 둘러싸고 공격해 왔을 때 그는 도저히 대처할 방법이 없었을 것이다. 어찌 그가 趙 나라를 멸망에서 구해낼 수 있었으리오? 사세가 이리 결정되고 저리 결정되는 것은 그 힘에 의해 결정될 뿐이다. 오직 양군이 대치하며 맞서고 있을 때 잠시 틈을 타 기발함을 이용할 수 있다. 미처 방어하지 못하는 곳을 공격하여 적으로 하여금 혼란에 빠지게 하는 것은 가능하다. 하지만 그것으로써 적을 본질적으로 혼란에 빠트릴 수 없음은 지극히 분명하다. 조정에서 이를 의논하여 천하에 선포하고 기발함 계책이라 명시한 연후에 장구한 세월을 두고 사용해 본다는 것은, 칼자루의 구멍을 불어 나오는 미미한 소리[80]마

---

79) 前漢 高祖 3년(前 204) 韓信이 趙에 대한 공격을 개시했을 때, 李左車는 井陘의 협곡을 지날 때 기습하겠다고 제안했으나 陳餘가 이를 거부한 것을 가리킨다. 李左車는 또 堅壁淸野策을 진언하였으나 陳餘는 이를 물리치고 전면전을 고집하다가 敗死하기에 이른다. 이 전후의 사정은, 《史記》 권 92, 〈淮陰侯列傳〉에 소상히 기록되어 있다.

80) 《莊子》〈則陽篇〉에 나오는 말. 莊子는 '吹劍首者 吷而已矣. 堯舜 人之所譽也 道堯舜於戴晉人之前 譬猶一吷也.' 라고 말하고 있다. 아주 보잘 것 없어 언급할 가치가 없다는 의미이다.

냥 참으로 돌아볼 가치가 없는 어리석은 행동이었다.

夏未嘗恃西羌以爲援 西羌未嘗導夏以東侵 河、湟之於朔方 不相及也. 拓拔、赫連端視劉裕之拔姚泓而不爲之動 知裕之(道)[適]爲己滅泓也. 則使宋芟盡群羌 全有河湟之土 十郡孤懸 固不能守 祇爲夏效驅除 其能乘風席捲進叩諒祚之壘乎? 如其能大舉以西征與! 擇大將 整六師 壓諒祚之疆以討僭逆之罪 而諒祚據賀蘭以自保 於是遣偏師掠西羌以潰其腹心 是或一策也收蜀者棧道、劍門夾攻之術也. 然而西羌各保其穴 固且阻頓而不能前. 今一矢不及於銀、夏 而遠涉沙磧河、洮之險 薄試之於羌 一勝一負 一叛一服且不能制羌之死命 夏人睥睨而笑之. 然且栩栩自矜曰:"此奇策也." 安石之愚 不可砭矣.

서하는 일찍이 西羌이 자기 편이라 믿지 않았으며 西羌 또한 서하의 앞잡이가 되어 동으로 宋을 침범한 적이 없다. 더욱이 河湟[81]은 북방의 거란과는 너무 멀어 서로 연락할 수 없는 위치에 있었다. 拓拔과 赫連이 劉裕의 姚泓 제압을 가만히 지켜보았던 것[82]은, 劉裕가 다만 자기자신을 위해 姚泓을 멸망시킨다는 사실을 알기 때문이었다. 하지만 宋에게 있어 西羌을 제압한다는 것은 사정이 다르다. 최후의 목적은 서하였다. 宋이 西羌을 다 제압하여 河湟의 땅을 다 차지한다 해도 고립되어 궁극적으로는 그곳을 지켜낼 수 없었다. 결국에는 서하에게 모조리 패배당했을 것이다. 어찌 이곳을 차지하고 나아가 諒祚[83]의 진영까지 석권할 수 있었겠는가? 서하를 치기 위해서는 대거 西征해야만 된다. 대장을 잘 선택하여 군대를

81) 河湟이란 河州(오늘날의 甘肅省 臨夏市)와 湟州(오늘날의 青海省 樂都縣) 일대를 가리킨다.

82) 주 38)을 참조

83) 西夏의 제2대 황제 毅宗 李諒祚(在位 1048~1067)를 가리킨다.

정비한 다음 僭逆의 죄를 물어 諒祚의 영토를 공략해야 하는 것이다. 諒祚가 물러나 賀蘭에 웅거하며 지키게 되면, 그때 별동대를 西羌에 파견하여 그 심장부를 쳐야 한다. 이것이 하나의 책략이었다. 사천지방을 공략하기 위해서는 棧道와 劍門[84]에서 협공하는 방법을 취해야 한다. 그래도 西羌이 자신들의 소굴로 물러나 지킨다면 지세가 너무 험준하여 제압이 불가능하다. 그런데 王韶가 취한 방략은 서하의 銀夏[85] 일대로는 화살 하나도 날리지 아니한 채 멀리 사막을 건너 험준한 河洮[86] 일대에 다다라 서강을 공격하는 것이었다. 이 싸움에서 宋은 승패를 결정지을 수 없었다. 서강은 복속과 저항을 거듭하여 결정적인 승리와 제압이 불가능하였다. 서하는 이를 곁눈질로 지켜보며 웃었다. 그럼에도 기뻐하여 자랑하기를, '이는 기발한 책략이다.'라고 말했으니 왕안석의 어리석음은 참으로 어찌할 도리가 없는 것이었다.

在昔繼遷死 德明弱 儻從曹瑋之請 捕滅之 可以震讋契丹者 彼一時也 席太宗全盛之餘 外無澶州納賂之辱 宋無所屈於契丹 內無軍士各散居歸農之令 兵雖力未有餘 而尚未自形其不足. 且繼遷肉袒稱臣 與契丹爲脣齒 則威伸於德明而契丹自震 固必然之勢也. 抑謂兵不可狃於不戰 而以征夏之役使習勇而不倦. 亦其時夙將猶存 部曲尚整 有可用之資 勿以不用窳之也. 今抑非其時矣. 弛不虞之防、狎安居之樂者 凡數十年. 徒以群羌散弱 乘俞龍珂內附之隙 徼幸以圖功. 然且謀之五年而始城武勝 七年而始降木征. 操

---

84) 陝西 서남부의 棧道와 四川 동북부의 劍門關. 棧道는 가파는 산비탈에 나무를 가로질러 만든 도로로서 통상 陝西의 褒城縣 북부로부터 鳳縣 동북부에 이르는 험준한 통로를 가리킨다. 이 棧道를 連雲棧이라 부른다. 劍門關은 四川의 劍門縣 북부에 위치한 劍門山 연변의 관문이다.

85) 西夏의 영역인 銀州(오늘날의 陝西省 米脂縣 서북부)와 夏州(오늘날의 陝西省 靖邊縣 북부).

86) 河州(오늘날의 甘肅省 臨夏市)와 洮州(오늘날의 甘肅省 臨潭縣).

彈雀之弓 欲射猛虎 惡足以自強 而使彼畏我以不相侵乎? 木征之降未幾 而孱儒之秉常且憑淩而起 宋之死者六十萬人. 其於正也 無毫發之可恃 而孤持一奇以相當 且其奇者 又非奇也. 然而不敗者 未之有也.

그 이전 李繼遷이 죽고 李德明이 아직 어렸을 때[87] 어찌 曹瑋의 청[88]에 따라 討滅하지 않았던 것일까? 거란에 커다란 타격을 줄 수 있었던 때는 그때 뿐이었다. 당시는 태종시기 全盛의 여세가 남아 있었고, 밖으로 澶淵之盟[89]의 굴욕도 있지 않아 아직 송이 거란에게 굴복 당하기 전이었다. 안으로는 군사들을 풀어 歸農시키는 조치[90]가 있기 전이어서, 병력에 비록 여유가 있는 것은 아니지만 그렇다고 부족함이 드러나던 시기도 아니었다. 또한 李繼遷이 땅에 엎드려 거란에 稱臣함[91]으로써 거란과 서하는

87) 李德明(982~1032)은 1004년 부친인 李繼遷이 죽자 23살의 나이로 즉위한다. 李德明의 시대 탕구트족은 송과 거란 사이에 澶淵의 맹약이 체결되자 宋朝에 대해 저항을 그만두고 신하의 예를 취하였다. 이러한 배경에는 澶淵의 盟 이외, 당시 涼州와 甘州를 지배하고 있던 티벳족과 위구르족의 세력이 강하여 이들과 시종 대립해야만 했다는 점도 중요한 영향을 미쳤다.

88) 이때의 정황에 대해 《續資治通鑑長編》에서는, "涇原儀渭都鈐轄秦翰知鎮戎軍曹瑋等各請出兵討賊 上以德明累遣使修貢 慮失誠信 不許. 德明初請命于朝 瑋言 '繼遷擅河南地二十年 邊不解甲 使中國西顧而憂. 今方其國危子弱 不即禽滅 後更盛彊難制. 願假臣精兵 出不意 捕德明送闕下 復以河南為郡縣 時不可失.' 朝廷方欲以恩致德明 寢其書不報."(권 63, 眞宗 景德 3년 5월 辛亥)라 전하고 있다.

89) 眞宗 景德 元年(1004) 遼의 남침에 굴복하여 체결한 和約. 遼의 長城 以南地域 할양요구를 무마하는 대신 매년 비단 20만필과 은 10만냥을 지급하기로 약속하였다. 宋遼 양국간의 외교관계는 대등한 것으로 규정되었다.

90) 澶淵의 盟으로 北邊의 위협이 사라진 이후 송조는 군대의 裁減에 착수하여 재정의 부담을 줄이려 하였다. 이러한 노력은 전연의 맹 직후인 眞宗 景德 2년(1005) 6월부터 개시되었다. 군비의 축소는 노약자를 귀농시키고 나아가 군대의 편제까지 축소시키는 정책으로 이어졌다. 이러한 수차에 걸친 감군조치의 결과 眞宗 초기 50여만에 달하였던 禁軍의 숫자는 진종 말년인 天禧년간(1017~1021)이 되면 43만여명으로 축소된다. 王曾瑜,《宋朝兵制初探》(北京, 中華書局, 1983), p.19 참조.

91) 李繼遷은 反宋의 태세를 취하고 나서 986년(太宗 雍熙 3년) 거란에 복속을 청하였다. 이에 대해《宋史紀事本末》에서는, "繼遷請降于契丹 契丹冊封為夏國王 以義成

脣齒의 관계가 되어 있었다. 이런 관계가 李德明 시기까지 연장되면 거란의 기세가 저절로 떨쳐질 것은 필연적인 일이었다. 군대는 전쟁이 없는 상태에 길들여져서는 안 된다. 그런데 당시 어찌하여 서하와의 전쟁을 벌임으로써 무예를 단련하고 게으르지 않게 만들어야 한다고 말하지 않았던 것일까? 당시는 경험 많은 장수들이 아직 남아 있었고 군대도 제법 정비되어 있는 상태였다. 물자도 풍부했다. 따라서 군대를 방치하여 게을러지게 해서는 안 되었다. 하지만 神宗 때는 사정이 달랐다. 수 십 년 동안 전쟁 걱정이 없어 군대의 기강은 풀어졌고 편안한 생활에 익숙해져 있었다. 그러한 정황에서 西羌이 분열되어 약해지고 또 兪龍珂가 복속되어 오자,[92] 이를 이용하여 요행을 노리고 출병한 것이다. 하지만 일을 도모한지 5년만에야 비로소 武勝을 점령하여 城을 쌓고 7년만에 처음 木征의 항복을 받아냈다.[93] 참새나 잡을 수 있는 화살을 가지고 사나운 호랑이를 쏘려 한 격이니, 어찌 족히 自强을 이루고 또 저들로 하여금 우리를 무서워하여 침범하지 못하게 할 수 있었겠는가? 木征이 항복한지 얼마 되지 않아 孱弱한 秉常이 세력을 이루어 거병하자 송측의 전사자가 60만에 달했다. 正道에 대해서는 조금도 돌아보지 않고 오직 하나의 기발함만 지니고 임했으며, 그 기발함조차 제대로 된 기발함도 아니었다. 그러하고도 패배하지 않는 자는 없었다.

公主妻之."라 기록하고 있다(권 14, 〈西夏叛服〉).

92) 당시 河湟地區의 소수민족 가운데 가장 강력했던 부족의 首長. 靑唐(오늘날의 靑海省 西寧市) 일대에 거주하고 있었다. 兪龍珂는 神宗 熙寧 4년(1071) 8월 熙河經略이 개시된 직후 部衆 12만과 함께 宋朝에 歸附하였다.

93) 武勝을 점령한 것은 熙寧 5년(1072) 7월의 일이며, 끝까지 저항하던 木征에게 결정적 타격을 가하여 항복시킨 것은 熙寧 7년(1074) 4월이었다. 王夫之는 실제 전쟁이 개시된 시점부터가 아니라 王韶가 〈平戎策〉을 제시했던 熙寧 元年(1068)부터 헤아리고 있다.

是故奇者 擧非奇也. 用兵者 正而已矣. 不以猜疑任將帥 不以議論爲謀略 不以文法責進止. 峙芻糧 精甲仗 汰老弱 同甘苦 習擊刺 嚴營陳 堂堂正正以臨之 攻其所必救 搏其所必爭. 誠有餘也 而後臨機不決 間出奇兵以迅薄之 而收速效. 故奇者 將帥應變之權也 非朝廷先事之算也. 趙充國曰 "帝王之兵 以全取勝." 此之謂也. 老氏者 持機械變詐以徼幸之祖也 師之者 速斃而已矣.

이러한 까닭에 기발함이란 기발하지 아니한 방식을 취해야만 한다. 군대를 움직이는 것은 正道에 의거해야만 한다. 장수에게 맡기고 의심하거나 시기하지 말아야 하며, 그 전략에 대해 왈가왈부 議論하지 말아야 하고, 또 法의 잣대로 군대 운용에 대해 책망하지 말아야 한다. 군량과 물자를 충분히 비축하고 병기를 잘 갖추어야 하며, 병사 중 노약자를 가려내고 장수들이 병사와 고락을 같이 해야 한다. 또 무예를 훈련시키고 군율을 엄히 유지해야 한다. 이러한 연후에 정정당당히 전쟁에 임하여, 반드시 이길 수 있는 대상을 공격하고 또 반드시 싸울만한 정황에서 시작해야 한다. 그리고 진실로 여유가 있되 전쟁이 고비에 이르러 결말이 나지 않을 때 은밀히 기발한 군대를 내어 민첩하게 움직이는 것이다. 그래야 기발함을 이용하여 신속한 효과를 얻을 수 있다. 이러한 고로 기발함이란 장수가 임기응변으로 이용할 수 있는 방략일 뿐이다. 조정에서 먼저 취할 수 있는 것은 아니다. 趙充國이, '제왕의 군대는 온전함으로 승리를 얻는다.'[94]고 말한 것은 이를 일컫는 것이다. 老子는 교묘한 계략으로 요행을 바랐던 사람이다. 그를 본받아서는 파멸을 재촉할 뿐이다.

94) 趙充國(前 137~前 52) 前漢 武帝 이래 宣帝 시기에 활동한 武將. 이 발언은 宣帝 新爵 元年(前 61) 諸羌의 토벌을 지휘할 때의 상주문에서 제기한 것이다. 당시 趙充國은 70여세에 달하는 노구였지만 자청하여 西羌을 토벌한 이후 선후조치로 屯田策을 실시하였다. 그의 둔전책은 후대에 전범으로 계승된다.

7.

國民之交敝也 自苛政始. 苛政興 足以病國虐民 而尚未足以亡. 政雖苛猶然政也. 上不任其君縱欲以殄物 下不恣其吏私法以戕人 民怨漸平 而亦相習以苟安矣. 惟是苛政之興 衆論不許 而主張之者 理不勝而求贏於勢 急引與己同者以爲援 群小乃起而應之 竭其虔矯之才、巧黠之慧、以爲之效. 於是泛濫波騰 以導諛宣淫蠱其君以毒天下 而善類壹空 莫之能挽. 民乃益怨 釁乃倏生 敗亡沓至而不可禦. 嗚呼! 使以蔡京、王黼、童貫、朱勔之所爲俾王安石見之 亦應爲之發指. 而群姦屍祝安石、奉爲宗主、彈壓天下者 抑安石之所不願受. 然而盈廷皆安石之仇讐 則呼將伯之助於呂惠卿、蔡確、章惇諸姦 以引凶人之旅進 固勢出於弗能自已 而聊以爲緣也. 勢漸迤者趨愈下 志蕩於始而求正於末者 未之有也. 是故苛政之足以敗亡 非徒政也 與小人爲類 而害乃因緣以蔓延. 倡之者初所不謀 固後所必至也.

국가와 백성이 함께 피폐해지는 것은 가혹한 정치로부터 비롯된다. 가혹한 정치가 시작되면 나라를 병들게 하고 백성을 힘들게 한다. 하지만 그것으로 인해 멸망에 이르지는 않는다. 정치가 가혹하기는 하나 그래도 그럭저럭 정치이기 때문이다. 위로는 군주가 멋대로 방종하여 재물을 탕진하지 못하게 하고 아래로는 관리들이 법을 왜곡하여 백성들을 죽이지 못하도록 한다. 그래서 백성들의 원망은 점차 사라지고 그럭저럭 평안한 상태에 젖어들게 한다. 하지만 가혹한 정치가 시작되면 이런 저런 의론을 허용하지 않는다. 그 결과 정치의 주도자는 자연스레 앞으로 한 걸음 더 나아가 자신에게 동조하는 자를 서둘러 끌어당겨 지원하게 된다. 그리하여 군소의 무리들이 등장하여 가혹한 정치에 호응하게 된다. 거짓 재주와 교활한 꾀를 다하는 것이다. 이에 물이 넘치고 파도가 비등하여 아부와 미혹으로 군주를 이끌어감으로써 천하에 해독을 미치게 된다. 올바른 무리들은 다 사라지고 그들을 살려낼 수 없는 상태에 빠진다. 백성들의 원망은 더 커지고 여러 문제점이 발생함으로써 패망이 몰려드는데 도저히 막을 수 없는 상태로 되어버린다. 아아! 만일 蔡京이나 王黼·童貫·朱勔 등의 소행을 왕안석에게 보여주면 그 역시 크게 노여워할 것이다. 이들 姦人들이 왕안석을 떠받들어 신주 모시듯 하며 천하를 탄압했던 것은 그 또한 원하지 않았던 일이었으리라. 하지만 온 조정이 모두 왕안석의 원수들로 채워져 있었기에 그가 수하로 삼아 도움을 받을 수 있었던 인물은 呂惠卿·蔡確·章惇 등의 姦人들 뿐이었다. 이들 姦人들을 이끌어 몰려나가게 하자 그 기세를 잠재울 수 없게 되었다. 점차 굽어져 가던 것이 급속히 내리막길로 향하게 되었던 것이다. 애초 뜻이 흐트러졌는데 끝에 가서 바로 잡을 수는 없다. 이러한 까닭에 가혹한 정치가 족히 국가를 패망으로 이끄는 것이다. 가혹한 정치는 善意는 있되 법령이 좋지 못한 徒政과는 다르다. 小人과 무리지어 마침내 그 해악이 점차 번져 가게 된다. 시작한 자는 의도하지 않았을 지라도 그 결과는 반드시 그리 되는 것이다.

夫欲使天下之無小人 小人之必不列於在位 雖堯、舜不能. 其治也 則惟君子勝也. 君子勝而非無小人. 其亂也 則惟小人勝也. 小人勝而固有君子. 其亡也 則惟通國之皆小人. 通國之皆小人 通國之無君子 而亡必矣. 故苛政之興 君子必力與之爭. 而爭之之權 抑必有所歸 而不可以泛. 權之所歸者德望兼隆之大臣是已. 大臣不能持之於上 乃以委之於群工 於是而爭者競起矣. 其所爭者正也 乃以正而爭者成乎風尚 而以爭爲正. 越職弗問矣 雷同弗問矣. 以能言爲長 以貶削爲榮 以罷閒爲樂 任意以盡言 而惟恐不給. 乃揆其所言 非能弗相刺謬也. 非能弗相剿襲也. 非能無已甚之辭 未然而斥其然也. 非能無蔓延之語 不然而強謂然也. 擿舉及於纖微之過 訐讁及於風影之傳 以激天子之厭惡 以授群小之反攻 且躍起而自矜爲君子 而君子小人遂雜糅而莫能致詰. 如攻安石者 無人不欲言 無言不可出 豈其論之各協

於至正 心之各發於至誠乎? 乃至懷私不逞之唐坰 反覆無恒之陳舜俞 亦大聲疾呼 咨嗟涕洟 而惟舌是出. 於是人皆乞罷 而空宋庭以授之小人. 迨乎蔡京、王黼輩興 而言者寂然矣. 通國無君子 何怪乎通國之皆小人哉?

천하에 小人이 없도록 하고 싶지만 조정에는 언제나 小人이 있게 마련이어서 堯舜이라 하더라도 어쩔 수 없었다. 다만 治世에는 君子가 이길 뿐이다. 군자가 이겼다 해도 소인이 없는 것은 아니다. 어지러워질 때에는 소인이 이긴다. 소인이 이겼다 해도 그래도 군자는 있다. 멸망할 때에만 나라를 통틀어 모두 소인만 남게 되는 것이다. 온 나라에 소인만 남고 온 나라를 통해 군자가 없게 되면 망하는 것이 필연이다. 그러한 까닭에 가혹한 정치가 일어나면 군자는 반드시 힘을 다해 맞선다. 그 싸움의 균형은 형세에 따라 결정이 되며 결코 돌릴 수 없다. 균형이 기울어지는 관건은 덕망을 겸비한 대신에 달려 있다. 그런데 대신이 위에서 결정짓지 못하게 되면 군신들에게 맡기게 되고 그래서 싸움이 드세지는 것이다. 正道를 위해 싸우는 것이므로, 싸우는 것이 그 자체 높은 가치라 여겨지게 된다. 그래서 월권도 따지지 않고 부화뇌동도 따지지 않는다. 말 잘하는 것만 능사로 여기고 그러다 좌천되는 것을 영예로 여기며 파직되는 것을 즐긴다. 또 무슨 말이든 내키는 대로 한다. 그때 하는 말들을 보면 남을 치열하게 공격하는 것도 마다하지 않으며 남이 한 말을 표절하여 공격하기도 한다. 거칠고 심한 말도 없지 않아서 없는 일도 있다고 공격하고, 침소봉대하여 그러하지 않았음에도 억지로 그렇다고 말한다. 아주 자그마한 잘못도 과장하고 별 트집 잡을 수 없는 행동까지 들춰서 공격하여 天子의 염증을 사게 되는 것이다. 이로 인해 小人들이 역공할 기회를 주어 오히려 그들이 일어나 스스로 군자라 말하게 되어, 마침내 군자와 소인이 뒤섞여 어찌 판별할 수 없는 상태가 되어 버린다. 이를테면 왕안석을 공격하는 사람들은 아무나 하고 싶은 대로 말하고 또 아무 말이나 함부로 말하게 되었다. 그러한 말들이 어찌 모두 다 지극한 正道에 서 있으며 또 그 마음이 모두 지극한 忠心에서 나왔다 할 수 있으리오? 그리하여 사심을 품고 있으며 방자하기 이를 데 없었던 唐坰[95]이라든가 혹은 태도변화가 무상했던 陳舜兪[96]까지도, 큰 소리로 호통치고 눈물지으며 왕안석을 공격하였다. 이러한 과정을 거쳐 사람들이 모두 파직을 요청하고 나가서 조정을 모두 소인들에게 내주게 되었다. 蔡京이나 王黼의 무리가 등장할 때는 그에 대해 뭐라 말할 사람이 없어졌다. 나라를 통해 군자가 아무도 없었으므로 온 나라에 소인만 남게 된 것이 무엇이 이상하리오?

乃其在當日也 非無社稷之臣 德重望隆 足以匡主而倚國是 若韓、富、文、呂諸公者 居輔弼之任 而持之不堅 斷之不力 如先世李太初之拒梅詢、曾致堯 王子明之抑王欽若、陳彭年 識皆有所不足 力皆有所不逮. 而以潔身引退 倒授其權於新進之庶僚 人已輕而言抑瑣 不足聳人主之聽 只以益安石之橫. 且徒使才氣有裨之士 挫折沉淪 不爲國用. 而驅天下干祿者 懲其覆軌 望風遙附 以群陷於邪. 諸公過矣 而韓公尤有責焉. 躬任兩朝定策之重 折母后之垂簾 斥權奄以獨斷 德威樹立 亙絕古今. 神宗有營利之心 安石挾申、商之術 發乎微已成乎著 正其恩怨死生獨任而不可委者. 曾公亮、王陶之瑣瑣者 何當榮辱 而引身遽退 虛端揆以待安石之縱橫哉? 韓公尤過矣! 雖然 抑非公之過也. 望之已隆 權之已重 專政之嫌 先起於嗣君之肺腑. 則功有不敢居 位有不敢安 權有不敢執 身有不可辱 公亦末如之何也. 夫秉正

---

95) 神宗 熙寧 초년 신종과 왕안석의 의지에 영합하여 특진되었다가 후일 왕안석이 홀대하자 御前에서 왕안석 및 群臣에 대해 極言으로 비판하여 좌천되었던 인물. 한때는, '靑苗法의 시행을 위해 韓琦 등 반대론자들을 斬首하자'고까지 주장한 바 있다. 《宋史》에서는 唐坰을 〈王安石傳〉에 附傳시키고 있다.

96) 陳舜兪는 熙寧 3년(1070) 靑苗法에 반대하였다가 좌천되는 인물. 王夫之가 그에 대해 '태도변화가 무상했다(反覆無恒)'라고 표현하는 것은, "舜俞始嘗棄官歸 居秀之白牛村 自號白牛居士. 已而復出 遂貶死."(《宋史》 권 331, 〈陳舜兪傳〉) 때문이었던 것으로 보인다.

以拒邪 而使猝起爭鳴之安石不得逞者 公之責也. 斥曾公亮之姦 訟韓公之忠 以覺悟神宗安韓公者 文､富二公之責也. 乃文之以柔居大位 無獨立之操. 富抑以顧命不與 懷同堂之忌. 睨韓公之遠引 而隱忍忘言. 及安石之狂興 而姑爲緩頰 下與小臣固爭緖論 不得 則乞身休老 而自詡不汚 亦將何以質先皇而謝當世之士民乎? 韓公一去 而無可爲矣. 白日隱而繁星熒 嘒彼之光 固不能與妖孛競耀也.

그 당시 社稷을 책임질 신하가 없었던 것은 아니다. 덕망이 무거워 족히 군주를 바로잡고 국가를 바로 이끌 사람이 있었다. 韓琦와 富弼 · 文彦博 · 呂公著 등이 그들이었다. 하지만 이들은 군주를 보필할 지위에 있으면서 굳게 지켜내지 못했으며 힘 있게 자르지 못했다. 이전 시대 李沆이 梅詢 · 曾致堯를 막았던 것[97]이라든가 혹은 王旦이 王欽若 · 陳彭年을 눌렀던 것[98]과는 달리 식견도 부족했고 힘도 미치지 못했다. 그들은 몸을 깨끗이 한답시고 은퇴함으로써 오히려 그 권력을 신진의 관료들에게 내주

97) 李沆(947~1004)은 태종 · 진종 시기의 명신으로 '聖相'이라고까지 칭해졌던 인물. 《宋史》에서는 그가 梅詢과 曾致堯를 경계하였던 것에 대해, "真宗問治道所宜先 沆曰 '不用浮薄新進喜事之人 此最為先.' 問其人 曰 '如梅詢 · 曾致堯等是矣'"(권 282, 〈李沆傳〉)라 기록하고 있다.

98) 王旦(957~1017)은 眞宗 시기 宰相을 역임한 인물. 眞宗 大中祥符 연간(1008~1015) 전후 王欽若 · 丁謂 · 陳彭年 · 劉承珪 · 林特 등 남방 출신의 관료들이 두각을 나타내어 '五鬼'라 지칭되고 있었다. 이들은 진종에게 부회하며 封禪 및 道觀 건설을 주도하고 있었다. 이들에 대해 寇準 및 王旦 등 북방 출신의 宰執들이 극력 견제하는 태도를 취했다. 王旦의 陳彭年에 대한 경원에 대해《宋史》에서, "翰林學士陳彭年呈政府科場條目 旦投之地曰 '內翰得官幾日 乃欲隔截天下進士耶?' 彭年皇恐而退. 時向敏中同在中書 出彭年所留文字 旦瞑目取紙封之. 敏中請一覽 旦曰 '不過興建符瑞圖進爾.'"(권 282, 〈王旦傳〉)라 기록하고 있는 것은 그 대표적인 사례이다. 또 王旦은 王欽若이 宰相으로 거론될 때 "臣見祖宗朝未嘗有南人當國者."(《宋史》 권 282, 〈王旦傳〉)라고 반대하여 좌절시켰다. 王欽若은 이에 훗날 재상으로 임용된 이후 "為王公遲我十年作宰相."(《宋史》 권 282, 〈王旦傳〉)이라 술회하였다고 한다.

었다. 하지만 신진 관료들은 중량감이 없고 말 또한 진중하지 못해 신종의 마음을 돌릴 수 없었다. 도리어 왕안석의 전횡을 도와주는 꼴이 될 뿐이었다. 이러한 정황으로 말미암아 재기 있는 선비들을 좌절시켜 국가를 위해 쓰이지 못하게 만들었다. 또 관원이 되기를 꿈꾸는 사람들은 그러한 앞 사람들의 전철을 보고 그 실패를 거울삼아 왕안석 편에 서게 되었다. 이렇게 하여 선비들을 모두 잘못으로 몰아넣었다. 신종 초기의 老臣들은 과오를 범했다. 그 중에서도 韓琦의 책임은 더욱 크다. 그는 仁宗과 英宗 양대를 거쳐 定策의 공로[99]가 있었다. 母后의 수렴청정을 종식[100]시켰으며 환관의 전횡을 막아낸 바[101] 있었다. 그의 威望은 실로 古今에 비할 바 없을 정도였다. 신종에게 재정을 확충하려는 마음이 있고 이에 왕안석이 申不害·商鞅의 술책을 지니고 응하여 그 싹이 점차 자라나고 있을 때, 韓琦는 어떠한 여파가 미칠지라도 홀로 감당하며 안 된다고 막아야 했다. 曾公亮이나 王陶와 같은 작은 인물들은 또 어찌하여 갑작스레 은퇴함으

99) 韓琦가 英宗과 神宗의 즉위과정에서 결정적 공을 세웠던 일을 가리킨다. 仁宗은 晩年에 이르도록 親子의 출생을 기다리며 後嗣의 결정을 보류하고 있었다. 이에 대해 朝臣들은 내심 근심만 할 뿐 감히 進言하지 못하는 상태에서 한기가 감연히 인종을 설득하여 영종이 후사로 결정되도록 하였다. 또한 그는 治平 3년(1066)이래 英宗의 병세가 심각해졌을 때 神宗이 황태자로 책봉되는 과정에서도 중요한 역할을 하였다.

100) 英宗 治平 元年(1064) 5월 英宗의 병이 낫자 재상 韓琦가 그때까지 垂簾聽政을 하고 있던 曹太后에게 간언하여 英宗에게 還政토록 한 것을 가리킨다.

101) 仁宗 시기 蘇舜欽 무리가 進奏院의 故紙를 팔아 술을 마신 사건이 발생하였다. 이를 계기로 환관 세력이 부상할 우려가 있었는데 韓琦가 저지하였던 것을 가리킨다. 이 전후의 사정에 대해 《三朝名臣言行錄》에서는, "蘇子美輩為進奏院事發 仁宗為讒者所惑 夜遣中使散入大臣家捕同飮者. 公明日對曰. '夜來聞遣官遶京城捕館職 甚駭物聽. 此事但付有司 自有行遣. 然陛下卽位來 不曾做此等事 何故今日陡如此?'上色悔久之. 諸人欲以進奏院事傾正黨 宰相章得象·晏殊不可否 賈昌朝參政陰主之 張方平·宋祁·王拱辰皆同力以排 至列狀言 '王益柔作傲歌 罪當誅.' 公時在右府 因兩府同 對言. '益柔狂語 何足深計校? 方平等皆陛下近臣 今西邊用兵 有何限大事不為論列 而同狀攻一王益柔 其情亦可見.' 上遂釋然."(권 1之1, 〈韓琦〉)이라 전하고 있다.

로써 재상 자리를 비워 왕안석에게 내주어서 그 전횡을 조장했던 것일까? 한기의 과오는 더욱 크다. 하지만 생각해 보면, 그의 잘못이라 할 수 없을지도 모른다. 그의 덕망이 너무 크고 권한이 너무 막중하여 전횡의 우려가 있다는 생각이 신종의 마음 속에 일어났을 것이다. 功績이 너무 현저하여 그대로 두고 볼 수 없었고 자리가 너무 막중하여 편안히 있을 수 없었으며, 권세가 너무 커서 유지시킬 수 없었고 그 덕망이 무거워 어떻게 욕보일 수 없었다. 그러니 한기로서도 어찌할 수 없는 바가 있었다. 무릇 正道를 지키며 사악함을 막아내고, 또 갑작스레 일어나 어지러운 말을 하는 왕안석으로 하여금 설치지 못하게 하는 것은 한기의 책무였다. 또 간사한 曾公亮을 배척하고 한기가 충성스럽다는 것을 엄호하며 신종으로 하여금 한기를 신임토록 하는 것은 文彦博과 富弼 두 사람의 책무였다. 그런데 문언박은 나약하게 그 막중한 지위를 유지만 할 뿐 결연한 행동에 나서지 않았다. 부필은 또한 자신이 담당해야 할 책무를 돌아보지 않아 동료 老臣들의 기피를 샀다. 韓琦가 경원시됨을 보면서도 묵묵히 할 말을 참고 있었던 것이다. 이후 왕안석이 설쳐대기 시작하자 어쩔 수 없이 사소하게 반대하다가 아래의 小臣과 爭論을 벌였다. 그리고 그 뜻이 받아들여지지 않자 파직을 요청하여 더럽지 아니함을 자랑하듯 물러났다. 그러니 그들은 장차 어떻게 이전 황제들을 뵙고 또 그 시대 선비와 백성들에게 사죄할 수 있을 것인가? 한기가 한 번 물러가자 어찌할 수 없게 되었다. 태양이 숨고 잔별만 남아 반짝거리게 되었으니, 그 가냘픈 빛은 도저히 요사스런 혜성과 경쟁할 수 없었다.

夫神宗有收燕、雲定銀、夏之情 起仁宗之積弛 宋猶未敝 非不可圖也. 和平中正之中 自有固本折衝之道. 而籌之不素 問之莫能酬答 然且懷私以聽韓公之謝政 安得謂宋有人哉? 無大臣而小臣瓦解. 小臣無可效之忠 而宵小高張. 皆事理之必然者. 司馬、范、呂諸公強挽已發之矢而還入於彀 宜其難已. 然則宋之亡也 非法也 人也. 無人者 無大臣也. 李太初、王子明而存焉 豈至此乎?

대저 신종에게는 燕雲十六州를 수복하고 서하를 치고자 하는 마음이 있었다. 인종 시대의 느슨함을 떨치고 일어나면 송이 아직 피폐하지 않은 상태였으므로 가히 도모할 만한 일이었다. 和平과 中正에는 본시 반드시 지켜야 할 도리가 있다. 이를 제대로 준비하지 않았으니 일을 도모하여 성과를 올릴 수 없는 것이었다. 나아가 신종이 사사로운 감정으로 韓琦의 사퇴를 받아들였으니 송에 어찌 인물이 있다 말할 수 있으리오? 大臣은 사라졌고 小臣도 진영이 와해되어 버렸다. 또 小臣은 충성을 바칠 수 없는 상황이 되어 도둑이 설치게 되었다. 이는 모두 필연의 사세였다. 司馬光 · 范純仁 · 呂公著 등이 이미 날아가는 화살을 다시 억지로 시위 쪽으로 되돌리려 하였으나 그것은 불가능하였다. 그러니 송이 멸망한 것은 그렇게 될 수밖에 없었기 때문이 아니라 사람 때문이었다. 사람이 없었고 大臣이 없었다. 李沆과 王旦이 있었다면 어찌 그리 되었겠는가?

8.

論人之衡有三 正邪也 是非也 功罪也. 正邪存乎人 是非存乎言 功罪存乎事. 三者相因 而抑不必於相值. 正者其言恒是 而亦有非. 邪者其言恒非而亦有是. 故人不可以廢言. 是者有功 而功不必如其所期. 非者無功 而功固已施於世. 人不可以廢言 而顧可以廢功乎? 論者不平其情 於其人之不正也 凡言皆謂之非 凡功皆謂之罪. 乃至身受其庇 天下席其安 後世無能易猶且摘之曰 "此邪人之以亂天下者." 此之謂"不思其反". 以責小人 小人惡得而服之? 已庇其身 天下後世已安之而莫能易 然且任一往之怒 效人之訶

誚而訶誚之. 小人之不服 非無其理也 而又惡能抑之?

사람을 평가하는 기준에는 셋이 있다. 正과 邪, 是와 非, 功과 罪가 그것이다. 正과 邪는 사람 자체에 존재하며 是와 非는 말에 존재하고 功과 罪는 행위에 존재한다. 이 세 가지는 서로 관련을 맺지만 항상 서로 일치되는 것은 아니다. 바른 사람은 대개 옳기는 하지만 때로 틀린 경우도 있다. 사악한 사람은 그 말이 대부분 틀리지만 마찬가지로 때로 옳은 경우도 있다. 따라서 사람의 말을 무조건 무시할 수 없다. 옳은 사람은 功을 세우지만 그 功이 반드시 애초 기약한 대로 되지는 않는다. 반대로 틀린 사람은 功이 없지만 때로 그 역시 세상에 功을 남기기도 한다. 사람의 말을 무조건 무시할 수 없다면 功 또한 어찌 무조건 무시할 수 있겠는가? 사람들은 인물을 평가할 때 공정함을 잃어서 모든 말이 틀리다 말하기도 하고 또 功을 두고 죄악이었다 말하기도 한다. 그리하여 특정인에게 포괄적 악평을 내리고 천하 사람들은 또 그것을 당연하다고 받아들인다. 이는 후세로 이어져 도저히 바꿀 수 없게 되어버린다. '이 일은 사악한 자가 천하를 어지럽힌 일이다.'라고 말하는 것이다. 이를 일컬어, '다른 측면을 생각지 못한다(不思其反)'[102]고 한다. 이런 식으로 小人을 질책하면 그가 어찌 복종할 수 있으리오? 악평이 이미 결정되어 버렸고 천하와 후세 사람들도 모두 그것을 받아들여 바꿀 수 없는 상태가 되어버렸으며, 모두 일방적인 화만 내며 남들이 질책하는 대로 따라서 질책하게 되었다. 이러한 정황에서 소인이 복종하지 않는 것 또한 무리는 아니다. 그렇다면 惡을 어떻게 경계하여 누를 수 있겠는가?

章惇之邪 灼然無待辨者. 其請經制湖北蠻夷 探神宗用兵之志以希功賞

102)《詩經》〈國風〉〈衛風〉〈氓〉에 나오는 말.

宜爲天下所公非 亦灼然無待辯者. 然而澧、沅、辰、靖之間 蠻不內擾 而安化、靖州等州縣 迄今爲文治之邑 與湖、湘諸郡縣齒 則其功又豈可沒乎? 惇之事不終 而麻陽以西 沅、溆以南 苗寇不戢 至今爲梗. 近蠻之民 軀命、妻子、牛馬、粟麥莫能自保. 則惇之爲功爲罪 昭然不昧 胡爲樂稱人之惡 而曾不反思邪?

章惇의 사악함은 너무 확연하여 더 얘기할 필요도 없다. 그가 湖北의 蠻夷를 정벌[103]하겠다고 청하고 나선 것 역시, 神宗에게 用兵의 의지가 있음을 알고 功과 賞을 얻고자 한 행위였다. 그러니 湖北의 蠻夷 정벌이 마찬가지로 천하의 公罪였다는 사실은 너무 확연하여 더 애기할 필요가 없다. 하지만 澧州 · 沅州 · 辰州 · 靖州 등지의 오랑캐들이 더 이상 소란을 피우지 않고 安化縣과 靖州縣 등은 지금까지 文治의 邑이 되어서 湖北 및 湖南의 여러 지방과 동일해졌다. 그러니 그 功을 어찌 매몰시킬 수 있으리오? 章惇의 정벌 사업이 완료되지 못했다면 麻陽 以西와 沅州 및 溆州 이남의 苗族은 복속되지 않아 지금까지 문제를 일으키고 있을 것이다. 오늘날 蠻夷 인근에 살고 있는 백성들은 身命과 妻子 · 牛馬 · 식량을 보전하지 못했으리라. 그러니 章惇의 功過는 너무도 분명하지만 그렇다고 그를 두고 惡이라 칭하며 일체를 부정하는 것은 잘못인 것이다.

乃若以大義論之 則其爲功不僅此而已也. 語曰 "王者不治夷狄." 謂沙漠而北 河、洮而西 日南而南 遼海而東 天有殊氣 地有殊理 人有殊質 物有殊產 各生其所生 養其所養 君長其君長 部落其部落 彼無我侵 我無彼虞 各安其紀而不相瀆耳. 若夫九州之內 負山阻壑之族 其中爲夏者 其外爲夷 其外爲夏者 其中又爲夷 互相襟帶 而隔之絕之 使胸腋肘臂相亢悖而不相知

103) 章惇은 熙寧 5년(1072) 윤7월 察訪荊湖路常平等事에 임명된다.

非無可治 而非不當治也. 然且不治 則又奚貴乎君天下者哉? 君天下者 仁天下者也. 仁天下者 莫大乎別人於禽獸 而使貴其生. 苗夷部落之魁 自君於其地者 皆導其人以駤戾淫虐 沉溺於禽獸 而掊削誅殺 無閒於親疏 仁人固弗忍也. 則誅其長 平其地 受成賦於國 滌其腥穢 被以衣冠 漸之摩之 俾詩、書、禮、樂之澤興焉. 於是而忠孝廉節文章政事之良材 乘和氣以生 夫豈非仁天下者之大願哉? 以中夏之治夷 而不可行之九州之外者 天也. 其不可不行之九州之內者 人也. 惟然 而取蠻夷之土 分立郡縣 其功溥 其德正 其仁大矣.

더욱이 만일 大義로써 논한다면 그의 功은 이 뿐만이 아니다. '王者는 夷狄을 다스리지 않는다.'[104]고 말한다. 이는 사막의 이북과 河洮의 以西, 그리고 日南의 以南 및 遼海의 동방은, 날씨에 차이가 나고 지리도 다르며 사람도 다르고 物産도 다름을 말하는 것이다. 이들은 각각 독자적인 생활을 하며 독자의 君長을 두고 또 독자의 조직을 지니고 있다. 그들은 우리를 침공하지 않고 우리 또한 그들로 인해 걱정하지 않는다. 각각 자기 질서에 따라 살며 서로에게 상관하지 않는 것이다. 하지만 九州[105]의 범위 안에도 산봉우리에 둘러싸여 있어, 가운데에는 한족이 사는데 그 바깥으로 오랑캐가 살고 또 반대로 가운데에는 오랑캐가 사는데 그 바깥으로 한족이 사는 경우가 있다. 그러한 상태로 산이나 강에 의해 가로막혀

104) 何休가《春秋公羊傳注》에서 한 말. 이와 관련하여 북송시대 강렬한 華夷論者였던 蘇軾은,〈王者不治夷狄論〉에서, "夷狄不可以中國之治治也. 譬若禽獸然 求其大治 必至於大亂. 先王知其然 是故以不治治之. 治之以不治者 乃所以深治之也.《春秋》書'公會戎於潛'. 何休曰 '王者不治夷狄. 録戎來者不拒 去者不追也.' 夫天下之至嚴 而用法之至詳者 莫過於《春秋》."(《蘇軾文集》권 2, 北京, 中華書局, 中國古典文學基本叢書)라고 말하고 있다.

105) 中國 內地에 대한 古來의 지칭.《書經》〈禹貢〉이라든가《爾雅》〈釋地〉,《周禮》〈夏官〉〈職方〉 등에서 중국을 九州로 획분한 이래 九州는 중국의 禮樂이 통행되는 전 지역을 지칭하는 용어로 자리잡는다.

서로 왕래하지 않고 단절되어 있는 것이다. 이들 오랑캐는 禮義를 모르는 상태로 살고 있으되 다스릴 수 없는 것이 아니다. 마땅히 다스려야 하는 데 그렇지 않는 것이다. 만일 다스리지 않고 방치한다면 천하에 敎化를 행하는 天子라 할 수 있겠는가? 敎化를 행하는 天子는 천하에 仁을 베푸는 것이다. 또 천하에 仁을 베푼다는 것에는, 사람과 금수를 구별해줌으로써 그 생활을 귀히 여기도록 해주는 것보다 막중한 것이 없다. 苗族 오랑캐의 수장은 그 땅에서 스스로 군주 노릇하며 그 백성을 淫虐으로 나아가도록 이끌고 또 멋대로 주민을 주살하고 있으니 仁人이라면 도저히 참고 볼 수 없는 것이다. 그런즉 그 君長을 誅罰하고 그 땅을 평정하여 나라에 세금을 바치게 해야 한다. 그 더러움을 씻겨 衣冠을 갖춰 입게 하여야 한다. 그 백성들을 점차 교화하여《시경》《서경》《예기》《樂經》을 익히도록 해야 한다. 그래야만 忠孝와 염치·절개, 그리고 문장력과 정치 능력을 지닌 인재들이 성장할 수 있는 것이다. 이러한 일이야말로 천하에 仁을 베푸는 天子의 大願이 아니겠는가? 中華의 법도로써 오랑캐를 다스리되, 九州의 바깥에서 행할 없는 것은 하늘이 내린 바이다. 하지만 九州의 안에 있는 오랑캐를 다스리지 못하는 것은 사람 탓이다. 그렇다면 蠻夷의 땅을 취하여 郡縣을 세운 것은, 그 功이 넓고 그 德이 바르며 그 仁이 큰 것이다.

且夫九州以內之有夷 非夷也. 古之建侯也萬國 皆冠帶之國也. 三代之季暴君代作 天下分崩. 於是而山之陬 水之濱 其君長負固岸立而不與於朝會因異服異制以趨苟簡. 至春秋時 莒、杞皆神明之裔 爲周之藩臣 而自淪於夷. 則潞甲之狄 淮浦之夷 陸渾之戎 民皆中國之民 君皆諸侯之君 世降道衰 陷於非類耳. 昭蘇而釁祓之 固有待也. 是以其國既滅 歸於侯服 永爲文教之邦 而彝倫攸敘. 故春秋特書以大其功. 豈云王者不治 而任其爲梗於中區乎? 永嘉之後 義陽有蠻夷號 仇池有戎名 迨及蕩平 皆與汴、雒、豐、鎬無異矣. 然則辰、沅、澧、靖之山谷 負險阻兵者 豈獨非漢、唐政教敷施之善地與? 出之泥滓 登之雲逵 雖有誅戮 仁人之所不諱. 而勞我士馬 費我芻糧 皆以保艾我與相接壤之婦子. 勞之一朝 逸之永世 即有怨咨 可弗避也. 君天下者所宜修之天職也.

대저 九州의 안쪽에 있는 오랑캐는 오랑캐가 아니다. 옛날 萬國의 제후를 세울 때는 모두 예의가 행해지는 나라였다. 三代의 말기에 이르러 천하가 혼란스러워지자 산모퉁이와 물가의 끄트머리 지방에서 그 君長이 지형의 험준함을 믿고 朝會에 참석하지 않다가 服色과 제도를 달리 하면서 점차 천박해진 것이다. 莒·杞 등은 大夏의 후예로서 西周의 藩臣이었으나 춘추시기에 이르러 점차 오랑캐화되었다. 예컨대 潞甲의 狄이나 淮浦의 夷, 그리고 陸渾의 戎은 모두 그 백성이 중국인이었으며 그 군주 또한 諸侯였다. 세상이 혼란스러워지고 道가 흐려지면서 오랑캐로 되어버린 것이다. 더러움을 떨치고 大夏로 거듭나게 해야만 한다. 이러한 까닭에 그 나라를 멸망시키고 중국의 영역에 들어오게 하면, 文教가 행해지는 땅이 되어 道理가 바로 설 것이다. 《춘추》가 그러한 사례를 特記하여 커다란 功業이라 한 것도 이 때문이다. 어찌 天子로서 이들을 다스리지 않으며 가로막혀 중국에 들어오지 못하는 것을 그대로 놔두고 볼 것인가? 永嘉의 喪亂 이후 義陽은 蠻夷라 불렸으며 仇池는 西戎이라 칭해졌다. 하지만 훗날 다시 평정되자 汴이나 洛·豊·鎬와 다르지 않게 되었다. 그런즉 辰州·沅州·澧州·靖州의 산간 지역 가운데 험하여 군대의 진입을 가로막고 있었던 곳이, 어찌 漢唐의 政教가 베풀어지고 있던 지역과 다를 이유가 있겠는가? 이들 지역을 그 더러움에서 빼내어 教化의 땅으로 만들기 위해서라면 비록 誅戮을 가하더라도 仁人은 꺼리지 아니할 것이다. 우리의 병사와 軍馬를 고생시키고 또 우리의 군량을 소비하는 것도 모두 우리와 이웃하고 있는 부녀자와 아이들을 지키기 위함이다. 그 고생은 하루 아침이지만 편안히 사는 것은 영영무궁하니 설령 怨望이 있을 지라도 피할 필요가 없는 것이다. 천하의 군주된 天子로서 마땅히 행해야 하는 天職인 것이다.

夫章惇之立心 逢君生事以邀功 誠不足以及此. 而既成乎事 因有其功. 既有其功 終不可以爲罪. 迄於今日 其所建之州縣 存者猶在目也. 其沿之以設 若城步、天柱諸邑之棋布者 抑在目也. 而其未獲平定 爲苗夷之穴 以侵陵我郡邑者 亦可睹也. 孰安孰危 孰治孰亂 孰得孰失. 徵諸事 問諸心 奚容揜哉? 概之以小人 而功亦罪 是亦非 自怙爲清議 弗能奪也. 雖然 固有不信於心者存矣.

대저 章惇의 마음가짐은 君主로부터 功을 노리는 것이었으니 진실로 夷狄의 教化란 美名을 갖다 댈 수는 없다. 하지만 일을 이뤄내자 功이 생겨났다. 功이 생겨났으니 결국 罪라 할 수는 없을 것이다. 지금에 이르도록 당시 건설했던 州縣은 의연히 흔들림 없이 자리 잡고 있다. 章惇의 功을 바탕으로 세워졌던 城步나 天柱의 諸邑도 마찬가지로 흔들림 없이 존재한다. 당시 평정되지 않아서 苗夷의 소굴로 남아 우리의 郡邑을 침공하는 지역도 오늘날까지 그대로 이어진다. 어떤 것이 得이고 또 어떤 것이 失이었으며, 어떻게 하는 것이 治이고 또 어떻게 하는 것이 亂이었을까? 이는 여러 사실에 비추어보고 또 여러 사람에게 물어보면 숨김없이 드러날 것이다. 小人이라 하여 功도 罪라 하고 옳은 것도 그르다 하며 스스로 請議라 자랑하는 것을 두고 뭐라 할 수는 없다. 그렇지만 마음속에 그대로 인정할 수 없는 바가 분명히 남는 것이다.

4. 왕부지의 송론 철종편

王夫之의 宋論 哲宗篇

해제

『宋論』의 「哲宗篇」에는 신법당과 구법당에 대한 평가가 집약되어 있다. 王夫之는 단연 王安石의 개혁에 대해 반대하는 견지에 서 있으나, 司馬光 중심의 구법당에 대해서도 그다지 호의적인 평가를 부여하지는 않는다. 新法 자체는 대부분 當世와 후대에 害惡을 미친 제도였으되, 사마광 등의 인사 역시 신법 반대라는 명분에 집착한 나머지 실질을 그르쳤으며 정치적인 식견도 모자랐다는 것이다. 철종 시대는 舊法에의 회귀라는 맹목적 가치의 추구, 그 뒤를 이은 紹述의 惡政으로 점철된 송조의 말기적 폐단이 집약적으로 드러난 시기였다는 것이다.

王夫之는 신법의 폐해를 완전히 王安石 및 신법당에게로 돌린다. 신법 정치의 또다른 주역 가운데 하나였던 神宗은 이전 시기의 무기력함을 떨쳐버리려 했던 英明한 군주였다고 평가한다. 神宗이 초기에 왕안석을 발탁하여 정치를 更張한 것은 시대적 추세에 따른 것이었다. 신종의 개혁 의지에 부응할 노신이 없었던 연고로 왕안석을 발탁할 수밖에 없었다. 하지만 시간이 흐르며 점차 신법의 잘못을 깨달아 갔고, 만년에 이르면 다시 舊法으로 복귀하고자 염원하는 상태였다. 신종의 재위 기간이 만일 더 길었다면 반드시 신법의 파기가 실현되었을 것이라 말한다.

哲宗 초기 元祐 년간의 정치에 대한 평가에서는 왕부지의 春秋學的 名分論이 여실히 드러난다. 이 시기의 정치가 잘못된 것은 무엇보다 宣仁太后라는 女主의 攝政 때문이었다고 한다. 女主의 섭정은 남녀간의 준별 내지 천하의 貞固함에 반하는 것이기 때문이다. 여인이 남자를 제어하는 것은 夏夷의 준별이 무너진 것과 진배가 없다고 한다. 이러한 기본적 원칙도 지키지 못하는 것, 바로 여기에 元祐 시기 구법당 인사들의 식견과 자질이 여실히 드러난다고 한다.

紹聖 연간의 신법당 인사들에 대해서는 거의 언급조차 하지 아니한다. 王夫之에게 있어 그들은 논란의 가치도 없을 정도로 奸人들이었기 때문이다. 다만 문제가 되는 것은 元祐 연간 구법당 인사들이, 신법당 群小의 무리가 파고들 여지를 제공했다는 점이다. 당시 구법당 인사들은 국가의 大計는 돌보지 아니하고 신법당에 대한 분풀이와 정권 장악으로 인한 무사안일에 흐르고 있었다고 말한다.

왕부지에 의하면, 철종 시대는 단 하루도 危亡의 형국에 있지 아니한 때가 없었다. 靖康의 變을 초래한 遠因도 바로 이 시기에 있었다. 그리고 그 책임은 철종 연간 14년 동안 하릴없이 날을 지새웠던 무능한 元祐의 구법당 인사, 즉 元祐의 諸公에게 돌려야 한다고 주장한다.

○ ○ ○

1.

極重之勢 其末必輕 輕則反之也易 此勢之必然者也. 順必然之勢者 理也 理之自然者 天也. 君子順乎理而善因乎天 人固不可與天爭 久矣. 天未然而爭之 其害易見 天將然而猶與之爭 其害難知. 爭天以求盈 雖理之所可而必過乎其數. 過乎理之數 則又處於極重之勢而漸以嚮輕. 君子審乎重以嚮輕者之必漸以消也 爲天下樂循之以不言而辨 不動而成 使天下各得其所 凝然以永定而不可復亂. 夫天之將然矣 而猶作氣以憤興 若旦夕之不容待何爲者邪? 古之人知此也 古審於生民塗炭之極 察其數之將消 居貞以俟徐起而順衆志以圖成. 湯之革夏 武、周之勝殷 率此道也. 況其非革命改制之時乎?

勢가 지극히 무거우면 그 끝이 반드시 가벼워지며, 가벼워진즉 쉬이 원래대로 돌아가게 된다. 이는 모든 勢에 있어 必然의 법칙이다. 必然의 勢에 순응하는 것이 理이며, 理의 자연스런 존재가 하늘이다. 君子는 理에 순응하고 하늘에 잘 따른다. 또 사람이 진실로 하늘에 맞서 싸울 수 없음은 당연한 이치이다. 하늘이 아직 바뀌지 않았는데 싸우면 그 害가 분명할 것이요, 하늘이 장차 바뀌려 하는데도 오히려 맞서 싸우면 그 害는 얼마나 될지 모른다. 하늘과 맞서 싸우며 가득함을 구하는 것은, 비록 이치상으로는 可하다 할지라도 그 운세는 반드시 잘못될 것이다. 이치의 운세가 잘못되면, 세가 지극히 무거워져 점차 가벼워지기 시작한다. 君子는 무거움이 가벼움으로 향해갈 때 언제나 점진적으로 변화하는 것을 알고, 天下를 위해 그 추세에 기꺼이 따른다. 또 군자는 그 추세에 대해 드러내놓고 말하지 아니하면서도 분별하고, 나서서 움직이지 아니하면서도 적응하여, 天下萬民으로 하여금 모두 각각 적정해지도록 하는 것이다. 그리하여 흔들림 없이 제 자리를 잡게 하여 다시는 어지러워 지지 않도록 한다. 무릇 하늘이 장차 변하려 하는데도 오히려 화를 내며 마치 아침과 저녁이 되는 것을 용납하지 않으려 한다면 어찌되겠는가? 옛 사람들은 이를 아는 까닭에 백성들이 塗炭의 極에 빠진 것을 보면 그 운세가 장차 변화할 것을 알아, 貞[1]을 지키며 기다리다가 서서히 일어나 衆人의 뜻에 순응하면서 일을 도모하였다. 湯이 夏에 대해 혁명을 일으키고 武王과 周公이 殷을 정벌했던 것이 모두 이러한 사례이다. 하물며 革命改制의 때가 아니라면 더 말할 것이 있겠는가?

漢武帝銳意有爲 而繁苛之政興 開邊牟利 淫刑崇侈 進群小以荼苦其民 勢甚盛而不可撲也. 然而溢於其量者中餒 馳於其所不可行者力必困 怨浹於四海者 心必怵而不安. 故其末年罷兵息役 弛刑緩征 不待人言之洊至 而心已移矣 圖已改矣. 其未能盡革以復文、景之治者 霍光輔孝昭起而承之 因其漸衰之勢 待其自不可行而人報罷. 於是而武帝之虔劉天下者 日消月沈 不知其去而自已. 無他 唯持之以心 應之以理 一順民志 而天下不見德 大臣不居功 順天以承祐. 承天之祐者 自無不利也.

漢武帝는 강렬하게 업적을 이루려 하였다. 그리하여 번잡하고 가혹한 정치가 시작되었으며, 사방으로 정벌에 나서고 백성으로부터 이익을 취했으며 엄형정책을 취하고 사치를 숭상하였다. 또 群小의 무리를 등용하여 백성을 고통스럽게 했는데, 그 기세가 매우 盛하여 곁에서 어찌할 수가 없었다. 그러나 자신의 量보다 넘치는 자는 언젠가 반드시 주리게 되고, 가서는 안되는 곳으로 내달리는 자는 힘이 반드시 困窮하게 된다. 나아가 怨望이 四海에 사무친 자는 마음이 반드시 두려워 불안해진다. 고로 漢武帝는 그 末年에 兵을 罷하고 役을 그쳤으며, 刑을 늦추고 전쟁을

1) 定, 常의 의미. 一定不變의 태도 내지 貞固함.

그만두었다. 사람들이 거듭 간언하기 이전에 마음을 바꾸었고 정책을 개변시켰던 것이다. 다만 완전히 바꾸어 文景之治로 돌아가지 못했던 것은, 霍光이 등장하여 孝昭帝를 보필하면서 무제의 정책을 답습하였기 때문이다. 그러다 그 기세가 쇠미해지다가 어찌할 수 없는 형세가 되어 폐지되었다. 武帝가 劉氏 天下에 해악을 입히던 형국은, 해가 넘어가고 달이 가라앉듯이 부지불식간에 저절로 사라졌던 것이다. 다름이 아니라 오직 올바른 마음을 지니고 理로써 응하여 모두 백성의 뜻에 따랐던 까닭에, 天下에 큰 德이 나타나지 않고 大臣이 功業을 이루지 아니했으되 하늘에 순응함으로써 도움을 받았던 것이다. 하늘의 도움을 받는 자는 언제나 不利함이 없다.

考神宗之初終 蓋類是矣. 當其始也 開邊之志 聚財之情 如停水於脆土之隄而待決也. 王安石乘之以進 三司條例司一設 而震動天下以從其所欲. 於是而兩朝顧命之老 且引退而不能盡言 通國敢言之士 但一鳴而卽逢貶竄 群小揣意指而進者 喧不可息也. 此勢之極重者也 然而固且輕矣. 安石之所執以必爲者 爲之而無效矣. 河不可疏 而淤田不登矣 田不可方 而故籍難廢矣 靑苗之收息無幾 而逋欠積矣 保馬之孳息不蕃 而苑牧廢矣 民怨於下 士怨於廷 而徹乎上聽矣. 高遵裕之敗 死尸盈野 棄甲齊山 而天子且爲之痛哭矣. 安石則不肖之子撓之於內 反面之黨訟之於廷 神宗亦不復以心膂相信. 鄧綰、呂嘉問且嬰顯罰 王安禮糾兄之過 而亟進升庸. 手實、方田 自安石創者 皆自神宗而報罷矣. 使神宗有漢武之年 其崩不速 則輪臺之詔 必自己先之 弗待廷臣之亟諫. 蓋否極而傾 天之所必動 無待人也. 幾已見矣 勢已移矣. 則哲宗立 衆正升 因其欲熸之餘焰 撤薪以息之者 平其情 澄其慮 抑其怒張之氣以涖之. 其不可行者 已昭然其不可行 無所利者 已昭然其有害 敝而弗爲之修 弛而弗爲之督 三年之中 如秋葉之日向於凋 坐而待其損矣. 而諸君子積怒氣以臨之 弗能須臾忍也 曾霍光之弗若 奚論古先聖哲之調元氣而養天下於和平哉?

神宗의 처음과 끝을 생각하건대 대략 이와 유사했다. 그 처음에는 국방을 강화시켜 대외문제를 해결하려 했으며 이를 위해 재정을 확충하려는 의지를 지녔다. 그때의 형세는 마치 취약한 제방을 쌓고 물을 가둔 다음 한꺼번에 터지기를 기다리는 것과 같았다. 王安石은 이를 이용하여 나아가 三司條例司를 설치하고 天下를 진동시키면서 자신의 뜻대로 하였다. 이에 兩朝[2]의 顧命 老臣들이 모두 은퇴하여 간언할 사람이 없어졌으며, 온 나라를 통해 감히 반대하는 士는 한 번 입만 뻥긋하면 즉시 貶竄을 당했고, 그 뜻에 영합하여 영달을 꾀하는 群小의 무리들이 시끄러이 줄을 섰다. 이야말로 勢가 지극히 무거운 것이었고 또한 동시에 진실로 가벼운 것이었다. 이 때문에 王安石이 반드시 하고자 집착하였던 것도 효과가 없었다. 黃河의 흐름은 다스려지지 않았고 淤田法도 효과가 없었다. 方田法도 실효를 거두지 못하여 과거의 호적은 쉽게 폐지되지 않았고, 青苗法의 利息은 얼마 되지 않았지만 逋欠이 쌓였으며, 保馬法으로 인한 軍馬의 수효가 늘어나지 않아 苑牧이 廢해졌다. 그 결과 아래로는 백성들이 원망하고 위로는 士들이 조정에서 원망하여 그 정황이 황제의 귀에까지 이르렀다. 때마침 高遵裕의 패전[3]으로 죽은 시체가 들을 뒤덮고 버려진 갑옷이 산처럼 쌓였다. 천자 또한 이 때문에 통곡할 지경이었다. 王安石은 또 안으로는 不肖의 아들[4]에게 흔들리고 밖으로는 자신을 배반한 무리들부

---

2) 神宗(治世 1068~1086) 이전의 두 황제. 즉 仁宗(1023~1064)과 英宗(1064~1068).

3) 神宗 元豊 4년(1081) 11월 西夏의 政變을 이용하여 西邊 諸路의 군대를 대거 동원, 靈州를 포위하였다가 오히려 西夏側의 역습을 받아 대패한 것을 가리킨다.

4) 王雱(1044~1076)의 性情에 대해 『宋史』에서는, "爲人慓悍陰刻 無所顧忌"(권 327, 「王雱傳」)라 기록하고 있다. "安石更張政事 雱實導之. 常稱商鞅爲豪傑之士 言不誅異議者法不行. 安石與程顥語 雱囚首跣足 攜婦人冠以出 問父所言何事. 曰 以新法數爲人所阻 故與程君議. 雱大言曰 梟韓琦·富弼之頭于市 則法行矣. 安石遽曰 兒誤矣."(『宋史』 권 327, 「王雱傳」)라는 일화는 그러한 성격을 잘 보여주는 사례이다.

터 조정에서 반대를 받았다. 이에 神宗도 그를 다시는 股肱之臣으로 믿지 않게 되었다. 鄧綰 · 呂嘉問은 큰 처벌[5]을 받았고 王安禮는 형인 왕안석의 잘못을 규탄하면서 중용되었다. 手實 · 方田과 같이 王安石이 창시한 것도 모두 神宗에 의해 폐지되었다. 만일 神宗이 漢武帝 만큼 오래 살아 그 崩御가 그처럼 빠르지 않았다면 輪臺의 詔[6]와 같은 것도 반드시 스스로 먼저 내렸을 것이요 廷臣들의 많은 諫言이 있기를 기다리지도 않았을 것이다. 대개 막힘이 極하여 변화하는 것은 하늘의 뜻이요 人間들이 나설 필요조차 없다. 신종의 말년이 되면 그러한 형세가 거의 이미 나타났으며 勢가 이미 변화한 상태였다. 그런즉 哲宗이 즉위하여 여러 노신들이 재차 중용되었을 때, 그들이 남은 불꽃을 사그라뜨리고 또 불쏘시개를 치움으로써 불 기운을 없애고자 하는 마음으로, 그 의지를 고요히 하고 그 생각을 깨끗이 하여 그 怒張의 기운을 억누르고 임해야 했다. 그랬다면 新法 가운데 그 시행이 不可한 것은 그 不可함이 저절로 밝혀졌을 것이요 이익이 없는 바는 또 그 害惡이 저절로 밝혀졌을 것이다. 이러한 상태에서 그 신법 조항들이 저절로 헤지게 하고 보완하지 아니하며 가만 놓아두고 독촉하지 아니했다면, 3년 안에 가을 이파리가 날로 凋落해 가듯 앉아서 그 떨어짐을 기다릴 수 있었을 것이다. 그런데 諸君子들은 怒氣를 지니고 임

---

5) 공히 神宗 元豊 연간의 일이다. 鄧綰의 좌천에 대해 『宋史』에서는, "安石去位 綰頗附呂惠卿 及安石復相 綰欲彌前迹……安石不悅 遽自劾失擧. 帝謂綰操心頗僻 賦性姦回 論事薦人 不循分守 斥知虢州. 踰歲 爲集賢殿學士知河陽. 元豊中 以待制知荊南陳陝 徙永興軍 改青州. 奏言歲大稔 斗粟五七錢. 帝知其佞 令提擧官酌市價以聞."(권 329, 「鄧綰傳」)이라 적고 있다. 呂嘉問과 관련하여서는, "久之 入爲吏部郎中光祿卿. 言者交論市易之患 被於天下. 本錢無慮千二百萬緡 率二分其息 十有五年之間 子本當數倍 今乃僅足本錢. 蓋買物入官 未轉售而先計息取賞 至於物貨苦惡 上下相蒙 虧折日多 空有虛名而已. 於是削嘉問三秩 黜知淮陽軍 悉罪前被賞者."(『宋史』권 355, 『呂嘉問傳」)라 전하고 있다.

6) 漢武帝가 그 治世 말년인 征和 4년(前 89) 輪臺의 땅을 포기하면서 내리는 罪己詔. 이를 통해 漢武帝는 治世 전시기를 통해 內政과 民生을 돌보지 않고 外征에만 전념한 것을 후회하고 향후 정책기조를 일변시켜 內治에 전념할 것을 천명한다.

하여 잠시도 참지 아니했다. 저 옛날 霍光과도 같지 않았을 뿐만 아니라, 어찌 옛 聖哲들이 元氣를 다스려 天下를 和平 가운데 양육한 것과 비교할 수 있겠는가?

牛之鬪虎 已斃而鬪之不已 牛乃力盡而死. 安石既退 呂惠卿與離叛而兩窮. 呂申公、司馬溫公以洎孫固、吳充 漸起而居政地. 彼蔡確、章惇、王珪、曾布之流 無安石博聞彊識之學、食淡衣麤之節 豈元祐諸公之勁敵哉? 操之已蹙者 畏之已甚 疾之已亟者 疑之已深 授之以不兩立之權 而欲自居於畸重 則昔之重在彼者輕 而今之重在諸公者 能長保其重哉? 天方授我 而我不知 力與天爭 而天且去之矣. 夫豈有蒼蒼不可問之天哉? 天者 理而已矣 理者 勢之順而已矣. 此之不察 乃曰「天祚社稷 必無此慮.」天非不祚宋也 謀國者失之於天 而欲強之於人以居功而樹德者爲之也.

소는 호랑이와 싸울 때 거의 죽어가면서도 싸우는 것을 그치지 아니하다가 힘이 다하여 죽는다. 王安石이 퇴진했을 때 呂惠卿이 離叛하면서 둘 다 궁해졌다. 철종 이후 呂申公 · 司馬溫公[7]으로부터 孫固 · 吳充에 이르기까지 점차 일어나 정권을 장악했다. 蔡確 · 章惇 · 王珪 · 曾布의 무리는, 王安石과 같은 博聞 彊識의 學問이나 食淡衣醜의 節度도 없었으니 어찌 元祐 諸公의 적수가 될 수 있었겠는가? 궁박한 처지에 몰린 자는 두려움이 심하고 큰 병에 걸린 자는 의심이 깊다. 兩立될 수 없는 권세를 장악했음에도 불구하고 스스로 편협한 태도를 취했으니, 예전에 권력을 장악했던 무리들(新法黨)이 가벼워졌다 해도, 지금의 諸公에게 무거움이 있는 것(권력)이 어찌 그 무거움을 길이 보전할 수 있으리오? 하늘이 나에게 주려하는데 내가 알지 못하고 하늘과 더불어 다투었으니 하늘도 또한 버린

7) 哲宗 元祐 연간(1086~1094) 재상으로서 舊法 정치를 주도했던 呂公著(1018~1089)와 司馬光(1019~1086)을 가리킨다.

것이다. 대저 어찌 너무 푸르러 범접치 못할 하늘이 있겠는가? 하늘은 理일 뿐이요, 理란 勢의 순리일 뿐이다. 이를 알지 못하고 이르기를, '하늘이 社稷에 대해 복을 내리려 하는 것만 알고 그러한 데까지 헤아리지 못했다.'고 한다. 하늘이 宋朝에 복을 주지 아니한 것이 아니다. 나라의 정치를 담당하는 자가 하늘의 보살핌을 잃어버리고, 사람에게 억지로 함으로써 功을 이루고 德을 세우려 하다가 일을 그르친 것이다.

2.

畢仲游之告溫公曰「大擧天下之計 深明出入之數 以諸路所積錢粟 一歸地官 使天子知天下之餘於財 而虐民之攻可得而蠲.」大哉言乎 通於古今之治體矣. 溫公爲之聳動而不能從. 不能從者 爲政之通病也 溫公不免焉. 其病有三 一曰惜名而廢實 二曰防弊而啓愚 三曰術疏而不逮.

畢仲游가 溫公(司馬光)에게 告하여 가로되, '天下의 경비를 크게 살펴서 出入의 數를 명확히 밝힌 다음, 諸路의 錢粟을 모두 地官[8]에게 돌려 天子로 하여금 天下의 재물에 여유가 있음을 알게 하면 虐民의 정치를 가히 없앨 수 있을 것입니다.' 라고 했다. 참으로 이 말은 지당하며 古今의 治體에 통하는도다. 溫公은 이 말에 놀랐으되 따를 수는 없었다. 따를 수 없는 것은 정치의 通病인데 溫公도 면치 못했던 것이다. 그 병폐는 셋이다. 하나는 명분을 좇다가 實을 그르침이요, 둘은 폐단을 막으려다 어리석음으로 나아가는 것이요, 셋은 術策이 모자라 미치지 못하는 것이다.

---

8) 周官 六職의 하나인 司徒. 司徒는 토지와 人民을 관할하였다.

天子不言有無 大臣不問錢穀 名之甚美者也. 大臣自惜其淸名 而又爲天子惜 於是諱言會計 而一委之有司. 是未察其立說之義 而蒙之以爲名也. 不言有無者 非禁使勿知之謂也. 不於有而言無以求其溢 不於無而計有以妄爲經營. 知其所入 度其所出 富有海內 不當言無也. 不問錢穀者 非聽上之糜之 任下之隱之 而徒以自標高致也. 出入有恆 擧其大要 業已喩於心而不屑屑然問其銖累也. 若乃賓賓然若將浼己而去之 此浮薄子弟之所尙而可以爲天子、可以爲大臣乎? 自矜高潔之名 而忘立國之本 此之謂惜名而廢實. 習以爲尙 而賢者誤以爲道之所存 其惑久矣.

天子가 有無를 말하지 아니하고 大臣이 錢穀을 묻지 아니하는 것[9]은, 名分만으로 볼 때 매우 아름다운 것이다. 大臣은 스스로 그 깨끗한 명분을 지키고 또 나아가 天子의 명분을 위해 會計를 말함을 꺼리고 모두 有司에게 맡긴다. 이는 그 立說의 뜻을 살피지 못하고 덮어둠으로써 名分으로 삼는 것이다. 有無를 말하지 않는다는 것은 알지 못하게 막는 것을 일컫는 것이 아니다. 有에서 無를 말함으로써 그 넘침을 구하지 아니하고 無에서 有를 꾀함으로써 망령되이 경영하지 않는 것이다. 그 세입을 알고 그 세출을 헤아려 海內를 넉넉하게 유지하는 것은 無를 말하는 것이 아니다. 다음으로 大臣이 錢穀을 묻지 않는다는 것은, 위로 문드러지는 것을 내버려두고 아래로 은폐되는 것을 내버려 두면서, 다만 대신 스스로만 고고하게 되는 것을 목표로 하는 것이 아니다. 出入에 항상됨이 있고 그 大要를 살피면서 業務가 이미 心中에 명확히 인지되고 있으되 번다하게 그 세세함을 묻지 아니하는 것이다. 만일 허명만을 좇으며 장차 몸을 더럽

9) 後漢 章帝 연간 西漢 武帝의 均輸法과 유사한 法制의 입안이 제기되었을 때 그에 대해 尙書僕射인 朱暉가 반대하며 제기했던 말이다. 당시 朱暉는 "按王制 天子不言有無 諸侯不言多少 食祿之家不與百姓爭利. 今均輸之法 與商販無異 非明王所宜行"(『後漢書』 권 73, 「朱暉傳」)이라 발언한 바 있다.

힐 것 같다 하여 내팽개치는 것은, 浮薄의 子弟들이 숭상할 바요 어찌 가히 天子가 되고 大臣이 되어 할 수 있는 것이겠는가? 스스로 高潔의 名을 자랑하고 立國의 근본을 잊는 것은, 이는 名分에 치우쳐 實質을 그르치는 것이라 할 것이다. 그런데 이러한 상태가 고루한 관습이 되어서 이를 두고 賢者도 망령되이 道라 여기니 그 迷惑함이 크도다.

爲弼成君德之說者曰 天子不可使知國之富也 知之則侈心生. 於是而幸邊功、營土木、耽玩好、濫賜予之情 不可抑止. 李林甫、丁謂之導君以驕奢 唯使知富而已. 禁使勿知 而常懷不足之心 則不期儉而儉. 之說也 尤其大謬不然者. 天子而欲宣欲以尚侈乎 豈憂財之不足而爲之衰止哉? 高緯、孟昶、劉鋹僅有一隅 物力凡幾 而窮奢以逞. 漢文惜露臺之費 非憂漢之貧也. 奄有九州之貢稅 卽不詳知其數 計可以恣一人之揮斥者 雖至愚暗 不慮其無餘. 唐玄、宋真有汰心 侵令日告虛枵 抑且橫征別出. 夫嚬眉坐歎而相戒以貧 鄙野小人施之狂子弟而從貽其笑. 欲止天子之奢 而勿使知富 則將使其君如土木偶人 唯人提掇而後可乎? 爲新法者 本以北失燕、雲 西防銀、夏爲憂 則亦立國之本圖 固不當以守財坐嘆 導其君以抱甓立枯也. 此防弊者之迂疏 爲謀已下也.

人君을 도와 그 德을 이루려 하는 說者가 가로되, '天子로 하여금 나라의 부유함을 알게 해서는 안된다. 안 즉 奢侈心이 생겨서, 이에 邊功을 바라거나 土木을 경영하고 또 玩好에 빠지며 賜與를 남발하는 마음을 억지할 수 없다. 李林甫와 丁謂[10]가 人君을 驕奢로 이끈 것도 다만 부유함

---

10) 丁謂(966~1037)는 北宋 眞宗・仁宗代 參知政事・樞密使・同平章事 등의 요직을 두루 역임한 인물. 특히 眞宗 시대에는 王欽若 등과 더불어 황제를 부추겨 宮觀을 營建하고 封禪을 행하도록 한 것으로 유명하다. 景德 4년(1007)에는 三司使로 재직하며 국가의 재정수지를 정리한 『景德會計錄』을 撰述하여 上奏하였다. 眞宗이 대규모 토목사업을 일으키고 封禪을 행하였던 것도, 바로 이 『景德會計錄』에 제

을 알게 했던 것일 뿐이다. 禁하여 알지 못하게 하고 항상 不足의 마음을 품게 한 즉 검소함을 기하지 않아도 저절로 검소해진다'고 말한다. 이 말은 크게 잘못된 것이다. 天子가 되어 일단 마음껏 욕망을 펼쳐 사치를 도모하려 한다면, 어찌 재화의 부족을 근심하여 그로 인해 그치겠는가? 高緯·孟昶·劉鋹[11]은 겨우 한 귀퉁이의 땅을 지녀 物力이 작았어도 모든 사치를 멋대로 했다. 漢文帝는 露臺의 비용을 아까워했지만[12] 그것은 漢나라의 가난함을 걱정했기 때문이 아니다. 九州의 貢稅를 지니고 있은 즉 그 數를 상세히 알지 못한다 할지라도, 가히 一人의 天子가 방종을 멋대로 할 수 있으리라는 사실은 비록 지극히 暗愚하더라도 알 수 있을 것이다. 唐 玄宗과 宋 眞宗은 일단 사치의 마음을 지니자 국가 재정이 날로 비어감을 고했을 때 橫徵의 명령을 내렸다. 대저 눈썹을 찡그리고 앉아 탄식하며 서로 가난함으로 경계하는 것은, 鄙野의 小人이 狂子弟에게 한다 해도 그 비웃음을 살 뿐이다. 天子의 사치를 그치게 하고자 부유함을 알지 못하게 하는 것은, 장차 그 君王으로 하여금 土木의 偶人과 같이 만들

시되어 있는 재정의 여유를 바탕으로 한 것이었다. 大中祥符 초년 眞宗이 封禪을 앞두고 경비 문제를 下問하자, 丁謂는 이에 대해 『景德會計錄』을 근거로 '大計有餘'라 답함으로써 朝野의 반대론을 누르게 된다.

11) 高緯(556~578)는 北齊의 後主, 孟昶(919~965)은 五代 後蜀의 後主, 劉鋹(943~980)은 五代 南漢의 後主. 이들은 공히 그 治世를 통해 奢侈와 淫樂을 極했던 것으로 유명하다.

12) 露臺는 靈臺로서 觀象處이다. 漢의 孝文帝가 露臺의 비용을 아까워한 것에 대해 『史記』에서는, "孝文帝從代來即位 二十三年 宮室苑囿狗馬服御 無所增益 有不便輒弛以利民. 嘗欲作露臺 召匠計之直百金. 上曰. 百金 中民十家之產 吾奉先帝宮室常恐羞之 何以臺為上常衣綈衣."(권 10,「孝文本紀」)라 기록하고 있다. 이 漢 孝文帝의 露臺之費 문제는 왕안석과 관련하여서도 논란거리가 된 바 있다. 즉 欽宗 시대 왕안석에 대한 王爵 推尊과 孔子廟 配享을 논하면서 楊時는, "推尊安石加以王爵配享孔子廟廷 然致今日之禍者 實安石有以啓之也. 謹按安石 昔為邪說以塗學者耳. 目敗壞其心術者 不可縷數 姑即一二事明之. 昔神宗皇帝稱美漢文罷露臺之費安石乃言 陛下若能以堯舜之道治天下 雖竭天下以自奉不為過也"(『伊洛淵源錄』권 10,「楊文靖公」)라고 말하고 있다.

려 하는 것이니 君王도 사람인 이상 어찌 가능하겠는가? 新法이라는 것은 본디 北으로 燕·雲 지방을 잃은 것, 그리고 서쪽으로 銀·夏 지방을 막을 일이 근심이 되어 생겼다. 따라서 (사마광 등이) 또한 나라의 근본을 세우기 위해서는, 진실로 재화를 지키고 앉아 탄식하며 그 君王으로 하여금 구슬을 끌어안고 서서 말라 가도록 이끌어서는 안되었던 것이다. 이렇게 폐해를 막고자 한다는 것은 극히 迂疎하며 또 그 술책이 극히 조잡한 것이다.

乃若術疏而不逮 則雖博練如溫公 吾不能信其不然矣. 天子之不能周知出入之數、畜積之實者有故 方在青宮之日 既無以此爲其所宜聞而詳告者矣 迨其嗣立 耽宴樂而念不及之者勿論已 卽在厲精之主 總其要不能察其詳 抑以此爲有代我以來告者 而弗容亟問也. 若大臣則亦昔之經生 學以應人主求者耳. 乃其童之所習 長之所游 政暇公餘之所涉獵 卽不以宴遊聲色蕩其心 而所聞所知者 概可見矣. 下者 詞章也 進而上焉 議論也 又進而上焉 天人性命之旨也. 卽及於天下之務 亦上推往古數千年興廢得失之數 而當世出納之經制 積聚之盈歉 未有過而問者. 故億其有 而不知其未必有也 億其無 而不知其未嘗無也 知其出 而不知其出之何所支也 知其入 而不知其入之何所藏也 知其散 而不知合其散者之幾何也 知其合 而不知合之散者幾何也. 雖以溫公經濟之實學 上溯威烈 下迄柴氏 井井條條 一若目擊而身與之 然至於此 則有茫然若群川之赴海 徒見其東流 而不知歸墟者何天之池矣. 則雖欲臚列租稅之所登 度支之所餘 內府之所藏 州郡之所積 計其多寡 而度以應人主有爲之需 固有莫捫朕舌而終以吃呐者. 則學之不適於用 而一聽小人之妄爲意計也 其能免乎?

이처럼 術策이 조잡하였던 것에 대해서 나는 비록 溫公과 같이 博練한 인물이라 할지라도 그러했다고 믿는다. 天子가 出入의 數나 蓄積의 實을 두루 알 수 없음은 까닭이 있다. 靑宮에 있을 때에는 그것이 마땅히 들어서는 안될 바라 하여 상세히 告하는 자가 없다. 또 천자로 즉위한 이후 宴樂에 탐닉하여 생각이 미치지 아니하는 경우에는 두 말할 나위도 없으려니와, 勵精한 황제라도 그 大要만 總括할 뿐 詳細함은 알 수 없으며 또한 이에 대해 자신을 대신하여 살필 자가 있을 것이라 여겨 자주 묻지 않는 것이다. 한편 大臣들은 또 옛 經生들이니 人主의 求함에 應하는 것만을 배웠을 뿐이다. 이에 그 아잇적의 배운 바나 長成해서의 놀던 바나 혹은 政務의 여가와 公務의 틈에 涉獵한 바도, 설령 宴遊聲色에 그 마음이 뺏기지 않았어도 듣고 배운 바는 모두 빤한 것이다. 아래로는 詞章이며 위로는 議論이고, 또 더 나아가면 天人性命에 관한 것이다. 그런즉 天下의 업무에 이르면, 위로 往古 수천년 간 興廢得失의 數라든가 혹은 當世 出納의 經制, 積聚의 虛實에 대해서는 일찍이 들어본 적이 없다. 고로 億의 재정이 있으면 언제나 그렇게 충실하지만은 않다는 것을 알지 못하고, 반대로 億의 재정이 없으면 일찍이 그렇게 풍요했던 시기가 없지 않았음을 알지 못한다. 또 소비할 줄만 알지 그 비용이 어떻게 뒷받침되는지는 모르며, 그 들어옴(수입)만 알뿐 그것이 어디에 쌓여 있던 것인지를 알지 못한다. 나아가 그 흩어짐을 알뿐 그 흩어지는 것의 合이 얼마나 되는지를 알지 못하며, 그 合을 알뿐 그 合의 흩어짐이 얼마인지는 모른다. 비록 溫公과 같이 經濟의 實學을 지닌 인물일지라도 위로 周 威烈王으로부터 아래로 柴氏[13]에 이르기까지 조목 조목 정연하게 마치 눈으로 보고 몸으로 함께 하듯 하지만, 재정의 실무에 이르러서는 대충 群川이 바다에 간다고 여기며 다만 그 東으로 흐름을 알뿐, 다른 빈 데로 돌아가는 흐름이 어느 하늘 아래의 연못으로 가는지 모른다. 그런즉 비록 조세의 원활한 징수,

13) 司馬光의 저술인 『資治通鑑』의 始終을 가리킨다. 『資治通鑑』은 周 威烈王 23년(前 403년)부터 後周 世宗(柴榮) 顯德 6년(959)까지 1362년간의 역사를 총 294권으로 엮고 있다.

度支의 잉여, 內府의 축적, 주군의 경비 충족을 이룩함으로써 그 多寡를 헤아려 人主의 뜻에 부응하려 해도, 진실로 말을 못하고 마침내 더듬게 되는 바가 있다. 배움이 쓰임에 적합치 않았으니 모두 小人들이 망령되이 멋대로 셈하는 것에 따르지 않을 수 있었겠는가?

夫王安石之唯不知此也 故妄億國帑之虛 而以桑、孔之術動人主於所不察. 元祐諸公欲詘其邪 而惛然者亦安石耳. 則相惘相值 勿問貞邪 而各以時競 何異兩盲之相觸於道 其交誶也必矣. 夫唯大臣之不以此爲務 而俾天子之卒迷也 故其害有不可勝言者. 守之者 胥隸也 掌之者 奄宦也 腐之者 暗室也 籍之者 蠹紙也 湮沈而不可問 盜竊而不可詰. 嗚乎! 此皆蔀屋小民粟粟而穫之 絲絲而織之 銖銖而經營之 以效立國久長之計 使獲免於夷狄盜賊之摧殘者. 而君臣上下交置之若有若無之中 與糞土均其委棄 智者所不能自已 抑仁者所不忍忘者也. 天子大臣非山椒水涘攜杖觀雲之畸士 而曰此非所宜知也. 則孔子曰「足食足兵」其爲欲吏之噧矢與? 丁謂上會計錄以後 至熙寧元年 六十年矣. 中歷仁宗四十一年之節儉 民無流亡 國之所積可知也. 青苗、均輸、農田水利之所獲 一部婁之於泰山. 諸君子不能擧此以勝安石之黨 且舌撟而不能下 徒以氣矜 奚益哉?

대저 王安石은 이를 알지 못했기 때문에 망령되이 國帑이 비어있다 호도하며 桑弘羊 · 孔僅[14]의 術로써 人主가 미처 모르는 바를 움직였던 것이다. 元祐의 諸公은 그 잘못을 내치려 했으나 어둡기는 또한 王安石과 같을 따름이었다. 그리하여 서로 惘然히 마주쳐 貞邪를 묻지 않고 각각 時代를 달리하여 다투었으니, 두 맹인이 길에서 서로 억지부리는 것과 무엇이 다르겠는가? 그들이 서로를 비방함은 필연이었다. 대저 大臣이 이

14) 공히 漢武帝 시기의 관료. 鹽鐵酒의 專賣 및 平準法, 均輸法 등의 재정정책을 주도하였다.

에 힘쓰지 않아 天子로 하여금 마침내 미혹되게 했으니 그 害는 말로 이루 다 할 수 없을 정도였다. 천하 재정을 실제로 처리하는 자는 胥吏요 장악하고 있는 자는 宦官이었다. 그리하여 錢穀이 暗室에서 썩어가고 엉터리 장부에 등재되어 불명확해도 물을 수 없었고 도둑질 당해도 캐물을 수 없었다. 가난한 집안의 小民들은 쌀 한 톨이라도 주워담고 실 한 오라기라도 베로 짜며 티끌만한 재산도 허투로 경영하지 않는다. 이를 본받음으로써 국가의 久長之計를 세우고 또 그리하여 夷狄과 盜賊으로부터 催殘되지 않도록 해야만 할 것이다. 그런데 君臣은 상하간에 이 재정의 문제를 있는 듯 없는 듯하는 곳에 놓아두며 마치 糞土처럼 버려둔다. 智者라면 이러한 정황을 어찌 방치하며 仁者라면 어찌 또 잊을 수 있을 것인가? 天子와 大臣은 지팡이 짚고 경개 좋은 산천을 노니는 奇士가 아니다. 그럼에도 그들은 이 재정의 문제가 알아서는 안될 바라 말하는 것이다. 그런즉 孔子가 말한, '足食足兵'[15]은 俗吏들의 본보기일 뿐이란 말인가? 丁謂가 「會計錄」[16]을 올린 이래 神宗 熙寧 元年(1068)까지는 60년간이다. 그 가운데 仁宗의 治世 41년간은 節儉으로 인해 백성들이 流亡하지 않았고 나라의 재정에도 큰 잉여가 있었다. 또 神宗 연간 이후 청묘법과 균수법·농전수리법 등의 결과 재정의 잉여가 泰山과 같이 쌓였다. 元祐의 諸君子들은 재정의 문제로써 왕안석의 무리에 맞서 이기지 못했을 뿐더러 재정의 잉여에 놀라워할 뿐이었다. 그러면서 한갓 氣節로만 자랑하려 들었으니 무엇이 나은 게 있었겠는가?

---

15) 『論語』「顔淵編」에 나오는 말. 원문은, "子貢問政. 子曰. 足食足兵 民信之矣"이다.
16) 주 10)을 참조.

3.

易曰「天下之動 貞勝者也.」貞勝者 勝以貞也. 天下有大貞三 諸夏內而夷狄外也 君子進而小人退也 男位乎外而女位乎內也. 各以其類爲辨 而相爲治 則居正以治彼之不正 而貞勝矣. 若其所治者貞 而所以治者非貞也 資於不正 以求物之正 蕭望之之於恭、顯 劉琨之於聰、勒 陳蕃之於宦寺 不勝而禍不旋踵 小勝而大不勝 終以災及其身 禍延於國. 故君子與其不貞而勝也 寧不勝而必固保其貞. 元祐諸公昧此 以成紹聖以後之禍. 善類空 國事亂 宗社亦繇以傾 亦慘矣哉!

『易』에서는, '天下의 움직임은 貞固함이 이기는 것이다.'[17]라고 말한다. '貞固함이 이긴다'는 말은 貞固함으로써 이긴다는 뜻이다. 天下에는 불변의 貞固함이 셋 있다. 諸夏가 안에 처하고 夷狄이 바깥으로 처하는 것, 君子가 나아가고 小人이 물러나는 것, 그리고 남자가 바깥에 위치하고 여자가 안에 위치하는 것이 그것이다. 이 貞固함을 지니고 그 유사한 것을 분별하여 다스린다면, 올바른 곳에 위치하며 남의 올바르지 아니함을 다스리고 또 貞固함이 이기게 되는 것이다. 그런데 다스리는 자세가 貞固하지 않다면, 不貞을 지니고 만물의 올바름을 구하는 격이다. 蕭望之가 弘恭과 石顯을 처리할 때[18], 劉琨이 劉聰과 石勒을 대할 때[19], 그리고 陳蕃이 宦

17) 『易』「繫辭傳 下」에 나온다. 원문은 '吉凶者 貞勝者也. 天地之道 貞觀者也 日月之道 貞明者也 天下之動 貞夫一者也'로서, '吉凶은 貞固함이 우위를 점하는 것에서 비롯된다. 天地의 道는 貞固함을 보여주는 것이요, 日月의 道 역시 貞固함의 밝음이다. 天下의 움직임도 貞固함으로 일관하는 것에서 비롯된다'는 의미이다. 여기서 貞이란 定, 常의 의미로 貞固한 자세를 일컫는다.

18) 前漢 元帝 시기 蕭望之(?~前 47)가 中書의 宦官인 弘恭 및 石顯 등이 권력의 樞要를 장악하고 있는 현실을 개혁하려 기도하다가, 오히려 弘恭 및 石顯 등의 역습을 받아 自決하였던 사실을 가리킨다.

19) 劉琨(271~318)은 西晉 말년에 太尉를 역임한 인물. 특히 河北을 孤守하며 劉聰과

寺를 대할 때,[20] 이기지 못하자 작지 않은 禍가 미쳤고 잠시 이길 뿐 큰 승리는 거두지 못했으며, 마침내는 재앙이 그들의 몸에 미치고 급기야 국가에까지 뻗치게 되었던 것이다. 따라서 君子는 貞固하지 아니함으로 이기는 것보다는 차라리 이기지 아니하면서 그 貞固함을 보전하는 것을 택하는 것이다. 元祐의 諸公들은 이를 알지 못했기 때문에 紹聖年間 이후의 재앙을 불러일으켰다. 그리하여 善類들이 사라지고 國事가 어지러워졌으며 이로 인해 종묘사직 역시 기울게 되었다. 어찌 참담하지 아니한가?

新法之爲民病 甚矣. 諸公順民之欲 急起而改之 不謂其非貞也. 卽疑於改父之非孝 而奉祖宗之成憲 以正先君之闕失 亦不可謂非孝之貞也. 乃改之者 諸公不自任其責 嗣君不與聞其謀 舉而仰聽於太后. 於是盈廷之士 僉曰后 堯、舜也 普天之下 胥曰后 堯、舜也 乃至傅之史册 而後世道聽之說 猶曰后 堯、舜也. 取后而躋之堯、舜 曰后 堯、舜矣 其可抑堯、舜而匹之后曰堯、舜 后邪？ 故曰「儗人必於其倫.」 倫者 不相奪也. 諸公躋后而堯、舜之 群小抑后而呂、武之 以倫求之 呂、武雖不肖 猶其等倫 而堯、舜懸絕焉. 則呂、武之說 足以爭勝而亡忌. 倫也者 類也 天之生是使別也. 草與木並植 而芝蘭之芳 不可以爲梁棟. 鳥與獸並育 而翟雉之美 不可以駕戎車. 天子與后敵尊 而母后之賢 不可以制道法. 非是者 自喪其貞 而欲以勝物 匪徒小人之反噬有辭也. 天所弗佑 祖宗之靈所弗憑依 天下臣民亦懷疑而其情之不固. 不貞者之不勝 古今之通義 不可違也.

石勒의 공격에 맞섰으나 결국 패전한다. 당시 劉琨은 鮮卑人으로서 幽州刺史 職位에 있던 段匹磾와 兄弟 盟約을 맺고 그의 도움을 얻어 전세를 만회하고자 했으나 段匹磾의 배반으로 피살되고 만다. 王夫之가 劉琨을 두고 貞固하지 못했다고 평하는 것은 胡人인 段匹磾와 연대했던 사실 때문이다.

20) 後漢 靈帝 建寧 元年(168) 太傅 陳蕃과 大將軍 竇武 등이 太后의 재가가 내려지지 않은 상태에서 환관세력을 일소하고자 모의하다 그 기도가 누설되어 환관들에 의해 피살되었던 일을 가리킨다.

新法은 백성들에게 매우 심한 병폐였다. 元祐의 諸公들이 백성들의 바람을 좇아 서둘러 그것을 개혁하였으니 貞固함이 아니라 말할 수 없다. 그런데 부친인 神宗의 조치를 바꾸었으니 孝가 아니라는 비방이 일어났다. 하지만 祖宗의 成憲을 받들어 先君인 神宗의 闕失을 바로잡았으니 孝에서 벗어난 貞固함이라 말할 수 없을 것이다. 당시의 개혁에 있어 諸公들은 스스로 그 책무를 담당할 수 없었다. 그러나 뒤 이은 哲宗이 그들과 뜻을 같이 하지 않았으므로 모두 宣仁太后를 떠받들어 모셨다. 이에 조정의 선비들이 모두, '太后는 堯舜이다'고 말했다. 천하의 모든 사람들 또한, '태후는 堯舜이다'라고 말했다. 이러한 평가가 史冊에 전해졌으며 후세의 道學에서도 마찬가지로, '태후는 요순이다'라고 말했다. 宣仁太后를 요순의 지위로 떠받들어, '태후는 요순이다'고 말했으니, 堯舜을 내리 눌러 宣仁太后와 나란히 한 다음, '요순은 태후이다'라고 한 것인가? 이러한 연유에서, '사람을 비교할 때는 반드시 같은 무리에게 해야 한다'[21]고 말한다. 무리(倫)란 강제로 뒤바꿀 수 없는 것이다. 諸公들은 선인태후를 떠받들어 요순과 같이 여겼지만, 群小의 무리들은 선인태후를 내리눌러 呂太后나 則天武后로 여겼다. 무리(倫)로 치자면 呂太后나 則天武后는 비록 不肖하나 선인태후에 가까우며 요순은 아득히 다른 존재라 할 것이다. 그런즉 呂太后 및 則天武后라 비방하는 말이 족히 우세를 점할 수 있었다. 하지만 무리(倫)란 것은 같은 종류(類)로서 하늘이 이로써 서로 다른 것을 구별하는 것을 말한다. 풀과 나무는 모두 식물이지만 芝蘭이 꽃다운 향기를 지녔다 해서 棟梁으로 삼을 수는 없다. 새와 짐승은 모두 동물이지만 꿩이 아름답다 하여 兵車를 끌게 할 수는 없다. 天子와 太后는 다같이 존귀한 존재이나 현명한 母后라 해서 道法을 통제하게 할 수는 없는 것이다. 그러지 아니하면 그 貞固함을 스스로 해쳐서 萬物을 이기려 해도 匪賊이

21) 『禮記』「曲禮 下」에 나오는 말.

나 小人의 배은망덕한 말이 될 뿐이다. 그리하여 하늘도 돕지 아니하고 祖宗의 神靈들도 함께 하지 않으며 천하의 臣民들 또한 의심을 품고 바라보게 된다. 貞固하지 아니한 것이 이기지 못하는 것은 古今의 通義이다. 어찌 어길 수 있으랴?

哲宗之立 雖僅十齡 乃迨高后之殂 又七年矣. 后一日不亡 帝一日不得親政 則此七年者 月之朗於夜 非日之昱於晝也. 且晝雖陰 而以炤物 其能俾人洞見者 視月遠矣. 天子雖幼 而以涖衆 其能俾人信從者 視后多矣. 而不但此也 位尊權重 可以唯其所爲 然且憚於惡而強爲善者 自非上哲 亦唯其名而已. 夫爲惡而惡之名歸之人而已不與 則無所憚 而有委罪之路. 爲善而善之名歸之人而已不與 則不能強 而徒挾不平之情. 實則資己之權藉以爲之 名則去之 嚴父不能得之於子 而爲人臣者 欲以得之君 不已悖乎?

哲宗은 즉위하였을 때 10대의 나이에 불과했으나 宣仁太后가 死去하면서 다시 7년이 지났다.[22] 哲宗으로서는 太后가 사거하지 않으면 하루도 일찍 親政할 수 없었다. 그러니 이 7년간은 달이 떠있는 밤이었고 해가 비추는 낮이 아니었다. 하지만 낮이 아무리 어둡다 해도 만물을 비추고 또 사람들로 하여금 물건을 볼 수 있게 하는 것은 달빛보다 훨씬 낫다. 天子는 비록 어렸지만 衆人들로 하여금 信從하게 하는 위력은 태후보다 컸던 것이다. 이 뿐이 아니다. 천자는 지위가 높고 권세가 막강하므로 어떠한 일이든 내키는 대로 할 수 있다. 惡을 꺼리고 힘써 善을 행한다는 것은 上哲의 존재가 아니라면 천자에게 있어 다만 허울일 뿐이다. 무릇 惡을 행

22) 哲宗(1077~1100)은 元豊 8년(1085) 神宗이 死去하여 황제로 즉위했을 당시 나이가 9살에 불과하였다. 이처럼 幼弱하였으므로 祖母이자 神宗의 母后였던 太皇太后 高氏(宣仁太后, 1032~1093)가 垂簾聽政하게 되었고, 元祐 8년(1093) 宣仁太后가 사거한 이후에야 비로소 親政을 행할 수 있게 된다.

하며 그 오명을 남에게 돌리고 자신은 나 몰라라 한다면, 아무 거리낌이 없어지고 남의 탓만 하는 길이 남게 된다. 반대로 善을 행하되 그 功을 남에게 돌리고 자신은 물러선다면 무리들이 모두 복종하는 마음을 품게 된다. 실상은 권세를 이용하여 자신에게 이익될 일을 하면서 겉으로는 그렇지 않은 체하는 것은, 설령 嚴父라 할지라도 아들에게 강요할 수 없는 일이다. 하물며 그것을 人臣된 자로서 君王에게 행하려 한다면 어찌 패륜이라 하지 않겠는가?

新法之弊 神宗之暮年亦自知之矣. 永樂之敗 悔不用王安禮之言. 王安石子死魄喪 其志已衰. 王雱、呂惠卿自相合齕蹏 而神宗已厭之矣. 鄧綰、呂嘉問穢跡彰明而見黜矣 蒲宗孟詆司馬君實而見訶矣 孫固、呂公著漸進而登兩府矣. 則使當國者述神宗之志 以遺詔行之 蠲青苗之逋欠 弛保馬之孳生 緩保甲之練習 以次而待哲宗於識知之後 告以民生之艱苦 示以祖法之寬弘 次第而除之. 使四海慕新主之仁 而不掠美以歸牝雞之啼曙 夫豈不可必得者? 計不出此 擁女主以行其志 后一日不死 天子一日隅坐晝諾 如秉筆之內豎 奉教而行. 卽以韓維、蘇軾、劉摯、朱光庭輩處此 其能頫首以聽焉否邪? 故人謂溫公守貞有道而未通乎變者 非也. 溫公之所不足者 正未能貞也. 貞之大者 天之經也 地之義也 人之彝倫也 事之綱紀也. 以陰禦陽 以女制男 何殊乎以夷狄令中國 以小人治君子乎? 坤之初六曰「履霜 堅冰至.」當坤之初 陰無失德 非有堅冰之禍. 而發端之始 與乾相革 則所秉不正 在希微之間 而詭於其塗 不可以復暄和高朗之宇 固無待血戰而始知其害也. 溫公胡不聞焉?

新法의 폐해는 신종도 말년에 알고 있었다. 永樂의 패전을 당하자 신종은 王安禮의 말을 듣지 않은 것을 후회하였다.[23] 왕안석은 아들 王雱이 죽자 낙담[24]하여 그 뜻이 이미 쇠해진 상태였다. 王雱과 呂惠卿이 서로 격렬히 공박[25]하면서 신종은 이미 염증을 느꼈다. 신종 말년이 되면 鄧綰과 呂嘉問은 그 악행이 백일하에 드러나 좌천되었으며,[26] 蒲宗孟은 사마광을 비난하다가 견책을 받았다.[27] 반면 孫固와 呂公著는 점차 兩府로 진출해 있었다.[28] 그런즉 哲宗의 즉위 당초에 當國者들이 神宗의 뜻을 전하면서 그 遺詔를 따라, 青苗法의 연체 이식을 감면하고 保馬法의 군마 증식을 강요하지 않으며 保甲法의 훈련을 경감시켜야 했다. 그리고 철종이 사세에 대해 파악하기를 기다려 民生의 艱苦함을 告하고 祖法이 寬弘하다는 사실을 알게 하여 천천히 신법을 폐지해 갔다면 四海가 새 황제의 인자함

---

23) 神宗 元豊 5년(1082) 沈括 및 徐禧 등의 주장에 따라 西夏와의 접경지역에 永樂城을 쌓고 재차 西夏와 전투를 벌이다 대패하였던 것을 가리킨다. 元豊 4년(1081)의 이른바 靈州之役, 그리고 그에 뒤이은 永樂城 전투의 패배는 宋朝에 심대한 타격을 주었다. 이에 대해 『宋史』에서는, "靈州 永樂之役 官軍熟羌義保死者六十萬人 錢粟銀絹以萬數者不可勝計. 帝臨朝痛悼."(권 486, 「西夏國傳 下」)이라 기록하고 있다.

24) 王雱(1044~1076)은 神宗 熙寧 9년(1076) 33살의 나이로 死去한다. 저간의 사정에 대해 『宋史』에서는, "安石之再相也 屢謝病求去 及子雱死 尤悲傷不堪 力請解幾務. 上益厭之 罷爲鎭南軍節度使同平章事判江寧府"(권 327, 「王雱傳」)라 전하고 있다.

25) 『宋史』에서는 이러한 정황에 대해, "八年二月 復拜相 安石承命 卽倍道來. 三經義成 加尙書左僕射兼門下侍郎 以子雱爲龍圖閣直學士. 雱辭 惠卿勸帝允其請 由是嫌隙愈著. 惠卿爲蔡承禧所擊 居家俟命. 雱風御史中丞鄧綰 復彈惠卿與知華亭縣張若濟爲姦利事 置獄鞫之 惠卿出守陳."(권 327, 「王雱傳」)이라 기록하고 있다.

26) 주 5)를 참조.

27) 蒲宗孟은 神宗 元豊 5년(1082) 4월 尙書左丞에 임명되었다가 이듬해인 元豊 6년 8월 罷職된다(『宋史』 권 16, 「神宗紀 3」 참조). 그 罷職의 사정에 대해 『宋史』에서는, "帝嘗語輔臣 有無人才之歎 宗孟率爾對曰 人才半爲司馬光邪說所壞. 帝不語 直視久之 曰. 蒲宗孟乃不取司馬光邪. 未論別事 只辭樞密一節 朕自卽位以來 唯見此一人. 他人 則雖迫之使去 亦不肯矣. 宗孟慚懼 至無以爲容. 僅一歲 御史論其荒于酒色及繕治府舍過制 罷知汝州."(권 328, 「蒲宗孟傳」)라 전하고 있다.

28) 孫固는 神宗 元豊 元年(1078) 閏正月에, 그리고 呂公著는 같은 해 9월에 同知樞密院事에 임명된다(『宋史』 권 15, 「神宗紀」 2 및 『續資治通鑑長編』 권 320, 神宗 元豊 4년 11월 甲辰 참조).

에 순복하게 되었을 것이고 또 암탉이 새벽에 우짖 듯하는 사태도 발생하지 않았을 것이다. 이 모든 것이 어찌 가능하지 않았으리오? 그런데 元祐의 諸公들은 이러한 것을 헤아리지 못하고 女主인 太后를 받들며 자신들의 뜻을 펴고자 했다. 태후가 하루라도 死去하지 않으면 천자는 그 하루 동안 구석에 처박혀 억지로 결재해갈 수밖에 없었다. 마치 붓을 든 어린 아이 종 마냥 태후의 가르침대로 해야 했다. 이러한 상황에서 설령 韓維나 蘇軾, 劉摯, 朱光庭과 같은 인물들이 철종과 같이 있다한들 어찌 능히 고개를 조아리며 그 뜻을 받들 수 있겠는가? 따라서 사람들이 司馬溫公을 두고, '貞固함과 道를 지켰으되 時變에 통하지 못했다.'고 말하는 것은 잘못된 평가이다. 溫公에게 부족했던 것은 바로 貞固함 그것이었다. 커다란 貞固함은 天經地義이며 人倫이며 萬事의 綱紀이다. 陰으로써 陽을 다스리고 여자로써 남자를 제어하는 것은, 夷狄으로 하여금 中國에 명령하게 하는 것이나 소인으로 하여금 군자를 다스리게 하는 것과 무엇이 다른가? 坤의 初六에서는, '서리가 내리면 머지않아 두터운 얼음이 얼리라'고 말한다. 坤의 처음에는 陰이 失德하지 않아 두터운 얼음과 같은 재앙이 없다. 하지만 그 재앙이 발단되면 乾과 서로 대립하게 되고 그러다 그 行事가 不正하게 되면 어느덧 파국의 지름길로 내달아 다시는 따뜻하고 밝은 천지를 회복할 수 없게 된다. 진실로 피비린내 나는 전쟁이 아니라도 그 폐해를 알 수 있는 것이다. 司馬溫公은 어찌 이러한 일을 듣지 못했던 것인가?

嗚呼! 國之將亂也 黃髮耆臣老死而無與繼者. 神宗之季年 韓、富二公先後而逝 文潞公雖存 年已遲暮 且仁柔以召物議 衆望所不歸也. 使有秉國鈞者 如韓公於英、仁二廟嗣立之初 持德威以翼戴 當元祐三四年間 撤太后之簾 以興革之權、進退之柄 歸之天子. 則群小無言可執 無隙可乘 而國定矣. 溫公權藉既輕 道亦遜焉 徒恃愚氓浮動之氣 遷客躍起之情 迫於有爲而無

暇擇焉 其能濟乎? 權輕者 非勢之勝也 道遜者 非理之貞也. 捷反捷覆 捷興捷廢 天下皆喪其貞 則女貞之失先之也. 故曰古今之通義 不可違也.

嗚呼라, 國家가 망하려 들자 黃髮의 원로 신하들은 모두 늙어 죽고 뒤이을 사람들이 없었도다. 神宗의 말년 韓琦와 富弼 二公은 잇따라 서거했고, 文彦博이 남아 있었으되 나이가 이미 너무 많았을 뿐만 아니라 仁柔하여 物議를 잘 일으켰던 까닭에 人望이 없었다. 당시 정권을 장악했던 사람들이 英宗과 仁宗 초기에 韓琦가 그랬던 것처럼 德威로써 보필하며 元祐初의 3, 4년간 太后의 垂簾聽政을 폐지하고 興革의 권한이나 인물 進退의 결정권을 천자에게 귀속시켰다면, 群小의 무리들이 어느 것 하나 트집을 잡는다든가 혹은 파고들 틈이 없어 나라가 안정되었을 것이다. 당시 溫公은 이미 권세가 가벼워진 상태였고 그의 道 역시 이지러져 있었다. 다만 愚民들의 부화뇌동하는 기세를 믿고 여기에 덧붙여 좌천되어 있다 느닷없이 발탁된 마음가짐으로, 무엇이든 일을 이루겠다는 조급함을 지니고 있었다. 따라서 차분히 정책을 돌아볼 겨를이 없었으니 어찌 성공할 수 있었으리오? 권세가 가볍다는 것은 事勢가 결정적이지 못하다는 것이오, 道가 이지러져 있다는 것은 이치가 貞固하지 못하다는 것이다. 갑자기 돌아가고 또 갑자기 뒤엎었으며, 갑자기 일을 벌였다 또 갑자기 폐지하였다. 그리하여 천하가 모두 貞固함을 잃었다. 기실 남녀간의 貞固함을 잃고 태후가 통치했던 것부터 잘못되었던 것이다. 그런 까닭에 古今의 通義는 어길 수 없다고 말하는 것이다.

4.

置一說之短長 以通觀一時之措施 則其治亂安危 可未成而決其必然於先曠千載而信其所以然於後 無有爽也. 哲宗在位十有五年 政出自太后者凡八年 哲宗親政以還凡六年. 紹聖改元而後 其進小人、復苛政 爲天下病者勿論矣. 元祐之政 抑有難於覆理者焉. 紹聖之所爲 反元祐而實效之也. 則元祐之所為 矯熙、豐而抑未嘗不效之 且啓紹聖而使可效者也. 嗚呼! 宋之不亂以危亡者幾何哉?

어느 주장의 옳고 그름은 논외로 하고 한 시대의 조치를 通觀하건대, 그 治亂과 安危가 그 시기에 필연의 결과를 낳지 못하는 경우도 있다. 하지만 천 년의 세월이 길게 흐른 후에는 진실로 어김없이 마땅한 결말을 맺는다. 哲宗의 재위 기간 15년 가운데 太后가 政事를 주도한 것이 8년이고 철종 자신이 친정한 것이 대략 6년이다. 친정을 하면서 紹聖으로 改元한 이후 小人들을 등용하고 新法의 苛政을 다시 행하여 천하에 병폐를 일으킨 것은 다시 논할 필요도 없다. 그런데 元祐의 정치 또한 잘못이 없지 않았다. 紹聖 연간의 정치는 元祐 시기를 보고 거울삼아 예전으로 되돌린 것이다. 그런즉 元祐의 정치는 신종 熙寧 및 元豊 연간을 바로잡아 그로부터 거울 삼은 것이면서 또 한편으로는 紹聖 시대를 열어 거울삼게 한 대상이기도 했다. 오호라, 宋代에 난리도 없이 危亡에 빠진 것이 도대체 몇 번이나 되는고?

天子進士以圖吾國 君子出身以圖吾君 豈借朝廷爲定流品分清濁之場哉? 必將有其事矣. 事者 國事也. 其本 君德也. 其大用 治教政刑也. 其急圖 邊疆也. 其施於民者 視其所勤而休養之 視其所廢而修明之 拯其天災懲其吏虐 以實措之安也. 其登進夫士者 養其恬靜之心 用其方新之氣 拔之

衡茅 而相勸以君子之實也. 豈徒紹聖哉 元祐諸公之能此者幾何邪? 所能卓然出其獨至之忱 超出於紛紜爭論之外而以入告者 劉器之諫覓乳媼而已 伊川請就崇政、延和講讀 勿以暑廢而已 范淳夫勸帝以好學而已. 自是而外 皆與王安石已死之灰爭是非 寥寥焉無一實政之見於設施. 其進用者 洵非不肖者矣 乃一唯熙、豐所貶斥之人 皇皇然力爲起用 若將不及. 豈新進之士 遂無一人推轂以大任之 樹百年之屏翰者. 而徒爲嶺海遷客伸久鬱之氣 遂可無曠天工乎? 其恤民也 安石之新法 在所必革矣. 頻年豈無水旱? 而拯救不行 四海豈無冤民? 而清問不及 督行新法之外 豈無漁民之墨吏? 而按劾不施 觸忤安石之餘 豈無行惠之循良? 而拔尤不速. 西陲之覆敗孔棘 不聞擇一將以捍其侵陵. 契丹之歲幣屢增 不聞建一謀以杜其欺侮. 夫如是 則宋安得有天下哉? 一元祐諸公揚眉舒憤之區宇而已矣.

天子가 사대부를 등용하는 것은 국가를 경영하기 위해서이고 君子가 立身하는 것은 君王을 돕기 위해서이다. 그러니 어찌 조정을 流品이나 나누고 淸流와 濁流나 구별짓는 곳으로 만들어서야 되겠는가? 그러할진대 반드시 危亡에 빠지는 일이 생기는 것이다. 사대부가 해야 할 일은 國事이며 그 근본은 君德이다. 大用은 治敎政刑이며 急務는 邊疆에 있다. 백성들에게 행해야 할 것은, 힘들게 노력하는 것을 살펴 休養시키고 피폐해진 곳을 가려 보수하는 것이며, 天災를 보살피고 虐吏를 懲治함으로써 천하를 편안히 하는 것이다. 또 사대부를 등용해서는 恬靜의 마음을 닦게 하고 패기 넘치는 기개를 쓰도록 해야 한다. 초야에서 인재를 발탁하여 君子의 내실을 이루도록 권해야 되는 것이다. 그런데 어디 紹聖 연간 뿐이겠는가, 元祐의 諸公들 중에서도 능히 이러한 일을 해낸 자가 과연 몇이나 될까? 卓然히 혼자만의 성실함을 지켜 당시의 어지러운 爭論에 휩싸이지 않고 돋보였던 자는, 劉器之가 乳婢를 구하는 것에 대해 간언했던 것[29]이라든가 伊川이 崇政殿과 延和殿에서 講讀을 하며 덥다는 핑계로 侍講을 그만두지 않았던 것, 그리고 范祖禹가 황제에게 好學을 권했던 것 정도일 뿐이었다. 이 외에는 모두 이미 죽은 왕안석과 더불어 어지러운 시비를 벌일 뿐 현실 정치에는 아무런 도움이 되지 않는 사람들이었다. 발탁하여 등용된 인사들도 모두 불초자는 아니었다. 하지만 모두 熙寧과 元豐 연간에 貶斥된 사람들로서 그들에 대해서는 마치 허둥대며 기용하지 못할까 조바심내는 형국이었다. 신진의 선비 가운데 어찌 단 하나도 대임을 맡아 국사를 처리할만한 인재가 없었겠는가? 그럼에도 다만 과거 兩廣으로 貶謫되었던 인사들을 등용하여 그 억울함을 풀어주려 노력할 뿐이었다. 백성을 돌봄에 있어 왕안석의 신법은 모두 폐지해야만 했다. 하지만 자연재해란 언제든 있는 것이고 이를 잘 대처하지 못하면 四海에 원망을 지닌 백성이 없을 수 없다. 그런데 구체적인 사정은 불문에 부쳤다. 新法에 반대한 인물 가운데 어찌 백성을 못살게 군 貪吏가 없을 수 있겠는가? 하지만 그것은 돌아보지 않았다. 왕안석의 뜻에 맞춘 신법당 관료들 가운데 어찌 백성들에게 은혜를 베푼 良吏가 없을 수 있겠는가? 하지만 이들 역시 내버려 두었다. 또 당시 西邊의 국방문제가 심각하였으되[30] 어느 하나 良將을 택하여 그 침범을 막지 않았으며, 거란이 거듭하여 歲幣를 올렸으되[31] 그 欺侮를 막기 위한 아무 계책도 세우지 않았다.

---

29) 劉安世(1048~1125)가 元祐 연간 哲宗으로 하여금 女色을 가까이 하게 해서는 안 된다고 간언한 일을 가리킨다. 이 전후의 사정에 대해 『宋史』에서는, "民間驩傳宮中求乳婢 安世上疏諫曰. 陛下富於春秋 未納后而親女色. 願太皇太后保祐聖躬 爲宗廟社稷大計 淸閒之燕 頻御經帷 仍引近臣與論前古治亂之要 以益聖學 無溺於所愛而忘其可戒. 哲宗俛首不語. 后曰 無此事 卿誤聽矣."(권 345, 「劉安世傳」)라 기록하고 있다.

30) 神宗의 死去 직후 西夏는 宋側에 國使를 파견하여 국경문제의 확정을 타진해왔다. 하지만 宋側의 미온적인 태도로 말미암아 元祐 2년(1087) 7월 이래 전투가 재개되었고, 우여곡절을 거쳐 2년만인 元祐 4년(1089) 6월 국경분쟁이 종식되었으나 元祐 末年에 이르도록 斷續的인 전투는 여전히 지속되었다.

31) 哲宗 元祐年間(1086~1094) 宋遼間 歲幣의 액수가 累增되었다는 이 부분의 주장

무릇 이와 같았으니 宋이 어찌 천하를 유지할 수 있었겠는가? 당시 천하는 오로지 元祐의 諸公들이 눈썹을 휘날리며 분함을 푸는 구역이었을 뿐이다.

馬、呂兩公非無憂國之誠也 而剛大之氣 一洩而無餘. 一時蠖屈求伸之放臣 拂拭於蠻煙瘴雨之中 愔愔自得. 上不知有志未定之沖人 內不知有不可恃之女主 朝不知有不修明之法守 野不知有難仰訴之疾苦 外不知有睥睨不逞之彊敵 一擧而委之夢想不至之域. 群起以奉二公爲宗主 而日進改圖之說. 二公且目眩耳熒 以爲唯罷此政 黜此黨 召還此人 復行此法 則社稷生民鞏固無疆之術不越乎此. 嗚呼! 是豈足以酬天子心膂之託 封皇天 質先祖 慰四海之孤惸 折西北之狡寇 而允稱大臣之職者哉?

司馬光과 呂公著 二公에게 본디 憂國의 충정이 없었던 것은 아니나 강대한 기개는 모두 사라지고 남지 않은 상태였다. 그들은 貶謫되어 뜻을 펴지 못하고 지내다가 그 기개를 蠻煙과 瘴雨 사이에 잃어버리고 안락함만을 추구하고 있을 뿐이었다. 元祐 연간 그들은 위로 뜻을 정하지 못한 어린 군주가 있다는 사실을 몰랐으며, 또 안으로는 女主를 언제까지나 믿을 수 없다는 사실을 몰랐다. 조정에서는 지켜야 할 祖法이 아직 다 듬어지지 않은 상태라는 것을 몰랐고, 들에는 백성들에게 호소하기 어려운 疾苦가 있다는 것을 몰랐다. 나아가 바깥으로는 틈을 엿보고 있는 强敵이 있다는 것을 몰랐다. 二公은 그 모두를 夢想의 먼 곳에 있는 것으로 치부하였다. 또 나머지 사람들은 모두 일어나 二公을 宗主로 떠받들며 매

은 사실과 다르다. 유명한 眞宗 景德 元年(1004)의 이른 바 澶淵의 盟約 당시 銀 10만냥, 絹 20만필으로 규정되었던 歲幣의 액수는, 仁宗 慶曆 2년(1042) 遼側의 요구로 銀과 絹 공히 10만씩 증액되어 銀 20만냥, 絹 30만필이 된다. 그리고 이렇게 한 번 증액된 세폐가 12세기초 金의 발흥시점까지 유지되었다.

일 같이 정국 장악의 말만을 늘어놓았다. 二公은 이에 눈과 귀가 현혹되어, 신법 정치를 폐지하고 신법당을 내쫓으며 구법당인을 소환하고 구법을 다시 시행하는 것이, 바로 사직을 공고히 하고 生民을 위하는 일의 전부라고 생각하였다. 嗚呼라, 이 어찌 천자가 온 정성으로 부탁한 것에 부응하는 일이며, 또 皇天에 대하고 先祖에 보답하며 四海의 가련한 生民들을 위로하고 서북의 교활한 오랑캐를 막아냄으로써 진실로 재상의 직임에 부응하는 일이란 말인가?

吾誠養君德於正 則邪自不得而窺. 吾誠修政事以實 則妄自無從而進. 吾誠慎簡干城之將以固吾圉 則徼功生事之說自息. 吾誠釐剔中飽之弊以裕吾用 則掊克毒民之計自消. 吾誠育士以醇靜之風 拔賢於難進之侶 爲國家儲才於百年 則姦佞之覬覦自戢 而善類之濯磨自弘. 曾不出此 而夜以繼日 如追亡子. 進一人 則曰此熙、豐之所退也 退一人 則曰此熙、豐之所進也. 興一法 則曰此熙、豐之所革也 革一法 則曰此熙、豐之所興也. 然則使元祐諸公處仁、英之世 遂將一無所言 一無所行 優游而聊以卒歲乎? 未見其有所謂理也 氣而已矣. 氣一動而不可止 於是呂、范不協於黃扉 雒、蜀、朔黨不協於群署 一人煢立於上 百尹類從於下 尚惡得謂元祐之猶有君 宋之猶有國也! 而紹聖諸姦 駕駟馬騁康莊以進 莫之能禦矣. 反其所爲者 固師其所爲也. 是故通哲宗在位十四年中 無一日而不爲亂媒 無一日而不爲危亡地 不徒紹聖爲然矣.

진실로 君德을 올바르게 기른다면 邪慝함은 저절로 엿볼 수 없게 되며, 진실로 政事를 내실 있게 다스린다면 망령됨은 저절로 사라지며, 진실로 干城의 장수를 신중하게 선발하여 국경을 공고히 한다면 공연히 功이나 탐하는 무리가 저절로 없어질 것이다. 또 진실로 중간 착복의 폐해를 단호히 근절시킨다면 財用은 넉넉해져서 백성들을 수탈하는 음모가 저절로 잦아들 것이다. 나아가 진실로 士類들 사이 純正한 기풍이 자리잡게 하고 賢才를 엄정히 선발함으로써 국가의 백년대계를 위해 인재를 뽑아둔다면, 간사하게 아첨이나 일삼는 풍조가 저절로 바로잡히고 善類들은 스스로를 琢磨해 갈 것이다. 그런데 元祐 연간에는 이렇게 하지 못하고 밤낮으로 마치 잃은 자식을 찾아다니듯, 한 사람을 발탁하고서는 '이는 熙寧 元豊 연간에 좌천된 사람이다' 라고 말했으며, 한 사람을 내쫓고서는 '이는 熙寧 元豊 연간에 등용된 사람이다' 라고 말했다. 또 법제 하나를 도입하고서는 '이는 熙寧 元豊 연간에 폐지된 것이다' 라고 말하고, 법제 하나를 폐지하고는 '이는 熙寧 元豊 연간에 신설된 것이다' 라고 말했다. 그런즉 元祐 연간의 諸公들이 仁宗과 英宗의 治世에 살았던들, 그들은 단 한 마디의 말도 하지 않은 채 유유자적하며 한가로이 시간을 보냈을 것이 아니겠는가? 거기에는 이른바 理란 것이 없고 오직 氣만 있었다. 氣는 한 번 움직이면 멈추지 못한다. 그리하여 위로는 呂, 范이 黃扉에서 불화를 빚었고,[32] 이래로는 洛黨과 蜀黨 · 朔黨이 모든 부서에서 불협화음을 내었다. 위로 한 사람이 聳立하고 그 아래 수많은 신료들이 따라다녔다. 그러니 元祐 연간에 어찌 君王이 있으며 宋朝에 어찌 국가가 있다 할 수 있으리오? 이런 형국에서 紹聖의 姦人들이 당당히 말을 타고 시내의 거리를 달리듯 다가왔으되 막아세울 수 없었던 것이다. 그 행위를 뒤집는다는 것은 진실로 그것을 다시 본받는다는 것이다. 이런 까닭에 哲宗의 在位 14년간을 통해 하루도 난리의 단초가 되지 아니한 날이 없었고 또 단 하루도 危亡의 형국에 있지 아니한 날이 없었다. 어찌 紹聖 연간만 그러했겠는가?

---

32) 哲宗의 治世를 통해 재상의 직위에 있었던 呂公著, 呂大防 및 范純仁 등이 정무를 둘러싸고 상당한 불화를 빚었던 사실을 가리킨다. 여기서 黃扉란 재상 廳舍의 문이다.

當其時 耶律之臣主亦昏淫而不自保 元昊之子孫亦偷安而不足逞. 藉其不然 靖康之禍 不能待之他日也. 而契丹衰 夏人弱 正漢宣北折匈奴之時會. 乃恣通國之精神 敝之於一彼一此之短長 而弗能自振. 嗚呼! 豈徒宋之存亡哉? 無窮之禍 自此貽之矣. 立乎今日 以覆考哲宗之代之所爲 其言洋溢於史册 以實求之 無一足當人心者. 苟明於得失之理 安能與登屋遮道之愚民同稱慶快邪?

이 시기 거란의 臣僚와 군주 또한 昏淫하여 스스로도 지키기 어려운 지경이었고 西夏의 李元昊 자손 또한 구차히 편안함만을 도모할 뿐 강하지 못하였다. 만일 그렇지 아니했다면 靖康의 禍는 멀리 갈 것도 없이 바로 이 시기에 발생했을 것이다. 거란이 쇠미해지고 서하가 약해졌으므로 바로 漢 宣帝 시기 북으로 흉노를 정벌했던 때와 같은 호기였다. 하지만 온 나라를 통해 이리저리 장단점이 얽혀 있어 漢 宣帝 시기처럼 국세를 떨칠 수 없었던 것이다. 嗚呼라, 이 어찌 다만 宋의 存亡에만 관련된 것이리오? 무궁한 재앙이 이때로부터 시작되었던 것이다. 오늘날의 견지에서 哲宗 시대의 역사를 되짚어보면, 그에 대한 말이 史册에 넘치도록 기록되어 있으되 그 내실 있는 것을 구하자면 단 하나라도 흡족한 것이 없다. 진실로 得失의 이치에 밝다면 어찌 愚民과 마찬가지로 그때를 두고 기뻐할 수 있으리오?

夫君子之自立也有節 而應天下也有道. 心之無私 不待物之不我辱而後榮. 爲之有實 不待法之無所獘而後治. 故入其朝 觀其所爲 讀其書 觀其所成. 聚天下之聰明才力 以奉一人而理萬物 不期正而無不正 然後其興也 必也. 此則君子以自靖而靖天下者也. 豈徒伊、呂哉? 兩漢之盛 唐、宋之初無有不然者. 夫誰如哲宗在御之世 貿貿終日 而不知將以何爲也!

대저 君子는 自立할 때 절개가 있으며 천하에 나아갈 때도 도리를 지킨다. 心中에 사사로움이 없으므로 만물이 자신으로 인해 문제를 겪지 아니하도록 하고 이어 영화를 받는다. 행함에 내실이 있으므로 法制가 온전히 제 기능을 하도록 하고 이어 治世를 이끌어낸다. 이러한 까닭에 조정에 들어서면 실적을 올리며 독서를 하면 그 이름을 남기는 것이다. 천하의 총명하고 才力이 있는 인물들을 모두 모아 천자를 받들면서 만물을 다스리게 한다면, 억지로 만물이 올바르게 되도록 하지 않아도 올바르지 않음이 없게 된다. 그러한 연후에 國勢가 일어나는 것은 必至의 사실이다. 이것이 바로 군자가 스스로를 다스림으로써 천하를 다스리는 것이다. 어찌 伊尹과 呂尙[33] 뿐이겠는가? 兩漢의 盛世라든가 唐宋의 초기는 모두 이러하지 않음이 없었다. 그런데 哲宗이 다스리던 시기에는 하릴없이 날을 지새우고 장차 어떻게 해야 할지 모르고 있었던 것이다.

33) 殷代의 賢相 伊尹과 周代의 賢相 太公望 呂尙을 가리킨다.

5. 왕안석의 상인종황제언사서

王安石의 上仁宗皇帝言事書

해제

王安石(1021~1086)은 38세 되던 해인 仁宗 嘉祐 3년(1058) 10월 江東路 提點刑獄으로부터 중앙으로 불리워져 三司度支判官에 임명된다. 당시 그의 정치가로서의 명성은 비교적 젊은 나이임에도 불구하고 朝野에 널리 퍼져 있었다. 특히 兩浙路 明州 知鄞縣으로서 수년간 근무하면서 올렸던 탁월한 治積이라든가, 혹은 거듭된 중앙의 발탁에도 불구하고 모두 固辭하고 지방관으로 전전했던 점 등이 世間의 士大夫들에게 강렬한 인상을 심어주었던 것이다. 특히 후자, 즉 관직에의 無慾은, 상위관직으로의 진출을 둘러싸고 치열하게 경쟁이 빚어지던 당시의 관계 분위기에서 커다란 美德으로 云謂되고 있었다. 이렇듯 중앙 요직으로의 발탁을 고사하고 있던 王安石이 모처럼 중앙관을 수락하고 조정에 나아가면서 올리는 復命書가 바로 여기서 소개하는 「上仁宗皇帝言事書」이다.

이 「上仁宗皇帝言事書」는 통상 '王安石의 「萬言書」'라 칭해지기도 한다. 본문의 글자수효가 萬字에 육박하는 장문이기 때문이다. 실제로 『王文公文集』에서는 「上皇帝萬言書」란 제목을 붙이고 있기도 하다. 萬言書란 臣僚들이 황제에게 올리는 長文의 上書를 일컫는 말로서, 통상 자신의 才識과 문장력을 과

시하며 時政의 得失을 본질적인 측면에서 제기하고자 할 때 택하는 상주문의 형식이다. 王安石과 대략 동일시대 인물인 蘇軾도 萬言書를 上奏한 바 있다. 이후에도 萬言書라는 형식의 상주문은 시대를 통해 지속적으로 존재했다. 하지만 그 많은 萬言書 중에서도 왕안석의 「上仁宗皇帝言事書」는 대표적인 名文의 하나로 꼽힌다. 만여자에 가까운 장문이면서도 지루하거나 중복되지 않고, 기백과 힘이 넘치는 어조로 팽팽한 긴장감을 유지하며 논의를 진행시키기 때문이다. 왕안석에 대해 비판적인 견지에 섰던 인물들조차, '(行論이) 수십만 대군을 흐트러짐 없이 이끄는 大將과 같다'(沈德潛, 『唐宋八家文讀本』 권 29)고 賞讚했던 所以도 바로 그 때문이었다. 심지어 왕안석을 두고 '중국사의 영광'이라고 평가했던 梁啓超와 같은 사람은, 이 「上仁宗皇帝言事書」야말로 '진한이래 제일의 명문'(『王安石評傳』)이라고까지 극찬한 바 있다.

북송 인종시대는 宋朝가 안팎으로 여러 가지 모순에 직면한 시기였다. 특히 對西夏戰爭으로 말미암은 軍費의 증가는 재정을 파탄지경으로 몰아넣고 있었다. 재정의 위기와 더불어 농민 등의 동요도 심각한 상태에 달하고 있었다. 그리하여 富弼(1004~1083)과 같은 사람은, '도적이 일어나 천하에 가득 차려하고 있으며, 이에 생각이 미칠 때마다 춥지 않은데도 두려워 떨린다.'(『續資治通鑑長編』 권 143, 仁宗 慶曆 3년 9월 丁丑)고까지 말하고 있는 형국이었다. 당시는 이른바 宋代의 史書에서 말하는 三冗의 체제위기가 정점을 향해 치닫고 있던 시기였다. 이러한 위기국면에 당하여 당시의 지식인들 사이에서는 개혁의 주장이 다각도로 제기되었다. 范仲淹(989~1052), 富弼, 司馬光(1019~1086) 등의 개혁론은 그 대표적인 것들이라 할 수 있다.

이러한 시기에 왕안석은 중앙관으로 불리워졌고, 오랜 지방관 생활 끝에 중앙관료로 나아가며, 이 「上仁宗皇帝言事書」란 이름으로 자신의 평소 시국관을 종합 정리하여 皇帝 仁宗에게 올리는 것이다. 이 상주문에서 말하는 요체는, 당시 체제위기의 본질은 人才의 부족에 있다는 것이었다. 이 인재의 부족은 先王의 法度를 채용하지 않은 데 있으며, 先王의 法度란 인재의 '敎之(교육), 養之

(처우), 取之(선발), 任之(임용)'의 네 측면에서 집약적으로 나타난다고 말한다. 결국 북송중엽 당시의 문제는, 인재에 대한 교육, 처우, 선발, 임용의 네 측면을 본질적으로 개혁함으로써만 해결될 수 있다는 것이다. 왕안석은 이러한 논조를 기본으로 하면서, 이에 덧붙여 理財의 문제라든가 국방의 문제, 정치구조의 문제 등에 대해 광범위하게 論及해간다. 그러면서도 논의의 초점인 인재양성의 문제를 크게 벗어나지 않는다. 이「上仁宗皇帝言事書」가 만여자에 육박하는 장문이면서도 간결하고 강렬한 어조를 띄고 있는 까닭이 바로 여기에 있다.

통상 왕안석은 이「上仁宗皇帝言事書」를 통해 훗날 新法이라 불리우는 대개혁의 大綱을 제시하였다고 일컬어진다. 이러한 이해는 어느 정도 타당한 측면이 없지 아니하다. 개혁의 근거를 '先王'으로 칭해지는 典故에서 구하고 있는 점이라든가, 혹은 理財를 통해 재정위기를 해소할 수 있다는 주장, 그리고 무엇보다도 본 상주문의 주제이기도 한 교육구조의 문제점 등에 대한 해결책 제시 등이 그러한 신법과의 연결성을 잘 보여준다. 하지만 훗날 시행되는 왕안석의 新法은 실로 극히 포괄적인 것이었다. 재정구조의 개선을 주안점으로 하면서도, 국방· 水利· 官制· 농촌구조· 과거제· 상업 등에 이르기까지, 가위 사회의 전반에 걸친 대개혁을 지향하는 것이었다. 따라서 이처럼 포괄적인 분야에 걸쳐있는 것이었던 만큼, 신법의 개혁은 처음부터 종합적인 구도 아래 진행된 것이라고 보기는 힘들다. 실제로 개혁의 과정을 조금 자세히 살펴보면, 일부 지역에서 어느 정도 효과를 올린 것으로 파악되면, 면밀한 분석 없이 다소간 즉흥적으로 그대로 채용하는 측면도 보인다. 요컨대 왕안석의 신법은 다각적인 분야에 걸쳐있는 만큼이나 다양한 성격을 지닌 존재이며, 그러한 만큼 그 개혁에 10여년이나 앞서 제시된 이「上仁宗皇帝言事書」를 통해 新法의 성격 전모를 파악하고자 하는 것은 조금 위험한 자세라 여겨지는 것이다.

이 상주문은 왕안석의 명망을 높이는 데 다시 상당한 기여를 했다. 하지만 당시 집권세력으로부터는 철저히 백안시되었을 뿐이었다. 상주문을 받은 황제 仁宗부터 이에 대해 별다른 반응을 보이지 않았을 뿐더러, 당시 재상직위에 있던 富弼, 韓琦(1008~1075) 등은, 이 상주문 가운데 宰相을 격하게 공박하는 내용으로 인해 매우 불쾌해 하기조차 했다(洪邁, 『容齋四筆』 권 4, 「王荊公上書幷詩」). 왕안석은 이러한 냉담한 반응에 직면하여 이후 3년 남짓 중앙관 생활을 하다가, 母喪을 구실로 낙향해 버린다. 왕안석이 神宗에 의해 불리워져 副宰相인 參知政事에 임용되고 이후 본격적인 개혁에 착수하는 것은 熙寧 2년(1069), 「上仁宗皇帝言事書」를 통해 개혁의 포부를 밝힌 지 꼭 11년만의 일이었다.

○ ○ ○

臣愚不肖 蒙恩備使一路. 今又蒙恩召還闕廷 有所任屬 而當以使事歸報陛下. 不自知其無以稱職 而敢緣使事之所及 冒言天下之事. 伏惟陛下詳思而擇其中 幸甚.

臣은 어리석고 不肖한데도 은혜를 입어 一路에 備使(使臣이 됨)했습니다.[1] 지금 또 은혜를 입고 朝廷(闕廷)에 소환[2]되어 任屬된 바가 있으니, 마땅히 使事로써 돌아와 폐하께 아뢰어야할 것입니다. 그 직임에 어울리지 않음을 스스로 알지 못하여 (면구스럽지만), 使事가 미치는 바에 연유하여 감히 천하의 일을 말씀드리겠습니다. 엎드려 생각컨대 폐하께서 자세히 생각하여 그 옳음(맞는 것)을 택하신다면 크게 다행이겠습니다.

臣竊觀陛下有恭儉之德 有聰明睿智之才 夙興夜寐 無一日之懈 聲色狗馬 觀游玩好之事 無纖介之蔽. 而仁民愛物之意 孚於天下 而又公選天下之

---

1) 江東提點刑獄으로 근무한 것을 일컫는다. 王安石은 仁宗 嘉祐 3년(1058) 2월 이래 중앙관인 三司度支判官으로 발탁되는 嘉祐 3년 10월까지 이 직위에 재직했다. 提點刑獄이란 提點刑獄公事의 약칭으로서, 一路의 刑獄, 즉 사법업무를 관장하는 직위이다. 憲司라고도 불리웠다.

2) 三司內 度支의 제업무를 처리하는 三司度支判官으로 임명된 것을 가리킨다.

所願以爲輔相者 屬之以事 而不貳於讒邪傾巧之臣. 此雖二帝三王之用心不過如此而已. 宜其家給人足 天下大治 而效不至於此. 顧內則不能無以社稷爲憂 外則不能無懼於夷狄. 天下之財力日以困窮 而風俗日以衰壞. 四方有志之士 諰諰然常恐天下之不久安. 此其故何也? 患在不知法度故也.

臣이 삼가 보건대, 폐하께서는 삼가고 검소한 德을 지니고 총명과 예지의 재능을 지니셨으며, 일찍 일어나고 밤늦게 잠들며, 하루도 게으르지 않으며, 聲色(노래와 여색)과 狗馬(노리개) 및 觀游(유람)와 玩好(유흥)의 일에 티끌만큼도 마음을 두지 않으십니다. 그리고 백성에게 어질며 만물을 사랑하는 뜻으로 천하에 임하시며(孚는 信의 의미), 천하가 輔相으로 삼기를 원하는 바의 者들을 공정히 뽑아 일을 맡기며, 讒邪와 傾巧의 신하에 미혹되지(貳) 않습니다. 이는 비록 二帝(堯舜)와 三王[3]의 마음씀씀이라 하더라도 이보다 낫지 아니할 것입니다. 그렇다면 마땅히 그 家는 넉넉하고(給) 사람들은 풍족하며 천하는 크게 다스려져야 합니다. 그런데 功效가 이에 이르지 않습니다. 안을 돌아본 즉 사직으로써 근심하지 않을 수 없고, 밖인 즉 夷狄을 두려워하지 않을 수 없습니다. 천하의 財力은 날로 곤궁해지고 풍속은 날로 무너져 가서, 사방의 뜻 있는 선비들이 諰諰然(두려워함)하게 천하가 오래 편안하지 않음을 항상 두려워합니다. 이는 그 까닭이 무엇입니까? 병폐(患)는 法度를 모르는 까닭입니다.

今朝廷法嚴令具 無所不有 而臣以謂無法度者 何哉? 方今之法度 多不合乎先王之政故也. 孟子曰 '有仁心仁聞 而澤不加於百姓者 爲政不法於先王之道故也.' 以孟子之說 觀方今之失 正在於此而已.

3) 여기서 三王이라 함은 夏, 商, 周의 창건자들인 禹王, 湯王, 그리고 文王과 武王을 가리킨다.

지금 조정에 法은 엄하며 令은 갖추어져 있어 부족한 바가 없습니다. 그럼에도 臣이 법도가 없다고 하는 것은 무엇일까요? 지금의 법도가 대부분 先王의 정치와 부합하지 않기 때문입니다. 『孟子』에서는, "어진 마음이 있고 어진 소문이 있는데 恩澤이 백성에게 더하여지지 않는 것은, 爲政이 선왕의 道를 본받지 않은 까닭이다"[4]고 말합니다. 『孟子』의 말로써 지금의 잘못을 보건대 (그 연유가) 바로 여기에 있습니다.

夫以今之世 去先王之世遠 所遭之變 所遇之勢不一 而欲一二修先王之政 雖甚愚者猶知其難也. 然臣以謂今之失 患在不法先王之政者 以謂當法其意而已. 夫二帝三王 相去蓋千有餘載 一治一亂 其盛衰之時具矣. 其所遭之變 所遇之勢 亦各不同 其施設之方亦皆殊. 而其爲天下國家之意 本末先後 未嘗不同也. 臣故曰 當法其意而已. 法其意 則吾所改易更革 不至乎傾駭天下之耳目 囂天下之口 而固已合乎先王之政矣.

무릇 지금의 세상은 先王의 세상과 멀리 떨어져 있고, 당면한 변화와 시세가 같지 않습니다. 선왕의 정치를 하나 둘(일일이) 닦으려 하는 것은, 비록 매우 어리석은 자라 하더라도 오히려 그 어려움을 알 것입니다. 그러므로 臣이 지금의 잘못은 그 원인(患)이 선왕의 정치를 본받지 아니한 것에 있다고 하는 것은, 마땅히 그 뜻을 본받아야 한다는 것을 말합니다. 무릇 二帝三王은 서로 대략 천여 년이나 떨어져 있으며, (그 기간 동안에는) 治世와 혼란 및 그 성쇠의 시기가 모두 출현한 바 있습니다. 그 변화와 시세 또한 각각 다르고, 그 (정치를) 베푼 방법 또한 모두 다릅니다. 그러나 그 천하와 국가를 다스린 뜻과, 그 本末 및 先後는 일찍이 다르지 않습니다. 臣은 고로 마땅히 그 뜻을 본받아야 한다고 말하는 것입니다. 그 뜻을 본받

4) 『孟子』권 7,「離婁章句 上」에 나옴.

은 즉 우리의 改易하고 更革하는 바가, 천하의 이목을 傾駭하게 하고 천하의 입이 시끄러워지게 함에 이르지 않을 것입니다. 그리하여 진실로 선왕의 정치에 부합할 것입니다.

雖然 以方今之勢揆之 陛下雖欲改易更革天下之事 合於先王之意 其勢必不能也. 陛下有恭儉之德 有聰明睿智之才 有仁民愛物之意 誠加之意 則何爲而不成 何欲而不得? 然而臣顧以謂陛下雖欲改易更革天下之事 合於先王之意 其勢必不能者 何也? 以方今天下之人才不足故也.

설혹 그러하나 지금의 시세로써 헤아리건대, 폐하께서 비록 천하의 일을 改易하고 更革하여 선왕의 뜻에 부합시키고자 하더라도 그 추세 상 반드시 불가능할 것입니다. 폐하께서는 삼가고 검소한 德을 지니고 총명과 예지의 재능을 지녔으며, 백성에게 어질고 만물을 사랑하는 뜻을 지녔습니다. (여기에) 진실로 의지를 덧붙인다면 무엇인들 이루지 못하며 무엇인들 하고자 하여 얻지 못하겠습니까? 그럼에도 臣이 돌아보아 이르기를, 폐하께서 비록 천하의 일을 改易하고 更革하여 선왕의 뜻에 부합하고자 하나 그 추세 상 반드시 불가능할 것이라 하는 것은 무엇일까요? 지금 천하의 인재가 부족하기 때문입니다.

臣嘗試竊觀天下在位之人 未有乏於此時者也. 夫人才乏於上 則有沈廢伏匿在下 而不爲當時所知者矣. 臣又求之於閭巷草野之間 而亦未見其多焉. 豈非陶冶而成之者 非其道而然乎? 臣以謂方今在位之人才不足者 以臣使事之所及則可知矣. 今以一路數千里之間 能推行朝廷之法令 知其所緩急 而一切能使民以修其職事者甚少. 而不才苟簡貪鄙之人 至不可勝數. 其能講先王之意 以合當時之變者 蓋闔郡之間 往往而絶也. 朝廷每一令下 其意雖善 在位者猶不能推行 使膏澤加於民. 而吏輒緣之爲姦 以擾百姓. 臣

故曰 在位之人才不足 而草野閭巷之間 亦未見其多也. 夫人才不足 則陛下雖欲改易更革天下之事 以合先王之意 大臣雖有能當陛下之意 而欲領此者九州之大 四海之遠 孰能稱陛下之指 以一二推行此 而人人蒙其施者乎? 臣故曰其勢必未能也. 孟子曰 '徒法不能以自行.' 非此之謂乎? 然則方今之急在於人才而已. 誠能使天下之才衆多 然後在位之才 可以擇其人而取足焉. 在位者得其才矣 然後稍視時勢之可否 而因人情之患苦 變更天下之弊法以趨先王之意 甚易也. 今之天下 亦先王之天下 先王之時 人才嘗衆矣. 何至於今而獨不足乎? 故曰 陶冶而成之者 非其道故也.

臣이 삼가 천하 在位의 인재를 살피건대 일찍이 지금보다 부족한 적이 없었습니다. 무릇 인재가 위에서 부족하면, 아래에 가라앉아 엎드려 감춰져 있으되, 당시에는 알려지는 바가 되지 못하기도 합니다. (그런데) 臣은 또 閭巷과 草野의 사이에서 찾아보았으되 또한 그 많음을 보지 못하였습니다. 어찌 陶冶하여 교육하는 것이 그 道가 아니어서 그런 것이 아니겠습니까? 臣이 이르기를 지금 在位의 인재가 부족하다고 하는 것은, 臣이 使事로서 겪은 바로 살펴보면 가히 알 수 있습니다. 지금 一路 수천 리의 사이에, 능히 조정의 법령을 미루어 행하여 그 완급의 바를 알아, 일체를 능히 백성을 위하여 그 職事를 처리할 수 있는 자는 매우 적습니다. 반면 재능이 없고 적당히 하며(苟簡) 貪鄙한 사람은 이루 다 셀 수 없습니다. 능히 선왕의 뜻을 강구하여 당시의 변화에 합치시킬 수 있는 자는 온 郡(闔郡)에 왕왕 전무하기도 합니다. 조정에서 하나의 令이 내려질 때마다 그 취지는 비록 좋으나, 在位者가 능히 미루어 행하여 膏澤이 백성에 미치게 하지 못합니다. 그리고 胥吏들이 번번이 이에 기대 作姦하여 백성을 어지럽힙니다. 臣은 고로 이르기를, 재위의 인재가 부족하며 草野와 閭巷의 사이에도 또한 적다고 말하는 것입니다. 무릇 인재가 부족한 즉, 폐하께서 비록 천하의 일을 改易하고 更革하여 선왕의 뜻에 합치시키려 하고,

大臣이 비록 능히 폐하의 뜻에 부응한다 하더라도, 九州가 크고 四海가 먼 것을 (감안할 때) 누가 능히 폐하의 지시에 따라 이를 하나 둘(일일이) 미루어 행하여, 사람마다 그 효과가 미치게 하겠습니까? 臣은 고로 그 추세상 반드시 불가능하다고 말하는 것입니다. 『맹자』에서 이르기를, "법(徒法, 空法)은 저절로 행해질 수 없다"[5]고 하는 것은, 이를 일컬음이 아니겠습니까? 그런 즉 지금의 다급함은 인재에 있는 것입니다. 진실로 능히 천하에 인재가 衆多하게 하면, 연후에 在位의 인물(才)은 가히 그 사람을 택하여 취함이 족할 것입니다. 在位者에 그 인물을 얻는다면 연후에 차츰 시세의 옳고 그름을 살피어, 人情의 患苦에 인하여 천하의 弊法을 변경함으로써 선왕의 뜻에 따름이 심히 쉬울 것입니다. 지금의 천하는 또한 선왕의 천하입니다. 선왕의 때에는 인재가 일찍이 많았는데 어찌 지금에 이르러 유독 부족한 것일까요? 고로 이르기를, 陶冶하여 이루는 것이 그 道가 아니기 때문이라고 하는 것입니다.

商之時 天下嘗大亂矣. 在位貪毒禍敗 皆非其人. 及文王之起 而天下之才嘗少矣. 當是時 文王能陶冶天下之士 而使之皆有士君子之才 然後隨其才之所有而官使之. 詩曰 '豈弟君子 遐不作人' 此之渭也. 及其成也 微賤兎罝之人 猶莫不好德. 兎罝之詩 是也. 又況於在位之人乎? 夫文王惟能如此 故以征則服 以守則治. 詩曰 '奉璋峨峨 髦士攸宜.' 又曰 '周王於邁 六師及之.' 言文王所用文武各得其才 而無廢事也. 及之夷厲之亂 天下之才 又嘗少矣. 至宣王之起 所與圖天下之事者 仲山甫而已. 故詩人歎之曰 '德輶如毛 惟仲山甫擧之 愛莫助之.' 蓋憫人士之少 而山甫之無助也. 宣王能用仲山甫 推其類以新美天下之士 而後人才復衆. 於是內修政事 外討不庭 而復有文武之境土. 故詩人美之曰 '薄言菜芑 於彼新田 於此菑畝.' 言宣王能

---

5) 『孟子』권 7, 「離婁章句 上」에 나옴.

新美天下之士 使之有可用之才 如農夫新美其田 而使之有可菜之芑也. 由此觀之 人之才 未嘗不自人主陶冶而成之者也.

商의 때에 천하는 일찍이 크게 어지러웠습니다. 在位者는 貪毒하고 禍敗하여 모두 적절한 인물이 아니었습니다. 文王이 즉위함에 이르러서도 천하의 인재는 적었습니다. 이때에 당하여 文王은 능히 천하의 선비를 陶冶하여 모두 士君子의 재능을 지니게 했습니다. 연후에 그 재능이 있는 바에 따라 관료로 부렸습니다. 『시경』에 이르기를, "豈弟한(즐겁고 편안한) 君子(文王)여 어찌(遐는 何의 의미) 인재를 만들지 않으리요?"[6] 라는 것은, 이를 일컫는 것입니다. 그 이룸에 미쳐 微賤하여 토끼 그물 놓는 사람들(兎罝)도 오히려 德을 좋아하지 않음이 없었습니다. 「兎罝」의 詩[7]가 이것입니다. 그러니 하물며 在位의 사람은 어떻겠습니까? 무릇 문왕이 오직 이러할 수 있었기에 고로 출정한 즉 정복하고 (머물러) 지킨 즉 다스려졌습니다. 『시경』에서 이르기를 "(諸臣들이) 璋을 받드는 것이 峨峨(높음)하도다. 俊士들이 마땅히 할 바로다."[8]라 하고, 또 이르기를 "周王이 나아감(邁)에 六師가 뒤따랐도다."[9]라 했습니다. 문왕이 文武를 쓰는 바 각각 그 사람(才)을 얻고 일이 폐하여지지 않았음을 말하는 것입니다. 夷王과 厲王의

6) 『詩經』「大雅」「文王」「旱麓」에 나옴.

7) 『詩經』「國風」「周南」의 篇名. 文王의 德化로 말미암아 인재가 많아져서 그물을 가지고 토끼를 사냥하는 사람까지도 좋은 品德을 지니게 되었음을 노래하고 있다.

8) 『詩經』「大雅」「文王」「棫樸」에 나옴. 여기서 璋은 璋瓚으로서 제사지낼 때 사용하는 玉製酒器. 제사에 있어 君王이 圭瓚으로 祼將을 할 때 左右에서 璋瓚을 받드는 臣下들이 많았음을 노래한 시. 異說이 없는 것은 아니나 대략 文王時期 인재가 많았던 사실을 稱揚한 내용으로 알려져 있다.

9) 『詩經』「大雅」「文王」「棫樸」에 나옴.

난[10]에 미쳐 천하의 인재는 또 적어져서, 宣王[11]의 즉위에 이르러 더불어 천하의 일을 도모할 자는 仲山甫 뿐이었습니다. 고로 시인이 탄식하여 이르기를, "德이 가볍기가 터럭과 같도다. 오직 仲山甫가 (이 덕을) 들었도다. 아쉽게도(愛는 惜의 의미) (아무도) 도와주지 않는도다."[12]라고 한 것은, 무릇 人士가 적고 仲山甫에게 도움이 없었음을 민망히 여긴 것입니다. 宣王이 능히 仲山甫를 써서 그 무리에 의지하여 천하의 선비를 새로이 아름답게 했습니다. 그 후에 인재가 다시 많아졌습니다. 이에 안으로 정사를 닦고 밖으로 不庭(조정에 순복하지 않는 것)을 쳐서 다시 문왕과 무왕의 境土를 지녔습니다. 고로 시인이 이를 아름답게 여겨 이르기를, "잠깐(薄言, 어조사) 芑를 캐기를 그 新田(개간한 지 2년되는 田地)에서 하고 이 菑畝(개간 첫 해의 田地)에서 하도다."[13] 라고 한 것은, 宣王이 능히 천하의 선비를 새로이 아름

10) 西周 제9대 및 제10대 天子인 夷王과 厲王 시대의 혼란, 즉 夷狄의 융성과 內治의 이완을 말한다. 이 시기가 되면 周 왕실의 권위약화가 현저해져서, 제후들이 王室에 대한 朝覲을 소홀히 하는 것은 물론 抗命도 심심치 않게 발생하는 상태에 이른다. 그리하여 夷王은 諸侯의 朝拜를 坐定한 채로 받지 못하고 殿堂 아래에 내려가 諸侯를 맞을 정도였다고 한다. 특히 厲王 시대가 되면 여왕의 폭압정치 및 專利政策에 반발하여 기원전 841년 國人들이 폭동을 일으킨다. 그 결과 여왕은 쫓겨가고 이후 국인들이 周公·召公을 중심으로 14년간 共和政治를 행하였다. 이를 共和政治의 시대라 일컫는다. 共和時代는 厲王 사후 國人들이 그 아들 靜을 王으로 옹립하며 종식된다. 國人들의 폭동이 일어난 共和元年(前 841)은 중국역사상 紀年이 확정되는 최초의 연대이기도 하다.

11) 共和時代(前 841~前 827) 직후 즉위한 西周의 제11대 天子. 등극이후 仲山甫 및 尹吉甫 등의 보필을 받아, 약화된 주왕실의 권위를 회복하고 남북으로 荊蠻과 玁狁 등을 정벌함으로써 이완된 서주의 통치기강을 어느 정도 추스르는 데 성공한다. 이러한 宣王의 치적을 두고 '宣王中興'이라 칭하기도 한다. 하지만 선왕의 정치는 약간의 外華를 장식하는 미봉적인 것이었을 뿐인 관계로, 서주통치의 본질적 모순은 여전하여 그 다음대인 幽王 시기에 마침내 犬戎의 침략으로 말미암아 서주왕조는 몰락하기에 이른다.

12) 『詩經』「大雅」「湯」「蒸民」에 나옴.

13) 『詩經』「小雅」「彤弓」「采芑」에 나옴. 이 가운데 芑는 靑白色의 쓴 맛이 나는 채소 이름. 宣王이 南方으로 楚를 정벌하기에 앞서 인재를 육성하고 군대를 調練하는 모습을 노래한 것이다.

답게 하여 可用의 인물이 있게 한 것이, 마치 농부가 그 田地를 새로이 아름답게 하여 可採의 芑가 있게 한 것과 같음을 말한 것입니다. 이로써 보건대 사람의 인물(才)은 일찍이 人主의 陶冶로부터 이루어지지 않은 적이 없는 것입니다.

所謂陶冶而成之者 何也? 亦教之養之取之任之 有其道而已.

이른바 陶冶하여 이루는 것이란 무엇일까요? 또한 가르치고 기르고 취하고 맡김에 그 道가 있는 것입니다.

所謂教之之道何也? 古者天子諸侯 自國至於鄕黨 皆有學. 博置教導之官而嚴其選. 朝廷禮樂刑政之事 皆在於學. 士所觀而習者 皆先王之法言德行治天下之意 其材亦可以爲天下國家之用. 苟不可以爲天下國家之用 則不教也. 苟可以爲天下國家之用者 則無不在於學. 此教之之道也.

이른바 가르치는 道란 무엇일까요? 옛날 천자와 제후는 國으로부터 鄕黨에 이르기까지 모두 학교(學)가 있어 教導의 官을 널리 두고 그 선발을 엄히 했습니다. 조정의 禮樂刑政의 일이 모두 학교에 있었습니다. 선비가 보고 익히는 것은 모두 선왕의 法言과 德行 및 천하를 다스린 뜻이어서, 그 인물(才) 또한 가히 천하와 국가의 쓰임이 될 수 있었습니다. 진실로 천하와 국가의 쓰임이 될 수 없으면 가르치지 않았습니다. 또한 진실로 가히 천하와 국가의 쓰임이 될 만한 자는 학교에 있지 않음이 없었습니다. 이것이 가르치는 道입니다.

所謂養之之道何也? 饒之以財 約之以禮 裁之以法也. 何謂饒之以財? 人之情 不足於財 則貪鄙苟得 無所不至. 先王知其如此 故其制祿 自庶人之

在官者 其祿已足以代其耕矣. 由此等而上之 每有加焉. 使其足以養廉恥 而離於貪鄙之行 猶以爲未也. 又推其祿以及其子孫 謂之世祿. 使其生也 旣於父子兄弟妻子之養 婚姻朋友之接 皆無憾矣. 其死也 又於子孫無不足之憂焉. 何謂約之以禮? 人情足於財 而無禮而節之 則又放僻邪侈 無所不至. 先王知其如此 故爲之制度. 婚喪祭養燕享之事 服食器用之物 皆以命數爲之節 而齊之以律度量衡之法. 其命可以爲之 而財不足以具 則弗具也. 其財可以具 而命不得爲之者 不使有銖兩分寸之加焉. 何謂裁之以法? 先王於天下之士 敎之以道藝矣. 不帥敎 則待之以屛棄遠方 終身不齒之法. 約之以禮矣. 不循禮 則待之以流殺之法. 王制曰 '變衣服者 其君流.' 酒誥曰 '厥或誥曰 群飮 汝勿佚. 盡執拘以歸於周 予其殺.' 夫群飮變衣服 小罪也 流殺 大刑也. 加小罪以大刑 先王所以忍而不疑者 以爲不如是 不足以一天下之俗而成吾治. 夫約之以禮 裁之以法 天下所以服從無抵冒者 又非獨其禁嚴而治察之所能致也. 蓋亦以吾至誠懇惻之心 力行而爲之倡. 凡在左右通貴之人 皆順上之欲而服行之 有一不帥者 法之加必自此始. 夫上以至誠行之 而貴者知避上之所惡矣 則天下之不罰而止者衆矣. 故曰此養之之道也.

이른바 기르는 道란 무엇일까요? 재물로써 넉넉히 하고 예로써 제약하고 법으로써 자르는 것입니다. 무엇을 일컬어 재물로써 넉넉히 한다고 할까요? 사람의 마음은 재물이 부족한 즉 탐욕스럽고 야비하며 구차하게 얻으려 함이 이르지 않는 바가 없게 됩니다. 선왕은 이를 아는 까닭에 그 祿을 제정하기를, 庶人으로 官에 있는 자(胥吏)로부터 그 祿이 경작을 대신하기에 족하게 했습니다. 이 등급(서리)으로부터 올라가 매양 증가시킴이 있어, 하여금 족히 염치를 지키고 貪鄙의 행동으로부터 벗어날 수 있게 하기를, 부족함이 있을까 걱정할 정도였습니다. 또한 그 祿이 그 자손에까지 미치게 하고 世祿이라 했습니다. 살아 있을 때에는 부자형제 처자의 기름(養)과 혼인 및 朋友의 접대에 모두 부족함(憾)이 없도록 했습니다. 그 죽음에는 또 자손에게 부족의 근심이 없도록 했습니다. 무엇을 일컬어 제약하기를 禮로써 한다고 할까요? 사람의 마음은 재물이 풍족하고 예로써 통제하지 아니한 즉 또한 放僻하고 邪侈하여 이르지 않는 바가 없습니다. 선왕은 이와 같음을 안 까닭에 제도를 만들었습니다. 婚, 喪, 祭, 養(봉양), 燕享(잔치)의 일과 服食 및 器用의 물건에 (신분 및 官位에 따라) 모두 적절한 정도를 命함으로써 기준(節)을 삼고, 도량형의 법을 정함으로써 가지런히 했습니다(그 기준을 넘지 못하도록 제한을 가했습니다). 그 命은 가히 할만 하지만 재물이 갖추기에 부족하면 갖추지 않았습니다.[14] (반대로) 그 재물은 가히 갖출 수 있으나 命이 할(영위) 수 없는 것은 銖兩(微量)과 分寸의 가함도 없게 했습니다. 무엇을 일컬어 법으로써 자른다고 할까요? 선왕은 천하의 선비에 대해 가르치기를 道와 藝(學藝)로써 했습니다. 가르침에 따르지 아니한 즉 대하기를 遠方에 물리치고(屛棄) 종신토록 나란히 하지(선비로 대우하지) 않는 법으로써 했습니다. 禮로써 제약(통제)하기를, 예를 따르지 아니한 즉 대하기를 流殺(유배와 사형)의 법으로써 했습니다. (『예기』의) 「王制篇」에서 이르기를 "의복을 改變시키는 자는 그 君이 유배시킨다."고 하고, (『서경』의) 「酒誥」에서 이르기를 "그 혹 깨우쳐 가로되 무리지어 마시는 것(群飮)을 너는 놓아주지 말라. 모두 잡아 가두어(執拘) 周(京師)에 돌리라. 내 그를 죽이리라."[15]라 했습니다. 대저 群飮과 의복을 개변시키는 것은 작은 죄이고, 유배와 사형은 큰 형벌입니다. 작은 죄에 큰 형벌로써 가하며 선왕이 참고 의심하지 않은 까닭은, 이와 같이 하지 않으면 천하의 풍속

14) 婚, 喪, 祭, 養, 燕享, 服食 및 器用 등에 있어 신분이나 官位로 치면 豪奢가 가능하지만 家財가 넉넉지 못할 경우에는 어쩔 수 없이 검소하게 했다는 의미.

15) 『書經』「周書」「酒誥」에 나옴. 周公이 康叔을 商의 故土인 衛의 諸侯로 封하면서 술의 폐해를 깨우치는 내용이다. 商의 流民들이 그 마지막 王인 紂의 영향으로 술을 좋아했기 때문에, 康叔에게 禁酒令을 선포할 것을 命하며 이를 위한 구체적 조치를 지시한다. 본문 중의 너(汝)는 康叔을, 나(予)는 周公을 가리킨다.

을 하나로 하여 治世를 이루기에 부족하다고 생각했기 때문입니다. 무릇 제약하기를 禮로써 하고 자르기를 법으로써 함에도 천하가 복종하고 저항함이 없는 까닭은, 또한 다만 그 금령이 엄하고 다스림이 주도하기(察) 때문만은 아닙니다. 대저 우리의 至誠과 懇惻한 마음, 그리고 힘써 행하여 모범이 되는 것 때문입니다. 무릇 (제왕의) 좌우에 있어 通貴한 사람들이 모두 主上의 하고자 함에 순응하고 복종하여 행하여야 합니다. 그리고 하나라도 따르지 않는 자가 있으면 법으로 다스림이 반드시 이들로부터 시작합니다. 무릇 主上이 지성으로써 행하고 귀한 자들이 主上의 싫어하는 바를 피할 줄 안다면, 즉 천하에 벌을 주지 않고도 범죄가 그치는 것이 많을 것입니다. 고로 이를 가로되 기르는 道라 합니다.

所謂取之之道者 何也? 先王之取人也 必於鄕黨 必於庠序 使衆人推其所謂賢能 書之以告於上而察之. 誠賢能也 然後隨其德之大小 才之高下 而官使之. 所謂察之者 非專用耳目之聰明 而聽私於一人之口也. 欲審知其德 問以行 欲審知其才 問以言. 得其言行 則試之以事. 所謂察之者 試之以事是也. 雖堯之用舜 亦不過如此而已. 又況其下乎? 若夫九州之大 四海之遠 萬官億醜之賤 所須士大夫之才則衆矣. 有天下者 又不可以一二自察之也 又不可以偏屬於一人 而使之於一日二日之間 考試其行能 而進退之也. 蓋吾已能察其才行之大者 以爲大官矣. 因使之取其類 以持久試之 而考其能者 以告於上 而後以爵命祿秩予之而已. 此取之之道也.

이른바 취하는 道란 무엇일까요? 선왕이 사람을 취함은, 반드시 鄕黨에서, 그리고 반드시 庠序에서 하였습니다. 아울러 衆人으로 하여금 그 이른바 賢能을 推擧하여 글로 적어 위로 고하여 살피게 했습니다. 진실로 賢能이라면 그 德의 大小와 재능의 高下에 따라 관료로 부렸습니다. 이른바 살핀다(察)는 것은 오로지 (자기) 耳目의 총명함만을 의지하고 사사로이 한 사람의 입(말)을 듣는다는 것이 아닙니다. 사람의 德을 살펴 알고자 하면 행동으로써 묻고, 그 재능을 살펴 알고자 하면 말로써 물어야 합니다. 그 말과 행동을 얻은(확인한) 즉 일로써 시험합니다. 이른바 살핀다는 것은 바로 시험하기를 일로써 하는 것입니다. 堯가 舜을 썼던 것도 또한 이와 다르지 않았습니다. 또한 하물며 그보다 아래의 인재야 어떻겠습니까? 만일 대저 九州의 큰 것과 四海의 먼 것, 그리고 만개나 되는 관직 및 억개나 되는 무리(醜)의 賤함(많음)이라면, 필요한 바 사대부의 재목 또한 많을 것입니다. 천하를 지니고 있는 이(天子)가 또한 가히 하나 둘(일일이) 스스로 살필 수 없으며, 또 가히 한 사람에게 치우쳐 부탁하여(偏屬) 하여금 하루 이틀 사이에 그 행동과 능함을 考試하여 쓰고 안 쓰고 할 수도 없습니다. 대저 우리가 그 才行이 큰 이를 능히 헤아려 大官으로 삼는 것입니다. 그리고 그 무리를 취하여 오랫 동안 그 유능한 자를 가려(考) 위로 보고토록 하고, 그 이후에 爵命과 祿秩로써 주는 것입니다. 이것이 취하는 道입니다.

所謂任之之道者 何也? 人之才德 高下厚薄不同 其所任有宜有不宜. 先王知其如此 故知農者以爲后稷 知工者以爲共工. 其德厚而才高者 以爲之長 德薄而才下者 以爲之佐屬. 又以久於其職 則上狃習而知其事 下服馴而安其教. 賢者則其功可以至於成 不肖者則其罪可以至於著. 故久其任而待之以考績之法. 夫如此 故智能才力之士 則得盡其智以赴功 而不患其事之不終 其功之不就也. 偸惰苟且之人 雖欲取容於一時 而顧僇辱在其後 安敢不勉乎! 若夫無能之人 固知辭避而去矣. 居職任事之日久 不勝任之罪 不可以幸而免故也. 彼且不敢冒 而知辭避矣 尙何有比周讒諂爭進之人乎? 取之既已詳 使之既已當 處之其已久 至其任之也又專焉 而不一二以法束縛之 而使之得行其意. 堯・舜之所以理百官而熙衆工者 以此而已. 書曰 '三載考績 三考 黜陟幽明.' 此之謂也. 然堯・舜之時 其所黜者 則聞之矣 蓋

四凶是也. 其所陟者 則皐陶·稷·契 皆終身一官而不徙. 蓋其所謂陟者 特加之爵命祿賜而已耳. 此任之之道也.

이른바 맡기는 道란 무엇일까요? 사람의 재능과 덕망은 高下와 厚薄이 달라서 그 맡기는 바의 적당함과 적당하지 않음이 있습니다. 선왕은 이와 같음을 알았기 때문에 농사를 아는 자는 后稷[16]으로 삼고 工을 아는 자는 共工[17]으로 삼았습니다. 덕이 두텁고 재능이 높은 자는 長으로 삼고, 덕이 얇고 재능이 낮은 자는 佐屬으로 삼았습니다. 또한 그 직위에 오래 있게 함으로써, 곧 위(관료)에서는 길들여 익혀 그 일을 알고 아래(백성)에서는 服馴하여 그 가르침을 편안히 여길 수 있었습니다. 賢者인 즉 그 功이 가히 이룸에 이르고 不肖者인 즉 그 죄가 가히 드러남에 이릅니다. 고로 그 職任을 맡기고 대하기를 考績(근무평가)의 법으로 했습니다. 대저 이와 같은 고로 智能과 才力의 선비인 즉 그 지혜를 다하여 功을 이루며, 그 일이 완료되지 않고 그 공이 이루어지지 않는 것을 근심하지 않습니다. 偸惰와 苟且의 인물은 비록 한때에 取容되고자 하나, 돌아보아 그 뒤에 욕됨이 있으니 어찌 감히 힘쓰지 않겠습니까? 만일 대저 무능한 사람이라면 진실로 辭避할 것을 알 것입니다. 직위에 居하여 업무를 맡는 날이 오래면, 職任을 이기지(담당하지) 못하는 죄를 가히 요행으로 면할 수 없는 까닭입니다. 그 또한 감히 모험을 하지 않고 辭避함을 안다면 어찌 무리지어 讒諂하며 나가기(승진)를 다투는 사람이 있겠습니까? 취함이 이미 자세하고 부림이 이미 마땅하고 임무에 처하게 함이 오래이며 그 맡김에 이르러서는 또한 오로지 하게 하면, 일일이 법으로써 束縛하지 않고도 하여금 그 뜻을 행할 수 있습니다. 堯舜이 百官을 다스리고 衆工(匠人들)을 빛나게 한 소이도 이것으로 (했을) 따름입니다. 『서경』에서 이르기를, "삼년에 考

16) 周의 조상으로 堯 시기의 農師.
17) 舜 시기 百工을 관할하던 인물.

績하고 三考에 幽明을 黜陟한다(黜幽陟明).”[18]라는 것은 이를 일컬음입니다. 그러나 堯舜의 때에 내쳐진 자는 곧 (잘) 알려져 있습니다. 무릇 四凶[19]이 이것입니다. 그 올려진 자는 곧 皐陶, 稷, 契인데, 모두 종신토록 하나의 관직에서 옮기지 않았습니다. 무릇 이른바 올린 것은 다만 爵命과 祿賜를 더한 것뿐입니다. 이것이 맡기는 도입니다.

夫教之養之取之任之之道如此. 而當時人君 又能與其大臣 悉其耳目心力 至誠惻怛 思念而行之. 此其人臣之所以無疑 而於天下國家之事 無所欲爲而不得也.

대저 가르치고 기르고 취하고 맡기는 道는 이와 같습니다. 그리고 當時의 人君은 또한 능히 그 대신과 더불어 그 耳目과 心力을 다하고 至誠 및 측은과 근심으로 思念하여 행합니다. 이것이 그 人臣에게 의심이 없게 하는 소이이며, 천하국가의 일에 있어 하고자 하여 얻지 못하는 바가 없게 하는 것입니다.

方今州縣雖有學 取牆壁具而已. 非有教導之官 長育人才之事也. 唯太學有教導之官 而亦未嘗嚴其選. 朝廷禮樂刑政之事 未嘗在於學. 學者亦漠然 自以禮樂刑政爲有司之事 而非己所當知也. 學者之所教 講說章句而已. 講說章句 固非古者教人之道也. 近歲乃始教之以課試之文章. 夫課試之文章 非博誦强學窮日之力則不能. 及其能工也 大則不足以用天下國家 小則不足以爲天下國家之用. 故雖白首於庠序 窮日之力以帥上之教 及使

18) 『書經』「虞書」「舜典」에 나옴. 삼년 마다 그 근무실적을 평가하여 그 평가가 세 번 쌓이면, 이에 따라 공적이 있는 자를 승진시키고 그렇지 못한 자는 좌천시킨다는 의미.

19) 舜 임금 때의 네 악인. 共工 · 驩兜 · 三苗 · 鯀이 그들이다.

之從政 則茫然不知其方者 皆是也. 蓋今之教者 非特不能成人之才而已 又從而困苦毁壞之 使不得成才者 何也? 夫人之才 成於專而毁於雜. 故先王之處民才 處工於官府 處農於畎畝 處商賈於肆 而處士於庠序. 使各專其業而不見異物. 懼異物之足以害其業也. 所謂士者 又非特使之不得見異物而已. 一示之以先王之道 而百家諸子之異說 皆屛之而莫敢習者焉. 今士之所宜學者 天下國家之用也. 今悉使置之不教 而教之以課試之文章 使其耗精疲神 窮日之力以從事於此. 及其任之以官也 則又悉使置之 而責之以天下國家之事. 夫古之人以朝夕專其業於天下國家之事 而猶才有能有不能. 今乃移其精神 奪其日力 以朝夕從事於無補之學. 及其任之以事 然後卒然責之以爲天下國家之用. 宜其才之足以有爲者少矣. 臣故曰 非特不能成人之才 又從而困苦毁壞之 使不得成才也. 又有甚害者. 先王之時 士之所學者文武之道也. 士之才 有可以爲公卿大夫 有可以爲士 其才之大小宜不宜則有矣. 至於武事 則隨其才之大小 未有不學者也. 故其大者 居則爲六官之卿 出則爲六軍之將也. 其次則比閭族黨之師 亦皆卒兩師旅之帥也. 故邊疆宿衛 皆得士大夫爲之 而小人不得奸其任. 今之學者 以爲文武異事. 吾知治文事而已. 至於邊疆宿衛之任 則推而屬之於卒伍. 往往天下姦悍無賴之人. 苟其才行足自託於鄕里者 亦未有肯去親戚而從召募者也. 邊疆宿衛 此乃天下之重任 而人主之所當愼重者也. 故古者敎士 以射御爲急. 其他技能則視其人才之所宜 而後敎之. 其才之所不能 則不强也. 至於射 則爲男子之事. 人之生 有疾則已 苟無疾 未有去射而不學者也. 在庠序之間 固當從事於射也. 有賓客之事則以射 有祭祀之事則以射 別士之行同能偶則以射於禮樂之事 未嘗不寓以射. 而射亦未嘗不在於禮樂祭祀之間也. 易曰 '弧矢之利 以威天下.' 先王豈以射爲可以習揖讓之儀而已乎? 固以爲射者 武事之尤大 而威天下守國家之具也. 居則以是習禮樂 出則以是從戰伐. 士既朝夕從事於此 而能者衆 則邊疆宿衛之任 皆可以擇而取也. 夫士嘗學先王之道 其行義嘗見推於鄕黨矣. 然後因其才而託之以邊疆宿衛之事. 此古之

人君所以推干戈以屬之人 而無內外之虞也. 今乃以夫天下之重任 人主所當至愼之選 推而屬之姦悍無賴才行不足自託於鄕里之人. 此方今所以諰諰然常抱邊疆之憂 而虞宿衛之不足恃以爲安也. 今孰不知邊疆宿衛之士不足恃以爲安哉? 顧以爲天下學士以執兵爲恥 而亦未有能騎射行陣之事者 則非召募之卒伍 孰能任其事者乎? 夫不嚴其教 高其選 則士之以執兵爲恥 而未嘗有能騎射行陣之事 固其理也. 凡此皆教之非其道故也.

지금 州縣에 비록 학교가 있으나 牆壁을 취해 갖춘 것일 따름입니다. 教導의 官이 있어 인재를 長育하는 일이 아닙니다.[20] 다만 太學[21]에는 教導의 官이 있으나 또한 일찍이 그 선발을 엄히 하지는 않았습니다. 조정의 禮樂刑政의 일은 학교에 일찍이 없습니다. 學者 또한 漠然하여 스스로 禮樂刑政을 有司(官員)의 일로 여기지 않고 스스로 자기가 마땅히 알 바가 아니라 여깁니다. 學者가 배우는 바는 章句를 講說하는 것뿐입니다. 章句를 講說하는 것은 진실로 옛날에 사람을 가르치던 道가 아닙니다. 近歲

20) 북송시대 전국 대부분의 府州縣에 학교가 설립되기에 이르는 것은 仁宗 慶曆 4년(1044) 이래의 이른바 慶曆興學 이후의 일이다. 이전까지는 중앙으로부터 수차에 걸쳐 학교 설립의 詔令이 내려졌으나 지지부진한 상태를 면치 못하고 있었다. 송조권력은 慶曆 4년(1044) 전국적으로 학교를 설립하며 동시에 府, 州 단위의 학교, 즉 府學과 州學에 學官인 教授官의 임명을 명한다. 하지만 이때의 教授官은 중앙으로부터 임명되는 것이 아니라, 해당 路의 轉運使라든가 혹은 知州, 知府가 幕職州縣官(選人)으로부터 선발하여 겸직시키는 것이었다. 따라서 왕안석이 본문에서 지적하듯이 教授官이란 대부분 虛名에 불과할 뿐 실제 교육을 담당하는 직위와는 거리가 멀었다. 중앙으로부터 府州學의 教授官이 임명되는 것은 神宗 熙寧 6년(1073)의 일이다.

21) 宋代 중앙에 설립된 최고의 교육기관. 仁宗 慶曆 4년(1044)에 창설되어 당시에는 8품 이하 官員 및 一般民의 자제를 교육시키는 것으로 규정되었다. 이외에 7품관 이상의 자제를 교육시키는 기관으로서 따로 國子監이 설립되어 있었으나, 송대 대부분의 시기를 통해 국자감은 유명무실하였던 관계로, 太學이 사실상 최고 교육기관으로서의 역할을 수행하였다. 이러한 까닭에 북송 중반 王安石이 신법의 일환으로 官學生을 관원으로 발탁하는 이른바 三舍法을 시행할 때에도 그 대상이 되었던 것은 太學이었다.

에는 이에 課試의 文章으로써 가르치기 시작했습니다.[22] 대저 課試의 文章은 널리 외우고 힘써 배우며 매일 노력하지 않으면 불가능합니다. 그것을 능히 잘한다 해도 큰 즉 천하국가에 적용하기에 부족하고 작은 즉 천하국가의 쓰임으로 삼기에 부족합니다. 고로 비록 庠序(학교)에서 노년에 이르도록 공부하고 매일 노력하며 그 가르침을 따라도, 정무를 처리함(從政)에 미친 즉 茫然하여 그 방향을 알지 못하는 것이 바로 이것(때문)입니다. 무릇 지금의 가르치는 것이 다만 사람의 재능을 배양하지 못할 뿐더러, 또한 따라서(從) 困苦하게 하고 毁壞하여 재능을 배양할 수 없게 하는 것은 무엇(때문)일까요? 대저 사람의 재능은 오로지함(專門)에서 이루어지고 뒤섞임(雜)에서 무너집니다. 고로 선왕이 백성의 인재를 사용함(處)은, 工은 官府에 두고 農은 畎畝에 두며 장사치는 저자에 두고 선비는 庠序에 두었습니다. 각각으로 하여금 그 業에 전문성을 지니도록 하고 異物은 보지 못하게 했습니다. 異物이 족히 그 業을 해침을 두려워한 것입니다. 또한 선비에게 다만 異物을 볼 수 없게만 하지 않았습니다. 오직 보이기를 先王의 道로써 하고 百家諸子의 異說은 모두 가리고 감히 배우지 못하게 한 것입니다. 지금 선비가 마땅히 배워야 할 것은 천하국가에서 필요한 지식입니다. 지금 모두 (천하국가에서 필요한 지식을) (버려) 두고 가르치지 않으며 가르치기를 課試의 文章으로써 하여, 그 힘을 빼고 정신을 피로케 하며 온힘을 다해 이에 종사하게 합니다. 그런데 관료로 임용함에 미친 즉 또한 다 두고 책하기를 천하국가의 일로써 합니다. 대저 옛사람은 朝夕으로 오로지 천하국가의 일만을 그 業으로 했음에도 오히려 재능에 有能과 不能이 있었습니다. 지금 이에 그 精神을 옮기고 온 세월(日力)

22) 북송초 國子監을 위시한 각급학교에서는 당대이래의 전통을 이어 經典 및 그 注疏만을 교육시켰다. 그러다 慶曆新政의 시작과 더불어 范仲淹 및 宋祁, 歐陽修, 胡瑗 등의 주장으로, 종전의 '章句之學' 이외에 현실 행정에 도움이 되는 '經濟之業', 즉 策論과 詩賦를 교육시키기 시작한다.

을 빼앗아 朝夕으로 보탬이 없는 배움에 종사하게 합니다. 그러다가 업무를 맡김에 이르러 갑작스레 책하기를 천하국가에서 필요한 지식으로써 합니다. 당연히 (이러한 상태에서) 족히 이룸을 있게 할 만한 인재는 적습니다. 臣은 고로 이르기를, 다만 사람의 재능을 이룰 수 없을 뿐더러 또한 좇아 困苦하게 하고 毁壞하여 재능을 이루지 못하게 한다고 말하는 것입니다. 또한 더욱 해가 되는 것이 있습니다. 선왕의 때에 선비가 배우는 바는 文과 武의 道였습니다. 선비의 재능에 가히 公卿大夫로 삼을 만함이 있고 가히 士로 삼을 만함이 있으며, 그 재능에는 크고 작음 및 마땅함과 마땅치 않음이 있습니다. (반면) 武事에 이른 즉 그 재능의 大小에 따라 배우지 못할 것이 없습니다. 고로 (재능으로서) 큰 것은 평상시에는 六官의 卿이 되고 유사시에는 六軍의 將이 됩니다. 그 다음인 즉 比閭(향리)와 族黨의 師이며 또한 모두 卒兩과 師旅의 帥입니다.[23] 고로 邊疆과 宿衛[24]는 모두 士大夫를 얻어 삼고(임용하고) 小人은 그 職任을 농간하지 못했습니다. 오늘날의 學者는 文武를 남의 일로 생각합니다. 우리가 알 것은 文事를 다스리는 것뿐이라 하고, 邊疆과 宿衛의 직임에 이른 즉 미루어 卒伍(병사)에 속하게 합니다. (이들 卒伍는) 왕왕 천하의 姦悍한 無賴의 사람입니다. 진실로 그 재능이 족히 스스로 鄕里에 맡길(의탁)만한 이인데, 또한 즐겨(과감히) 친척(의 기대)을 저버리고 (卒伍의) 召募에 따르는(응하는) 자가 없습니다. 邊疆과 宿衛, 이는 천하의 무거운 임직이며 人主가 마땅히 신중해야 할 것입니다. 고로 옛날에 선비를 가르침에 있어서는 射御(弓射와 御馬)로써 급하게 여겼습니다. 그 밖의 技能인 즉 그 사람 재능의 마땅한 바를 보아 이후에 가르쳤습니다. 그 재능이 능하지 않으면 강제하지 않았습니다. 射(활

23) 『周禮』 「夏官」「大司馬」「序官」에 의하면, 伍 · 兩 · 卒 · 旅 · 師는 모두 군대의 편제 단위로서, '五人爲伍 五伍爲兩 四兩爲卒 五百名爲旅 五旅爲師'로 규정되어 있다.

24) 여기서 邊疆이란 변경방어, 즉 國防의 업무 내지 관련 책임자(武將)을 말하며, 宿衛란 皇帝의 경호 및 皇宮警備를 담당하는 책임자를 의미한다.

쏘기)에 이른 즉 男子의 일입니다. 사람이 남(출생)에 병이 있은 즉 어쩔 수 없지만 진실로 병이 없으면 射를 버리고 배우지 못할 자가 없습니다. 庠序(학교)에서도 진실로 마땅히 射를 배워야 합니다. 賓客의 일이 있은 즉 射로써 하고 祭祀의 일이 있은 즉 射로써 했으며, 선비가 行同能偶(行績이 같고 재능이 비슷함)를 나눈 즉 射로써 했고, 禮樂의 일에 있어서도 射로써 하지 않음이 없었습니다. 射는 또한 일찍이 禮樂祭祀의 사이에도 있지 않음이 없었습니다. 『역경』에서 이르기를, "弧矢(弓矢)의 이로움으로써 천하에 위세를 부린다."[25]고 했습니다. 어찌 선왕이 射로써 가히 揖讓(겸손)의 동작을 익힐 만하다고 한 것이 아니겠습니까? 진실로 생각하되 射란 것은 武事의 중요한 것이요, 천하에 위세부리고 국가를 지키는 도구입니다. 居한 즉 이로써 禮樂을 익히고 나간 즉 이로써 戰伐에 따릅니다. 선비가 이미 朝夕으로 이에 종사하여 능한 자가 많은 즉, 邊疆과 宿衛의 직임을 모두 가히 가려 취할 수 있을 것입니다. 대저 士는 일찍이 선왕의 도를 배워 그 行義로 일찍이 鄕黨에서 推擧함을 받아야 합니다. 연후에 그 재능에 따라 邊疆과 宿衛의 일로써 맡깁니다. 이는 옛 人君이 干戈를 들어 사람에게 권함(屬)으로써 內外의 근심이 없게 한 것입니다. 지금은 대저 천하의 重任을 人主가 마땅히 지극한 신중으로 뽑지 않고, 姦悍無賴와 才行이 스스로 鄕里에 맡기기(의탁)에도 부족한 사람에게 권합니다(속하게 합니다). 이는 지금 謉謉然(두려워함)하게 항상 邊疆의 근심을 안고 있으며 宿衛가 믿어 편안하다 여기기에 부족하다고 근심하는 所以입니다. 지금 누군들 邊疆과 宿衛의 선비가 믿어 편안하다 여기기에 부족하다는 것을 모릅니까? 돌아보아 천하의 學士는 執兵하는 것을 부끄럽다 여기며 또한 능히 騎射와 行陣의 일에 능한 사람이 없다고 (臣은) 생각합니다. 그런 즉 召募한 卒伍가 아니면 누가 능히 그 일을 맡겠습니까? 대저 그 가르침을 엄하

25) 『易經』「繫辭 下」에 나옴.

게 하고 그 뽑음을 높이 하지 않은 즉, 선비가 執兵으로써 수치로 여기고 일찍이 騎射行陣의 일에 능한 사람이 있지 않음은 진실로 그 때문입니다. 무릇 이것은 모두 가르침이 그 道가 아니기 때문입니다.

方今制祿 大抵皆薄. 自非朝廷侍從之列 食口稍衆 未有不兼農商之利而能充其養者也. 其下州縣之吏 一月所得 多者錢八九千 少者四五千. 以守選・待制・守闕通之 蓋六七年而後得三年之祿. 計一月所得 乃實不能四五千 少者乃實不能及三四千而已. 雖廝養之給 亦窘於此矣. 而其養生喪死婚姻葬送之事 皆當於此. 夫出中人之上者 雖窮而不失爲君子. 出中人之下者 雖泰而不失爲小人. 唯中人不然 窮則爲小人 泰則爲君子. 計天下之士 出中人之上下者 千百而無十一. 窮而爲小人 泰而爲君子者 則天下皆是也. 先王以爲衆不可以力勝也 故制行不以己 而以中人爲制. 所以因其欲而利道之 以爲中人之所能守 則其制可以行乎天下 而推之後世. 以今之制祿而欲士之無毁廉恥 蓋中人之所不能也. 故今官大者 往往交賂遺 營貲産 以負貪汚之毁. 官小者 販鬻乞丐 無所不爲. 夫士已嘗毁廉恥以負累於世矣 則其偸惰取容之意起 而矜奮自强之心息. 則職業安得而不弛 治道何從而興乎? 又況委法受賂 侵牟百姓者 往往而是也. 此所謂不能饒之以財也.

지금 녹봉의 제도는 대저 薄합니다. 朝廷 侍從[26]의 列이 아니라면, 식구가 조금 많으면 農商의 이익을 겸하지 않고서는 능히 그 봉양을 댈 수 없습니다. 그 아래 州縣의 吏는 한 달의 얻는 바가 많으면 8, 9천錢이고 적

26) 황제를 近侍하는 요직. 송대에는 통상 殿閣學士・直學士・待制・翰林學士・給事中・六部尙書・六部侍郞을 시종이라 칭하고, 中書舍人・寄居郞・起居舍人 등을 小侍從이라 칭하였다.

으면 4, 5천입니다.[27] 守選[28]과 待制,[29] 守闕[30]로 말한다면(通) 대략 6, 7년이 지난 후에 3년의 祿을 받습니다. 한 달의 받는 바를 헤아리면 실로 4, 5천이 되지 않으며, 적을 때는 실로 3, 4천에도 미칠 수 없을 따름입니다. 廝養(薪과 炊飯)을 대기에도 군색한데, 그 산 자의 봉양과 죽은 자의 장사 그리고 혼인 및 葬送의 일도 모두 이(봉록)로써 맞추어야(當) 합니다. 무릇 중간 이상의 인품을 지닌 사람은 비록 궁해도 君子가 됨을 놓치지 않습니다. 중간 아래의 사람은 비록 泰安하더라도 小人이 됨을 놓치지 않습니다. 다만 中人은 그렇지 아니하니 궁한 즉 소인이 되고 泰安한 즉 군자가 됩니다. 천하의 선비를 헤아리건대 中人의 위아래는 천이나 백에 열이나 하나가 되지 않습니다. 궁한 즉 소인이 되고 泰安한 즉 군자가 되는 사람이 대부분입니다. 선왕은 생각하기를 무리(衆人)를 힘으로써 이길 수 없다 하고, 고로 행동을 제약하기를 자기자신을 기준으로 하지 않고 中人으로써 한 것입니다. 이러한 까닭에 그 욕망에 인하여 利로써 이끌고, 생각하기를 中人이 능히 지키는 바인 즉 그 지음(제도)이 가히 천하에 행해지고 후세에 미칠 수 있다 했습니다. 지금의 녹봉 제도로써 선비가 염치를 허물지 않기를 바라는 것은, 무릇 中人이 할 수 없는 바입니다. 고로 지금 관

---

27) 북송 중엽 당시의 物價는 농사의 豊凶에 따라 혹은 지역에 따라 상당한 편차가 있었으나, 대략 1石當 2貫(1貫은 1000文, 文과 錢은 동일 단위) 정도였다.

28) 宋代 科擧나 蔭補 등을 통하여 官人이 될 자격을 획득한 자를 選人이라 칭했다. 이 選人은 통상 州縣官의 屬僚인 幕職州縣官으로서 일정기간 근무해야만 정식으로 官品을 지닌 京官이 될 수 있다. 그 幕職州縣官으로서의 규정근무기간을 마친 후, 즉 任滿後 吏部의 差遣을 받기 전까지 일정 기간 대기하는 신분을 守選이라 칭한다.

29) 諸閣의 待制에 대한 총칭. 閣待制라고도 한다. 龍圖閣・天章閣・寶文閣・顯謨閣・徽猷閣・敷文閣・煥章閣・華文閣・寶謨閣待制 등이 그것이다. 이들 待制는 실제 職事는 없으며, 侍從 직급의 文臣에게 부여되는 貼職이다. 貼職은 宋代의 제도로서 館閣에서 圖書의 편찬 및 교정을 담당하는 館職을 명예직으로 兼領케 하는 것을 말한다.

30) 官職의 임기가 만료된 후 새로운 職位의 缺員이 생길 때까지 대기하는 신분. 待闕이라고도 칭한다.

직이 높은 자는 왕왕 賂遺(뇌물)를 받아들이고 자산을 다스림으로써 貪汚에 빠집니다. 관직이 낮은 자는 販鬻하고 乞丐하기를 하지 않는 바가 없습니다. 대저 선비가 일찍이 염치를 저버림으로써 세상에 累가 된 즉, 그 게으름(偸惰) 및 용납됨을 얻는(아부, 미봉) 뜻이 일어나고, 삼가고 분발하며(矜奮) 自强하는 마음이 사라집니다. 그런 즉 職業이 어찌 해이하지 않을 수 있으며 治道가 어디로부터 일어나겠습니까? 법에 기대 뇌물을 받고 백성을 侵牟하는 자가 왕왕 이것입니다(있습니다). 이것은 이른바 재물을 넉넉히 주지 않았기 때문입니다.

婚喪奉養服食器用之物 皆無制度以爲之節 而天下以奢爲營 以儉爲恥. 苟其財之可以具 則無所爲而不得 有司旣不禁 而人又以此爲榮. 苟其財不足 而不能自稱於流俗 則其婚喪之際 往往得罪於族人親姻 而人以爲恥矣. 故富者貪而不知止 貧者則强勉其不足以追之. 此士之所以重困 而廉恥之心毁也. 凡此所謂不能約之以禮也.

婚喪과 奉養 및 服食과 器用의 物貨를 모두 조절하는 제도가 없으면, 천하는 사치로써 영예로 삼고 절검으로써 수치로 삼습니다. 진실로 재물(財力)을 가히 갖출 수 있은 즉 내키는 대로 사치하여, 有司가 금하지 않으면 사람들은 이로써 영예로 여깁니다. 진실로 재물이 부족하여 스스로 流俗에 맞출 수 없은 즉, 그 婚喪의 즈음에 왕왕 族人과 親姻에게 죄(비난)를 얻고 사람들은 이를 부끄러이 여깁니다. 고로 富者는 탐하여 그침을 모르고, 貧者인 즉 그 부족함에도 불구하고 억지로 힘써 (流俗에) 따릅니다. 이것이 선비가 매우 곤궁하고 염치의 마음이 허물어지는 소이입니다. 무릇 이는 이른바 제약하기를 禮로써 할 수 없었기 때문입니다.

方今陛下 躬行儉約 以率天下 此左右通貴之臣所親見. 然而其閨門之內

奢靡無節 犯上之所惡 以傷天下之敎者 有已甚者矣. 未聞朝廷有所放絀 以示天下. 昔周之人 拘群飮而被之以殺刑者 以爲酒之末流生害 有至於死者衆矣. 故重禁其禍之所自生. 重禁禍之所自生 故其施刑極省 而人之抵於禍敗者少矣. 今朝廷之法 所尤重者 獨貪吏耳. 重禁貪吏 而輕奢靡之法 此所謂禁其末而弛其本. 然而世之識者 以爲方今官冗 而縣官財用已不足以供之 其亦蔽於理矣. 今之入官誠冗矣 然而前世置員蓋甚少 (脫文) 而賦祿又如此之薄 則財用之所不足 蓋亦有說矣. 吏祿豈足計哉? 臣於財利固未嘗學 然竊觀前世治財之大略矣. 蓋因天下之力 以生天下之財 取天下之財 以供天下之費. 自古治世 未嘗以不足爲天下之公患也. 患在治財無其道耳. 今天下不見兵革之具 而元元安土樂業 人致已力 以生天下之財. 然而公私常以困窮爲患者 殆以理財未得其道 而有司不能度世之宜而通其變耳. 誠能理財以其道 而通其變 臣雖愚 固知增吏祿不足以傷經費也. 方今法嚴令具 所以羅天下之士 可謂密矣. 然而亦嘗敎之以道藝 而有不帥敎之刑以待之乎? 亦嘗約之以制度 而有不循理之刑以待之乎? 亦嘗任之以職事 而有不任事之刑以待之乎? 夫不先敎之以道藝 誠不可以誅其不帥敎. 不先約之以制度 誠不可以誅其不循禮. 不先任之以職事 誠不可以誅其不任事. 此三者先王之法所尤急也. 今皆不可得誅. 而薄物細故 非害治之急者 爲之法禁. 月異而歲不同 爲吏者至於不可勝記 又況能一二避之而無犯者乎? 此法令所以玩而不行 小人有幸而免者 君子有不幸而及者焉. 此所謂不能裁之以刑也. 凡此皆治之非其道也.

지금 폐하께서는 몸소 검약을 행하시어 천하에 솔선하고 계십니다. 이는 左右 通貴의 신하가 친히 본 바입니다. 그러나 그(左右通貴之臣의) 가정(閨門) 안에서는 사치에 절제가 없어, 皇上의 싫어하는 바를 범하고 천하의 가르침을 해치는 것이 이미 심할 지경입니다. (그런데) 조정에서 내쫓아 천하에 시범으로 보인 바가 있음을 듣지 못했습니다. 옛날 周의 사람이 모여 마시는 것을 잡아 사형으로 다스렸던 것은, 술의 末流가 해를 낳음이 죽음에까지 이르게 하는 것이 많다고 생각했기 때문입니다. 그러기에 그 재앙이 생겨나는 바를 무겁게 금한 것입니다. 재앙이 생겨나는 바를 무겁게 금한 고로, 그 형을 실제 사용함이 극히 적고 사람이 禍敗에 저촉됨이 적었습니다. 지금 조정의 법이 매우 무겁게 다루는 것은 다만 貪吏뿐입니다.[31] 貪吏는 무겁게 금하고 奢靡의 법은 가볍게 하는 것은, 이는 이른바 그 끝을 금하고 그 근본은 푸는 것입니다. 그리고 세상의 識者들이 생각하기를 지금 관료가 과다하여(官冗) 조정(縣官)의 財用이 부족하다고 하는 것은, 그 또한 이치에 가리운(어긋난) 것입니다. 지금 관료는 진실로 과다합니다. 그러나 前世에 임용한 인원(관료수)은 무릇 매우 적었습니다.[32] (중간에 脫漏)[33] 祿을 줌이 또 이와 같이 박한 즉 財用이 부족한 바는 무릇 또한 이유가 있습니다. 吏祿이 어찌 헤아림에 족하겠습니까?(吏祿만으로 재정부족을 헤아릴 수는 없습니다) 臣은 財利에 대해 진실로 일찍이 배우지 않았으나 삼가 前世 治財의 大略을 보았습니다. 무릇 천하의 힘에 인하여 천하의 재물을 낳고, 천하의 재물을 취하여 천하의 비용에 대었습니다. 자고

---

31) 북송을 건국한 太祖 趙匡胤은 五代 貪吏들의 恣橫狀 및 그 폐해를 목도하고, 즉위 이래 官員 내지 胥吏들의 貪贓行爲에 대해 엄격한 처벌원칙을 고수하였다. 이로 인해 사소한 貪贓에 연루되어 棄市되는 사례가 송초에 허다했다. 또 이러한 원칙은 이후의 太宗·眞宗·仁宗時代에 이르기까지 답습되었다. 貪吏에 대한 이렇듯 엄격한 처벌은, 淸代의 趙翼이 그의 史評『廿二史箚記』에서「宋初嚴懲贓吏」란 항목을 설정하여 特記하리만치 일찍이 그 유례를 찾기 힘든 특이한 현상이었다.

32) 송대 文武官員數는 초기이래 급속히 증가해갔다. 그 대체적인 추세를 살피면, 송초(太祖·太宗時期) 약 3,000명~5,000명에 불과하였으나, 眞宗 景德年間(1004~1007)에 이르면 약 10,000여명으로 증가하고, 이어 仁宗 皇祐年間(1049~1052)이 되면 마침내 약 20,000명에 이르게 된다. 그리하여 11세기 중반인 인종시기부터 관원의 수효가 과다하다는 이른바 冗官의 논의가 일어나게 된다. 唐代 최성기인 玄宗 開元 25년(737)의 규정에 의하면 당시의 官員은 직제상 18,805인이었다(『通典』권 40,「職官 22」).

33) 淸人인 沈欽韓도 지적하듯이(『王荊公文集注』) 이 부분에는 脫漏가 있는 것으로 보인다.

로 治世에는 일찍이 부족함이 천하의 公患이 되지 않았습니다. 근심은 治財에 그 道가 없기 때문입니다. 지금 천하에 兵革의 도구(兵器와 甲冑)가 보이지 않아 백성들(元元)은 땅에 안주하고 業에 즐겨(安土樂業), 사람들은 몸의 힘을 내어 천하의 재물을 생산해 내고 있습니다. 그런데 公私가 항상 곤궁함을 근심으로 여기는 것은, 대개 理財가 그 道를 얻지 못하고 有司가 능히 세상의 옳음을 헤아려 그 바뀜을 통하게(시세변화에 적응) 하지 못했기 때문입니다. 진실로 능히 理財하기를 그 道로 하고 그 바뀜을 통하게 하면, 臣은 비록 어리석으나 진실로 吏祿을 늘리는 것이 경비를 해치기에 족하지 않음을 아는 것입니다. 지금 法은 엄하고 令은 갖추어져 있기 때문에 천하의 선비를 설치함(羅)이 가히 빽빽하다고 말할 수 있습니다. 그러나 또한 일찍이 가르치기를 道와 藝로써 하고, 가르침에 따르지 않는 刑이 있어 그로써 기다렸습니까(가르침에 따르지 않으면 형벌로 다스렸습니까)? 또한 일찍이 제약하기를 制度로써 하고, 理를 좇지 않는 형벌이 있어 그로써 기다렸습니까? 또한 일찍이 맡기기를 職事로써 하고, 일을 감당하지 못하는 형벌이 있어 그로써 기다렸습니까? 대저 먼저 道와 藝로써 가르치지 않고는, 진실로 가히 그 가르침에 따르지 않음을 벨(처벌할) 수 없습니다. 먼저 制度로써 제약하지 않고는, 진실로 가히 그 禮에 따르지 않음을 벨 수 없습니다. 먼저 職事로써 맡기지 않고는, 진실로 가히 그 일을 맞지 못함을 벨 수 없습니다. 이 셋은 先王의 법이 매우 중요하게 여긴 바인데 지금은 모두 가히 벨 수 없습니다. 그리고 가벼운 물건이나 세세한 연고로서 다스림을 해치는, 급하지 않는 것에는 (오히려) 法禁을 두고 있습니다. (그러한 법이) 달마다 다르고 해마다 같지 않아 吏가 된 자가 능히 기억하지 못함에 이르렀습니다. 또한 하물며 (어찌) 능히 하나 둘(일일이) 피하여 범하지 않을 수 있겠습니까? 이것이 法令이 놀리고(玩) 행해지지 않으며 小人에게는 요행히 면함이 있고 君子에게는 불행히 미침이 있는 소이입니다. 이것이 이른바 자르기를 刑으로써 할 수 없었기 때문입니다.

무릇 이것들은 모두 다스림이 그 道가 아니었기 때문입니다.

方今取士 强記博誦 而略通於文辭 謂之茂才異等 賢良方正. 茂才異等賢良方正者 公卿之選也. 記不必强 誦不必博 略通於文辭 而又嘗學詩賦則謂之進士. 進士之高者 亦公卿之選也. 夫此三科所得之技能 不足以爲公卿 不待論而後可知. 而世之議者 乃以爲吾常以此取天下之士 而才之可以爲公卿者 常出於此 不必法古之取人而後得士也. 其亦蔽於理矣. 先王之時 盡所以取人之道 猶懼賢者之難進 而不肖者之雜於其間也. 今悉廢先王所以取士之道 而毆天下之才士 悉使爲賢良進士 則士之才可以爲公卿者 固宜爲賢良進士. 而賢良進士 亦固宜有時而得才之可以爲公卿者也. 然而不肖者 苟能雕蟲篆刻之學 以此進至乎公卿. 才之可以爲公卿者 困於無補之學 而以此絀死於巖野 蓋十八九矣. 夫古之人有天下者 其所以愼擇者公卿而已. 公卿旣得其人 因使推其類以聚於朝廷 則百司庶物 無不得其人也. 今使不肖之人 幸而至乎公卿 因得推其類聚之朝廷. 此朝廷所以多不肖之人 而雖有賢智 往往困於無助 不得行其意也. 且公卿之不肖 旣推其類以聚於朝廷 朝廷之不肖 又推其類以備四方之任使 四方之任使者 又各推其不肖以布於州郡. 則雖有同罪擧官之科 豈足恃哉? 適足以爲不肖者之資而已. 其次九經·五經·學究·明法之科 朝廷固已嘗患其無用於世 而稍責之以大義矣. 然大義之所得 未有以賢於故也. 今朝廷又開明經之選 以進經術之士. 然明經之所取 亦記誦而略通於文辭者 則得之矣. 彼通先王之意 而可以施於天下國家之用者 顧未必得與於此選也. 其次則恩澤子弟 庠序不敎之以道藝 官司不考問其才能 父兄不保任其行義 而朝廷輒以官予之而任之以事. 武王數紂之罪 則曰 '官人以世.' 夫官人以世 而不計其才行 此乃紂之所以亂亡之道 而治世之所無也. 又其次曰流外. 朝廷固已擠之於廉恥之外 而限其進取之路矣 顧屬之以州縣之事 使之臨士民之上. 豈所謂以賢治不肖者乎? 以臣使事之所及 一路數千里之間 州縣之吏 出於流外者 往

往而有. 可屬任以事者 殆無二三 而當防閑其姦者 皆是也. 蓋古者有賢不肖之分 而無流品之別. 故孔子之聖 而嘗爲季氏吏. 蓋雖爲吏 而亦不害其爲公卿. 及後世有流品之別 則凡在流外者 其所成立 固嘗自置於廉恥之外 而無高人之意矣. 夫以近世風俗之流靡 自雖士大夫之才 勢足以進取 而朝廷嘗獎之以禮義者 晩節末路 往往怵而爲姦. 況又其素所成立 無高人之意 而朝廷固已擠之於廉恥之外 限其進取者乎? 其臨人親職 放僻邪侈 固其理也. 至於邊疆宿衛之選 則臣固已言其失矣. 凡此皆取之非其道也.

지금의 선비를 취함은 강한 기억력과 널리 외우는 것, 그리고 대략 文辭에 통하는 것을 일컬어 茂才異等 및 賢良方正[34]이라 합니다. 茂才異等 및 賢良方正은 公卿을 뽑는 것입니다. 기억이 반드시 강하지 않고 외움이 반드시 넓지 않으며 文辭에 대략 통하나 또한 일찍이 詩賦를 배운 즉, 일컬어 進士(科)라 합니다. 進士의 높은(높이 합격한) 자 또한 公卿을 뽑는 것입니다. 무릇 이 三科에서 얻는 바의 技能(인재)이 公卿으로 삼기에 부족한

34) 制科의 양대 과목. 북송은 설립이후 唐制를 계승하여 才識이 특출한 인재를 선발하는 제도로서 制科를 설치하였다. 制科는 문자 그대로 황제의 특별한 명령으로 시행하는 과거라는 의미이다. 宋朝는 창건 직후인 太祖 乾德 2년(964), 통상의 과거 이외에 賢良方正能直言極諫, 經學尤深可爲師法, 詳閑吏理達于教化 등 3과의 제과를 설치하였다. 이후 眞宗 景德 2년(1005)에는 6과로 증설하였으며, 이어 仁宗 天聖 7년(1029)에는 茂才異等科 등을 추가하여 10과로 늘렸다. 하지만 制科의 실제 운용에 있어서는 여러 과목이 정리되어, 점차 有官者는 賢良方正科에 無官者는 茂才異等科에 응시하는 것이 원칙으로 자리잡기에 이른다. 宋初에는 制科가 중시되어 제도를 엄격히 시행하고 나아가 합격자에 대한 대우도 특별하였던 관계로, 士大夫들 사이에서는 이 제과에 합격하는 것을 커다란 영예로 인식하였다. 제과를 '大科'라 칭하기도 했던 것도 바로 이 때문이었다. 蘇軾, 蘇轍, 富弼, 余靖, 尹洙, 張方平 등이 제과출신이다. 그러나 制科의 운용이 엄격한 만큼 그 응시자가 점차 줄어들고 또 한편으로 進士科와의 구분이 모호해지는 문제들로 인해, 神宗 熙寧 7년(1074) 폐지되기에 이른다. 이후 舊法黨이 집권하면서 재차 부활되기도 하나 기본적으로 置廢를 반복하며 이전과는 달리 쇠미한 면모를 보이며 남송말에 이르게 된다.

것은 論議를 기다리지 않고도 가히 알 수 있습니다. 그런데 세상의 의론하는 자들은 생각하기를, 우리가 항상 이로써 천하의 선비를 취하였으며 재주가 가히 公卿으로 삼을만한 자는 항상 이로부터 나왔다 합니다. 그러니 반드시 옛날의 取人을 본받아 선비를 얻을(뽑을) 필요가 없다고 합니다. 그 또한 이치에 가리운(蔽) 것입니다. 先王의 때에는 사람을 취하는 所以의 도를 다하기를, 오히려 賢者가 나오기 어렵지 않을까 두려워할 정도였습니다. 그리하여 간혹 不肖者가 그 사이에 있기도 하였습니다. 지금은 先王의 선비를 취하는 所以의 道를 다 廢하고 천하의 才士를 쳐서(毆) 모두 賢良 및 進士가 되게 했습니다. 그런 즉 선비로서 재능이 가히 公卿으로 삼을만한 자는 진실로 마땅히 賢良 및 進士가 되어야만 합니다. 그리고 賢良 및 進士 또한 진실로 때에 따라서는 재주가 가히 公卿으로 삼을만한 자를 얻기도 합니다. 그러나 不肖者가 진실로 雕蟲篆刻하는 학문[35]에 능하여도 이로써 나아가 公卿에 이르며, 재주가 가히 公卿으로 삼을만한 자는 보탬이 없는 학문(無補之學)에 困苦하여, 이로써 巖野에 쫓겨나 죽는 것이 대개 열에 여덟 아홉입니다. 대저 옛날에 천하를 가진 사람이 그 삼가 택한 자는 公卿이었습니다. 公卿에 그 (마땅한) 사람을 얻으면, 인하여 그 무리를 밀어 조정에 모이게 하고, 그런 즉 百司와 萬物(庶物, 衆職)은 그 사람을 얻지 않음이 없었습니다. 지금은 不肖의 사람으로 하여금 요행히 公卿에 이르게 하여, 인하여 그 무리를 밀어 조정에 모이게 합니다. 이렇듯 조정에 不肖의 사람이 많은 까닭에 비록 賢智(의 인물)가 있어도 왕왕 도움이 없고 困苦하여 그 뜻을 행할 수 없습니다. 또한 公卿의 不肖者는 이미 그 무리를 밀어 조정에 모이게 하고, 조정의 不肖者는 또 그 무리를 밀어 사방의 任使를 임명합니다. 사방에 任使한 자[36]는 또 각각 그 不

35) 벌레의 모양이나 篆書를 조각하듯이 문장의 字句를 修飾하는 일. 詩賦의 學을 말한다.

36) 各路의 使臣으로 임용된 자. 즉 轉運使, 提點刑獄, 經略安撫使 등을 일컫는다.

肖者를 밀어 州郡에 폅니다. 이러한 즉 비록 擧官[37]을 同罪하는 科條(法條)가 있으나 어찌 족히 믿을 수 있겠습니까? 다만(適) 족히 不肖者의 보탬이 될 뿐입니다. 그 다음의 九經,[38] 五經,[39] 學究,[40] 明法[41]의 과목에 대해서는 조정에서도 진실로 일찍이 그 세상에 무용함을 근심하여 점차 (經書의) 大義로써 취하고(責) 있습니다.[42] 그러나 大義의 얻는 바는 예전(故)보다

---

37) 宋代 일정기간 幕職州縣官으로서 근무를 마친 選人은 중앙으로 불리워져 정식 官品이 부여된다. 이렇게 정식 관품을 지닌 관원을 京官이라 하고, 選人이 京官으로 승진하는 것을 改官이라 불렀다. 그런데 選人이 改官하기 위해서는 幕職州縣官 시절의 직속상관 내지는 중앙정부 고관의 보증이 필요했다. 이를 保擧라 불렀으며, 보증을 서주는 사람을 擧主 내지 擧官이라 칭했다. 송초에는 이 保擧 자체가 편의적인 제도였고 또 保擧를 필요로 하는 選人의 수효도 적었지만, 점차 改官이 어려워지며 保擧 및 擧主에 대한 여러 책임 및 제한을 가하는 제도가 도입되었다. 改官한 본인이 과오를 범했을 때 擧主에 대해 연대책임을 묻는 제도도 그 일환이었다.

38) 송대 과거과목의 하나인 九經科. 諸科의 한 部門이다. 五代 後唐時期에 최초로 설치되어 北宋으로 계승되었다. 『易』『詩』『書』『左傳』『禮記』『周禮』『孝經』『論語』『孟子』의 9개 경전에 대해 帖書(경전 내용에 대한 암기를 시험, 경전의 일부를 가리고 채워 넣게 하는 시험)와 墨義(경전 구절에 대한 이해여부를 시험)를 부과하였다. 神宗 熙寧 4年(1071) 일체의 諸科가 폐지되며 九經科 역시 소멸된다.

39) 송대 과거과목의 하나인 五經科. 諸科의 한 部門이다. 『易』『詩』『書』『禮記』『春秋』의 5개 경전에 대해 九經科와 마찬가지로 帖書와 墨義를 부과하였다. 熙寧年間 諸科의 폐지와 더불어 소멸된다.

40) 諸科의 하나로서 明法科를 제외하고는 가장 수준이 낮은 과목. 『詩經』『尙書』『周易』 가운데 하나를 선택하여 응시토록 하였다. 神宗 熙寧年間에 폐지된다.

41) 송대 諸科 가운데 가장 지위가 낮은 科目. 唐制를 계승하여 太宗 雍熙 2년(985)에 설치했다. 律과 令을 중심으로 하여 小經(『周易』『尙書』『穀梁傳』『公羊傳』)에 대한 약간의 이해를 시험하였다. 神宗 熙寧 4年(1041) 諸科의 폐지와 더불어 마찬가지로 소멸된다.

42) 慶曆新政과 더불어 단행된 科擧改革을 일컫는다. 즉 仁宗 慶曆 4년(1044) 范仲淹의 발의에 의거하여 翰林學士 宋祁, 御史中丞 王拱辰, 知制誥 張方平 등은, 종래의 과거제 전반에 대한 대대적인 개혁을 주장한다. 그 대체적인 방향은 전국의 州縣에 학교를 증설하고 그 학교교육을 충실히 함으로써 과거제도의 미비점을 보완한다는 것, 그리고 과거제 내의 여러 폐단을 革罷한다는 것이었다. 이들이 제기한 과거제의 폐단 가운데 핵심이, 試賦의 작성이나 經典의 記誦만으로는 실제 행정에 유용한 인재를 육성하기 곤란하다는 것이었다. 그리하여 進士科와 諸科에 策

나을(賢) 게 없습니다. 지금 조정은 또 明經(科)[43]의 뽑음을 열어 經術의 선비를 나아오게 합니다. 그러나 明經의 취하는 바도 또한 암기하고 외우며 대략 文辭에 통하는 자만을 얻습니다(뽑습니다). 그 先王의 뜻에 통하여 (이를) 가히 천하 국가의 쓰임에 베풀만한 자는 반드시 이 선발에 들지는 않습니다. 그 다음인 즉 恩澤의 子弟(蔭補制)[44]인데, 庠序(학교)에서 道藝로써 가르치지도 않고 官司에서 그 재능을 시험하여 묻지도 않으며, 父兄은 그 行義를 보증하지도 않습니다. 그리고 조정에서는 갑자기 관직을 주고 職事로써 맡깁니다. 武王이 紂[45]의 죄를 책망하여 가로되 官人이 세습했다 했습니다. 대저 官人을 세습시키고 그 재주와 행위를 헤아리지 않은 것, 이것은 곧 紂가 亂亡한 所以이며 治世에는 없는 바입니다. 또 그 다음은 가로되 流外[46]입니다. 朝廷에서는 이들을 진실로 일찍이 염치의 바깥으

論이 도입되기에 이른다. 본문에서 말하는 經書의 大義를 시험하였다는 것은, 경력연간의 개혁의 결과 經書의 내용에 의거한 策題가 부과되기에 이르렀던 것을 말한다.

43) 王安石의 「上仁宗皇帝言事書」가 올려지기 직전인 仁宗 嘉祐 3년(1058)에 도입되었던 諸科의 하나로서, 주로 경전에 대한 이해를 중심으로 하여 시험을 부과하는 과목. 大經(『禮記』『左傳』), 中經(『詩經』『周禮』『儀禮』), 小經(『周易』『尙書』『穀梁傳』『公羊傳』) 가운데, 모든 경전에 대한 墨義와 大義(策論), 小經에 대한 帖義를 시험하였다. 神宗 熙寧 4년(1071)에 폐지된다.

44) 壬子制. 송대 관료 가운데 대다수가 이 蔭補制로 충원되었다. 論者에 따라서는 송대의 전체 관원 가운데 蔭補制 출신이 60%~70%에 이르렀을 것으로 추정하기도 한다. 송대에는 改元이나 황제의 즉위, 南郊大祀 등, 국가적 대사가 있을 때마다 蔭補를 허용하였는데, 그 결과 예컨대 3품 이상의 관료라면 20여년 동안 20명을 蔭補하는 것이 가능할 정도였다고 한다. 음보의 범위도 시간이 지날수록 확대되어, 친족 뿐만 아니라 異姓親도 그 대상으로 인정해 주었다.

45) 商王朝의 마지막 王. 酒池肉林의 放逸과 濫刑으로 말미암아 政事를 그르치고, 마침내 周 武王의 공격으로 天下를 상실하고 討滅된다.

46) 胥吏에 대한 총칭. 九品의 바깥(外)에 있다는 의미에서 流外人이라 칭한다. 이들 서리는 각각의 職任에 따라 규정된 年限 동안 과오 없이 근속할 경우 官員으로의 승진이 가능했다. 이를 胥吏出職이라 불렀다. 하지만 이들 流外出身이 담당할 수 있는 직위는 低級官으로 제한되어 있었으며, 그나마 縣令이나 通判에 임용되기 위해서는 擧主 6인의 保擧가 필요했다. 또한 어떠한 경우에도 司法參軍이나 監鹽

로 밀치고(擠) 그 進取의 길을 제한합니다. 돌아보아 맡기기(顧屬)를 州縣의 일로써 하고 하여금 士民의 위에 임하게 하니, 어찌 이른바 어짐(賢者)으로 不肖者를 다스리는 것이겠습니까? 臣의 使事(使臣의 일)가 미쳤던 바로써 하면, 一路 수천 리의 사이에 州縣의 관리로 流外에서 나온 자가 왕왕 있습니다. (그런데) 가히 일로써 맡길 만한 자는 거의 두 셋도 안 되며 마땅히 그 간사함을 막아야(防閑) 할 자가 대부분입니다. 대개 옛날에는 賢과 不肖의 구분만 있었고 流品의 나뉨은 없었습니다. 고로 성인인 孔子조차 일찍이 季氏의 吏[47]가 되었습니다. 대저 비록 吏가 되어도 또한 그 公卿이 됨에 지장이 없었습니다. 후세에 이르러 流品의 나뉨이 생긴 즉 무릇 流外에 있는 자는, 그 위치하는 바가 진실로 일찍이 염치의 바깥에 있어 高人의 뜻이 없게 되었습니다. 대저 近世에 풍속이 流靡해지며, 스스로 비록 士大夫의 재능을 지녀 형세가 족히 進取하고 조정에서 일찍이 장려하기를 禮義로써 한 자일 지라도, 晩節(末年)의 末路(末年)에는 왕왕 유혹되어 作姦합니다. 하물며 또한 그 본디 위치한 바에 高人의 뜻이 없고 조정에서는 진실로 이미 염치의 바깥으로 밀치며, 그 進取를 제한한 자임에랴 (어떻겠습니까)? 그 사람에 臨하고 직무를 접함에(親) 멋대로 하고(放) 편벽되고(僻) 간사하고(邪) 사치하게 됨(侈)은 진실로 그 (정한) 이치입니다. 邊疆과 宿衛의 선발에 이르러서는 臣이 진실로 일찍이 그 잃음(失)을 말했습니다. 무릇 이는 모두 取함이 그 道가 아니었기 때문입니다.

方今取之既不以其道 至於任之 又不問其德之所宜 而問其出身之後先 不論其才之稱否 而論其歷任之多少. 以文學進者 且使之治財. 已使之治財

場, 監鹽倉, 主簿兼縣尉 등의 관직에는 임용될 수 없었다. 이러한 관직의 제한은 서리출신의 瀆職을 우려한 것이었다.

47) 孔子가 젊은 날 貧寒함으로 인해 季氏家에서 倉分를 관장하는 委吏의 職과 囿에서 목축을 담당하는 乘田의 職을 맡았던 것을 말한다.

矣 又轉而使之典獄. 已使之典獄矣 又轉而使之治禮. 是則一人之身 而責之以百官之所能備 宜其人才之難爲也. 夫責人以其所難爲 則人之能爲者少矣. 人之能爲者少 則相率而不爲. 故使之典禮 未嘗以不知禮爲憂 以今之典禮者 未嘗學禮故也. 使之典獄 未嘗以不知獄爲恥 以今之典獄者 未嘗學獄故也. 天下之人 亦已漸漬於失教 被服於成俗 見朝廷有所任使 非其資序 則相議而訕之. 至於任使之不當其才 未嘗有非之者也. 且在位者數徙 則不得久於其官. 故上不能狃習而知其事 下不肯服馴而安其教. 賢者則其功不可以及於成 不肖者則其罪不可以至於著. 若夫迎新將故之勞 緣絶簿書之弊 固其害之小者 不足悉數也. 設官大抵皆當久於其任 而至於所部者遠 所任者重 則尤宜久於其官 而後可以責其有爲. 而方今尤不得久於其官 往往數日輒遷之矣.

지금 取함이 이미 그 道로써 하지 않는데, 맡김(任)에 이르러서도 또한 그 德의 마땅한 바를 묻지 않고 그 出身(入仕)의 先後만을 물으며, 그 재능의 맞음과 그렇지 않음(稱否)을 논하지 않고 (다만) 그 경력(歷任)의 많고 적음만을 논합니다. 文學으로써 나온(進) 자를 또한 부려서 재물을 다스리게 합니다. 이미 부려 재물을 다스리게 했는데 또한 옮겨서 獄을 담당하게 합니다. 이미 부려 獄을 담당하게 했는데 또 옮겨서 禮를 다스리게 합니다. 이러한 즉 한 사람의 몸으로 責하기를 백 사람의 관료가 능히 갖춰야 할 바로써 합니다. (그러므로) 반드시 그 사람의 재능이 (이러한 직무들을 다 담당) 하기 어렵습니다. 대저 사람을 責하기를 그 하기 어려운 바로써 한 즉, 사람으로 능히 할 수 있는 것이 적습니다. 사람으로 능히 할 수 있는 것이 적은 즉 모두 나태해져 버립니다. 고로 하여금 禮를 맡게 하면 일찍이 禮를 모른다 하여 근심하지 않습니다. 오늘의 禮를 맡은 자가 일찍이 禮를 배우지 않은 까닭입니다. 하여금 獄을 맡게 하면 일찍이 獄을 모른다 하여 부끄러워하지 않습니다. 오늘의 獄을 맡은 자가 일찍이 獄을 배우지 않은 까닭입니다. 천하의 사람이 또한 점점 가르침을 잃게 되고 또 成俗에 빠지게(被服) 되었습니다. (그리하여) 조정에서 맡겨 부리는(任使) 바가 있음을 보고 그 資序(경력의 서열)가 아닌 즉 서로 의론하여 비방합니다.[48] 맡겨 부림이 그 재능에 합당하지 않음에 이르러서는 일찍이 비난하는 자가 없습니다. 또한 자리에 있는 자(在位者)가 자주 옮기니 그 벼슬(官)을 오래(담당)할 수 없습니다. 고로 위(관료)에서는 능히 익혀 그 일을 알 수가 없고, 아래(백성)에서는 (즐겨) 服馴하여 그 가르침에 안주하려 들지 않습니다. 어진 자인 즉 그 功이 가히 이룸에 미칠 수 없고, 不肖者인 즉 그 죄가 가히 드러남에 이르지 않습니다. (관료의 신속한 이동으로) 대저 새 것을 보내고 옛 것을 맞이하는 어려움과 簿書를 잇고 자르는(緣絶) 폐단 등은 진실로 그 폐해가 작기 때문에 족히 다 헤아릴 수도 없습니다. 관료의 임용은 대저 마땅히 그 職任에 오래 머물도록 해야 합니다. 관할하는(部, 관할지역) 바가 멀고 맡는 바가 무거운 즉, 더욱 마땅히 그 벼슬을 오래하고 그 후에 가히 그 이룸이 있음을 요구해야(責) 합니다. 그런데 지금은 그 벼슬에 오래할 수 없고 왕왕 수일만에 갑자기 옮깁니다.

取之旣已不詳 使之旣已不當 處之旣已不久 至於任之則又不專 而又一二以法束縛之 不得行其意. 臣故知當今在位多非其人 稍假借之權 而不一二以法束縛之 則放恣而無不爲. 雖然 在位非其人 而恃法以爲治 自古及今 未有能治者也. 卽使在位皆得其人矣 而一二以法束縛之 不使之得行其意 亦自古及今 未有能治者也. 夫取之旣已不詳 使之旣已不當 處之旣已不

48) 宋代에는 관원의 근무성적을 평가하는 것을 磨勘이라 칭하며 이를 위한 특별한 관아까지 개설해 두었다. 京朝官에 대한 근무평가 기관이 審官院이며, 幕職州縣官에 대한 기관은 考課院이었다. 이들 審官院과 考課院에서 모든 官員에 대해 3년의 임기가 종료되면 磨勘을 행하여 그 殿最(불량과 우수)에 따라 관직을 遷秩(이동)시켰다. 하지만 사실상 제도만 구비되어 있을 뿐, 考課는 요식행위에 불과하고 특별한 경우가 아니면 대부분 연공서열에 따라 승진하는 것이 관례였다.

久 任之又不專 而又一二以法束縛之 故雖賢者在位 能者在職 與不肖而無能者 殆無以異. 夫如此 故朝廷明知其賢能足以任事 苟非其資序 則不以任事而輒進之. 雖進之 士猶不服也. 明知其無能而不肖 苟非有罪爲在事者所劾 不敢以其不勝任而輒退之. 雖退之 士猶不服也. 彼誠不肖無能 然而士不服者 何也? 以所謂賢能者任其事 與不肖而無能者 亦無以異故也. 臣前以謂不能任人以職事 而無不任事之刑以待之者 蓋謂此也.

取함이 이미 자세하지 않으며 부림(使)이 이미 마땅하지 않고 處함이 이미 오래도록 하지 않으며, 맡김(任)에 이른 즉 또한 오로지 하지(전문성을 갖게 하지) 않고 또한 하나 둘(일일이) 법으로써 속박하여 그 뜻을 행할 수 없습니다. 臣은 고로 지금 在位者가 대부분 그 (마땅한) 사람이 아니어서, 권한을 맡기고 일일이 법으로써 속박하지 아니한 즉 放恣하지 않음이 없을 것임을 압니다. 그러하나 在位者가 그 사람이 아닌데 (오로지) 법에만 의지하여 다스림을 이루려 하는 것은, 예로부터 지금에 이르기까지 능히 성공한 적이 없었습니다. 또한 반대로 在位者가 모두 마땅한 사람을 얻었다 하더라도 하나 둘(일일이) 법으로써 속박하여 그 뜻을 행할 수 없게 하고서는, 또한 예로부터 지금에 이르기까지 능히 성공한 적이 없었습니다. 대저 取함이 이미 자세하지 않으며 부림이 이미 마땅하지 않고 處함이 이미 오래도록 하지 않으며, 맡김이 또한 전문성을 갖게 하지 않고 일일이 법으로써 속박한 까닭에, 비록 어진 자가 자리에 있고 유능한 자가 직위에 있어도 不肖하고 무능한 사람과 거의 다름이 없어집니다. 무릇 이와 같은 까닭에 조정에서 그 어질고 유능함이 족히 일을 맡길 만함을 밝히 알아도, 진실로 그 경력이 차지 아니한 즉 그에게 일을 맡겨 갑자기 승진시킬(進) 수 없습니다. 비록 승진시키더라도 선비들이 따르지 않습니다. 그 무능하고 不肖함을 밝히 알아도, 진실로 죄가 있어 在事者에게 탄핵되지 않으면 감히 그 직임을 이기지(담당하지) 못한다 하여 갑자기 물러나게 할 수 없습니다. 비록 물러나게 하더라도 선비가 따르지 않습니다. 그가 진실로 不肖하고 무능한데도 선비가 따르지 않는 것은 무엇 때문일까요? 이른바 어질고 유능한 자가 그 일을 담당하는 것이, 不肖하고 무능한 자와 또한 다르지 아니한 까닭입니다. 臣이 앞서 말하기를 사람에게 맡기기를 職事로써 할 수 없었고 직임을 감당하지 못하는 경우 형벌을 가할 수 없었다고 한 것은 대개 이를 일컬은 것입니다.

夫敎之養之取之任之 有一非其道 則足以敗天下之人才. 又況兼此四者而有之 則在位不才苟簡貪鄙之人 至於不可勝數 而草野閭巷之間 亦少可任之才 固不足怪. 詩曰 '國雖靡止 或聖或否. 民雖靡膴 或哲或謀 或肅或艾. 如彼泉流 無淪胥以敗.' 此之謂也.

대저 가르침과 기름과 취함과 맡김에 하나라도 그 道가 아님이 있은 즉 족히 천하의 인재를 무너지게 합니다. 또한 하물며 이 넷을 아울러 가지고 있은 즉, 在位者 (가운데) 재능이 없고 苟簡(간단히 하여 彌縫하는 것)하고 貪鄙한 사람이 가히 이루 다 셀 수 없음에 이르고, 草野와 閭巷의 사이 또한 가히 맡길 만한 인재가 적어지는 것이, 진실로 괴이하지 않게 됩니다. 『詩』에서 가로되, "나라(의 議論, 國論)가 비록 정해지지(止는 定의 의미) 않으나 혹은 聖하고 혹은 아니도다. 民이 비록 많지(膴는 大, 多의 의미) 않으나 혹은 밝으며(哲) 혹은 계략이 있고(謀) 혹은 삼가며(肅) 혹은 다스려지도다(艾). 저 샘의 흐름과 같이 아니 모두 거느려 무너질까?"[49]라 한 것은 이를 일컬음입니다.

---

49) 『詩經』「小雅」「小旻」에 나옴. 西周의 마지막 天子인 幽王의 失政을 풍자한 詩. 國內에 聖者도 있고 哲者 · 謨士 · 肅民 · 艾民 등이 있으되, 天子의 不用으로 말미암아 강물을 거스를 수 없듯이 쓸려 敗亡해 갔던 것을 아쉬워하는 내용이다.

夫在位之人才不足矣 而閭巷草野之間 亦少可用之才 則豈特行先王之政而不得也? 社稷之託 封疆之守 陛下其能久以天幸爲常 而無一旦之憂乎? 蓋漢之張角 三十六萬同日而起 所在郡國 莫能發其謀. 唐之黃巢 橫行天下 而所至將吏無敢與之抗者. 漢·唐之所以亡 禍自此始. 唐旣亡矣 陵夷以至五代 而武夫用事 賢者伏匿消沮而不見 在位無復有知君臣之義 上下之禮者也. 當是之時 變置社稷 蓋甚於弈碁之易 而元元肝腦塗地 幸而不轉死於溝壑者無幾耳. 夫人才不足 其患蓋如此. 而方今公卿大夫 莫肯爲陛下長慮後顧 爲宗廟萬世計 臣竊惑之. 昔晉武帝趣過目前 而不爲子孫長遠之謀. 當時在位 亦皆偸合苟容 而風俗蕩然 棄禮義 捐法制 上下同失 莫以爲非 有識固知其將必亂矣. 而其後果海內大擾 中國列於夷狄者 二百餘年. 伏惟三廟祖宗神靈 所以付屬陛下 固將爲萬世血食 而大庇元元於無窮也. 臣願陛下鑒漢·唐·五代之所以亂亡 懲晉武苟且因循之禍 明詔大臣 思所以陶成天下之才 慮之以謀 計之以數 爲之以漸 期爲合於當世之變 而無負於先王之意 則天下之人才不勝用矣. 人才不勝用 則陛下何求而不得 何欲而不成哉? 夫慮之以謀 計之以數 爲之以漸 則成天下之才甚易也.

대저 자리에 있는 인재가 부족하며 閭巷과 草野의 사이 또한 가히 쓸 만한 인재가 부족한 즉, 어찌 다만 先王의 정치를 행하여 얻지 못할 뿐이겠습니까? 社稷의 맡김과 封疆의 지킴에 대해, 폐하께서는 어찌 능히 요행일이 없으며 또 하루아침에 근심이 생기지 않기를 오래토록 바랄 수 있겠습니까? 대개 漢의 張角은 36萬이 한날 한시에 일어났으되[50] (36만이) 있는

50) 後漢 靈帝 中平 元年(184) 2월 張角이 太平道라는 종교결사를 기반으로 하여 반란을 일으킨 것을 말한다. 당시 太平道는 그 소속 신자들을 36개 方으로 나누어 두고 있었는데, 각각의 方은 1만명 내외로 구성되어 있었다. 黃巾의 亂 자체는 皇甫嵩 등의 奮戰과 지방호족의 自衛軍 결성, 그리고 張角의 病死 등으로 인하여 대략 184년말까지 일단 진압되었다. 하지만 이를 계기로 민중반란은 각처로 확산되어 갔다. 이후 주로 화북일대를 중심으로 하여 대소의 민중반란이 각지에서 빈발

바의 郡國에서는 그 음모를 (미리) 밝힐 수 없었습니다. 唐의 黃巢[51]는 천하를 횡행했으되 (黃巢軍이) 지나가는 곳의 將吏들은 감히 더불어 대항하는 자가 없었습니다. 漢과 唐이 망한 所以는 禍가 이로부터 시작되었습니다. 唐이 이미 망하고 점차 쇠퇴하여(陵夷) 五代에 이르매, 武夫들이 用事하고 賢者는 엎드려 숨었으며 사라져 그치고(消沮) 보이지 않았습니다. 在位者(사이)에는 君臣의 義와 上下의 禮를 아는 자가 다시 있지 아니했습니다. 이러한 때를 당하여 사직을 變置(왕조교체)하는 것이 대개 바둑 돌의 바꿈보다 심하였으며, 백성들(元元)은 (참살당하여) 肝腦가 땅을 흩어지고, 溝壑에 굴러 죽지 아니한 자가 거의 없을 지경이었습니다. 대저 人才의 부족은 그 근심이 이와 같습니다. 지금 公卿大夫가 즐겨 陛下를 위해 長慮하고 後顧하며 宗廟를 위해 萬世의 헤아림에 힘쓰지 아니하는 것에 대해 臣은 삼가 미혹스럽습니다. 옛날 晉의 武帝[52]는 目前이 지남을 재촉하고(目

하였으며, 특히 張飛燕이 이끌던 하북의 黑山賊은 백만의 세력으로 확대되기도 한다. 이러한 각처 민중반란 세력의 준동, 그리고 이에 대응한 지방호족의 자위군 결성이라는 형세가 三國의 할거로 연결된다.

51) 당 후반기에 발생한 대농민반란의 지도자. 山東의 暗鹽商 출신으로서 875년 반란을 일으킨 이래, 양자강 연안지대와 남중국일대를 거쳐 881년에는 長安을 함락시키고 入城하기에 이른다. 唐朝는 黃巢亂에 대해 별다른 대응을 하지 못하다가, 결국 黃巢 部將의 회유 및 이민족(突闕 沙陀部)의 원조로써 10년만인 884년에 이르러 가까스로 진압한다. 당시 藩鎭의 발호로 말미암아 唐朝權力의 지방에 대한 장악력이 상실되어 있던 상태에서, 유일하게 중앙정부의 명령이 미치고 있던 江淮一帶가 이 반란으로 인해 초토화되는 결과가 초래되었다. 결국 이로 인해 唐朝는 경제적 기반을 상실하고 나아가 그 존립기반 자체가 근본적으로 위협받기에 이른다.

52) 西晉의 창건자이자 三國의 분열을 종식시키고 중국을 재통일한 武帝 司馬炎(236~290). 司馬昭의 長子로서 265년 曹魏政權의 마지막 황제인 元帝를 폐위시키고 晉朝를 창건한다. 이(晉朝)를 司馬晉, 혹은 훗날의 東晋에 대해 西晉이라 칭한다. 司馬炎은 통치 초기 귀족세력을 잘 회유하며 국력을 다져서, 280년 삼국 가운데 마지막으로 남아 있던 吳를 멸하고 전중국을 통일하기에 이른다. 통일 이후에도 한 동안은 농업생산력의 안정, 武備의 철폐 등 자못 효과적인 통치를 행하여, 傳統史家들로부터 '太康의 繁榮'이라 칭송되기도 하였다. 하지만 이후 급속히 안일과 향락에 탐닉하게 된다. 이로 말미암아 정치질서가 급격히 이완되어 八王의 亂이 폭발하고, 그 혼란에 기근과 이민족의 침입 등이 부가되어 이른바 永嘉의

前의 이익에만 급급하고) 자손을 위한 長遠한 謀計를 하지 않았습니다. 당시의 在位者 또한 모두 무사안일만 추구하고(偸合) 구차히 용납되어(苟容), 풍속이 어지럽혀지고 禮義를 버리고 法制를 버렸으며, 上下가 같이 잃어 잘못이라 하지 않아, 有識者들은 진실로 장차 반드시 어지러워 질 것을 알았습니다. 그 후에 과연 海內가 크게 소란해져 中國이 夷狄과 나란해짐(다를 바 없어짐)이 이백여 년이 되었습니다. 엎드려 생각컨대 三廟의 祖宗(太祖· 太宗· 眞宗) 神靈이 폐하께 付屬한 것은, 진실로 장차 萬世의 血食(제사)을 이루고(王朝가 영속토록 하고) 크게 백성들을 감싸기를 무궁토록 하는 것입니다. 臣은 원컨대 폐하께서 漢과 唐 및 五代가 亂亡한 所以를 거울삼고 晉武帝가 구차하게 因循한 재앙을 懲戒하여(교훈삼아), 밝히 대신들을 명령하고 천하의 인재를 陶成하는 所以를 생각하시기 바랍니다. 헤아리기를 智謀로 하고 이치에 합당하게 계획하고, 이루기를 서서히 하고 기약하여 當世의 변화에 合하고 先王의 뜻을 어기지 않도록 한 즉, 천하의 인재는 이루다 쓸 수 없게 될 것입니다. 인재가 이루 다 쓸 수 없게 된 즉, 폐하께서는 무엇을 구하여 얻지 못하며 무엇을 하고자 하여 이루지 못하시겠습니까? 대저 헤아리기를 智謀로 하고 계획하기를 이치에 합당하게 하며 이루기를 서서히 한 즉 천하의 인재를 육성함이 심히 쉬울 것입니다.

臣始讀孟子 見孟子言王政之易行 心則以爲誠然. 及見與愼子論齊·魯之地 以爲先王之制國 大抵不過百里者 以爲今有王者起 則凡諸侯之地 或千里 或五百里 皆將損之 至於數十百里而後止. 於是疑孟子雖賢 其仁智足以一天下 亦安能毋劫之兵革 而使數百千里之强國 一旦肯損其地之十八九

喪亂이라 일컬어지는 大動亂이 발생했다. 이후 西晉은 316년 화북을 이민족에게 내주고 강남으로 도피하기에 이른다. 이 강남일대만을 지배한 晉을 東晋이라 칭한다. 서진이 멸망한 이후 화북에는 五胡十六國, 北朝의 이민족정권이 繼起하여, 581년 隋朝가 창건될 때까지 화북일대를 지배한다.

比於先王之諸侯? 至其後 觀漢武帝用主父偃之策 令諸侯王地 悉得推恩封其子弟 而漢親臨定其號名 輒別屬漢. 於是諸侯王之子弟 各有分土 而勢强地大者 卒以分析弱小. 然後知慮之以謀 計之以數 爲之以漸 則大者固可使小 强者固可使弱 而不至乎傾駭變亂敗傷之釁. 孟子之言不爲過. 又況今欲改易更革 其勢非若孟子所爲之難也. 臣故曰 慮之以謀 計之以數 爲之以漸 則其爲甚易也.

臣이 『孟子』를 처음 읽고 孟子가 王政이 행하기 쉬움을 말하는 것[53]을 보고 진실로 그러하다고 생각했습니다. (또 孟子가) 愼子와 더불어 齊와 魯의 땅을 논하며, 先王이 나라를 설치함에 대저 백리에 지나지 않은 것을 생각하고, 지금 王者가 있어 일어난 즉 무릇 諸侯의 땅으로 혹 천리나 혹 오백리에 달하는 것은 모두 축소하여 수십리나 백리에 이른 후에야 그칠 것[54]이라 생각하는 것을 보았습니다. 이에 의심하기를 孟子가 비록 어질고 그 仁智가 족히 천하를 하나로 할 만하나, 또한 어찌 능히 兵革으로써 위협하지 않고서 수백리나 천리의 강국으로 하여금 하루 아침에 그 땅 십에 여덟 아홉을 덜어 先王(시대)의 諸侯와 나란히(동일하게) 하겠는가 했습니다. 그 후에 漢武帝가 主父偃의 책략[55]을 써서, 諸侯王의 땅으로 하여금

53) 『孟子』권 2, 「梁惠王章句 下」의 齊宣問毁明堂章 및 권 3, 「公孫丑章句 上」의 問夫子當路於齊章에 나옴.

54) 『孟子』권 12, 「告子章句 下」에 나옴. 周公이 최초 封建할 때 一國百里를 기준으로 하였는데, 일부 强國이 약소국을 병탄하여 천오백리나 천리에 이르는 영역을 지니고 있으므로, 이상적인 군주가 등장하면 당연히 무력으로 남의 영역을 빼앗은 것은 되돌려, 원래대로 백리나 수십리로 환원시킬 것이란 의미.

55) 前漢 武帝時期 中大夫 主父偃의 上言에 따라 强藩의 세력을 축소시켜 중앙정부에 대한 위협을 제거한 것을 일컫는다. 즉 당시 일부 藩國의 경우 所領內의 城이 수십 개에 이르고 그 영역이 천여리에 이를 정도로 방대하여 漢 중앙정부에 상당한 부담이 되고 있었다. 이때 主父偃이 上書하여, 제후들에게 推恩令을 내려서 특별히 그 자손들에게 영역을 나누어 分封할 수 있도록 하자고 건의하였다. 이러한 건의를 수용하여 제후들에게 강압적인 정책을 취하지 아니하고서도 그 세력을 삭감

모두 推恩하여 그 子弟를 封하고 漢이 친히 臨하여 그 號名을 정하여, 갑자기 漢에 나뉘어 속하게 됨을 알게 이르렀습니다. 이에 諸侯王의 子弟들은 각각 分土를 지니게 되었으며, 세력이 강하고 영역이 컸던 것이 마침내 나뉘어져 弱小해졌습니다. 그러한 후에, 헤아리기를 智謀로 하고 이치에 합당하게 계획하며 이루기를 서서히 한 즉, 큰 것도 진실로 가히 작게 하고 强者도 진실로 가히 약하게 하면서도 傾駭하고 變亂하고 敗傷하는 상황에 이르지 않음을 알았습니다. 孟子의 말은 잘못이 아니었습니다. 또한 하물며 지금 改易하고 更革하고자 하는데 그 추세는 맹자가 하는 바의 어려움과는 같지 않습니다. 臣은 고로 가로되, 헤아리기를 智謀로 하고 계획하기를 이치에 합당하게 하며 이루기를 서서히 한 즉 그 이룸이 매우 쉽다고 말합니다.

然先王之爲天下 不患人之不爲 而患人之不能. 不患人之不能 而患己之不勉. 何謂不患人之不爲 而患人之不能? 人之情所願得者 善行美名 尊爵厚利也 而先王能操之以臨天下之士. 天下之士 有能遵之以治者 則悉以其所願得者以與之. 士不能則已矣 苟能則孰肯舍其所願得 而不自勉以爲才? 故曰 不患人之不爲 患人之不能. 何謂不患人之不能 而患己之不勉? 先王之法 所以待人者盡矣. 自非下愚不可移之才 未有不能赴者也. 然而不謀之以至誠惻怛之心 力行而先之 未有能以至誠惻怛之心 力行而應之者也. 故曰不患人之不能 而患己之不勉. 陛下誠有意乎成天下之才 則臣願陛下勉之而已.

그런데 先王이 천하를 다스림에 사람의 不爲를 근심하지 않고 사람의 不能을 근심했으며, 남의 不能을 근심하지 않고 자기의 不勉을 근심했습

시켜 小國化할 수 있었다.

니다. 무엇을 일컬어 사람의 不爲를 근심하지 않고 사람의 不能을 근심했다 하는 것일까요? 사람의 情이 얻기를 원하는 것은, 좋은 생활(善行)과 美名 및 높은 爵位와 두터운 이익인데, 先王은 능히 (이것을) 지니고 천하의 선비에 임했습니다. 천하의 선비로 능히 (규정대로) 따라 (준수하여) 다스리는 자인 즉, 다 얻기를 원하는 것으로써 주었습니다. 선비가 무능하면 어쩔 수 없지만 진실로 능력이 있은 즉 누가 즐겨 그 얻기를 원하는 바를 버리고 스스로 힘써 인재가 되려 하지 않겠습니까? 고로 가로되, 사람의 不爲를 근심하지 않고 사람의 不能을 근심했다 하는 것입니다. (또) 무엇을 일컬어 남의 不能을 근심하지 않고 자기의 不勉을 근심했다 하는 것일까요? 先王의 法은 사람을 대우하는 所以의 것을 다했습니다. 스스로 下愚로서 옮길(어찌할) 수 없는 재능이 아니라면 능히 좇을 수 없음이 없었습니다. 그러나 (군주가) 꾀하기를 至誠과 惻怛의 마음으로써 하여 힘써 행하여 앞서지 않으면, 능히 至誠과 惻怛의 마음으로 힘써 행하여 응하는 자가 없습니다. 고로 가로되, 사람의 不能을 근심하지 않고 자기의 不勉을 근심했다 하는 것입니다. 폐하께서 진실로 천하의 인재를 이룸에 뜻이 있은즉 臣은 폐하께서 힘쓰기(勉之)를 바랄 따름입니다.

臣又觀朝廷異時欲有所施爲變革 其始計利害 未嘗熟也. 顧有一流俗僥倖之人 不悅而非之 則遂止而不敢爲. 夫法度立 則人無獨蒙其幸者. 故先王之政 雖足以利天下 而當其承弊壞之後 僥倖之時 其創法立制 未嘗不艱難也. 以其創法立制 而天下僥倖之人 亦順說以趨之 無有齟齬 則先王之法至今存而不廢矣. 惟其創法立制之艱難 而僥倖之人 不肯順悅而趨之. 故古之人欲有所爲 未嘗不先之以征誅 而後得其意. 詩曰 '是伐是肆 是絶是忽 四方以無拂.' 此言文王先征誅 而後得意於天下也. 夫先王欲立法度 以變衰壞之俗 而成人之才 雖有征誅之難 猶忍而爲之 以爲不若是 不可以有爲也. 及至孔子 以匹夫遊諸侯 所至則使其君臣損所習 逆所順 强所劣 憧憧

如也 卒困於排逐. 然孔子亦終不爲之變 以爲不如是 不可以有爲. 此其所守 蓋與文王同意. 夫在上之聖人 莫如文王 在下之聖人 莫如孔子 而欲有所施爲變革 則其事蓋如此矣. 今有天下之勢 居先王之位 創立法制 非有征誅之難也. 雖有僥倖之人 不悅而非之 固不勝天下順悅之人衆也. 然而一有流俗僥倖不悅之言 則遂止而不敢爲者 惑也. 陛下誠有意乎成天下之才 則臣又願斷之而已.

臣은 또 朝廷이 예전에 펼쳐 變革하려는 바가 있어 그 처음 利害를 헤아림은 일찍이 철저하지 않음이 없었는데, 돌아보아 하나라도 流俗의 僥倖之人이 있어 좋아하지 않고 비난한 즉, 마침내 그만두고 감히 (시도)하지 않았음을 목도한 바 있습니다. 대저 법도가 세워진 즉 사람들에게 좋은 점만 있지는 않습니다. 고로 先王의 정치는 비록 족히 천하에 이로우나 그 弊壞의 後를 당해 사람들이 요행을 바라는 때가 되어서는, 그 법을 만들고 제도를 세움이 일찍이 艱難하지 않음이 없었습니다. 그 법을 만들고 제도를 세워 천하 僥倖之人 또한 말씀에 따라 좇고 齟齬함이 없게 한 즉, 先王의 법은 지금에 이르도록 존속하고 廢해지지 않았을 것입니다. 오직 그 법을 만들고 제도를 세움이 艱難하고 僥倖之人이 즐겨 順悅하여 따르지 않은 까닭에, 옛 사람은 하고자 하는 바가 있으면, 일찍이 앞서 征誅하고 이후에 그 뜻을 얻었습니다. 『詩』에서 가로되, "이에 伐하며 이에 (兵을) 놓으며(肆) 이에 끊으며 이에 멸하시니(忽) 사방에 불순종함이 없도다"[56] 라 했으니, 이는 文王이 먼저 征誅하고 이후에 천하에서 뜻을 얻었음을 말함입니다. 대저 先王은 법도를 세움으로써 衰壞한 풍속을 바꾸고, 사람의 재능을 이루고자 하면 비록 征誅의 어려움이 있으나 오히려 참고 해내며, 이와 같지 않으면 가히 이룸이 있을 수 없다 생각했습니다. 孔子에 이

56) 『詩經』「大雅」「文王」「皇矣」에 나옴.

르러서는 匹夫로서 諸侯에게 돌아다니며, 이르는 곳마다 그 君臣으로 하여금 익숙한 바(舊習)를 버리게 하고 좇는 바(傳統)를 거스르며 庸劣한 바(약점)를 강(보완)하게 하기를 어리석은 듯이 (주장)하다가, 마침내 곤궁해져 排逐되었습니다. 그러나 孔子는 또한 마침내 그로 하여 (태도를) 바꾸지 않고, 이와 같지 않으면 가히 이룸이 있을 수 없다고 생각했습니다. 이는 그 지킨 바가 대개 文王과 같습니다. 대저 위에 있는 聖人으로 文王만한 사람이 없고 아래에 있는 聖人으로는 孔子만한 사람이 없었는데, 펼쳐 변혁하려는 바는 그 일이 대개 이와 같았습니다. (폐하는) 지금 천하의 勢를 지니시고 先王(통치자)의 자리에 居하시며 법제를 창립하는 데 있어 征誅의 어려움도 없습니다. 비록 僥倖의 사람이 있어 좋아하지 않고 비난하더라도, 진실로 천하 順悅하는 사람의 많음(衆)을 이기지는 못합니다. 그런데 하나라도 流俗과 僥倖의 좋아하지 않는 말이 있은 즉, 마침내 그치고 감히 하지 않는 것은 미혹스럽습니다(이해하기 어렵습니다). 폐하가 진실로 천하의 인재를 이루는 데 뜻이 있은 즉 臣은 또한 자르기를 바랄 뿐입니다.

夫慮之以謀 計之以數 爲之以漸 而又勉之以成 斷之以果 然而猶不能成天下之才 則以臣所聞 蓋未有也.

대저 헤아리기를 智謀로 하고 계획하기를 이치에 합당하게 하고 이루기를 서서히 하며, 또한 힘쓰기를 정성으로써 하고 자르기를 과단성 있게 하고도, 오히려 천하의 인재를 이룰 수 없었던 것은 臣의 들은 바로써는 대개 없었습니다.

然臣之所稱 流俗之所不講. 而今之議者 以謂迂闊而熟爛者也. 竊觀近世士大夫所欲悉心力耳目 以補助朝廷者有矣. 彼其意 非一切利害 則以爲當世所能行者. 士大夫旣以此希世 而朝廷所取於天下之士 亦不過如此. 至於

大倫大法 禮義之際 先王之所力學而守者 蓋不及也. 一有及此 則群聚而笑之 以爲迂闊. 今朝廷悉心於一切之利害 有司法令於刀筆之間 非一日也 然其效可觀矣. 則夫所謂迂闊而熟爛者 惟陛下亦可以少留神而察之矣. 昔唐太宗 貞觀之初 人人異論. 如封德彝之徒 皆以爲非雜用秦·漢之政 不足以爲天下. 能思先王之事開太宗者 魏文正公一人爾. 其所施設 雖未能盡當先王之意 抑其大略 可謂合矣. 故能以數年之間 而天下幾致刑措 中國安寧 蠻夷順服. 自三王以來 未有如此盛時也. 唐太宗之初 天下之俗 猶今之世也. 魏文正公之言 固當時所謂迂闊而熟爛者也. 然其效如此. 賈誼曰 '今或言德敎之不如法令 胡不引商·周·秦·漢以觀之?' 然則唐太宗之事 亦足以觀矣.

그러나 臣이 일컫는 바는 流俗이 말하지 않는 바입니다. 그리고 오늘날의 議論하는 자들은 (이를 두고) 이르기를, 迂闊하고 (先王의 원칙에만) 문드러진(熟爛) 것이라 할 것입니다. 삼가 보건대 近世의 사대부로 心力과 耳目을 다함으로써 朝廷을 補助하려는 자가 있었습니다. (하지만) 그 뜻은 그저 (당면한) 利害가 아니라면, 곧 當世가 능히 행할 수 있는 바가 아니라고 생각합니다. 사대부는 이미 이로써 세상에 바라며(希世, 영합), 朝廷이 천하에서 취하는 바의 선비 또한 이에 지나지 않습니다. 큰(기본적인) 인륜과 큰 법도 및 禮義의 문제에 이르러서는, 先王이 힘써 배우고 지킨 바이나 대개 말하지 않습니다. 하나라도 미친 즉 무리지어 비웃고 迂闊하다 생각합니다. 지금 조정은 일체의 (당면한) 利害에만 마음을 다하여, 有司가 刀筆(행정 잡무)의 사이에서 법령을 내린 것이 하루가 아닙니다. 그러나 그 효과는 가히 알아볼 만합니다(형편 없었습니다). 그런 즉 대저 (臣이 말하는) 이른바 迂闊하고 문드러진 것에, 오직 폐하께서는 또한 가히 조금 마음을 머물게 하여 돌아보아 주시기 바랍니다. 옛날 唐太宗 貞觀 연간의 初에 사람마다 논의가 달랐습니다. 封德彝[57]와 같은 무리는 모두 생각하기를 秦漢의 정치를 雜用하지 않으면 천하를 다스리기 부족하다 했습니다. 先王의 일을 능히 생각하여 太宗을 연(깨우친) 자는 魏文正公[58] 한 사람이었습니다. 그 (唐太宗이) 펴서 베푼 바는 비록 능히 다 先王의 뜻에 當할 수 없었지만 대개 그 대략은 가히 합치되었다고 말할 수 있습니다. 고로 능히 수년의 사이에 천하는 거의 刑을 거둠(措)에 이르고 중국은 安寧하고 蠻夷는 順服했습니다. 三王 이래로 이와 같은 盛時가 없었습니다. 唐太宗의 初에 천하의 풍속은 지금의 세상과 같았습니다. 魏文正公의 말은 진실로 당시에는 이른바 迂闊하고 문드러진 것이었습니다. 그러나 그 효과는 이와 같았습니다. 賈誼는 가로되, "지금 간혹 말하기를 德敎가 法令만 같지 않다고 한다. 어찌 商과 周, 秦, 漢을 끌어 보지 않는가?"[59]라 했습니다. 그런즉 唐太宗의 일은 또한 족히 (고려해) 볼만 합니다.

臣幸以職事歸報陛下 不自知其駑下無以稱職 而敢及國家之大體者 以臣

57) 封德彝(568~627)는 唐初의 대관료로서 최초 隋 文帝期에 出仕하였다. 煬帝時期 宇文化及이 반란을 일으킬 때 여기에 참여하였다가 이후 唐朝에 歸附하게 된다. 唐朝의 창건 이후에는 여러 要職을 역임하고 마침내 태종대에는 宰相職에까지 오른다. 당태종의 즉위 당초 群臣들 사이에 對民敎化의 문제가 쟁점으로 떠올랐을 때, 그는 魏徵의 儒家的 敎化 중시를 반대하고, 三代와는 時勢가 달라져 人心이 경박해져 있는 고로 진한시대의 法家 내지 覇道를 雜用해야 한다고 주장하였다. 魏徵은 書生으로서 時務를 알지 못한 채 공허한 논리를 편다고 攻駁한 것이다. 하지만 당태종은 그러한 封德彝의 논박을 물리치고 魏徵의 所論을 채택하기에 이른다.

58) 魏徵(580~643)은 唐初의 名臣. 특히 方玄齡(579~648), 杜如晦(595~630) 등과 더불어 당태종을 보필하여 이른바 '貞觀의 治'를 여는 데 절대적인 공헌을 하였다. 太宗의 안색이 변해질 정도의 直諫을 서슴지 않았던 것으로 유명하다.

59) 賈誼(前 200~前 168)는 前漢初의 관료이자 사상가. 어려서부터 文名을 날리다가 20세가 되던 해 文帝에 의해 발탁되어 중앙관료가 되었다. 이후 정치의 개혁을 주장하다 周勃 등의 개국공신에게 견제되어 지방으로 좌천된다. 그의 정치적 주장은 諸侯王勢力의 삭감, 農業의 진흥과 보호, 유교주의에 입각한 정치 시행 등으로 요약할 수 있다.

蒙陛下任使而當歸報. 竊謂在位之人才不足 而無以稱朝廷任使之意 而朝廷所以任使天下之士者 或非其理 而士不得盡其才. 此亦臣使事之所及 而陛下之所宜先聞者也. 釋此不言 而毛擧利害之一二 以汙陛下之聰明 而終無補於世 則非臣所以事陛下惓惓之義也. 伏惟陛下詳思而擇其中 天下幸甚!

臣은 다행히 직무의 일(職事)로써 돌아와 폐하께 보고하며 스스로 그 둔하여(駑下) 직무에 맞지 않았음을 알지 못하고 감히 국가의 大體에 미쳤던 것은, 臣이 폐하께서 使臣에 임명함을 받아서 마땅히 돌아와 보고해야 했기 때문입니다. 삼가 일컫기를, 在位의 인재가 부족하여 조정에서 使臣을 임용하는 뜻에 맞출 수 없으며, 조정에서 천하의 선비를 使臣으로 임용하는 所以의 것도 간혹 그 이치가 아니어서 선비는 그 재주를 다할 수 없다고 했습니다. 이는 또한 臣의 使事가 미치는 바이며 폐하께서 마땅히 먼저 들으셔야 할 바입니다. 이를 풀고(釋, 방치) 말하지 않으며 利害의 하나 둘을 세세히 들추어(毛擧), 폐하의 총명을 더럽히고 마침내 세상에 보탬이 없은 즉 臣이 폐하를 섬기는 정성스러운(惓惓) 義로움이 아닙니다. 엎드려 생각컨대 폐하께서는 자세히 생각하시어 그 맞는 것(中)을 택하신다면 천하는 매우 다행이겠습니다.

6. 왕안석의 본조백년무사차자

王安石의 本朝百年無事箚子

해 제

治平 4년(1067) 正月, 英宗의 뒤를 이어 北宋의 제6대 황제로 神宗이 즉위하였다. 당시 신종은 약관 20세로서 거란 및 서하에 대한 굴욕적인 관계를 청산코자 하는 열의에 차 있었다. 이러한 신종에 대해《宋史》의 贊에서는, "直言을 구하고 民情을 깊이 살폈으며……宮室을 다스리지 않고 遊幸을 돌보지 않았다. 힘써 政事에 임하고 커다란 이룸을 도모했다"[1]고 기록하고 있다. 남송시대의 朱熹(1130~1200)는 "神宗이 뒤를 이었는데 기백이 넘치고 크게 혁신을 이루려 했다"2)고 말하고 있다.

신종은 황제로 즉위한 이후 국정의 대대적인 쇄신을 이루고자 했다. 하지만 神宗의 적극적인 모색에도 불구하고 당시의 유력한 대신들은 그의 개혁의지에 부응하지 못하거나, 아니면 그들이 제시한 方略이 전연 신종의 의도에 부합되지 않았다. 이러한 정황에 대해 蘇轍(1039~1112)은 훗날, "신종황제는 처음 즉위한 때 萬事를 經營하여 海內를 바로잡고 四夷를 제압하려는 뜻을 지녔습니

---

1) 《宋史》 권 18,〈神宗本紀〉의 贊.
2) 《朱子語類》 권 130,〈本朝 4〉〈自熙寧至靖康用人〉.

다. 하지만 老臣과 宿將들은 팔를 끼고 서로 바라만 보았습니다."[3]라고 회고하고 있다.

이러한 정황에서 신종이 국정개혁을 추진할 주도자로 선택한 인물이 바로 王安石이었다. 신종은 개혁을 위한 모색 끝에 당시 정계의 대신들에 대해 실망하고 그때까지 거의 지방관으로만 일관하고 있던 참신한 인물 왕안석을 발탁하기에 이르렀던 것이다.

神宗의 즉위 당시 王安石은 모친의 居喪을 막 마친 상태였다. 신종은 이러한 그를 중앙관으로 부르려 했으나 병을 이유로 固辭하자, 일단 현재의 南京인 江寧의 知府로 삼았다가 6개월후 마침내 翰林學士에 임명하였다. 신종이 즉위한지 9개월여만인 治平 4년(1067) 9월의 일이었으며 당시 왕안석의 나이는 47세였다.

熙寧 元年(1068) 4월 王安石은 翰林學士로 임명된지 7개월만에 입경했다. 神宗은 즉시 그를 불렀다. 史書에서는 이러한 신종의 신속한 왕안석 호출을 '越次'라 적고 있다. 순서를 건너뛰었다는 것이다. 그의 새 인물 내지 새로운 정책 제안에 대한 기대를 잘 보여주는 것이라 하겠다. 이 첫 번째 대면에서 왕안석은 신종에게 堯舜을 본받아 簡要하고 번잡하지 않은 정책의 실시를 주된 내용으로 하는 개혁을 제안했다. 이때의 대화는 신종에게 큰 인상을 주었으며, 왕안석에 대한 신뢰를 굳히는 계기가 되었던 듯하다.

신종은 첫 대면을 마치기 전 왕안석에게, 宋朝가 創業한 이래 100여년 동안 큰 변고 없이 태평이라면 태평이라 할만한 통치를 구가할 수 있었던 요인에 대해 물었다. 왕안석이 이에 대한 답변으로 올린 것이 바로 유명한 〈本朝百年無事箚子〉이다.

〈本朝百年無事箚子〉는 크게 보아 두 부분으로 구성되어 있다. 전반부에서는 태조 이래 인종에 이르는 황제들의 盛德에 대해 칭송하고 있다. 그 중에서도 중심이 되는 논술의 대상은 인종이었다. 인종의 재위 기간이 가장 길었기 때문

---

3) 《蘇轍集》, 〈欒城集〉 권 47, 〈進御集表〉.

이다. 후반부에 이르면 외견상 태평으로 보이는 송조의 통치 100여년 간에 여러 문제가 산적해 있었음을 신랄하게 지적한다. 그의 진단은 요컨대 백년 동안 천하가 무사했던 것은 天佑神助였다고 한다. 즉 다행히 夷狄이 興旺하지도 않았으며 커다란 자연재해도 없었기 때문이라는 것이다. 오히려 국정을 살펴보면 理財의 법도를 그르쳐서 백성은 가난하고 국가의 재정은 큰 어려움에 직면해 있다고 진언하고 있다. 이러한 진단에 뒤이어 그는 국정의 전분야에 대해 積弊를 지적하며 그에 대한 개혁의 방안을 제기한다.

고래로 〈本朝百年無事箚子〉에 대해서는, '조리가 분명하고 설득력이 넘친다.'(張伯行, 《唐宋八大家文抄》 권 18)든가, 혹은 '처음부터 끝까지 단번에 써내려간 듯 上下가 긴밀하다.'(高步瀛, 《唐宋文擧要》 甲篇 권 7)는 등의 찬사가 있었다. 전반적으로 문장의 어조는 기백이 있으면서도 전후 수미일관하는 긴장감을 지니고 있다. 〈本朝百年無事箚子〉가 왕안석의 文章을 대표하는 작품이라 일컬어졌던 것도 바로 이런 면모 때문이다.

○○○

臣前蒙陛下問及本朝所以享國百年 天下無事之故. 臣以淺陋 誤承聖問 迫於日晷 不敢久留 語不及悉 遂辭而退. 竊惟念聖問及此 天下之福 而臣遂無一言之獻 非近臣所以事君之義 故敢昧冒而粗有所陳.

얼마 전 폐하께서는 臣에게 우리 宋朝의 治世 백년 동안 안정을 누리며 천하가 무사할 수 있었던 까닭에 대해 물으신 바 있습니다.[4] 그러나 폐하의 聖問에 제대로 답변할 수 있을 만큼 臣의 見識이 깊지 않을 뿐만 아니

4) 이 상주문이 작성된 전후의 사정에 대해 《續資治通鑑長編拾補》에서는, "上問安石 '祖宗守天下 能百年無大變 粗致太平 以何道也?' 安石退而奏書."(권 3上, 熙寧 元年 4월 乙巳)라 기록하고 있다.

라, 시간에 쫓겨 감히 오래 머물 수 없는 상황이었습니다. 그래서 미쳐 소상히 말하지 못한 채 인사하고 물러나왔습니다. 삼가 생각건대 폐하께서 이에 대해 下問하신 것은 천하의 福인데도, 臣이 마침내 한 마디도 아뢰지 못한 것은 近臣[5]이 君王을 섬기는 도리가 아닐 것입니다. 그래서 감히 어리석음을 무릅쓰고 두서없게나마 아뢰겠습니다.

伏惟太祖 躬上知獨見之明 而周知人物之情僞. 指揮付託 必盡其材. 變置施設 必當其務. 故能駕馭將帥 訓齊士卒 外以扞夷敵 內以平中國. 於是除苛賦 止虐刑 廢强橫之藩鎮 誅貪殘之官吏. 躬以簡儉為天下先 其於出政發令之間 一以安利元元為事. 太宗承之以聰武 真宗守之以謙仁 以至仁宗英宗 無有逸德. 此所以享國百年 而天下無事也.

엎드려 생각건대 太祖께서는 친히 上智와 獨見의 현명함을 지니셨고 사람의 性情을 판별하는 데 깊은 식견이 있으셨습니다. 그리하여 지휘하여 임무를 맡길 때에는 반드시 사람마다 그 재능을 다 하게 하셨으며 제도를 바꿀 때에는 반드시 그 업무에 맞게 했습니다. 고로 능히 장수를 통솔하고 士卒들을 훈련시켜 整齊하였으며, 밖으로는 夷狄을 막고 안으로는 중국을 평정했습니다. 그리고나서 가혹한 賦稅를 없애고 虐刑을 폐지하였으며, 强暴한 藩鎭을 철폐하고 탐욕스런 관리를 주벌했으며 몸소 검약으로써 천하의 모범이 되셨습니다. 정치를 펴고 명령을 내릴 때에는 오직 백성(元元)들이 편안하고 이롭게 될 수 있도록 했습니다. 太宗께서는 이를 총명한 무예(聰武)로 계승하셨고 眞宗께서는 謙仁으로써 지켜냈으며, 이후 仁宗과 英宗에 이르기까지 德을 잃음이 조금도 없었습니다. 이것이 백년 동안 안정을 누리되 천하가 무사할 수 있었던 까닭입니다.

---

5) 〈本朝百年無事箚子〉가 上奏된 시점인 神宗 熙寧 元年(1068) 4월 당시 왕안석은 翰林學士의 직위에 있었다.

仁宗在位 歷年最久 臣於時實備從官 施為本末 臣所親見. 嘗試為陛下陳其一二 而陛下詳擇其可 亦足以申鑒於方今. 伏惟仁宗之為君也 仰畏天 俯畏人. 寬仁恭儉 出於自然 而忠恕誠慤 終始如一. 未嘗妄興一役 未嘗妄殺一人. 斷獄務在生之 而特惡吏之殘擾. 寧屈已棄財於夷狄 而終不忍加兵. 刑平而公 賞重而信. 納用諫官御史 公聽並觀 而不蔽於偏至之讒. 因任衆人耳目 拔舉疎遠 而隨之以相坐之法. 蓋監司之吏以至州縣 無敢暴虐殘酷擅有調發以傷百姓. 自夏人順服 蠻夷遂無大變 邊人父子夫婦 得免於兵死 而中國之人 安逸蕃息 以至今日者 未嘗妄興一役 未嘗妄殺一人 斷獄務在生之 而特惡吏之殘擾 寧屈已棄財於夷狄 而不忍加兵之効也. 大臣貴戚 左右近習 莫敢强橫犯法 其自重慎 或甚於閭巷之人 此刑平而公之効也. 募天下驍雄橫猾以為兵 幾至百萬 非有良將以御之 而謀變者輒敗. 聚天下財物 雖有文籍 委之府史 非有能吏以鈎考 而斷盜者輒發. 凶年饑歲 流者填道 死者相枕 而寇攘者輒得. 此賞重而信之効也. 大臣貴戚 左右近習 莫能大擅威福 廣私貨賂 一有姦慝 随輒上聞. 貪邪橫猾 雖間或見用 未嘗得久. 此納用諫官御史 公聽並觀 而不蔽於偏至之讒之効也. 自縣令京官以至監司臺閣 陞擢之任 雖不皆得人. 然一時之所謂才士 亦罕蔽塞而不見收舉者 此因任衆人之耳目 拔舉踈遠 而隨之以相坐之法之効也. 升遐之日 天下號慟如喪考妣 此寬仁恭儉 出於自然 忠恕誠慤 終始如一之効也.

인종의 재위기간은 가장 길었는데, 臣은 당시 近臣으로 재임[6]하여 그 정치의 本末을 직접 보았습니다. 그러므로 폐하께 인종의 정치원칙 몇 가

6) 王安石은 22세 되던 해인 仁宗 慶曆 2년(1042) 과거에 급제하여, 이후 중앙관으로의 발탁을 고사한 채 知鄞縣 · 知常州 · 江東路提點刑獄 등 거의 지방관으로 전전하다 仁宗 嘉祐 3년(1058) 중앙관인 三司度支判官에 임명된다. 바로 이때, 즉 嘉祐 3년(1058) 10월 江東路提點刑獄으로부터 三司度支判官에 임명되면서 上奏하는 復命書가 유명한 〈上仁宗皇帝言事書〉이다. 왕안석의 중앙관 생활은 이후 3년여 동안 지속되었다.

지를 아뢰어 보겠습니다. 폐하께서 직접 그 가운데 괜찮다 여겨지시는 것을 선택하여 향후의 정치에 본으로 삼으시기 바랍니다. 엎드려 생각건대 仁宗의 임금됨은 우러러 하늘을 두려워하고 머리를 굽혀 사람을 두려워했으며 寬仁하고 恭儉하셨습니다. 이러한 덕목이 모두 생래적인 품성에서 나왔습니다. 그리고 忠恕와 誠慤이 시종여일했으며 일찍이 어떠한 행동이라도 허투로 하지 않으셨고 일찍이 한 사람이라도 함부로 죽이지 않으셨습니다. 斷獄에서는 가능한 한 사람을 살려내려 하였고 관리의 殘擾함을 몹시 싫어하였으며, 차라리 몸을 굽혀 夷狄에게 재물을 내줄지언정[7] 차마 군사를 일으킴으로써 백성을 사지로 내몰지 않으셨습니다. 형벌은 공평했으며 포상은 아낌이 없으면서도 엄정했습니다. 諫官과 御史를 納用하고 그들의 의견을 경청하며 가능한 한 폭넓게 여론을 청취하려 하셨고 편벽된 讒言에 빠지지 않았습니다. 衆人의 耳目에 의지하여 人事를 행하며 소원해진 인재들을 撥擧하고 연좌법[8]에 따르게 했습니다. 그리하여 무릇 監司[9]의 관리로부터 州縣官에 이르기까지 감히 暴虐하고 殘酷하지 못했으며 멋대로 백성을 調發하여 해치지 않았습니다. 夏人(西夏)들이 順服[10]한 이래 蠻夷들은 마침내 大變을 일으키지 않아, 변경의 父子와 夫婦들은 전쟁의 참화에서 벗어날 수 있었고 중국인들은 편안해져 인구가 늘어났습니다. 이러하기를 오늘날까지 지속할 수 있었던 것은, 일찍이 어떠한 행동이라도 허투루 하지 않았고 일찍이 한 사람이라도 함부로 죽이

7) 西夏의 도발에 대해 慶曆 4년(1044) 和約을 맺어 세폐를 지급함으로써 邊患을 종식시킨 것 및 慶曆 2년(1042) 거란의 압박에 굴복하여 세폐의 액수를 비단과 은 각각 10만씩 증액시킨 것을 가리킨다.

8) 保擧制. 選人이 京官으로 改官할 때 擧主의 추천과 보증을 규정한 것.

9) 路의 지방장관. 최초 轉運使(재정)·安撫司(군사)·提點刑獄(사법)의 3監司가 설치되었다가 왕안석 신법 이후 提擧常平使(구제 및 전매)가 추가되었다.

10) 仁宗 慶曆 4년(1044) 10월 송과 서하 사이에 和議가 체결되어, 西夏가 宋에 대해 臣稱하는 대신 송이 세폐로 은 5만냥과 비단 13만필, 차 2만근을 지급하기로 합의한 것을 일컫는다.

지 않았으며, 斷獄에서는 가능한 한 사람을 살려내려 하였고 관리의 殘擾함을 몹시 싫어하였으며, 차라리 몸을 굽혀 夷狄에게 재물을 내줄지언정 차마 군사를 일으킴으로써 백성을 死地로 내몰지 않았기 때문입니다. 大臣과 貴戚 및 황제 좌우의 인물들이 감히 强橫하여 법을 범하지 않고 그 스스로 重愼하기가 때로는 閭巷의 사람들보다도 더 심했습니다. 이는 형벌이 공평했기 때문입니다. 天下의 驍雄과 橫猾을 모집하여 병사로 삼아 그 숫자가 거의 백만에 이르는데, 이를 적절히 통솔할만한 良將이 없음에도 불구하고 변란을 일으키는 자들은 곧바로 평정됩니다. 재정을 거둬들임에 있어 비록 제도와 장부는 존재하나 기실은 서리에게 일임하는데, 그들을 감찰할만한 유능한 관원이 없는데도 欺盜者가 곧바로 드러납니다. 흉년에 流亡하는 사람들이 길을 메우고 들판에 시체가 낭자할 지경이 되어도 도적의 무리들은 곧바로 잡힙니다. 이러한 것들은 모두 포상에 아낌이 없으면서도 엄정했기 때문입니다. 大臣과 貴戚 및 황제 좌우의 인물들이 얼마든지 권세를 부리며 널리 뇌물을 구할 수 있음에도 불구하고 조금이라도 奸慝함이 있으면 곧바로 폐하와 조정에 보고됩니다. 貪邪와 橫猾의 무리들이 어쩌다 임용되기도 하나 오래가지 못합니다. 이러한 것들은 諫官과 御史를 納用하고 그들의 의견을 경청하며 가능한 한 폭넓게 여론을 청취하려 하셨고 편벽된 참언에 빠지지 않았기 때문입니다. 縣令과 京官[11]으로부터 監司 및 臺閣에 이르기까지 인재의 승진과 발탁이 비록 다 적임자들을 임용한다 할 수는 없으나, 그래도 이른 바 한 시대의 才士들이 이리저리 가로막혀 등용되지 못하는 경우도 드뭅니다. 이러한 것들은 모두 衆人의 耳目에 의지하여 人事를 행하며 소원해진 인사들을 撥擧하고 연좌법에 따르게 했기 때문입니다. 인종이 승하하던 날 천하 사람들은

11) 당대에는 宰相 이하 朝廷에 근무하는 모든 관료를 京官이라 칭하고, 그 가운데 常參者를 常參官, 未常參者를 未常參官이라 불렀다. 宋代에는 常參官을 朝官, 未常參官을 京官이라 부르게 된다.

마치 친부모가 죽기라도 한 듯 통곡하였습니다. 이는 寬仁하고 恭儉함이 생래적인 품성에서 나왔으며 또 忠恕와 誠慤이 시종여일하셨기 때문입니다.

然本朝累世因循末俗之弊 而無親友群臣之議. 人君朝夕與處 不過宦官女子. 出而視事 又不過有司之細故 未嘗如古大有為之君 與學士大夫討論先王之法 以措之天下也. 一切因任自然之理勢 而精神之運 有所不加. 名實之間 有所不察. 君子非不見貴 然小人亦得厠其間. 正論非不見容 然邪說亦有時而用. 以詩賦記誦求天下之士 而無學校養成之法. 以科名資歷叙朝廷之位 而無官司課試之方. 監司無檢察之人 守將非選擇之吏 轉徙之亟既難於考績 而游談之衆 因得以亂眞. 交私養望者 多得顯官 獨立營職者或見排沮. 故上下偷惰取容而已 雖有能者在職 亦無以異於庸人. 農民壞於繇役 而未嘗特見救恤 又不為之設官 以修其水土之利. 兵士雜於疲老 而未嘗申敇訓練 又不為之擇將 而久其疆埸之權. 宿衛則聚卒伍無賴之人 而未有以變五代姑息羈縻之俗. 宗室則無教訓選擧之實 而未有以合先王親踈隆殺之宜. 其於理財 大抵無法 故雖儉約 而民不富. 雖憂勤 而國不强. 賴非夷狄昌熾之時 又無堯·湯水旱之變 故天下無事 過於百年. 雖曰人事 亦天助也. 蓋累聖相繼 仰畏天 俯畏人 寬仁恭儉 忠恕誠慤 此其所以獲天助也.

그러나 우리 宋朝에서는 대대로 末俗의 폐단을 그대로 본받을 뿐 親友와 群臣 사이 그것을 둘러싼 논의가 없었습니다. 천자가 朝夕으로 같이 지내는 것은 환관과 여인(후궁)에 불과했고, 조정에 나가 정무를 처리할 때에도 그 업무는 사실상 하급 관원의 잔일과 다름이 없을 정도였습니다. 옛날 크게 功業을 이뤘던 君王처럼 사대부들이 先王의 법을 토론하는 것을 본받아 이를 천하에 펴지는 못했습니다. 일체를 모두 흘러가는 대로 내버려두고 면밀하게 검토하지 않았으며, 명분과 실제의 문제에 대해서도 아무 헤아림이 없었습니다. 君子가 상위직에 승진하지 못하는 것은 아니되 小人 또한 간간이 그 틈에 섞여 있었으며, 正論이 비록 채택되지 않는 것은 아니나 邪說 또한 간혹 가다 채택되기도 했습니다. 詩賦와 암송의 시험으로써 천하의 인재를 선발할 뿐 학교에서 양성하는 법이 없었고, 科名[12]과 경력(資歷)으로써 승진시켜갈 뿐 관원의 업무수행에 대해 명확히 평가하지 않았습니다. 監司 가운데는 하위 지방관을 실제로 檢察하는 사람이 없고 守將들 또한 엄선된 관리가 아니었습니다. 관료들은 근무지 사이 전근이 빨라 考績하는 것이 어렵고, 이리저리 뜬소문이 많아 진실을 어지럽히기까지 합니다. 사사로이 파당을 지으면서 자신에게 그럴듯한 평판을 만들어 내는 자가 대부분 顯官을 얻고, 홀로 묵묵히 직무를 수행해 가는 자는 배제되기 일쑤입니다. 고로 上下가 모두 게으름을 피우며 다만 상관에게 잘 보이는 것만 노릴 뿐입니다. 그래서 설령 유능한 관료일지라도 범용한 사람과 다를 바가 없게 되어버립니다. 농민의 생계는 무거운 요역에 무너지지만 특별한 구휼조치가 시도되지 않았으며, 수리 시설의 興修를 담당하는 관료가 설치된 적도 없습니다. 병사들 가운데는 늙고 병든 사람들이 뒤섞여 있으며 이들에 대해 일찍이 엄하게 훈련시킨 적도 없습니다. 면밀히 장수를 선정한 다음 그에게 변경방비의 권한을 오래토록 부여하지도 않았습니다. 황제의 호위병(宿衛) 또한 하급병사와 무뢰배들을 모아놓은 것과 다름이 없습니다. 따라서 이들에 대해 미봉적으로 통제하던 五代 시기의 관행이 지속되었습니다. 宗室에 대해서는 내실 있는 교육이나 관원선발 제도가 없어, 옛 先王들이 그 평가에 의지하여 이들을 가까이하거나 발탁했던 것과는 거리가 멀었습니다. 理財에 있어서는 대저 방법이 잘못되었기 때문에, 비록 조정은 검약하나 백성들은 넉넉하지 못하고 또 비록 이리저리 노력한다 하지만 나라는 강하지 않습니니

12) 출신 科擧의 명칭. 進士科 明經科 등을 가리킨다.

다. 그렇기 때문에 夷狄이 興旺하는 때가 아니었고 또 堯나 湯 시절 같은 水旱의 변란이 없었던 까닭에 천하가 무사히 백년 동안 지내올 수 있었던 것입니다. 따라서 비록 天子들의 노력이 없지는 않았다 해도 진정 하늘이 도운 것입니다. 돌아보면 우리 宋朝에서는 여러 성인 천자들이 뒤를 이어 가며, 우러러 하늘을 두려워하고 머리를 구부려 사람을 두려워하며 寬仁하고 恭儉하며 忠恕하고 誠慤하였습니다. 이러한 것들이 하늘의 도움을 얻은 이유입니다.

伏惟陛下 躬上聖之質 承無窮之緒 知天助之不可常恃 知人事之不可怠終 則大有為之時 正在今日. 臣不敢輒廢將明之義 而苟逃諱忌之誅 伏惟陛下幸赦而留神 則天下之福也. 取進止.

엎드려 생각건대 폐하께서는 훌륭한 자질을 지니고 계십니다. 또 선대 제왕들의 무궁한 전통을 이으려 하십니다. 그런즉 하늘의 도움을 상시 믿을 수는 없으며 진정한 노력이 뒷받침되어야 한다는 사실을 알게 되신다면, 폐하야말로 큰 功業을 이루실 수 있을 것입니다. 臣은 王命과 國事를 將明하는 대의[13]를 감히 저버리지 못하고 忌諱에 저촉되어 주살됨을 무릅쓰고 감히 상주하였습니다. 엎드려 생각건대 폐하께서 용서해 주시고 臣의 上奏에 유의해 주신다면 천하의 福이겠습니다. 널리 헤아려 받아주시기를 바라나이다.

---

13) 將明은《詩經》〈大雅〉〈湯之什〉〈烝民〉에 나오는 말로써 '奉行' '담당'의 의미.

7. 왕안석의 정론 3편(王安石의 政論 3편)

상시정소(上時政疏), 걸제치삼사조례(乞制置三司條例), 상오사차자(上五事箚子)

해 제

新法이라 불리는 王安石 주도의 대개혁은 神宗 熙寧 2년(1069) 왕안석이 부재상인 參知政事에 임명되며 시작된다. 정확하게는 熙寧 2년 2월 왕안석이 參知政事에 임명되고, 그의 提請에 의해 制置三司條例司라는 신법 추진기구가 설치되는 것이 바로 신법의 출발이었다.

하지만 왕안석은 집권하기 이전부터 국정 전반에 걸친 대개혁을 일관되게 주장하고 있었다. 그 개혁의 주장이 비교적 정연한 모습으로 체계화된 것이 바로 유명한 〈萬言書〉, 즉 〈上仁宗皇帝言事書〉이다. 〈萬言書〉 이후에도 왕안석의 개혁주장은 지속된다. 그러한 개혁 주장의 논설 가운데 가장 대표적인 것이 여기서 소개하는 〈上時政疏〉이다.

〈上時政疏〉는 역사의 전고를 들며 개혁의 절박성을 주장하는 상주문이다. 문장이 작성된 시기는, "폐하로부터 은혜를 받아 從官의 직위에 발탁되었습니다(既蒙陛下採擢 使備從官)."라는 내용으로부터 판단하건대, 대략 인종 가우 연간이었던 것으로 보인다. 이 시기 왕안석은 지방관으로 전전하다가 중앙관으로 발탁되어 仁宗 嘉祐 4년(1069)에는 三司度支判官에, 이어 嘉祐 6년(1061)에는 知制誥에 임명되었다. 嘉祐 4년이나 6년, 새로운 관직을 除授받으며 올린 상주문일 것이라 추정된다.

여기서 왕안석은 당시 북송 사회의 실태가, "위로 관료들은 무질서하고 아래로 백성들은 빈한하며, 풍속은 날로 경박해지고 국가 재정은 날로 곤궁해지고 있다. 그럼에도 천자는 높은 곳에서 팔짱을 끼고 있을 뿐"(官亂於上 民貧於下 風俗日以薄 才力日以困窮 而陛下高居深拱)이라고 지적하고 있다. 실로 시급하게 개혁이 요구되는 시기라는 것이다. 이러한 정황에도 불구하고 안이하게 대처하다가는 저 옛날 西晉의 武帝와 南朝 梁의 武帝, 唐의 玄宗이 그랬던 것처럼 커다란 환란을 당할 것이라고 말한다. 西晉, 梁, 唐의 세 황제들은 재위기간이 長久하였다가 말년에 횡액을 만난 사람들이었다. 이 상주문이 올려질 당시 북송의 仁宗 역시 재위기간이 40년에 육박하는 상태였다. 장구한 재위로 말미암아 무사안일에 빠져서는 안 된다는 사실을 典故를 들며 강력하게 환기시키고 있는 것이다.

다음으로 소개하는 政論(〈乞制置三司條例〉)은 神宗 熙寧 2년(1069) 2월 制置三司條例司가 설치된 직후 上奏한 것이다. 제목 그대로 條例司의 개혁 방향에 대한 재가를 구하는 문장이다. 그런데 그 내용을 살펴보면 신법 전반에 걸친 개혁구상을 담고 있는 것이 아니라, 신법 가운데 첫 번째 조치인 均輸法의 필요성과 그 시행방안을 피력하고 있는 것이 전부이다. 이 문건에서 보듯 조례사의 설립은 균수법을 위한 것이었음을 알 수 있다. 조례사는 그 설립 후 1년 3개월만인 熙寧 3년 5월에 폐지되어 中書로 귀속된다. 조례사의 폐지를 두고 상당수의 학자들은, 조정내 왕안석의 입지가 확고해지며 임시기구인 조례사의 존립 필요성이 사라졌기 때문이라고 이해한다.[1] 왕안석이 參知政事로서 개혁정책을 시도할 당시 보수파들이 여전히 조정의 대세를 점하고 있었던 관계로, 그 비난과 반대를 피하기 위해 조례사라는 특별기구를 설립했다는 것이다. 하지

1) 宮崎市定,〈北宋史概說〉(同氏著,《アジア史研究》第 1, 京都, 同朋舍, 1957/1975), p. 255 및 梅原郁,〈王安石の新法〉(《岩波講座 世界歷史》9, 1970, 東京, 岩波書店), p.199 ; 周藤吉之 · 中嶋敏,《中國の歷史》5, 五代 · 宋(東京, 講談社, 1974/1977), p.186 등을 참조.

만 이러한 이해에는 상당한 문제가 있다고 판단된다. 조례사의 폐지 전후 사정을 살펴보면, 그것은 神宗의 종용에 왕안석이 어쩔 수 없이 동조한 것이었음을 알 수 있다. 그리고 신종은, '조례사는 본디 천하의 財利를 均通하기 위해 설립했는데 이제 그 목적이 대부분 완수되었다.'[2]고 말하고 있다. 조례사는 均輸法의 시행을 목적으로 했었고, 균수법은 熙寧 2년 7월에 정식으로 발포된 이래 조례사의 폐지 시점인 이듬해 5월이 되면 상당 정도 효과를 올리고 있었다. 위 신종의 발언은 조례사 설치와 균수법 사이의 상관관계를 단적으로 보이는 말이라고 생각된다. 아울러 〈乞制置三司條例〉의 제목과 내용 역시 조례사의 설립 당시 왕안석의 조례사에 대한 구상이 어떠한 것이었는지를 여실히 보여준다 할 것이다.

세 번째의 政論은 神宗 熙寧 5년(1072) 말엽에 작성된 〈上五事箚子〉이다. 熙寧 5년말이라는 시점은, 이전까지 新法에 대해 극렬히 반대하던 보수파들의 활동이 사실상 잠잠해진 이후이다. 司馬光이 신법에 반대하여 外任으로 나선 것도 熙寧 3년 9월의 일이었다. 이러한 정황에서 왕안석은 신법의 시행을 돌아보며 반대론에 대해 총괄적으로 반박하고 있다. 行論 중에는 신법의 정당성에 대한 확신이 당당히 드러난다. 이 논설에서 들고 있는 다섯 가지 쟁점은, 熙河 經略과 청묘법·면역법·보갑법·시역법이다. 이 가운데 熙河 경략과 청묘법은 이미 상당한 효과를 올리고 있는 만큼 그 효과에 대해서는 논란의 여지가 없다고 단언하고 있다. 다만 면역법과 보갑법, 시역법은 적절한 관원과 완만한 추진이 전제되어야만 하는 법안이라고 말한다. 왕안석은 신법의 개혁조치가 본질적으로 국가권력과 민생을 동시에 안정시키는 良法이라고 주장하고 있는 것이다.

여기서 소개하고 있는 세 편의 논설이 왕안석의 政論 가운데 가장 대표적인 존재라는 의미는 아니다. 왕안석의 政論 가운데 가장 중요한 것으로는 역시 〈上仁宗皇帝言事書〉를 들어야 할 것이고, 다음으로는 〈本朝百年無事箚子〉와

---

2) 《續資治通鑑長編》 권 211, 神宗 熙寧 3년 5월 甲辰.

〈答司馬諫議書〉 등을 꼽을 수 있겠다. 이러한 것들 다음으로 중요한 것이 바로 여기에 소개하고 있는 세 편의 문장 정도라 할 수 있다. 그러기에 이들 문장은 大小의 왕안석 문장 選編에 두루 選錄되기도 한다. 특히 〈上時政疏〉, 〈乞制置三司條例〉, 〈上五事箚子〉는 각각 집권 이전의 개혁 주창기, 新法의 도입기, 그리고 반대파와의 爭論이 일단락된 시기의 논설이라는 점에서, 왕안석의 개혁에 대한 구상 내지 입장을 잘 반영하는 政論이라고 할 수 있을 것이다.

○○○

1. 〈上時政疏〉(《臨川先生文集》 권 39)

年月日 具位臣某昧死再拜上疏尊號皇帝陛下. 臣竊觀自古人主享國日久 無至誠惻怛憂天下之心 雖無暴政虐刑加於百姓 而天下未嘗不亂. 自秦已下享國日久者 有晉之武帝 梁之武帝 唐之明皇. 此三帝者 皆聰明智略有功之主也. 享國日久 內外無患 因循苟且 無至誠惻怛憂天下之心 趨過目前而不爲久遠之計 自以禍災可以無及其身 往往身遇災禍 而悔無所及 雖或僅得身免 而宗廟固已毁辱 而妻子固已困窮 天下之民 固已膏血塗草野而生者不能自脫於困餓劫束之患矣. 夫爲人子孫 使其宗廟毁辱 爲人父母 使其比屋死亡 此豈仁孝之主 所宜忍者乎? 然而晉·梁·唐之三帝 以晏然致此者 自以爲其禍災可以不至於此 而不自知忽然已至也.

某年 某月 某日[3] 한갓 자리만 차지하고 있는 신료[4] 王安石은 죽음을 무

---

3) 원문은 年月日. 문장 작성의 日字를 가리키지만 통상 구체적인 날짜를 적지 않고 '年月日'이라 적는 것이 상례였다.

4) 원문은 具位臣으로서 '무능한 신하'라는 의미의 謙稱. 당송시대 관원들이 공문서나 문집에서 자신의 관직을 지칭할 때 常用하는 簡稱이었다.

릅쓰고 거듭 절하며 폐하[5]께 上疏합니다. 臣이 삼가 살피건대 자고로 제왕의 통치 기간이 길어지게 되면, 至誠과 惻怛의 자세로 천하를 근심하는 마음이 없을 경우 暴政과 虐刑으로 백성을 괴롭히지 않을지라도 천하는 항상 난리에 빠져 버렸습니다. 秦代 이래로 통치 기간이 길었던 제왕으로는 西晉의 武帝와 南朝 梁의 武帝, 唐의 明皇[6]이 있습니다. 이들 세 황제는 모두 총명하고 智略이 있어 功業을 세운 군주였습니다. 그런데 통치 기간이 길어지며 안팎으로 근심이 없자 안이하게 因循하였습니다. 그리하여 至誠과 惻怛의 자세로 천하를 근심하는 마음이 없이 목전의 일만 그때그때 넘겨갈 뿐 長久한 계책을 세우지 않았습니다. 그러면서 재앙이 자신에게 미치지 못할 것이라 여기다가, 일신이 재앙을 만나 막심한 후회를 하였습니다. 때로 자신은 재앙으로부터 벗어났을 지라도, 종묘사직이 능욕을 당하고 처자식이 곤궁한 상태에 빠지기도 하였습니다. 또 천하의 백성이 들판에서 피를 흘리거나, 혹은 간신히 살아난 사람도 기아와 劫掠으로부터 벗어나지 못하게 되었습니다.[7] 무릇 자손된 자로서 종묘사직이 능욕을 당하게 하고, 백성들의 父母와 같은 帝王으로서 그들이 줄줄이 죽어가게 했습니다. 이 어찌 仁과 孝를 갖춘 군주가 차마 할 수 있는 것이겠습니까? 그럼에도 晉과 梁, 唐의 세 황제가 무사안일에 빠져 그 지경을 초래한 것은, 재앙이 자신에게 미칠 리가 없을 것이라 생각했으되 어느덧 홀연히 다가온 것을 알지 못했기 때문입니다.

---

5) 원문은 '尊號陛下'로서 仁宗을 가리킨다. 통상 尊號는 너무 길기 때문에 상주문의 草稿에서는 '尊號'라고 생략하고 훗날 정식으로 등록시킬 때 적어 넣게 된다. 仁宗의 尊號는 몇 차례 바뀌는데, 이 상주문이 올려질 당시는 '體天法道欽文總武聖神孝德'이었다.

6) 西晉의 武帝인 司馬炎(236~290)과 梁의 武帝인 蕭衍(464~549), 唐의 玄宗인 李隆基(685~762)를 가리킨다. 이들은 각각 35년, 48년, 45년 간 재위하였다. 북송의 仁宗(1010~1063)은 42년간 재위하였다.

7) 西晉 武帝 死後에 발생한 八王의 亂과 五胡十六國의 난, 梁 武帝 말년에 발생한 侯景의 난, 唐 玄宗 말년에 있었던 安祿山의 난 등을 가리킨다.

蓋夫天下至大器也 非大明法度 不足以維持. 非衆建賢才 不足以保守 苟無至誠惻怛憂天下之心 則不能詢考賢才 講求法度. 賢才不用 法度不脩 偷假歲月 則幸或可以無他 曠日持久 則未嘗不終於大亂.

무릇 천하는 지극히 크고 무거운 그릇[8]입니다. 엄정하고 분명한 法度가 아니라면 유지하기 힘들고, 현명한 인재를 많이 발탁하지 않으면 지켜낼 수 없습니다. 그런데 진실로 至誠과 惻怛의 자세로 천하를 근심하는 마음이 없다면 현명한 인재를 가려 뽑을 수 없으며 法度를 세울 수도 없습니다. 현명한 인재가 발탁되지 못하고 법도가 갖추어지지 않으면 간혹 짧게는 별 탈 없이 넘어갈 수 있을지 모르나, 그런 날이 지속되면 언젠가는 큰 난리에 빠지지 않을 수 없습니다.

伏惟皇帝陛下 有恭儉之德 有聰明睿智之才 有仁民愛物之意. 然享國日久矣 此誠當惻怛憂天下而 以晉·梁·唐三帝爲戒之時. 以臣所見 方今朝廷之位 未可謂能得賢才 政事所施 未可謂能合法度. 官亂於上 民貧於下 風俗日以薄 才力日以困窮 而陛下高居深拱 未嘗有詢考講求之意. 此臣所以竊爲陛下計 而不能無慨然者也.

삼가 생각건대 폐하께서는 공손하고 儉約한 덕목을 지니시고 총명과 叡智의 재주를 갖추었으며 仁民과 愛物의 마음을 갖고 계십니다. 그런데 통치 기간이 오래 되셨으니 진실로 지금이야말로 惻怛의 자세로 천하를 근심하며 晉과 梁, 唐의 세 황제를 거울로 삼아야 할 때입니다. 臣이 보기에 현재 조정은 현명한 인재를 가려 뽑았다고 말하기 힘들며, 여러 정책들 역시 바람직한 법도라 말하기 힘듭니다. 위로 관료들은 무질서하고 아

8) 《荀子》〈王霸〉에 나오는 표현. 《荀子》 이래 '大器'라는 용어로서 國家와 社稷을 가리키게 되었다.

래로 백성들은 빈한하며, 풍속은 날로 경박해지고 국가 재정은 날로 곤궁해지고 있습니다. 그럼에도 폐하께서는 높은 곳에서 팔짱을 끼고 계실 뿐, 인재를 가려 뽑고 법도를 개선해 갈 마음이 없으십니다. 이것이야말로 臣이 폐하를 위해 삼가 걱정하며 탄식하지 않을 수 없는 일입니다.

夫因循苟且逸豫而無爲 可以徼倖一時 而不可以曠日持久. 晉·梁·唐三帝者 不知慮此 故災稔禍變生於一時 則雖欲復詢考講求以自救 而已無所及矣. 以古準今 則天下安危治亂 尚可以有爲. 有爲之時 莫急於今日. 過今日 則臣恐亦有無所及之悔矣. 然則以至誠詢考而衆建賢才 以至誠講求而大明法度 陛下今日其可以不汲汲乎?《書》曰 '若藥不瞑眩 厥疾弗瘳' 臣願陛下以終身之狼疾爲憂 而不以一日之瞑眩爲苦.

무릇 안이하게 因循하며 안일에 빠져 대책 없이 지내다가는, 요행히 짧은 기간은 어떻게 넘어갈 수 있을지 모르나 오랜 기간 아무 일이 없을 수 없습니다. 晉과 梁, 唐의 세 황제는 이를 알지 못했기 때문에 재앙이 무르익어 일시에 큰 환란이 터져버렸습니다. 이때를 당하여 인재를 발탁하고 법도를 고침으로써 환란에서 벗어나려 하나 이미 어쩔 수 없었습니다. 옛날의 일로써 오늘날을 비춰보면 천하의 安危와 治亂은 반드시 기약할 수 있습니다. 그리고 장래를 위해 대책을 세워야 하는 때로서 지금보다 다급한 때는 없을 것입니다. 지금을 넘기게 된다면 장차 어찌할 수 없는 후회가 닥치지 않을까 우려됩니다. 그러니 至誠의 자세로 현명한 인재를 가려서 발탁하고 또 至誠의 마음으로 올바른 법도를 강구해 가는 일에, 폐하께서 바로 지금 다급하게 서둘러야 하시지 않겠습니까?《尙書》에서 말하기를, "약이 강력하여 어지럽지 않으면 그 질병은 낫지 않을 것이다."[9]라

9) 《尙書》〈商書〉〈說命 上〉에 나온다.

고 했습니다. 臣은 원컨대 폐하께서는 평생의 질병에 대해 근심하시고 잠시 동안의 어지러움을 괴롭다 여기지 마시기 바랍니다.

臣既蒙陛下採擢 使備從官 朝廷治亂安危 臣實預其榮辱. 此臣所以不敢避進越之罪 而忘盡規之義. 伏惟陛下深思臣言 以自警戒 則天下幸甚.

臣은 이미 폐하로부터 은혜를 받아 從官의 직위에 발탁[10]되었습니다. 그러니 조정의 治亂과 安危는 一身의 영욕과 직결된다 하겠습니다. 그러기에 臣은 越權의 죄를 무릅쓰고 規諫의 책무를 다하려 상주문을 올립니다. 삼가 바라건대 폐하께서 臣의 말을 깊이 헤아려서 스스로 경계하신다면 천하는 심히 행복이겠습니다.

2.〈乞制置三司條例〉(《臨川先生文集》 권 70)

竊觀先王之法 自畿之内 賦入精麤 以百里為之差 而畿外邦國 各以所有為貢. 又為經用通財之法以懋遷之. 其治市之貨財 則亡者使有 害者使除. 市之不售 貨之滯於民用 則吏為斂之 以待不時而買者. 凡此非專利也.

삼가 살피건대 先王의 법도는 賦入의 많고 적음을 책정할 때 畿內에서 100里마다 차이를 두었습니다. 畿外의 邦國은 각각의 소출을 바치게 했습니다. 그리고 通財와 移用의 법으로서 교역하게 했습니다. 시장의 재화

10) 從官은 侍從官의 약칭으로서 황제를 近侍하는 요직. 송대에는 통상 殿閣學士・直學士・待制・翰林學士・給事中・六部尙書・六部侍郎을 시종이라 칭하고, 中書舍人・寄居郎・起居舍人 등을 小侍從이라 칭하였다. 왕안석은 지방관을 역임하다가, 仁宗 嘉祐 4년(1069) 三司度支判官에 임명되었으며 이어 嘉祐 6년(1061) 知制誥로 轉任되었다.

를 다스릴 때는, 없는 것은 있게 하고 해악이 되는 것은 제거했습니다. 또 시장에서 팔리지 않거나 민간에서 적체되는 상품은 관아에서 거두어들여 장차의 수요에 대비했습니다. 이는 이익을 노린 것이 아니었습니다.

蓋聚天下之人而治之 不可以無財. 理天下之財 不可以無義. 夫以義理天下之財 則轉輪之勞逸不可以不均 用度之多寡不可以不通 貨賄之有無不可以不制 而輕重歛散之權不可以無術.

무릇 천하의 사람들을 다스리는 데 재화가 없으면 안 되며, 천하의 재화를 다스리는 데 법도가 없으면 안 됩니다. 또 법도로써 천하의 재화를 다스리려 함에, 운송의 부담이 균등해야 하며 재원은 그 많고적음에 따라 적절히 융통시켜야 할 것입니다. 또 경비는 적절히 통제해야 하며 세입과 세출에는 적절한 방책이 강구되어야만 합니다.

今天下財用窘急無餘 典領之官拘於弊法 內外不以相知 盈虛不以相補. 諸路上供 歲有定額 豐年便道 可以多致 而不敢不贏 年儉物貴 難於供備 而不敢不足. 遠方有倍蓰之輸 中都有半價之鬻. 三司發運使按簿書促期會而已 無所可否增損於其間 至遇軍國郊祀之大費 則遣使剗刷 殆無餘藏. 諸司財用事 往往為伏匿 不敢實言 以備緩急 又憂年計之不足 則多為支移折變以取之 民納租稅數至或倍其本數. 而朝廷所用之物 多求於不產 責於非時 富商大賈 因時乘公私之急 以擅輕重歛散之權.

오늘날 천하의 재정은 궁색하여 아무 잉여가 없는 상태입니다. 주관하는 관원은 과거의 제도에 얽매여, 안팎으로 재정 상태를 서로 알지 못하며 잉여분과 부족분을 서로 융통하지 못하고 있습니다. 諸路의 上供에는 해마다 정해진 액수가 있으나 풍년에는 거두기 편하다고 많이 징수하는 바람에 과다해지는 반면, 흉년에는 물가가 등귀하여 징수가 어려운 고로 부족해집니다. 먼 지역에서는 몇 배나 무거운 운송비를 부담하여 납부하지만 수도에 오면 반 가격에 팔아넘깁니다. 그럼에도 三司의 發運使[11]는 장부에 의거하여 기한만 독촉할 뿐, 옳고그름을 헤아려 적절히 조절하려 들지 않습니다. 그러다가 갑작스런 군사비나 郊祀費[12] 등이 필요해지면 사방으로 관리를 파견하여 남김없이 재원을 긁어모읍니다. 또 여러 부서들의 재정 처리를 보면 대부분 감추고 실상을 보고하려 들지 않습니다. 긴급한 일이 생기거나 예산이 부족해지면 支移[13]와 折變[14]의 방식으로 거둬들이는 바람에 백성들이 납부하는 조세 액수는 때로 배로 늘어나기도 합니다. 그리고 조정에서 필요로 하는 물건은 대부분 나지도 않는 곳에 부과하거나 수확기가 아닌 때 독촉하기도 합니다. 富商과 大賈는 이렇듯 민간과 조정이 다급한 상황을 이용하며 물자 유통의 권한을 장악하고 있습니다.

---

11) 東南 六路 漕米의 京師 운송 및 전매 수익을 총괄하던 부서. 《宋史》〈職官志〉에서는, "掌經度山澤財貨之源 漕淮·浙·江·湖六路儲廩以輸中都 而兼制茶鹽泉寶之政 及專舉剌官吏之事."(권 167, 〈發運使〉)라고 적고 있다.

12) 郊祀란 대략 3년에 한 번 씩 冬至에 圜丘에서 거행하는 祭天儀式과 夏至에 거행하는 北郊의 祭地를 총칭하는 말. 송대를 통해 天地의 合祭가 병행되는 사례도 많았다. 郊祀에는 의식 자체의 비용은 물론이고 郊祀 이후의 賞賜와 恩蔭 등에 막대한 비용이 소모되었다. 이와 관련하여 淸人인 趙翼은《廿二史箚記》권 25,〈宋郊祀之費〉에서, "是郊祀恩蔭 已極冗濫. 此外又有賞賚 計每次緡錢五百餘萬 大半以金·銀·綾·絹·絁·紬 平其直給之. 景德郊祀至七百餘萬……丁謂爲三司使 著〈景德會計錄〉自後歷代郊祀 常以爲準."(臺北, 世界書局, p.330)이라고 적고 있다.

13) 宋代 농민에 대한 추가부담의 하나로서 兩稅를 거주 縣이 아닌 다른 州縣으로 운송하여 납부하게 하는 것. 河北·山西·河南 등지에서는 군대가 주둔하는 西北 변경지역까지 支移시킴으로써 민간에 심대한 부담으로 작용하였다.

14) 仁宗 시기에 시작된 추가부담으로서 본래의 납부 명목(本色)을 다른 물품으로 대납시키는 것. 처음에는 等價로 折變시켰으나 점차 변경의 환산 방식이 농민에 불리해져 갔다. 또 折變 이후 다시 다른 품목으로 절변(紐折)시키는 경우도 빈번하여 마침내 원래 세액의 수 배 내지 십여 배에 달하기도 했다.

臣等以謂. 發運使總六路之賦入 而其職以制置茶鹽礬稅為事 軍儲國用多所仰給 宜假以錢貨 繼其用之不給 使周知六路財賦之有無而移用之. 凡糴買稅斂上供之物 皆得徙貴就賤 用近易遠 令在京庫藏年支 見在之定數所當供辦者 得以從便變賣 以待上令. 稍收輕重歛散之權 歸之公上 而制其有無 以便轉輸. 省勞費 去重斂 寬農民 庶幾國用可足 民財不匱矣.

臣等은 이렇게 생각합니다. 發運使는 東南六路의 稅入을 총괄하고 있으며 그 직무는 茶와 鹽, 礬의 전매에까지 걸쳐 있습니다. 軍儲와 國用도 대부분 발운사에 仰給합니다. 그러니 마땅히 錢貨를 발운사에 지급[15]하여 그 비용부족으로 인해 업무가 단절되지 않게 하고, 나아가 발운사로 하여금 동남 육로의 재원 상황을 확실히 파악하여 적절히 변통토록 해야 할 것입니다. 和糴이나 징세, 上貢 등의 물자는 모두 비싼 데로부터 싼 데로 옮겨 징수하고 먼 곳 대신 가까운 곳에서 징수토록 해야 합니다. 또 京師의 庫藏이나 예산 상황, 현재 제공되어야만 하는 액수 등을 미리 알려주어, 발운사가 편의에 따라 융통하고 확보함으로써 중앙의 요구에 맞출 수 있게 해야 할 것입니다. 이렇게 하여 물자 유통의 권한을 정부로 귀속시켜, 물자를 조절하고 운송의 편의를 도모해야 합니다. 그러면 관아의 경비도 절감하고 重稅도 폐지할 수 있으며, 농민의 부담을 덜 수 있을 것입니다. 나라의 재정은 충족해지고 백성의 살림도 부족하지 않게 될 것입니다.

所有本司合置官屬 許令辟舉 及有合行事件 令依條例以聞. 奏下制置司參議施行.

---

15) 이러한 王安石의 주청에 따라 조정에서는 均輸法 발포 직후 內藏庫의 錢米 500만 緡과 300만石을 本錢으로 發運使에 지급하게 된다.

本司의 관원들은 辟擧[16]를 허용해 주십시오. 또 업무 처리는 규정에 따라 보고한 다음 그 상세 내용은 본 기구내에서 협의하여 적절히 입안하도록 해 주십시오.

3. 〈上五事劄子〉(《臨川先生文集》 권 41)

陛下即位五年 更張改造者數千百事 而為書具 為法立 而為利者何其多也! 就其多而求其法最大其效最晚其議論最多者 五事也. 一曰 和戎 二曰 青苗 三曰 免役 四曰 保甲 五曰 市易.

폐하께서 즉위하신 지 이제 5년이 되었습니다. 그 간 개혁하신 일이 수천 가지나 되었습니다. 시행 규칙으로 구비되고 법령으로 입안되었으며 큰 이익이 되었던 것이 어찌 이렇게 많은지요! 그 많은 것 가운데 그 법의 규모가 가장 크고 그 효과가 가장 더디며 그 議論이 가장 많았던 것을 찾는다면 다섯 가지입니다. 첫째는 和戎,[17] 둘째는 青苗, 셋째는 免役, 넷째는 保甲, 다섯째는 市易입니다.

今青唐 洮河 幅員三千餘里 舉戎羌之衆二十萬 獻其地 因為熟户. 則和戎之策已効矣. 昔之貧者舉息之於豪民 今之貧者舉息之於官 官薄其息 而民救其乏. 則青苗之令已行矣. 惟免役也 保甲也 市易也 此三者 有大利害焉. 得其人而行之 則為大利 非其人而行之 則為大害. 緩而圖之 則為大利 急

16) 官長이 屬僚를 재량적으로 임용하는 것. 辟召, 辟除라고도 한다.
17) 王韶의 주장에 따라 熙河 일대를 經略하고 있던 사안. 당시 神宗은 王韶의 〈平戎策〉에 따라 河湟 일대의 티벳족을 宣撫한 다음 西와 南으로 서하를 압박한다는 方略을 채택하고 있었다.

而成之 則為大害.《傳》曰 '事不師古 以克永世 匪說攸聞.' 若三法者 可謂師古矣. 然而知古之道 然後能行古之法 此臣所謂大利害者也.

현재 青唐과 洮河 일대[18]의 면적은 3,000여里이고 戎羌의 인구는 20만에 달하는데, 그 땅을 복속시켜 熟戶[19]로 삼았습니다. 그러니 和戎策은 이미 상당한 효과를 올리고 있는 셈입니다. 과거 가난한 자들은 豪民으로부터 돈을 꾸고 이자를 냈습니다만, 지금의 가난한 자들은 官에서 돈을 꾸고 이자를 내고 있습니다. 官에서는 이자를 낮게 하므로[20] 백성들은 궁핍함에서 벗어날 수 있습니다. 그러니 青苗法도 지금 이미 제 궤도에 올랐습니다. 다만 免役法과 保甲法, 市易法의 세 가지는 대단히 중요한 관건이 있습니다. 올바른 사람을 얻어 시행하면 큰 이익이 될 것이지만, 그렇지 않은 사람이 시행하면 큰 해악이 될 것입니다. 완만히 시행하며 도모하면 큰 이익이 될 것이지만, 급하게 추진한다면 큰 해악이 될 것입니다. 《書傳》에서 말하기를, "옛날을 본받지 않은 일로 永世토록 살아남았던 예를 들은 적이 없다."[21]고 합니다. 세 가지 法은 옛날을 본받은 것이라 할 수 있습니다. 그러나 옛날의 道를 숙지한 연후에 옛날의 法을 행하는 것, 이것이 바로 臣이 말하는 대단히 중요한 관건입니다.

蓋免役之法 出於《周官》所謂'府史胥徒'〈王制〉所謂 '庶人在官者'也. 然

18) 青唐은 오늘날의 青海省 西寧에 있었던 青唐城, 洮河는 甘肅省 서남부를 흐르는 황하의 상류 지류를 가리킨다.

19) 宋朝의 지배에 순치된 소수민족. 이와 관련하여《宋史》〈兵志〉에서는, "西北邊羌戎 種落不相統一 保塞者謂之熟户 餘謂之生户."(권 191,〈江南西路槍仗手〉)라 기록하고 있다.

20) 青苗法에서는 利息을 2할로 규정하고 있음에 반해, 민간에서는 春季의 青黃不接之時에 起債 후 가을(秋成時)까지 통상 배(10할)의 이자를 붙여 상환하는 것이 관행이었다.

21) 《尙書》〈商書〉〈說命 下〉에 나온다.

而九州之民 貧富不均 風俗不齊 版籍之高下不足據. 今一旦變之 則使之家至户到 均平如一 舉天下之役 人人用募 釋天下之農 歸於畎畝. 苟不得其人而行 則五等必不平 而募役必不均矣.

무릇 면역법은, 《周官》에서 말하는 '府史胥徒'[22]와 〈王制〉에서 말하는 '서민으로서 관아에 있는 자'[23]란 말에서 나왔습니다. 그런데 천하 九州에는 수많은 백성들이 있어 貧富가 고르지 아니합니다. 風俗도 다르고 호적부의 戶等 또한 공정하지 않습니다. 이러한 상황에서 지금 단번에 개혁하여 家家戶戶마다 균등하게 천하의 職役을 부담토록 하고 사람들을 雇募하고 있습니다. 그리하여 천하의 농민을 농토로 되돌아가게 하였습니다. 하지만 올바른 사람을 얻어 시행하지 못한다면 호적의 戶等 편성이 불공정해질 것이고 그렇게 되면 募役法은 반드시 균등하지 못할 것입니다.

保甲之法 起於三代丘甲 管仲用之齊 子産用之鄭 商君用之秦 仲長統言之漢 而非今日之立異也. 然而天下之人 鳧居鴈聚 散而之四方而無禁也者數千百年矣. 今一旦變之 使行什伍相維 鄰里相屬 察姦而顯諸仁 宿兵而藏諸用. 苟不得其人而行之 則搔之以追呼 駭之以調發 而民心摇矣.

보갑법은 三代의 丘甲[24]에서 나왔습니다. 이를 管仲은 齊에서 시행했고 子産은 鄭에서 시행했으며 商君은 秦에서 시행했습니다.[25] 仲長統은 漢

22) 《周禮》〈天官〉〈冢宰〉에 나온다. 周王이 임명한 王臣은, 財物의 府庫를 관장하는 府와, 문서의 起草를 담당하는 史, 差役을 담당하는 胥, 勞役을 담당하는 徒를 自辟할 수 있었다. 이들 府史胥徒는 모두 王臣은 아니고 평민의 신분으로서 官衙의 일을 처리하는 존재였다.

23) 《禮記》의 〈王制〉를 가리킨다.

24) 春秋時代 魯 成公이 제정한 군사제도로서 민간에서 군사를 증징하는 것이 내용이었다. 왕안석의 보갑법과는 취지가 상당히 다르다.

25) 春秋 齊의 管仲과 戰國 秦의 商鞅이 민간에 연좌제를 도입했던 것, 그리고 春秋

에서 그 시행을 주장했습니다.[26] 그러니 오늘날 갑작스레 도입한 이상한 제도가 아닙니다. 그러나 천하의 사람들이 오리 떼나 기러기 떼마냥 아무런 단속이 없이 사방으로 흩어져 산 지 수천 년이나 되었습니다. 이러한 상황에서 지금 단번에 개혁하여 民戶를 什伍制로 서로 엮고 향리별로 조직을 만들었습니다. 서로 잘못을 감시하고 선행을 권유하게 했으며 군사훈련을 시켜 비상시에 대비토록 하였습니다. 진실로 올바른 사람을 얻어 시행하지 못한다면, 백성을 다그치며 소란스럽게 할 것이며 온갖 물자를 징발하며 놀라게 할 것입니다. 그렇다면 민심은 크게 동요될 것입니다.

市易之法 起於周之司市 漢之平準. 今以百萬緡之錢 權物價之輕重 以通商而貫之 令民以歲入數萬緡息. 然甚知天下之貨賄未甚行 竊恐希功幸賞之人 速求成效於年歲之間 則吾法隳矣.

市易法은 周의 司市制[27]와 漢의 平準法[28]에서 나왔습니다. 지금 백만 緡의 錢을 자금으로 하여 물가의 불균형을 바로잡고자 하고 있습니다. 또 상품 거래를 활성화시키기 위해 상인들에게 대여하여 그들이 매년 수만 緡의 이자를 납입하고 있습니다. 하지만 천하의 재물은 그리 원활히 교역되는 것이 아닙니다. 그런데 삼가 걱정되는 것은 功과 賞을 바라는 사람이 일을 주관하며 몇 년 사이에 급히 효과를 올리려 하는 일입니다. 그러한 즉 우리의 시역법은 무너져 버릴 것입니다.

鄭의 子産이 丘甲制와 유사하게 賦役制를 개혁했던 사실을 가리킨다.

26) 후한 말기의 인물인 仲長統(180~220)이 曹操의 집권기 연좌제의 실시를 주장한 것을 가리킨다.

27) 《周禮》〈地官〉〈司市〉에 규정된 司市의 업무를 가리킨다. 司市는 시장의 治教政刑을 관장하며 물자가 원활히 유통하도록 지휘하는 관직이었다.

28) 한무제의 평준법. 물가의 시기적 騰落을 조절하며 시장을 안정시키는 정책이었다.

臣故曰 三法者 得其人緩而謀之 則為大利 非其人急而成之 則為大害. 故免役之法成 則農時不奪而民力均矣 保甲之法成 則寇亂息而威勢彊矣 市易之法成 則貨賄通流而國用饒矣.

그래서 臣은 말합니다. 세 가지 법안은 제대로 된 사람을 얻어 완만히 시행한즉 큰 이익이 될 것이요, 그렇지 못한 사람이 급하게 서두른다면 큰 해악이 될 것입니다. 免役法이 완성되면 농사일을 침해하지 않고 백성들의 부담이 공정해질 것입니다. 保甲法이 완성되면 각처 도적들의 난리는 멎고 국가의 위세가 강력해질 것입니다. 市易法이 완성되면 물자는 원활히 유통되고 나라는 부유해질 것입니다.

8. 왕안석과 사마광 사이의 왕복서간

王安石과 司馬光 사이의 往復書簡

해 제

北宋의 開國으로부터 대략 100여년, 11세기 중반의 神宗 시대에 접어들면서 송대사는 급격한 굴절을 맞이하게 된다. 이른바 新法 혹은 變法이라 불리는 대개혁으로 말미암아, 宋朝의 지배체제가 가위 換骨奪胎라 할 정도로 변모하기 때문이다. 당시의 개혁은, 青苗法과 募役法을 위시한 농촌관계의 법령, 均輸法과 市易法 · 免行法 등의 상업 관계, 保甲法 및 將兵法 · 保馬法 등의 국방 관계, 그리고 과거제와 서리제의 혁신 등에 이르기까지, 실로 국정전반에 걸쳤다고 하여도 과언이 아닐 정도였다. 史家들이 이 개혁을 두고, 당송간 변혁의 총결산이라든가,[1] 혹은 이후 북송의 역사전개를 규정지은 일대사건이었다고 평가하는 것[2] 등은, 新法으로 말미암은 역사적 굴곡을 보여주는 단적인 사례라 하겠다.

잘 알려져 있듯 新法을 주도한 인물은 王安石(1021~1086)이다. 그는 神宗 熙寧 2년(1069) 부재상격인 參知政事로 임명된 이후 熙寧 9년(1076) 재상의 직위에서 물러나기까지 근 8년간 신법정치를 이끌었다. 이 개혁을 두고 흔히 '王安

1) 梅原郁,「王安石の新法」(『岩波講座 世界歷史』 9, 東京, 岩波書店,1970), p.225.
2) 白壽彝 主編,『中國通史綱要』(上海人民出版社, 1980/1983), p.243.

石의 新法'이라 일컫는 것도 바로 이러한 이유에서이다.

신종의 발탁이 있기 전, 王安石은 20대 초반 과거에 급제한 이래 25년여 동안 지방관으로만 전전하는 상태였다. 물론 잘 알려진대로 仁宗 말엽의 대략 2년여 동안 중앙관직을 맡으며 유명한 萬言書를 올리기도 했다. 하지만 그 직후 母喪을 당하여 英宗 治平 연간(1064~1067)을 통해 服喪을 지속했다. 이렇게 중앙정계에서의 경력이 거의 전무하다시피 했음에도 불구하고 이 무렵 王安石의 名望은 朝野에 널리 퍼져 있었다. 당시 그러한 衆望에 대해 司馬光은 여기서 소개하는 첫 번째 편지(〈與王介甫書〉)에서, "삼가 돌아보건대 그대가 천하의 명망을 얻은 지 30여년이 됩니다. 그대는 능력이 뛰어나고 학식도 많으며 자리에 연연해 하지도 않았습니다. 그리하여 각지의 선비들이 그대를 알든 알지 못하든 모두 일컫기를, '介甫가 조정에 나서지 않는다면 모르거니와 일단 나서게 된다면 태평을 이뤄낼 것이며 또 백성들이 모두 그 은혜를 입게 될 것이다.' 라고 말해 왔습니다." 라고 술회하고 있다. 왕안석이 중앙의 발탁에 固辭해서 그렇지, 중앙정부내 책임 있는 지위에 오르기만 하면 국정을 훌륭히 다스려갈 것이란 평판이 광범위하게 확산되어 있었다는 것이다. 劉安世(1048~1125)와 같은 인물은 이러한 분위기를 "당시 天下의 여론은 金陵(治平 연간 江寧에서 服喪하던 왕안석을 지칭)을 執政으로 삼지 않는 것에 대해 이상히 여겼다"[3]고 전하고 있으며, 王巖叟(1043~1093)는 "天下가 왕안석을 널리 추앙하여 가히 太平을 이룰 것이라 여겼다"[4]고 말하고 있다.

왕안석은 熙寧 2년 2월 神宗의 발탁을 수용하여 參知政事로 임명되자마자, 황제인 神宗의 재가를 얻어 개혁정치를 주관할 수 있는 임시기관을 설립한다. 制置三司條例司란 명칭을 지닌 기구가 바로 그것이다. 이 명칭 가운데 三司란 물론 송대 財政을 관장하는 중앙 정부기관을 일컫는다. 따라서 制置三司條例司란 기구의 의미는, 三司의 정책 내지 운영방식(條例)을 검토하기 위해 황제의

---

3) 馬永卿 編, 『元城語錄』(四庫全書本) 권 上, p.16의 뒤.

4) 韓琦, 『韓魏公集』(叢書集成初編) 권 20에 附載된, 王巖叟, 「別錄」, p.271.

명령(制)으로 設置된 관서라는 뜻일 터이다. 이 制置三司條例司(이하 條例司라 略稱)는 이후 신법정치의 시행을 총괄하게 된다. 이해 7월의 均輸法을 시작으로, 9월의 青苗法, 11월의 農田水利條約 등 속속 제신법조항들이 條例司의 건의 및 입안을 토대로 하여 발포되었다. 따라서 오늘날의 宋代史家들에게 물론 당시인들에게도 마찬가지로 條例司의 설치는 바로 신법정치의 개시를 알리는 것으로 이해되었다.[5]

이러한 신법으로 말미암은 포괄적 개혁은 朝野에서 격심한 논쟁을 불러일으켰다. 이전까지 왕안석에 대해 절대적 찬사를 보내던 老臣들은 거의 모두 왕안석에 대한 반대자로 돌아섰다. 이러한 신법에 대한 반대자들을 오늘날의 史家들은 舊法黨이라 부른다. 新法 반대 진영 중에서도 중추적 위치를 점했던 인물이 유명한 역사가 司馬光(1019~1086)이다. 사마광은 왕안석이 중앙으로 발탁되던 것과 거의 비슷한 시기에 중직인 翰林學士에 임명되었다.[6] 하지만 왕안석과 사마광 양인의 정치적 입장은 판이했다. 그러한 차이는 양인의 대표적 정치 논설인 〈上仁宗皇帝言事書〉와 〈進五規狀〉[7] 단계에서부터 분명히 드러나 있었다. 왕안석이 先王의 法度에 假託한 포괄적이고 전면적인 개혁을 주장함에 반하여, 사마광은 철저히 정치 지도자들의 자기절제 및 근신을 통한 문제해결을 주장했던 것이다.

왕안석, 사마광 양인간의 개혁을 둘러싼 대립은 시간이 흐를수록 더욱 첨예해진다. 그러한 인식의 차이 내지 대립이 가장 절정으로 치닫던 시기가 대략

5) 邵伯溫이 『邵氏聞見錄』에서 '置三司條例司 相與議論者以經綸天下爲己任 始變祖宗舊法 專務聚斂 私立條目 頒於四方'(권 10, 北京, 中華書局, 唐宋史料筆記叢刊, p.106)이라 하는 것이나, 『宋史』에서 '於是設制置三司條例司 命與知樞密院事陳升之同領之. 安石令其黨呂惠卿任其事. 而農田水利青苗均輸保甲免役市易保馬方田諸役相繼並興 號爲新法 遣提擧官四十餘輩 頒行天下'(권 327, 「王安石傳」, 北京 中華書局 標點校勘本, p.10544)라 적고 있는 것이 그것을 잘 보여준다.

6) 왕안석과 사마광은 治平 4년(1067) 9월, 5일 간의 차이를 두고 공히 翰林學士에 임명되었다.

7) 「進五規狀」에 대해서는, 拙稿 〈司馬光「進五規狀」의 譯註」(『송요금원사연구』 7, 2002)가 있다.

神宗 熙寧 3년(1070) 2월로부터 3월까지이다. 당시는 青苗法을 둘러싼 논란이 최고조에 달한 때였다. 특히 韓琦가 청묘법의 폐단을 비판하는 상주문을 올리고 이에 神宗이 동요하자 왕안석은 병을 핑계로 칩거하며 辭職을 요청하고 만다. 이러한 상황에서 신종은 왕안석과 대립각을 세우고 있던 司馬光을 발탁하여 樞密副使職에 임명하고자 했다. 사마광은 이에 대해 신법의 폐지와 制置三司條例司의 해체를 요구하는 상주문을 연속으로 올렸다.

여기서 소개하는 네 개의 서간문은 바로 이러한 정황에서 작성된 것이다. 먼저 사마광이 칩거를 끝내고 조정에 등청하기 시작한 왕안석에게 장문의 편지를 보내, 신법의 잘못을 적시하며 그 전면적 폐지를 요구하였다. 熙寧 3년 2월 27일의 일이었다. 이 사마광의 첫 번째 편지는 매우 정중하면서도 간곡한 어조를 띠고 있다. 역사적 典故를 거듭하여 들고 있는 것도 그러한 간곡함의 또 다른 단면이라 할 것이다. 물론 그러면서도 신법에 대해서는 준엄한 어조로 비판을 가하고 있다.

이에 대해 왕안석은 비교적 신속히 답장을 보낸 것으로 보인다.[8] 이 답장(「答司馬諫議書」)은 사마광의 첫 번째 서신과는 달리 좀 무뚝뚝한 어조를 띠고 있다. 분량도 매우 간략하여 사마광의 서신이 무려 3,300여자로 되어 있음에 반해 고작 330여자에 불과하다. 사마광의 비판을 侵官, 生事, 征利, 拒諫으로 요약하고 이에 대해 간단히 반론을 피력하는 것으로 그치고 있다. 그러한 만큼 전체적 어조는 장중하면서도 당당하다. 이 답신이 고금의 명문 선집에 두루 채록된 것도 바로 이러한 면모 내지 전후배경과 무관치 않을 것이다.

이러한 답장이 사마광의 심기를 진정시켰을 리는 만무하다. 사마광은 일견 퉁명스러운 왕안석의 답신을 받고 곧바로 두 번째 서신(「與王介甫第二書」)을 보냈다. 하지만 왕안석은 이에 대해 아무런 반응을 보이지 않았다. 이러한 상태

---

8) 왕안석의 답신(「答司馬諫議書」)에는 작성된 날자가 적혀있지 않으나 그 서두에서 '昨日蒙教'라 말하고 있는 것이라든가, 3월 3일에 쓰여진 사마광의 두 번째 편지(「與王介甫第二書」)에서 '介甫乃賜之誨筆 存慰温厚'라 말하며 답장 받은 사실을 언급하고 있는 것이 그것을 잘 보여준다.

에서 사마광은 또다시 세 번째 서신(「與王介甫第三書」)을 보냈다. 이에 대해서도 왕안석은 가타부타 아무 말을 하지 않았다. 이러한 서신의 왕래는 사마광을 몹시 화나게 만들었던 것으로 보인다. 양인 사이의 교유도 이들 서신의 왕래를 계기로 완전히 단절되고 말았다.[9]

이후 왕안석 주도의 新法은 가속화되어 가고, 사마광은 이러한 정황의 전개를 보면서 자신의 뜻이 받아들여지지 않자 정계를 떠나 낙양으로 은퇴하고 말았다. 熙寧 3년 2월말부터 3월초에 이르는 시기 사마광, 왕안석 사이의 서신왕래와 그 결말은 양인의 出處로 그대로 연결되었던 것이다. 그러한 만큼 양인 사이의 왕복 서간은 그들의 사상을 살피는 데 있어서, 그리고 그들의 성향 내지 인간적 면모를 엿보는 데 있어서도 상당한 시사점을 제공하는 것이라 하겠다.

○ ○ ○

9) 宋人 詹大和는 王安石 연보를 작성하며 이러한 서신왕래를 계기로 '自是遂與公絶'(『王荊國文公年譜』권 中, 『王安石年譜三種』, 北京, 中華書局, 1994, p.81)이라 기록하고 있다.

1) 사마광의 첫 번째 편지

(司馬光,〈與王介甫書〉,『溫國文正公文集』권 60, 神宗 熙寧 3년〈1070년〉 2월 27일)

翰林學士兼侍讀學士 · 右諫議大夫司馬光 惶恐再拜介甫參政諫議閣下. 光居常無事 不敢涉兩府之門 以是久不得通名於將命者. 春暖 伏惟機政餘裕 台侯萬福.

翰林學士兼侍讀學士이자 右諫議大夫인 司馬光은 參政兼右諫議大夫인 王安石 각하에게 조심스레 아룁니다. 나는 별 일 없이 잘 지내고 있습니다. 또 兩府[10]의 일에 간여하는 위치에 있지 아니한 까닭에 오랫동안 執政大臣들과도 교유하지 못했습니다. 이제 따뜻한 봄이 되었으니 삼가 조정의 정치도 여유가 생기고 또 귀하에게도 만복이 깃들기를 기원합니다.

孔子曰 '益者三友 損者三友.' 光不才 不足以辱介甫為友 然自接侍以來 十有餘年 屢嘗同僚 亦不可謂之無一日之雅也. 雖愧多聞 至於直諒 不敢不勉. 若乃便辟 · 善柔 · 便佞 則固不敢為也. 孔子曰 '君子和而不同 小人同而不和.' 君子之道 出處語嘿 安可同也? 然其志則皆欲立身行道 輔世養民 此其所以和也. 曏者與介甫議論朝廷事 數相違戾 未知介甫之察不察. 然於光嚮慕之心 未始變移也.

공자는, '이로운 벗이 셋 있고 해로운 벗이 셋 있다.'[11]고 하셨습니다. 나는 못나서 그대에게 감히 벗이라고는 말하지 못하겠으나, 우리가 서로 알고 지낸 지 이제 10여년이 되는 바 그 사이 여러 차례 동료로 어울렸습니니

10) 송대 최고의 중앙민정기구인 中書 및 군사기구인 樞密院의 合稱.

11) 『論語』권 16,「季氏」에 나온다. 정직(直) · 성실(諒) · 지식(多聞)의 미덕을 갖춘 벗이 세 益友이며, 便辟 · 아첨(善柔) · 허식(便佞)의 존재가 세 損友라고 한다.

다. 그 동안 나는 하루라도 즐겁지 않은 날이 없었습니다. 비록 내가 지식도 많지 않고 정직함이나 성실함에 있어서도 많은 노력을 기울인다고 말할 수는 없으나, 便辟함과 아첨, 그리고 虛飾만은 일삼지 않았다 할 수 있습니다. 공자는 또, '군자는 화합을 이루지만 똑같지는 아니하고 소인은 똑 같으면서도 화합을 이루지 못한다.'[12] 하셨습니다. 군자의 道에 있어 나가고 물러서며 말하고 침묵하는 것이 어찌 똑 같을 수 있겠습니까? 하지만 그 뜻만은 모두 一身을 일으켜 道를 행하고자 하는 것이요 또 세상을 돕고 백성을 보살피는 것이니, 이야말로 군자들이 함께 화합을 이루는 연유라 하겠습니다. 지난 번 그대와 조정의 일을 논의할 때 여러 차례 의견이 엇갈린 적이 있는데, 그대는 마음을 다 풀었는지 모르겠습니다. 하지만 내가 그대를 흠모하는 마음은 조금도 변한 적이 없습니다.

竊見介甫獨負天下大名三十餘年 才高而學富 難進而易退. 遠近之士 識與不識 咸謂介甫不起而已 起則太平可立致 生民咸被其澤矣. 天子用此起介甫於不可起之中 引參大政 豈非亦欲望衆人之所望於介甫邪? 今介甫從政始期年 而士大夫在朝廷及自四方來者 莫不非議介甫 如出一口. 下至閭閻細民小吏走卒 亦竊竊怨歎 人人歸咎於介甫 不知介甫亦嘗聞其言而知其故乎? 光竊意門下之士 方日譽盛德而贊功業 未始有一人敢以此聞達於左右者也. 非門下之士則皆曰 彼方得君而專政 無為觸之以取禍 不若坐而待之 不過二三年 彼將自敗. 若是者不唯不忠於介甫 亦不忠於朝廷. 若介甫果信此志 推而行之 及二三年 則朝廷之患已深矣 安可救乎? 如光則不然 忝備交遊之末 不敢苟避譴怒 不為介甫一一陳之. 今天下之人惡介甫之甚者 其詆毀無所不至 光獨知其不然. 介甫固大賢 其失在於用心太過 自信太厚而已. 何以言之?

---

12) 『論語』 권 13, 「子路」에 나온다.

삼가 돌아보건대 그대가 천하의 명망을 얻은지 30여년이 됩니다. 그대는 능력이 뛰어나고 학식도 많으며 자리에 연연해 하지도 않았습니다. 그리하여 각지의 선비들이 그대를 알든 알지 못하든 모두 일컫기를, '介甫가 조정에 나서지 않는다면 모르거니와 일단 나서게 된다면 태평을 이뤄낼 것이며 또 백성들이 모두 그 은혜를 입게 될 것이다.'라고 말해 왔습니다. 폐하 또한 이 때문에 그대가 거듭 고사했음에도 불구하고 마침내 발탁하여 그대로 하여금 정사를 주도하게 하셨던 것입니다. 그러니 천자 또한 보통 사람들이 그대에게 바랐던 것을 바랐던 것이 아니겠습니까? 그런데 현재 그대가 정사를 주도한 지 만 1년이 지났습니다만, 사대부들은 조정에서 근무하든 아니면 지방에서 근무하든 가리지 않고 모두 그대를 한 목소리로 비난하고 있습니다. 뿐만 아니라 아래로 閭閻의 백성들과 서리 및 役人들에 이르기까지 소곤소곤 원망을 하는데 모두 그 책임을 그대에게 돌리고 있습니다. 그대가 그러한 말을 들어보았는지 또 그 까닭이 무엇인지 알고 있는지 모르겠습니다. 나는 생각건대 그대 문하의 사람들은 모두 그대의 능력을 칭찬하며 정책이 잘 돌아간다고만 말할 뿐, 누구 한 사람 감히 이러한 평판을 그대에게 전하지 않은 게 아닌가 여겨집니다. 또 문하의 사람들이 아니면 모두, '그가 지금 군주의 신임을 얻어 정치를 주도하고 있으니 공연히 그의 뜻을 거슬러 괜한 처벌을 받지 말자. 가만 앉아 기다리다보면 2, 3년이 안되어 그는 저절로 실패할 것이다.' 라고 말하고 있습니다. 이와 같은 자들은 그대에게 충성을 바치지 않을 뿐만 아니라 동시에 조정에도 충성되지 못한 사람들입니다. 만일 그대가 자신의 뜻대로 밀어붙인다면 2, 3년 안에 조정의 우환은 걷잡을 수 없이 깊어져 어찌할 수 없는 지경에 빠질 것입니다. 하지만 나는 그렇게 할 수 없습니다. 영광스럽게도 그대와 교유했으니 구차하게 그대의 노여움을 피하기 위해 문제의 소재를 정확히 지적하는 것을 마다하지 않겠습니다. 오늘날 천하의 사람으로 그대를 심하게 비난하는 사람들은 그 헐뜯는 게 극단적인 정도입니다. 하지만 나는 그렇지 않다는 것을 잘 알고 있습니다. 그대가 매우 현명한 사람이지만, 마음이 너무 조급하고 또 자신감이 너무 넘친다는 것에 문제가 있을 따름이라고 생각합니다. 이게 무슨 얘기인가 하는 것을 말해 보겠습니다.

自古聖賢所以治國者 不過使百官各稱其職 委任而責成功也. 其所以養民者 不過輕租稅薄賦斂已逋責也. 介甫以為此皆腐儒之常談 不足為思 得古人所未嘗為者而為之. 於是財利不以委三司而自治之 更立制置三司條例司 聚文章之士及曉財利之人 使之講利. 孔子曰 '君子喻於義 小人喻於利.' 樊須請學稼 孔子猶鄙之 以為不如禮義信 况講商賈之本利乎? 使彼誠君子邪 則固不能言利 彼誠小人邪 則惟民是虐 以飫上之欲 又可從乎? 是知條例一司 已不當置而置之. 又於其中不次用人 往往暴得美官. 於是言利之人皆攘臂圜視 衒鬻争進 各鬪智巧 以變更祖宗舊法. 大抵所利不能補其所傷 所得不能償其所亡 徒欲別出新意 以自為功名耳. 此其為害已甚矣 又置提舉句當常平廣惠倉使者四十餘人 使行新法於四方. 先散青苗錢 次欲使比戸出助役錢 次又欲更搜求農田水利而行之. 所遣者雖皆選擇才俊 然其中亦有輕佻狂躁之人 陵轢州縣 騷擾百姓者. 於是士大夫不服 農商喪業 謗議沸騰 怨嗟盈路. 迹其本原 咸以此也. 書曰 '民不静 亦惟在王宮邦君室.' 伊尹為阿衡 有一夫不獲其所 若已推而内之溝中. 孔子曰 '君子求諸己.' 介甫亦當自思所以致其然者 不可專罪天下之人也.

자고로 성현이 나라를 다스렸던 원칙은, 모든 관원들로 하여금 그 직분을 지키면서 나누어 일의 성공을 기하도록 했던 것입니다. 또 백성을 돌보는 원칙은, 조세를 줄이면서 체납분은 심하게 독촉하지 않는 것이었습니다. 하지만 그대는 이러한 것들을 모두 고루한 유생들의 閑談이라 치부하며 돌아볼 가치가 없다고 여기고 있습니다. 대신 옛 사람들이 일찍이 하지 않았던 것들을 서슴없이 행하고 있습니다. 그리하여 재정을 三司[13]에 맡기지 아니하고 자신이 직접 챙기고 있습니다. 나아가 制置三司條例司[14]를 설립하여 여기에 文章의 선비 및 財務에 밝은 사람들을 모아 놓고 재정 증대를 강구하게 했습니다. 공자는, '군자는 의리를 밝고 소인은 이익에 밝다.'[15]고 얘기한 바 있습니다. 또 樊須가 농사짓는 법을 배우겠다고 요청할 때 공자는 비속하다 여기며 거절했습니다.[16] 禮와 義, 信을 알지 못하기 때문입니다. 하물며 그러한 무리들이 장사치의 이익을 추구해서야 되겠습니까? 저들이 만일 진실로 군자라면 이익은 입에 담지 않을 것이요, 또 저들이 진실로 소인이라면 백성들을 쥐어짜 윗 사람의 비위에 맞추려 할 것이니 어찌 그들을 따를 수 있겠습니까? 그런즉 條例司란 기구는 애초 설치되지 말았어야 할 것입니다. 더욱이 그 속에서는 파격적인 승진이 이루어져 왕왕 고위직을 급작스럽게 얻는 자도 있습니다. 이에 따라 財利를 말하는 자는 소매를 걷어올린 채 눈을 동그랗게 뜨고는 각기 재주를 과시하며 승진을 꾀하고 있습니다. 그러면서 전래의 법도를 바꾸고 있습니다. 대저 그들이 얻어내는 이익은 그로 말미암은 손실에 비할 바가 아닙니다. 한갓 신기한 발상을 내어 스스로 공명이라 여기는 것

---

13) 북송시대 최고의 재정기구. 북송은 당말 오대의 제도를 그대로 이어받아 鹽鐵·戶部·度支의 三部를 합하여 三司라 하고 국가재정을 통할하게 했다. 鹽鐵은 坑冶·商稅·茶·鹽 등의 收入, 河渠의 修護와 軍器의 제작 및 공급을 담당하였다. 戶部는 戶口·兩稅·上供·酒 전매 등을, 度支는 재정 지출과 漕運을 관할하였다. 三司는 計省이라고도 칭해졌으며 그 장관인 三司使의 지위는 執政에 버금가는 것으로 인식되었다. 三司使는 計相이라 불리기도 하였다.

14) 神宗 熙寧 2년(1069) 2월 왕안석을 參知政事에 임용하여 新法을 실행하면서 설치하는 임시 기관. 新法의 기획과 시행을 주관하는 역할을 하였다. 條例司·制置司·三司條例司 등으로 簡稱되었다. 각지방에 相度利害官과 提擧常平倉農田水利差役官을 파견하여 舊法의 利害를 탐문하고 또 이들로 하여금 신법의 시행을 독려토록 하였다. 이듬해인 熙寧 3년(1070) 5월 中書에 병합된다.

15) 『論語』 권 4, 「里仁」에 나온다.

16) 『論語』 권 13, 「子路」에 나오는 일화.

일 뿐입니다. 그런 즉 그 해로움은 이미 심각한 지경입니다. 그런데 또 다시 提擧句當常平廣惠倉[17] 使者 40여인을 임명하여 사방에서 新法을 시행하게 하고 있습니다. 처음에는 青苗錢을 살포하더니 이어 모든 가구로 하여금 助役錢을 내게 하였고, 그 다음에는 農田水利를 찾아 행하고 있습니다. 파견된 자들은 대부분 능력 있는 자들이기는 하나 그 중에는 경박하고 흉악한 자 또한 존재합니다. 그들은 州縣을 윽박지르고 백성을 힘들게 하고 있습니다. 이에 사대부들이 불복하고 농업과 상업이 시들해 졌으며 비난이 비등하고 원망이 길에 가득 차게 되었던 것입니다. 그러한 근원을 찾자면 모두 이 때문입니다. 『尙書』에서 말하기를, '백성들이 편안하지 못한 것은 王室 및 諸侯들 때문이다.'[18] 라고 했습니다. 伊尹은 阿衡이 되었을 때[19] 누구라도 적절한 처우를 받지 못한 사람이 있으면 마치 자신이 그를 구렁텅이에 빠트린 것처럼 여겼습니다. 또 공자는, '군자는 책임을 자신에게 돌린다.'[20]고 하셨습니다. 그대 역시 마땅히 이러한 상황을 불러 일으킨 까닭을 스스로 생각해 보아야만 할 것이고 천하의 사람들만 탓해서는 안될 것입니다.

夫侵官 亂政也 介甫更以為治術而先施之. 貸息錢 鄙事也 介甫更以為王政而力行之. 徭役自古皆從民出 介甫更欲歛民錢雇市傭而使之. 此三者 常人皆知其不可 而介甫獨以為可. 非介甫之智不及常人也 直欲求非常之功

17) 神宗 熙寧 2년(1069) 制置三司條例司에서 파견되는 지방관. 최초의 명칭은 提擧常平廣惠倉兼管句農田水利差役使였다. 이후 監司, 즉 路級 지방관의 하나로 정착되어 新法 관련 재정을 관할하기에 이른다. 설치 초기에는 提擧常平倉 · 常平使者 등으로 簡稱되었으나 監司로 정착된 이후에는 提擧司 · 提擧常平司 · 倉司 등으로 불리게 된다.

18) 『尙書』「周書」「大誥」에 나온다.

19) 伊尹은 湯王에 의해 阿衡이라 命名되었다. 阿衡은 官名이나 혹은 別稱이었을 것으로 이해된다.

20) 『論語』권 15, 「衛靈公」에 나온다.

而忽常人之所知耳. 夫皇極之道 施之於天地 人皆不可須臾離. 故孔子曰 '道之不明也 我知之矣 知者過之 愚者不及也. 道之不行也 我知之矣 賢者過之 不肖者不及也.' 介甫之智與賢皆過人 及其失也 乃與不及之患均. 此光所謂用心太過者也.

무릇 다른 官署의 영역을 침범하는 것(侵官)은 어지러운 정치의 표본입니다. 그럼에도 그대는 정치 요령이라 여기며 앞장서 행하고 있습니다. 돈을 꾸어주었다가 이자를 받는 것은 야비한 일입니다만 그대는 王政이라 여기며 적극 시행하고 있습니다. 또 徭役이란 자고로 백성들을 부리는 것이었지만, 그대는 백성들로부터 돈을 거두어 그것으로 날품팔이를 고용하여 일을 시키려 하고 있습니다. 위의 세 가지 일은 보통 사람들이 모두 잘못된 일이라는 것을 알지만 오직 그대만은 옳다고 생각하고 있습니다. 그대의 식견이 보통 사람만 못한 것은 결코 아닙니다. 다만 특별한 업적을 이루려 하다 보니 보통 사람이 모두 알고 있는 것을 잃어버린 것입니다. 무릇 皇極의 道는 천하에 두루 베풀어져서 누구나 그것에서 잠시라도 벗어날 수 없습니다. 그래서 공자는, '道가 밝게 나타나지 않는 까닭을 나는 안다. 지혜로운 자는 지나치고 어리석은 자는 미치지 못하기 때문이다. 道가 행해지지 못하는 까닭을 나는 안다. 현명한 자는 지나치고 용렬한 자는 미치지 못하기 때문이다.'[21]라고 하셨습니다. 그대의 지혜로움과 현명함은 모두 남보다 훨씬 뛰어납니다. 하지만 그 실착에 있어서는 범인들의 미치지 못하는 폐단과 마찬가지입니다. 이것이 바로 내가 말하는 마음이 너무 조급함입니다.

自古人臣之聖者 無過周公與孔子 周公・孔子亦未嘗無過 未嘗無師. 介

21) 『中庸』第四章에 나온다.

甫雖大賢 於周公·孔子則有間矣 今乃自以為我之所見 天下莫能及. 人之議論 與我合則喜之 與我不合則惡之. 如此 方正之士何由進? 諂諛之士何由遠? 方正日踈 諂諛日親 而望萬事之得其宜 令名之施四遠 難矣. 夫從諫納善 不獨人君為美也 於人臣亦然.

자고로 신하들 중의 聖者로서 周公 및 孔子보다 나은 사람이 없었지만, 周公 및 공자 또한 잘못이 없지 않았으며 스승이 없지 않았습니다. 그대는 매우 현명한 사람이지만 주공이나 공자에는 미치지 못한다 할 것입니다. 그런데 그대는 스스로 생각하기를 자신의 소견에 천하 누구도 미치지 못한다고 여기고 있습니다. 또 남들의 議論 가운데 자신에게 부합되면 좋다 여기고 자신과 다르면 싫어합니다. 이러니 곧고 바른 선비가 어떻게 나아가고 반대로 아첨하는 무리들을 어떻게 멀리할 수 있겠습니까? 곧고 바른 사람은 날로 멀어지고 아첨하는 무리는 날로 가까워지니, 만사가 올바로 제 자리를 잡게 하고 조정의 정책과 위세가 사방에 두루 퍼지기를 바라는 것은 실로 難望하다 할 것입니다. 무릇 간언을 따르고 좋은 말을 받아들이는 것은 비단 군주에게만 미덕이 아닙니다. 신하에게도 마찬가지입니다.

昔鄭人遊於郷校 以議執政之善否. 或謂子產毀郷校 子產曰. '其所善者 吾則行之 其所惡者 吾則改之. 是吾師也 若之何毀之?' 薳子馮為楚令尹 有寵於薳子者八人 皆無祿而多馬. 申叔豫以子南·觀起之事警之 薳子懼 辭八人者 而後王安之. 趙簡子有臣曰周舍 好直諫 日有記 月有成 歲有效. 周舍死 簡子臨朝而歎曰. '千羊之皮 不如一狐之腋. 諸大夫朝 徒聞唯唯 不聞周舍之鄂鄂 吾是以憂也.' 子路 人告之以有過 則喜. 鄭文終侯相漢 有書過之史. 諸葛孔明相蜀 發教與群下曰. '違覆而得中 猶棄弊蹻而獲珠玉. 然人心苦不能盡 惟董幼宰參書七年 事有不至 至于十反.' 孔明嘗自校簿書 主

簿楊顒諫曰. '為治有體 上下不可相侵. 請為明公以作家譬之. 今有人使奴執耕稼 婢典炊爨 雞主司晨 犬主吠盜 私業無曠 所求皆足. 忽一旦盡欲以身親其役 不復付任 形疲神困 終無一成 豈其知之不如奴婢雞狗哉? 失為家主之法也.' 孔明謝之. 及顒卒 孔明垂泣三日. 呂定公有親近曰徐原 有才志 定公薦拔至侍御史. 原性忠壯 好直言 定公時有得失 原輒諫爭 又公論之. 人或以告定公 定公歎曰. '是我所以貴德淵者也.' 及原卒 定公哭之盡哀 曰. '德淵 呂岱之益友. 今不幸 岱復於何聞過哉!'

옛날 춘추시대 鄭 나라 사람들이 鄕校에서 무리지어 놀면서 재상인 鄭子産의 정치에 대해 이러쿵저러쿵 비평을 했습니다. 이에 누군가 子産에게 향교를 폐쇄해 버리자고 말하자 자산이 말했습니다. '저들이 좋다고 말하는 것은 내가 실행하고, 저들이 싫어하는 것은 내가 고치면 된다. 그들의 논평은 나의 스승인 셈인데 어찌 鄕校를 폐쇄한단 말인가!'[22] 또 춘추시대 薳子馮이 楚 나라의 令尹이 되었을 때 그에게 총애를 받는 자가 여덟 명이었는데 그들은 모두 봉록을 받지 않는데도 많은 말을 지니고 있었다. 이에 대해 申叔豫가, 觀起 및 子南의 일[23]을 예로 들며 경고해 주자, 薳子馮은 두려워 하며 그 여덟 사람을 멀리 하였고, 그 이후 楚의 왕이 안심하며 그에 대해 신임을 지속한 바 있습니다.[24] 그리고 춘추시대 晉 나라의 趙簡子에게 周舍란 이름의 신하가 있었습니다. 그는 직간을 좋아하여 날마다 군주의 잘못을 기록하였고, 그것이 매 달 군주를 조금씩 움직였으며, 그리하여 해를 넘기게 되면 마침내 큰 실효를 거두었습니다. 훗날 周舍가 죽자 趙簡子는 朝會에 임하여 탁식하며 말했습니다. '천 마리 羊의

22) 『春秋左氏傳』 襄公 31년조에 나온다.

23) 子南은 춘추시대 楚 莊王의 아들. 승상격인 令尹의 지위에 있을 때 그의 총애를 받는 觀起가 車馬 數十乘을 지니는 위세를 부리게 되고, 이로 말미암아 군주인 楚康王의 견제를 받아 마침내 함께 살해된다.

24) 『春秋左氏傳』 襄公 22년조에 나온다.

가죽이라 해도 한 마리 여우의 겨드랑이 털만 못하오. 여러 大夫들은 조회에 참석하여도 다만 예예 하며 내 눈치만 보기 급급하오. 周舍처럼 기탄없이 직간하는 말은 듣지 못했으니 내 이것이 근심스럽소이다.' 또 子路는 남이 자기에게 잘못이 있다고 말해 주면 좋아했습니다. 鄭文終侯 蕭何는 漢의 승상이 되었을 때 잘못을 기록하는 관리를 두었습니다. 諸葛孔明은 蜀 나라의 재상이 되고나서 아랫 사람들에게 다음과 같은 교시를 내렸습니다. '여러 번 궁리해야 적절한 판단을 얻는다. 이는 마치 낡은 짚신을 버리고 보물을 얻는 것과 같다. 사람의 마음이란 최선을 다하는 것을 힘들어 하지만, 董幼宰만은 7년 동안 參署를 담당하면서 혹시 일 처리에 미진한 점이 있다면 열 차례나 반복하였다.' 또 언젠가 제갈공명이 장부를 검토하고 있는데 主簿인 楊顒이 諫言했습니다. '정치에는 질서가 있어서 상하가 서로 침범해서는 안됩니다. 재상을 위해 집안 일을 예로 들어 보겠습니다. 奴僕으로 하여금 농사짓게 하고 여자 종으로 하여금 밥을 짓게 하며, 또 닭은 새벽을 알리게 하고 개는 도둑을 감시하며 짖게 합니다. 이렇게 한다면 모든 일들이 빠짐없이 다 충족될 것입니다. 하지만 만일 하루 아침에 주인이 모두 그 일들을 담당하고 다시는 남에게 맡기려 하지 않는다면, 몸은 지치고 신경은 곤두설 뿐 무엇 하나 제대로 되지 않을 것입니다. 이는 주인의 지식이 노비나 닭, 개보다 못하기 때문이 아닙니다. 집안의 주인된 법도를 잃었기 때문입니다.' 이에 제갈공명이 사죄했습니다. 훗날 楊顒이 죽자 제갈공명은 사흘이나 슬피 울었습니다. 또 삼국시대 吳 나라의 呂岱에게는 徐原이란 친구가 있었는데 자못 능력이 있었습니다. 呂岱는 徐原을 추천하여 侍御史로 발탁되게 했습니다. 그런데 서원은 성품이 충직하고 괄괄한데다가 직언을 좋아했습니다. 여대가 혹시 잘못이라도 범하면 그는 즉시 공박하였고 또 공공연히 그 사실을 말하고 다녔습니다. 이를 두고 누군가 여대에게 말하자 여대는, '그러한 점이야말로 내가 그를 높이 사는 이유이다.' 라고 말했습니다. 나중에 서원이 죽자 구슬피 울며 애도하고, '서원은 나에게 도움이 되는 벗이었다. 이제 불행히도 그가 죽었으니 내 누구로부터 잘못이 있다 지적받을 수 있으리오!' 라고 말했습니다.

此數君子者 所以能功名成立 皆由樂聞直諫 不諱過失故也. 若其餘驕亢自用 不受忠諫而亡者 不可勝數. 介甫多識前世之載 固不俟光言而知之矣. 孔子稱. '有一言而可以終身行之者 其恕乎!' 詩云. '伐柯伐柯 其則不遠.' 言以其所願乎上交乎下 以其所願乎下事乎上 不遠求也. 介甫素剛直 每議事於人主前 如與朋友爭辨於私室 不少降辭氣 視斧鉞鼎鑊無如也. 及賓客僚屬謁見論事 則唯希意迎合 曲從如流者親而禮之. 或所見小異 微言新令之不便者 介甫輒艴然加怒 或詬罵以辱之 或言於上而逐之 不待其辭之畢也. 明主寬容如此 而介甫拒諫乃爾 無乃不足於恕乎! 昔王子雍方於事上而好下佞己. 介甫不幸亦近是乎! 此光所謂自信太厚者也.

이 몇 사람들이 능히 功을 세워 후세에 이름을 남길 수 있었던 까닭은, 다 直諫을 마다하지 않고 과오에 대한 지적을 멀리하지 않았기 때문입니다. 이밖에 교만하여 자신만 믿고 충직한 간언을 듣지 않다가 실패한 자는 이루 헤아릴 수 없을 것입니다. 그대는 전대의 역사에 대해 박식하니 굳이 내가 그러한 사실을 말하지 않아도 잘 알 것입니다. 공자는, '한 마디 말로서 종신토록 지킬만한 것은 용서(恕)로다!'[25] 라고 말했습니다. 또 『시경』에서는, '나무 베어 도끼자루 만들 때 그 본보기는 멀지 않도다.'[26] 라고 했습니다. 이는 윗사람에게 원하는 바로써 아랫사람에게 베풀어 줄 것이며 또 아랫사람에게 원하는 바로써 윗사람을 섬기라는 얘기입니다. 그러니 본보기를 멀리서 구할 필요가 없는 것이지요. 그대는 평소 강직하여

25) 『論語』 권 15, 「衛靈公」에 나온다.
26) 『詩經』 「國風」 「豳風」 「伐柯」에 나온다.

황제 앞에서 政事를 의논할 때조차 자기 집에서 친구와 논란하듯 합니다. 조금도 사양하는 기색이 없으며 어떠한 중벌도 두려워하지 않는 듯 보입니다. 그런데 賓客이나 屬僚가 찾아와 정책을 논할 때면, 오직 자신의 뜻에 영합하기를 바라서 무조건 따르는 자만 가까이 하고 또 예우해줍니다. 반면 조금이라도 이견을 보이거나 新法의 불편함에 대해 약간이라도 논란하면, 그대는 불같이 화를 내며 때로 욕설을 퍼붓기도 합니다. 폐하께 아뢰어 그들의 말이 채 끝나기도 전에 파직시키기도 합니다. 어진 천자께서 이처럼 관용을 베풀고 계심에도 불구하고 그대는 철저히 간언을 받아들이지 않으니 단언코 용서의 미덕을 갖고 있다 말하기는 힘들 것입니다. 저 옛날 삼국시대 魏 나라의 王肅은 천자를 섬기면서 자기에게 영합하는 사람만을 좋아했습니다. 그대 또한 불행히도 이와 가깝습니다. 이것이 내가 말하는 바 자신감이 너무 지나치다는 것입니다.

光昔者從介甫遊 介甫於諸書無不觀 而特好孟子與老子之言. 今得君得位而行其道 是宜先其所美 必不先其所不美也. 孟子曰. ‘仁義而已 何必曰利?’ 又曰. ‘為民父母 使民盻盻然 將終歲勤動 不得以養其父母 又稱貸而益之 惡在其為民父母也?’ 今介甫為政 首建制置條例司 大講財利之事. 又命薛向行均輸法於江淮 欲盡奪商賈之利. 又分遣使者 散青苗錢於天下 而收其息 使人人愁痛 父子不相見 兄弟妻子離散 此豈孟子之志乎? 老子曰. ‘天下神器 不可為也. 為者敗之 執者失之.’ 又曰. ‘我無為 而民自化 我好靜而民自正. 我無事 而民自富 我無欲 而民自樸.’ 又曰. ‘治大國若烹小鮮.’ 今介甫為政 盡變更祖宗舊法 先者後之 上者下之 右者左之 成者毀之 棄者取之 矻矻焉窮日力 繼之以夜 而不得息. 使上自朝廷 下及田野 内起京師 外周四海 士・吏・兵・農・工・商・僧・道 無一人得襲故而守常者 紛紛擾擾 莫安其居 此豈老氏之志乎? 何介甫總角讀書 白頭秉政 乃盡棄其所學而從今世淺丈夫之謀乎!

나는 과거 그대와 더불어 교유하며, 그대가 뭇 서적들 가운데 읽지 않은 것이 없으며 그중에서도 특히 孟子와 老子의 말에 대해 좋아했다는 사실을 알고 있습니다. 현재 그대는 천자의 신임을 받아 중직을 담당하며 자신의 뜻을 펼치고 있습니다. 그러니 맹자와 노자가 옳다 한 것을 앞세우고 또 그들이 그르다 한 것은 물리쳐야 할 것입니다. 맹자는, '오직 仁과 義가 있을 뿐이다. 어찌 이익을 말할 필요가 있겠는가?'[27]라고 했습니다. 또 '백성들의 부모가 되어가지고, 백성들이 원한에 가득 찬 눈초리로 바라보게 하고 또 일 년 내내 힘들게 일해도 그들의 부모조차 봉양하지 못하게 하며, 나아가 고리대로 그 힘듦을 더하게 한다면 어찌 백성들의 부모라 할 수 있겠는가?'[28] 라고 했습니다. 그런데 지금 그대는 정치를 담당하면서 맨 먼저 制置條例司를 설립하여 財利의 업무를 크게 강구하고 있습니다. 또 薛向에게 명하여 江淮 일대에서 均輸法을 시행하여 장사치들의 이익을 모두 빼앗으려 하고 있습니다. 또한 使者를 두루 파견하여 천하에 青苗錢을 살포하고 그 이익을 거두어들임으로써 사람마다 근심과 고통에 빠지게 했습니다. 아비와 자식이 서로 보지 못하고 형제 및 처자와 떨어지게 하였으니, 이 어찌 맹자의 뜻과 같은 것이겠습니까? 한편 노자는, '천하는 신령스런 그릇과 같아서 作爲를 가할 수 없다. 作爲를 가하면 천하는 망가질 것이요, 잡으려 하면 천하는 잃게 될 것이다.'[29] 라고 했습니다. 또, '내가 無爲하면 백성들은 저절로 순화될 것이요, 내가 고요함을 좋아하면 백성은 저절로 바르게 될 것이다. 내가 일을 일으키지 않으면 백성은 저절로 부유해질 것이요, 내게 욕심이 없으면 백성들은 저절로 순박해질 것이다.'[30] 라고 했습니다. '大國을 다스리는 것은 작은 생선을 삶는 것

27) 『孟子』「梁惠王章句 上」에 나온다.
28) 『孟子』「滕文公章句 上」에 나온다.
29) 『道德經』「上篇」「無為 第29」에 나온다.
30) 『道德經』「下篇」「淳風 第57」에 나온다.

과 같다.'[31]고 말하기도 했습니다. 그런데 그대는 지금 정치를 담당하면서 전래의 舊法을 모두 변경시켜, 앞에 있는 것은 뒤로 돌리고 위에 있는 것을 아래로 돌렸으며 오른 편에 있던 것은 왼쪽으로 돌리고 이미 완성되어 있던 것을 망가뜨렸으며 버려져 있던 것을 거두어 시행하였습니다. 이렇게 소란스럽게 날마다 일을 벌여서 밤새도록 쉴 새 없이 이어지게 하였습니다. 위로는 조정으로부터 아래로는 시골의 논밭에 이르기까지, 그리고 안으로는 수도에서부터 시작되어 밖으로는 四海에 퍼질 때까지 계속되었습니다. 관료와 서리 · 병사 · 농민 · 수공업자 · 승려 · 도사의 어느 한 사람도 예전 방식대로 편안히 살 수 없고, 어지럽고 시끄러워 그 거처에 안주할 수 없게 되었습니다. 이 어찌 노자의 뜻과 같은 것이겠습니까? 그대는 어려서부터 독서하였는데 백발이 되어 정치를 담당하면서 어찌 그 배운 것을 모조리 버려두고 오늘날 비천한 무리들의 꼬임에 따르려 하는 것입니까?

古者國有大事 謀及卿士謀及庶人 成王戒君陳曰. '有廢有興 出入自爾師虞. 庶言同則繹.' 詩云. '先民有言 詢于芻蕘.' 孔子曰. '上酌民言 則下天上施 上不酌民言 則下不天上施.' 自古立功立事 未有專欲違衆而能有濟者也. 使詩 · 書 · 孔子之言皆不可信則已 若猶可信 則豈得盡棄而不顧哉? 今介甫獨信數人之言 而棄先聖之道 違天下人之心 將以致治 不亦難乎?

옛날 나라에 큰 일이 있으면 卿과 士大夫, 그리고 庶人에게까지 물어보았습니다. 周의 成王은 이와 관련하여 君陳을 깨우치며, '폐지할 것과 시작할 것에 대한 명령의 발포 여부를 보좌관에게 문의하되 그 의견이 일치하거든 행하라.'[32] 라고 했습니다. 『시경』에서는, '옛 사람 말에 나무꾼에

31) 『道德經』「下篇」 60章에 나온다.
32) 『書經』「周書」「君陳」에 나온다.

게도 물어보라 했네.'[33] 라고 했습니다. 또 공자는, '천자가 백성의 말을 들어주면 아랫사람은 윗사람이 베풀어주는 것을 하늘처럼 여기지만, 천자가 백성의 말을 듣지 않으면 아랫사람은 윗사람이 베풀어주는 것을 하늘처럼 여기지 않는다.'[34]고 했습니다. 자고로 공적을 세운 사람 가운데 남들의 말을 듣지 않은 채 자신 뜻대로만 해서 성공했던 이는 없습니다. 만일 『시경』이나 『서경』, 그리고 공자의 말이 모두 믿을 수 없는 것이라면 어쩔 수 없지만 만일 믿을 만한 것이라면 어찌 이 모두를 내팽개치고 돌아보지 않을 수 있겠습니까? 지금 그대는 오직 몇 사람의 말만 들을 뿐 옛 성현들의 道를 내팽개치고 또 천하의 인심을 거스르고 있습니다. 이러면서 治世를 이루려 하니 어찌 가능한 일이겠습니까?

近者 藩鎮大臣有言散青苗錢不便者 天子出其議以示執政 而介甫遽悻悻然不樂 引疾卧家. 光被旨為批答 見士民方不安如此 而介甫乃欲辭位而去 殆非明主所以拔擢委任之意 故直叙其事 以義責介甫 意欲介甫早出視事 更新令之不便於民者 以福天下. 其辭雖樸拙 然無一字不得其實者. 竊聞介甫不相識察 頗督過之 上書自辯 至使天子自為手詔以遜謝. 又使吕學士再三諭意 然後乃出視事. 出視事誠是也 然當速改前令之非者 以慰安士民 報天子之盛德. 今則不然 更加忿怒 行之愈急. 李正言言青苗錢不便 詰責使之分析. 吕司封傳語祥符知縣未散青苗錢 劾奏乞行取勘. 觀介甫之意 必欲力戰天下之人 與之一决勝負 不復顧義理之是非 生民之憂樂 國家之安危. 光竊為介甫不取也.

근래 지방의 대신 한 사람이 청묘전을 살포하는 것이 옳지 않다고 말하

33) 『詩經』「大雅」「生民之什」「板」에 나온다.
34) 『禮記』「坊記」에 나온다.

여[35] 天子가 그 주장을 執政에게 보여준 바 있습니다. 그러자 그대는 심히 기분 나빠하다가 병을 핑계로 집안에 칩거하며 조정에 나가지 않았습니다.[36] 이에 나는 천자의 명을 받고 그대에게 내리는 批答을 작성했습니다. 나는 당시 온 백성들이 이처럼 불안해 하는 것을 보고, 그대가 사직한 채 조정을 떠나려 하는 것은, 어진 천자가 그대를 발탁하여 정사를 맡긴 뜻에 부응하는 것이 아니라 여겼습니다. 그래서 批答에서 사정을 그대로 서술하며 義理로써 그대를 견책하였습니다.[37] 그대가 한시라도 빨리 조정에 나와 정무를 처리하며 新法 가운데 백성에게 불편한 점을 고치고 그리하여 천하에 복을 내리기를 바랐던 것입니다. 그 批答의 문장은 비록 거칠기는 하나 한 마디도 그릇된 것이 없었습니다. 하지만 그대는 그 뜻을 이해하지 못하고 매우 화를 냈다 들었습니다. 폐하께 상주문을 올려 강하게 반박하여, 심지어 천자가 친히 手詔를 내려 사과하기까지 했습니다. 또 學士인 呂惠卿을 수 차례나 보내 위무한 이후에야 그대는 비로소 조정에 나와 집무했던 것입니다.[38] 다시 나와 집무하는 것은 진실로 옳은 판단이었습니다. 하지만 또 마땅히 이전 명령의 잘못된 점도 신속히 바로잡아 사대부와 백성을 위로하고 천자의 높은 덕망에 보답해야 했습니다.

---

35) 神宗 熙寧 3년(1070) 2월 1일 河北安撫使兼判大名府로 있던 老臣 韓琦가 상주문을 올려 청묘법에 대해 신랄하게 비판한 것을 일컫는다.

36) 이때의 사정에 대해 『宋史』에서는, '安石以韓琦上疏 臥家求退'(권 336, 「司馬光傳」)라 전하고 있다.

37) 당시 사마광이 작성한 批答의 全文은, '省表具之. 朕以卿材高古人 名重當世 召自巖穴 寘諸廟朝 推心委誠 言聽計用 人莫能間 衆所共知. 今士夫沸騰 黎民騷動 乃欲委遠事任 退處便安 卿之私謀 固為無憾 朕所素望 將以委誰? 祗復官常 無用辭費 所乞宜不允 仍斷來章.'(『溫國文正公文集』권 16, 「賜參知政事王安石不允斷來章批答」)이라 되어 있었다.

38) 저간의 사정에 대해 『東都事略』에서는, '前宰相韓琦上疏 論青苗之害 乞罷諸路提舉官 依常平舊法行之. 奏至 安石稱疾求分司 神宗不許. 時翰林學士司馬光當批答 安石指言 光有士夫沸騰黎民騷動之語 神宗諭安石曰. 詔中二語 乃為文督迫之過 而朕失於詳閱 當令呂惠卿諭旨. 翌日 安石入謝.'(권 79, 「王安石傳」)라 기록하고 있다.

그런데 그렇지 아니하고 더욱 분노하였으며 신법의 시행을 더욱 급하게 재촉했습니다. 右正言 李常이 청묘법의 불편함을 지적하자, 그를 힐책한 후 그 말을 면밀히 조사하게 했습니다.[39] 또 司封 呂景이, 京畿路 祥符縣 知縣이 청묘법을 시행하지 않는 정황을 전하자, 탄핵하는 상주문을 올려 상세히 조사토록 했습니다.[40] 그대의 심리를 보건대, 천하의 모든 사람과 싸워 승부를 겨루려 하고 있을 뿐 의리의 옳고 그름이라든가 백성들의 생활, 그리고 국가의 안위에 대해서는 전혀 돌아보지 않고 있습니다. 나는 이러한 상황이 결코 그대를 위해 좋지 않다고 생각합니다.

光近蒙聖恩過聽 欲使之副貳樞府. 光竊惟居高位者 不可以無功. 受大恩者 不可以不報. 故輒敢申明去歲之論 進當今之急務 乞罷制置三司條例司及追還諸路提舉常平廣惠倉使者. 主上以介甫為心 未肯俯從. 光竊念主上親重介甫 中外群臣無能及者 動静取捨 唯介甫之為信. 介甫曰可罷 則天下之人咸被其澤. 曰不可罷 則天下之人咸被其害. 方今生民之憂樂 國家之安危 唯繫介甫之一言. 介甫何忍必遂己意而不恤乎? 夫人誰無過 君子之過如日月之食. 過也 人皆見之 更也 人皆仰之 何損於明? 介甫誠能進一言於主上 請罷條例司 追還常平使者 則國家太平之業皆復其舊 而介甫改過從善之美 愈光大於日前矣. 於介甫何所虧喪而固不移哉?

---

39) 이와 관련하여 『宋會要輯稿』에서는, '詔李常分析何處州縣吏善良避給納之費虛認貫百以輸二分之息以聞'(「食貨」 4, 「青苗」, 神宗 熙寧 3년 2월 23일)이라 기록하고 있다.

40) 이에 대해 『續資治通鑑長編紀事本末』에서는, '提點開封府界縣事呂景言. 府界人戶見倚閣貸糧二十餘萬石 今又散青苗錢十五萬貫 恐民力不能堪. 詔送條例司 召提舉官戒諭之.'(권 68 「神宗皇帝」「青苗法 上」)라 기록하고 있다.

근래 나는 과분한 聖恩을 입어 樞密副使에 지명된 적이 있습니다.[41] 생각건대 고위직에 있는 자는 공을 세워야만 하고 큰 은총을 입은 자는 반드시 갚아야만 할 것입니다. 그래서 감히 지난 해에 주장한 바 있는 것이자 현재의 급무라 생각되는 일, 즉 制置三司條例司를 폐지하고 각지방에 파견되어 있는 提擧常平廣惠倉使者를 소환할 것을 요청하였습니다. 폐하께서는 그대를 고려하여 그 요청을 받아들이시지 않았습니다. 내 가만히 생각해보건대 폐하께서 그대를 신임하며 두터이 대하는 것이 다른 群臣들하고는 감히 비교할 수 없는 바이며, 또 폐하께서는 오직 정책을 결정하심에 있어 오직 그대만을 믿고 있다 여겨집니다. 그러니 그대가 조례사의 폐지와 신법의 중단을 말하면 천하 사람들이 모두 그 은혜를 입을 것이요, 그것에 대해 반대한다면 천하 사람들이 모두 그 피해를 입을 것입니다. 현재 백성들의 생활과 국가의 안위가 모두 그대의 말 한 마디에 달려있는 셈입니다. 그대가 이런 것들을 돌아보지 아니하고 자신의 뜻만 이루려 해서야 되겠습니까? 대저 사람이 되어 어찌 잘못을 범하지 않겠습니까? 君子에게 잘못이 있는 것은 해와 달에게 일식, 월식이 있는 것과 마찬가지입니다. 허물은 사람들이 모두 바라보지만 그것을 고치게 되면 사람들이 모두 우러르게 되니 명철함을 유지하는 데 무슨 해가 되겠습니까? 그대가 진실로 천자께, '조례사를 폐지하고 常平使者를 소환해 주십시오.' 라는 말 한 마디를 진언하게 된다면, 국가 태평의 기틀은 모두 예전의 상태로 복귀할 것이고 그대가 잘못을 고쳐 바른 것을 따랐다는 미덕은 이전보다 훨씬 더 커질 것입니다. 대체 그대에게 그렇게 해서는 안 될 무슨 손해가 있겠습니까?

---

41) 神宗 熙寧 2년(1069) 2월 12일의 일이다. 사마광은 취임의 조건으로 神宗에게 制置三司條例司의 폐지를 요청하였으나 받아들여지지 않자 固辭하였다.

光今所言 正逆介甫之意 明知其不合也 然光與介甫趣嚮雖殊 大歸則同. 介甫方欲得位以行其道 澤天下之民. 光方欲辭位以行其志 救天下之民 此所謂和而不同者也. 故敢一陳其志 以自達於介甫 以終益友之義. 其捨之取之 則在介甫矣. 詩云. '周爰咨謀.' 介甫得光書 儻未賜棄擲 幸與忠信之士謀其可否 不可以示諂諛之人 必不肯以光言為然也. 彼諂諛之人 欲依附介甫 因緣改法以為進身之資 一旦罷局 譬如魚之失水 此所以挽引介甫 使不得由直道行者也. 介甫奈何徇此曹之所欲 而不思國家之大計哉? 孔子曰. '巧言令色 鮮矣仁.' 彼忠信之士 於介甫當路之時 或齟齬可憎 及失勢之後 必徐得其力. 諂諛之士 於介甫當路之時 誠有順適之快 一旦失勢 必有賣介甫以自售者矣. 介甫將何擇焉? 國武子好盡言以招人之過 卒不得其死. 光常自病似之 而不能改也. 雖然 於善人亦何憂之有? 用是故敢妄發而不疑也. 屬以辭避恩命 未得請 且病膝瘡 不可出 不獲親侍言於左右 而布陳以書 悚懼尤深. 介甫其受而聽之 與罪而絶之 或詬詈而辱之 與言於上而逐之 無不可者 光俟命而已.

不宣. 光惶恐再拜.

내가 지금 하는 말은 그대의 뜻에 거슬리는 것이고 따라서 그대 생각과 맞지 않을 것임을 잘 알고 있습니다. 하지만 나와 그대의 생각은 비록 다르지언정 큰 목표는 동일합니다. 그대가 지금 고위직에 올라 품은 뜻을 펼치려 하는 것은 천하 백성에게 혜택을 주고자 하는 것입니다. 내가 지금 樞密副使 직을 사양함으로써 뜻을 굽히지 않는 것도 천하의 백성을 구하고자 하기 때문입니다. 이것이야말로 바로 이른바, '화합을 이루지만 똑같지는 아니하다.' 라는 것입니다. 그래서 감히 내 뜻을 밝히어 그대에게 전함으로써 '도움이 되는 친구(益友)'의 도리를 다하고자 하는 것입니다. 내 뜻을 받아들이고 받아들이지 않고는 모두 그대 마음에 달려 있습니다.

『시경』에서는, '두루 물어 꾀한다.'[42] 고 했습니다. 그대가 내 편지를 받아 만일 아무 쓸모없다고 내던지지 않게 된다면, 충직하고 믿음직한 사람과 더불어 그 내용의 옳고 그름을 논의해 주기 바랍니다. 아첨하는 무리에게는 보이지 말기 바랍니다. 그들은 필시 내 말이 옳지 않다고 말할 것입니다. 아첨하는 무리들은 그대에게 들러붙어 신법의 시행을 출세의 도구로 삼고자 하고 있습니다. 그러니 하루 아침에 신법이 폐지되면 물을 떠난 물고기 신세가 됩니다. 그래서 그들은 그대를 꼬여서 올바른 길로 가지 못하게 하는 것입니다. 그대는 어찌 이러한 무리의 욕심을 따라갈 뿐 국가의 大計는 생각하지 않는 것입니까? 공자는, '巧言令色하는 사람으로 仁者가 드물다.'[43] 라고 했습니다. 충직하고 믿음직한 사람들은 그대가 권세를 잡고 일을 할 때에는 간혹 그 앞을 가로막아 싫어질 때도 있을 것입니다. 하지만 권좌에서 물러난 다음에는 그들이야말로 도움이 되어줄 것입니다. 아첨하는 무리들은 그대가 권세를 잡고 일을 할 때에는 진실로 뜻대로 따라서 기쁘게 해줄 것이지만, 어느 날 권좌에서 물러나게 되면 필시 자신을 위해 그대를 팔 것입니다. 그렇다면 그대는 어떠한 사람을 선택해야 되겠습니까? 춘추시대 齊 나라의 國武子는 거리낌 없는 간언을 좋아하다가 남들의 미움을 사서 제 명에 죽지 못했습니다. 나 역시 항상 그와 같은 단점을 지니고 있다고 생각하지만 그것을 고칠 수 없습니다. 하지만 그렇다 해서 선량한 다른 사람에게는 무슨 해가 되겠습니까? 이 때문에 그대에게 감히 이처럼 망발을 하면서도 아무런 의심을 갖지 않는 것입니다. 나는 추밀부사직을 고사하였지만 아직 폐하의 재가를 받지 못했습니다.[44] 또 다리에 종기가 나서 외출도 하지 못합니다. 그래서 그

---

42) 『詩經』「小雅」「鹿鳴之什」「皇皇者華」에 나온다.

43) 『논어』권 15,「陽貨」에 나온다.

44) 司馬光에 대한 樞密副使 除授는, 사마광이 무려 6차례나 상주하여 固辭하자 임명 18일만인 熙寧 3년 2월 30일 마침내 철회된다.

대를 찾아가 직접 말하지 못하고 서신에 내 마음을 적는 것입니다. 미안하기 그지없습니다. 내 말하는 바를 받아들일지 아니면 화를 내며 내던져 버릴지, 혹은 저주를 하며 욕을 할지 아니면 폐하께 아뢰어 파면시켜 버릴지, 모두 그대 뜻에 달려 있습니다. 나는 그 뜻대로 받아들이겠습니다.

이만 줄이겠습니다. 조심스럽게 다시 인사드립니다.

2) 왕안석의 답장(王安石,〈答司馬諫議書〉,『臨川先生文集』권 73)

某啓. 昨日蒙教 竊以為 與君實游處相好之日久 而議事每不合 所操之術多異故也. 雖欲強聒 終必不蒙見察 故略上報 不復一一自辨. 重念蒙君實視遇厚 於反覆不宜鹵莽 故今具道所以 冀君實或見恕也.

蓋儒者所争 尤在於名實 名實已明 而天下之理得矣. 今君實所以見教者以為侵官・生事・征利・拒諫 以致天下怨謗也. 某則以謂 受命於人主 議法度而脩之於朝廷 以授之於有司 不為侵官. 舉先王之政 以興利除弊 不為生事. 為天下理財 不為征利. 闢邪説 難壬人 不為拒諫. 至於怨誹之多 則固前知其如此也. 人習於苟且非一日 士大夫多以不恤國事 同俗自媚於衆為善 上乃欲變此 而某不量敵之衆寡 欲出力助上以抗之 則衆何為而不洶洶然? 然盤庚之遷 胥怨者民也 非特朝廷士大夫而已. 盤庚不為怨者故改其度. 度義而後動 是而不見可悔故也. 如君實責我以在位久 未能助上大有為以膏澤斯民 則某知罪矣. 如曰今日當一切不事事 守前所為而已 則非某之所敢知.

無由會晤 不任區區向往之至.

王安石이 답합니다. 지난 번 가르침을 받았습니다. 삼가 생각건대 과거

오랫 동안 君實(司馬光)과 더불어 교유하며 서로 좋아했었습니다. 그런데 議論이 늘 합치되지 않는 것은 서로 간 생각이 많이 다르기 때문입니다. 마음 같아서는 강하게 의견을 피력하고 싶지만 끝내 받아들여지지 않을 터인 고로, 간략히 답변을 하고 새삼 일일이 辨駁하지는 않겠습니다. 君實이 내게 厚待했던 것을 생각하면 서신의 왕래에 마땅히 소홀해서는 안 될 것입니다. 그래서 지금 이유를 갖추어 말하여 君實이 혹시라도 이해해 주기를 바랍니다.

대저 儒者가 다투는 바는 名實에 있습니다. 名實이 밝혀진다면 천하의 이치는 분명해 질 것입니다. 지금 君實이 지적한 요체는, 생각건대 다른 官署의 영역을 침범하고(侵官) 부질없이 일을 만들며(生事) 利를 추구하고(征利) 諫함을 막았으며(拒諫), 이로써 천하의 怨謗을 부른 것입니다. 하지만 나는 생각이 다릅니다. 황제로부터 命을 받아 法度를 의논하고 朝廷에서 가다듬은 다음에 有司에게 주었으니 侵官이 아닙니다. 先王의 정치를 모범으로 삼아 利를 일으키고 폐단을 제거했으니 生事가 아닙니다. 천하를 위해 理財하였으니 征利가 아닙니다. 邪說을 멀리하고 아첨하는 신하(壬人)를 물리쳤으니 拒諫이 아닙니다. 또 원망과 비방이 많다는 사실은 실로 이전부터 그러할 것임을 알았습니다. 사람들이 因習에 길들여진 것이 하루 이틀이 아니어서, 士大夫들은 대부분 國事를 돌보지 않고 대중에게 영합하며 아첨하는 것으로 좋은 것이라 여깁니다. 이에 폐하가 이를 변화시키려 하여, 나는 敵의 많고 적음을 헤아리지 않고 모든 힘을 내어 폐하를 도움으로써 이에 맞서려 했습니다. 그런즉 여론이 어찌하여 아니 흉흉하겠습니까? 그런데 盤庚이 수도를 옮길 때[45]는 백성들조차 원망하였습니다. 다만 조정의 사대부 뿐만이 아니었습니다. 그럼에도 盤庚은 원망하는 자로 인해서 그 생각을 바꾸지 않았습니다. 돌아보아 옳다 판단한

45) 商의 19대 왕으로 殷(현재의 河南省 安陽市)으로 천도하였다. 卜辭에는 般庚이라 쓰여져 있다.

후에 행동에 옮겼으며, 그리하여 훗날 후회하지 않게 되었던 것입니다. 만일 君實이 나를 책망하기를, '宰執의 자리에 있은 지 오래[46]임에도 불구하고 능히 폐하를 도와 큰 실적을 올리지 못하여 백성들에게 혜택을 주지 못했다.'고 한다면, 나는 그 죄를 알겠습니다. 하지만 가로되, '오늘날 추진하는 일체의 정책을 접고 예전에 했던 대로 돌아가라.'고 한다면, 나는 그 말을 듣지 못하겠습니다.

근간 서로 만날 기회가 없었습니다만, 내 마음 속으로 그대를 지극히 흠모하여 마지않습니다.

3) 司馬光의 두 번 째 편지

(〈與王介甫第二書〉, 『溫國文正公文集』 권 60, 神宗 熙寧 3년〈1070년〉 3월 3일)

光惶恐再. 光以荷眷之久 誠不忍視天下之議論恟恟 是敢獻盡言於左右. 意謂縱未棄絶 其取詬辱必矣. 不謂介甫乃賜之誨筆 存慰温厚. 雖未肯信用其言 亦不辱而絶之 足見君子寛大之德 過人遠甚也.

光雖未盡曉孟子 至於義利之説 殊為明白. 介甫或更有他解 亦恐似用心太過也. 傳曰. '作法於凉 其弊猶貪 作法於貪 弊將若何?' 今四方豐稔 縣官復散錢與之 安有父子不相見兄弟離散之事? 光所言者 乃在數年之後. 常平法既壞 内藏庫又空 百姓家家於常賦之外 更增息錢役錢. 又言利者見前人以聚斂得好官 後來者必競生新意 以朘民之膏澤 日甚一日. 民産既竭 小値水旱 則光所言者 介甫且親見之 知其不為過論也. 當是之時 願毋罪歲而已.

46) 王安石은 神宗 熙寧 2년(1069) 2월 副宰相인 參知政事가 되었다가 이듬해인 熙寧 3년 12월 宰相(同平章事)의 자리에 오른다. 이 서신이 쓰여진 것은 대략 熙寧 3년 2월말부터 3월초, 그러니까 사마광의 첫 번째 편지를 받고 그에 대한 답신으로 작성한 것이었다.

感發而言 重有喋喋 負罪益深. 不宣. 光惶恐再拜介甫參政諫議.

삼가 인사드립니다. 오랫동안 그대로부터 은혜를 받아온지라 천하의 議論이 흉흉한 것을 보고 차마 가만 있지 못하여, 지난 번에 감히 그대에게 서신을 보낸 바 있습니다. 나는 내심 그 일로 인해 그대가 설령 나와 절교하지는 않을지라도 필시 내게 심하게 책망할 거라 생각했습니다. 그대가 답장을 보내 내 마음을 따뜻하게 달래줄 거라고는 생각지 못했습니다. 그대가 내 말을 받아들여준 것은 아니지만 책망하고 내팽개치지 않았으니, 이야말로 그대가 지닌 君子다운 관대한 덕망이 남보다 훨씬 깊음을 보이는 것이라 하겠습니다.

내가 비록 『맹자』에 대해 깊이 알지는 못하지만 의리에 대해서는 잘 이해하고 있습니다. 그대에게 무언가 문제가 있다면 그것은 아마도 마음이 너무 조급하기 때문이라고 생각합니다. 『춘추좌씨전』에서 말하기를, '법을 가볍게 정하더라도 그 폐해는 貪虐으로 가기 마련이거늘 貪虐의 법을 정한다면 그 폐해가 장차 어찌 되겠는가?'[47] 라고 했습니다. 지금 사방은 풍년이 들었고 또 관원들은 靑苗錢을 풀어 나눠주고 있습니다. 그러니 어찌 父子가 서로를 보지 못하고 형제가 흩어질 일이 있겠습니까? 내가 말하는 것은 몇 년 후의 일입니다. 그때에 가서 常平倉法[48]이 없어지고 內藏庫도 비게 된 데[49]다가, 백성들은 집집마다 통상적인 세금 이외에 청묘전

47) 『春秋左氏傳』 昭公 4년조에 나온다.

48) 양식 가격을 均平히 하기 위해 설치된 제도. 매해 수확기 곡식 가격이 저렴할 때 가격을 높여 매입하였다가 춘궁기 곡가가 앙등하면 저가로 방매하는 기능을 수행했다. 재해가 닥쳤을 경우에는 구제에 임하기도 했다. 대략 眞宗 시기부터 시행되었으나 仁宗 연간 이후에는 그 錢穀이 빈번하게 軍費로 전용되었다. 왕안석 신법이 시행되면서 靑苗法으로 흡수되어 폐지되었다가, 남송 건립 직후 부활되었으나 남송시대를 통해 유명무실한 상태가 지속되었다.

49) 太宗 太平興國 3년(978) 설치된 官倉. 재정 잉여를 비축하였다가 궁정비용 · 郊祀 · 軍費 · 賑恤 등의 비상시에 사용토록 하였다.

의 이자와 면역전을 내야 할 것입니다. 나아가 이익을 탐하는 자들은 전임자들이 많이 거두어들임으로써 고관으로 승진했던 사실을 보고 다투어 새로운 조치를 취하려 들 것입니다. 그럼으로 말미암아 백성들의 피땀을 쥐어짜는 일이 매일 더 심해질 것입니다. 백성들의 살림이 바닥나게 되면 조금만 홍수나 가뭄이 닥쳐도 내가 말한 우려가 현실이 되어 그대가 직접 눈으로 보는 날이 올 거라 생각합니다. 그러니 내가 하는 말이 결코 지나친 것이 아닙니다. 그런 날이 닥치면 흉년을 탓해야 아무 쓸모없을 것입니다.

감정이 복받쳐 말하다보니 말이 많아져서 더욱 죄가 커졌습니다. 이만 줄이겠습니다. 재삼 조심스럽게 왕안석 參知政事께 인사드립니다.

4) 司馬光의 세 번째 편지

(〈與王介甫第三書〉, 『溫國文正公文集』 권 60)

光皇恐再拜. 重辱示諭 益知不見棄外 收而教之 不勝感悚感悚!

夫議法度以授有司 此誠執政事也. 然當舉其大而略其細 存其善而革其弊 不當無大無小 盡變舊法以為新奇也. 且人存則政舉 介甫誠能擇良有司而任之 弊法自去. 苟有司非其人 雖曰授以善法 終無益也. 介甫所謂先王之政者 豈非泉府賒貸之事乎? 竊觀其意 似與今日散青苗錢之意異也. 且先王之善政多矣 顧以此獨為先務乎? 今之散青苗錢者 無問民之貧富 願與不願 強抑與之 歲收其什四之息. 謂之不征利 光不信也. 至於闢邪說難壬人 果能如是 乃國家生民之福也. 但恐介甫之座 日相與變法而講利者 邪說壬人為不少矣. 彼頌德贊功希意 迎合者皆是也. 介甫偶未之察耳. 盤庚曰. '今我民用蕩析離居.' 又曰. '予豈汝威 用奉畜汝衆.' 又曰. '無或敢伏小人之攸箴.' 又曰. '非廢厥謀 弔由靈.' 蓋盤庚遇水災而遷都 臣民有從者 有違者

盤庚不忍脅以威刑 故勤勞曉解. 其卒也皆化而從之 非謂廢棄天下人之言而獨行己志也. 光豈勸介甫不恤國事 而同俗自媚哉? 盖謂天下異同之議 亦當少垂意采察而已.

幸恕其狂愚 不宣. 光皇恐再拜.

삼가 인사드립니다. 거듭 가르침을 받았습니다. 그대가 나를 내치지 않고 거두어 가르쳐 주는 것을 보고 감격스럽고 송구스러움을 이기지 못하겠습니다.

대저 법도를 결정한 다음 담당관에게 내려 시행하는 것은 진실로 집정의 권한입니다. 하지만 그러할 때 마땅히 대의에 합당토록 하고 잘못된 것은 고쳐야 하며, 좋은 것은 남기고 폐단은 없애야 할 것입니다. 큰 것 작은 것 가리지 않고 옛 법도를 모두 신기한 정책으로 바꾸어서는 안 될 것입니다. 하물며 제대로 된 사람 아래서 정치도 잘 돌아가는 것입니다. 그대가 진실로 좋은 관원을 택하여 행정을 맡긴다면 모든 폐단은 저절로 사라질 것입니다. 만일 그렇지 않고 관원이 좋지 못한 사람이라면, 설령 좋은 법을 내려준다 해도 아무 보탬이 없을 것입니다. 그대가 말하는 이른바 선왕의 법이라는 것은 泉府賖貸의 법[50]이 아니겠습니까? 삼가 그 뜻을 살피건대 지금의 청묘법과는 그 취지가 다른 것 같습니다. 또 선왕의 좋은 정치는 많습니다. 오직 이것만 급선무로 다뤄야 할 이유가 뭐 있겠습니까? 현재의 청묘법은 백성이 부자이건 가난하건 가리지 않으며 또 원하

50) 『周禮』「地官」에 기록된 규정. 泉府는 司徒의 屬官으로서 국가의 稅收를 관장하고 또 시장에서 적체된 물자를 매입하는 임무 등을 수행했다. 나아가 구제의 일환으로서 '賖貸'라 하여 민간에 물자를 저가로 융자하는 활동도 병행하였다. 이에 대해 『主禮』에서는, "泉府 掌以市之征布 斂市之不售貨之滯於民用者 以其賈買之 物楬而書之 以待不時而買者 買者各從其抵. 都鄙從其主 國人郊人從其有司 然後予之. 凡賖者 祭祀無過旬日 喪紀無過三月. 凡民之貸者 與其有司辨而授之 以國服為之息. 凡國事之財用取具焉 歲終則會其出入而納其餘."라 기록하고 있다.

고 원하지 않고를 불문하고 강제로 꾸어주었다가 매해 4할의 이자[51]를 거두고 있습니다. 이를 두고 이익을 탐하는 것이 아니라 하는 것을 나는 믿지 못하겠습니다. 또 그대는 邪說을 멀리하고 아첨하는 신하(壬人)를 물리쳤다고 말했는데, 과연 그러했다면 국가와 만백성에게 복일 것입니다. 하지만 그대 곁의 인물들을 보건대, 함께 제도개혁을 논하고 재정 확충을 협의하는 자들 가운데 邪說과 아첨하는 신하가 적지 않다 생각됩니다. 공덕을 칭송하며 그대의 뜻에 영합하려는 자들이 모두 그러한 사람인데 그대만 깨닫지 못하고 있는 것입니다. 『서경』의 「반경」에서는, '지금 우리 백성은 유동하고 나뉘어 흩어져 있다.'[52]고 했으며, '내 어찌 너희를 벌하겠는가? 다만 너희를 돕고 기르려 할 뿐이다.'[53]고 했습니다. 또 '행여 백성들의 간언을 내리눌러서는 안 된다.'[54]고 했으며, '선왕들의 조치를 저버리지 않고 잘 받들 것이다.'[55]라고 했습니다. 무릇 盤庚은 물난리를 만나 천도하면서 신하와 백성들 가운데 따르는 자도 있고 또 따르지 않는 자도 있자, 권위와 형벌로써 억지로 강제하지 않았습니다. 직접 고초를 겪은 다음에야 깨닫게 했습니다. 그리하여 모두 감복하여 따랐던 것입니다. 천하 사람들의 말을 모두 버리고 자신의 뜻만 관철시킨 것이 아니었습니다. 나는 그대로 하여금 국사를 돌보지 말라 하는 것이 아닙니다. 세상과 적당히 타협해 가라고 권하는 것도 아닙니다. 다만 천하에 여러 논의가 있으니 그것들에 대해 조금 고개 돌려 살펴보라고 하는 것일 따름입니다.

내 당돌하고 어리석은 말을 용서해 주기 바랍니다. 이만 줄이겠습니다. 삼가 거듭 인사드립니다.

---

51) 靑苗法에서는 춘궁기 錢穀을 대여하고 수확한 후 원금에다가 2할의 利息을 부가하여 상환토록 하고 있다. 따라서 연리로 계산하면 4할이 되는 셈이다.

52) 『書經』「商書」「盤庚 下」에 나온다.

53) 『書經』「商書」「盤庚 中」에 나온다.

54) 『書經』「商書」「盤庚 上」에 나온다.

55) 『書經』「商書」「盤庚 下」에 나온다.

9. 육구연의 형국왕문공사당기

陸九淵의 荊國王文公祠堂記

해제

중국 전통시대의 지식인들은 왕안석 및 그가 주도한 신법에 대해 거의 대부분 비판적인 자세를 견지하였다. 이러한 부정적 인식은 이미 왕안석이 신법을 실행할 때부터 자리잡기 시작하여 남송시대가 되면 대세로 자리를 굳히게 된다. 이후 원대와 명, 청으로 이어지면서도 그러한 부정적 평가의 대세는 흔들림이 없었다. 오히려 후대가 될수록 악평은 점점 도를 더하여 가서, 신법은 물론이려니와 그의 인격과 학문까지 송두리째 부정하게 되었다.

이러한 정황에 비추어 남송의 대유 陸九淵(1139~1193)의 왕안석에 대한 평가는 매우 이례적인 면모를 보인다. 그는 중국의 전근대 시기를 통해 그 유례를 찾기 힘들 정도로 왕안석에 대해 자못 긍정적인 평가를 내리고 있기 때문이다.

통상 남송시대를 통해 왕안석 新學의 정신을 계승한 것은 事功派 계열이었다고 말한다. 반면 그에 비해 내성적인 경향이 강한 道學은 그 학문의 성격이란 면에서 신학과는 커다란 거리가 있는 것이라고 평가한다. 육구연의 心學은 주자학 계열로부터 '狂禪'이라 칭해질 정도로 내면화가 심화된 학문이고, 『周禮』의 국가중심적 시각을 보이는 新學과는 본질적으로 相容되기 힘들 것으로 여겨진다. 이러한 차이에도 불구하고 육구연이 왕안석에 대해 호의적 평가를 내리고 있는 것은 무엇 때문일까?

육구연의 왕안석 평가가 결집되어 있는 논설은 그가 孝宗 淳熙 15년(1188)에 작성한 「荊國王文公祠堂記」이다. 이 문장은 약 2,000자에 달하는 장문이다. 여기에는 육구연 자신이 사당기를 작성하게 된 경위를 비롯하여, 왕안석 개인에 대한 평가와 신법 당시의 정계에 대한 논평, 그리고 신법의 실패 요인에 대한 평가 등이 비교적 소상히 기술되어 있다.

현존하는 왕안석 관련 전기자료는 극히 희귀하다. 왕안석에 대한 언급이 정치적으로 대단히 민감한 사안이 되었기 때문이다. 남송초 이래 왕안석에 대한 부정적 평가가 확정된 이후에는 왕안석에 대해 호의적으로 논평하는 기술도 자취를 감추었다. 이러한 정황에 비추어 육구연의 「荊國王文公祠堂記」는 여러 가지 의미에서 주목할 만한 문장이라 할 것이다.

陸九淵은 江西의 撫州 金溪縣 출신이다. 잘 알려져 있듯 왕안석 역시 강서 무주 臨川縣 출신이다. 육구연이 왕안석의 祠堂記를 짓고 더욱이 이례적이라 할 만큼 호의적인 평가를 내리고 있는 것도 이러한 동향이라는 유대를 빼놓고는 이해할 수 없다.

왕안석의 고향 임천현은 금계현과 바로 잇닿아 있었다. 금계현은 撫州의 州治인 임천현으로부터 동남방으로 약 60여 킬로쯤 떨어져 있었을 뿐만 아니라, 왕안석에게는 매우 특별한 인연이 있는 고장이었다. 다름 아니라 왕안석의 모친과 부인이 모두 이곳 금계현 출신이었다. 그래서 왕안석은 임천현보다 금계현에 대해 더 많은 애착을 지녔다. 때로 그의 詩文에서는 금계현을 두고 고향이라 지칭하기도 한다.

무주 임천현에서는 북송 말기인 휘종 宣和 연간에 향촌의 유력자의 주도로 왕안석 사당이 건립되었다. 이후 소흥 연간의 초엽에 보수가 가해졌으나, 그것을 마지막으로 아무도 돌보는 사람이 없게 되었다. 그로부터 다시 40여년이 지난 孝宗 淳熙 연간이 되자 祠宇가 퇴락하여 주민들이 애석히 여길 정도가 되었다고 한다. 이러한 정황에 대해 육구연은, '지금 怪力의 사당은 흥성하지만 한 시대의 영웅이었던 왕안석의 사당은 다 무너질 정도가 되었으니 세상 인심이 기막히구나!'라고 탄식하고 있다.

왕안석의 사당에 대한 재건이 추진된 것은 효종 淳熙 15년(1188)의 일이었다. 당시 무주의 知州로 재임중이던 錢象祖[1]가 州學의 보수공사를 마친 후 왕안석 사당에 대해서도 대대적인 확장과 재건 작업에 나섰던 것이다. 이후 왕안석 사당의 관리는 州學의 學官에게 맡겨졌다. 육구연이 「荊國王文公祠堂記」를 작성하게 되는 것도 바로 이때의 일이다.

육구연은 「荊國王文公祠堂記」의 작성에 상당한 공력을 쏟았던 것으로 보인다. 여기서 그는 왕안석이란 인물이 어떠한 중요성을 지니고 있는지, 그리고 그의 학문이 어떠한 성격을 지니고 있는가에 대해 상세히 기술하고 있다. 신법의 정신이라든가 왕안석 반대파인 구법당 인물들의 면모에 대해서도 상당히 심도 있게 논평하고 있다. 신종의 성향 및 신법이 실패로 귀결되기에 이르는 구조에 대해서도 언급한다. 요컨대 그는 왕안석의 시대와 그의 정책에 대해 종합적인 평가를 내리려 시도했던 것이다.

육구연에 의하면 왕안석은 유학의 정통성을 바로잡는 데 지대한 공헌을 한 인물이었다. 漢代 이래 佛老의 무리가 횡행하여 유교의 전통이 끊어질 듯 말 듯 희미하게 이어지던 시대, 왕안석이 등장함으로써 장대한 유교의 전통이 바로 세워질 수 있었다는 것이다. 육구연이 왕안석의 사당기를 짓고자 하는 취지도, 바로 이렇듯 찬란한 그의 업적을 현창함으로서 그 명성이 두루 퍼지기를 기대하는 것이었다고 한다.

육구연은 이 「荊國王文公祠堂記」에 대해 상당한 자부심을 갖고 있었다. 현존하는 그의 문집 속에는 이 문장에 대해 언급하는 부분이 몇 군데나 남아 있다. 그는 「荊國王文公祠堂記」에 담겨져 있는 자신의 왕안석 평가가 극히 공정하고 타당한 것이라고 서슴없이 단언한다. '백여 년 동안 결착이 나지 않았던

---

1) 李之亮, 『宋兩江郡守易替考』(成都, 巴蜀書社, 2001), p.493 참조.

논란에 대해 명쾌하게 종지부를 찍었다. 나의 결론은 성인인 공자가 다시 나타난다 해도 뒤바뀌지 않을 것이다.'[2]라고 말하고 있다. 그렇다면 지금까지 왕안석 평가가 제대로 이루어지지 않았던 요인은 무엇일까? 이에 대해 육구연은 다분히 도학적인 논단을 내린다. 대부분의 사람들이 학문적 성찰 없이 망령된 의론을 일삼았으며, 나아가 같은 길을 걷는 학인들조차 세심하게 통찰하지 않았다는 것이다.

육구연은 동향 출신의 선배 학자이자 정치가였던 왕안석의 인품에 대해 최상의 찬사를 보낸다. '왕안석이 지녔던 潔白의 節操는 氷霜보다도 냉엄하였다.'고 말한다. 이러한 품성을 지니고 있었기에, '流俗에 휩쓸리지 않았으며 聲色과 利達의 습속이 털끝 만큼도 그 마음을 흔들 수 없었다.'는 것이다. 심지어 육구연은 왕안석을 두고, '蓋世의 영웅'이자 '山川의 英靈에 비길 정도로 絶俗의 節操를 지녔던 인물'이라 평하기도 한다. 이러한 평가는 祠堂記 중에서 그 대상 인물에 대해 기술한 내용이라는 점을 감안하더라도 극히 이례적인 것이라 하지 않을 수 없을 것이다. 육구연에게 왕안석은 거의 이상적인 인품의 소유자로 인식되고 있었다.

왕안석의 학문에 대한 육구연의 평가 역시 대단히 호의적이다. 「荊國王文公祠堂記」의 첫머리는 공자와 맹자 이래 道가 행해지지 아니하고 이단이 횡행하는 상황에 대한 개탄으로부터 시작된다. 道의 披靡는 東周의 후기부터 시작되어 漢唐에까지 지속되었다. 그러다가 宋에 이르러 斯道가 부흥하는 위업이 이루어졌고, 그 斯道의 부흥에 있어 왕안석이 지대한 역할을 하였다고 말하고 있다.

육구연의 판단에 따르면 송 신종과 왕안석의 첫대면은 그러한 斯道의 부흥에 중대한 계기가 되었다. 양인의 대화에서 유학의 道에 입각한 정치의 대강이 확립되었다는 것이다. 이때 신종은, 왕안석이 말하는 治道에 따른 政事의 추

---

2) 『陸九淵集』 권 1, 「與胡季隨 2」, p.7 및 권 9, 「與林叔虎」, p.126.

진 및 功業의 수립을 약속하였다. 그러면서 군신이 힘을 다하여 생민의 보전에 노력할 것을 다짐하고 있다. 이러한 신종의 자세와 의지를 두고 육구연은, '진한이래 南面의 군주로서 이렇듯 斯義의 정치에 대해 명확한 인식을 지닌 인물이 있었던가?'라고 묻고 있다.이때 신종의 下問에 대해 왕안석은, '君臣 간의 만남은 그 도리를 다해 君道와 臣道를 실천하는 것일 따름이며 사사로운 情意가 개입해서는 안 된다.'고 말한 바 있다. 이러한 왕안석의 자세에 대해 육구연은, '진한이래로 집정한 재상 가운데 또한 이렇듯 斯義에 대해 명확히 자각한 인물이 있었던가?'라고 반문한다. 송대 文運의 興隆과 斯文의 부흥은 神宗 및 왕안석의 정치에 의해 자극된 바가 크다는 것이다.

왕안석의 학문이 과연 유학의 본령을 적절히 계승한 것이었는가 하는 사실을 두고는 이미 송대부터 많은 논란이 있었다. 일부의 논자들은, 왕안석이 管子나 商鞅의 政術을 가지고 유교를 가장하였다고 말하기도 했다.[3] 하지만 주목되는 점은 그러한 논란이 왕안석에 대한 최대의 반대자였던 사마광에 의해서는 제기되지 않았다는 사실이다. 정주학의 집대성자인 주희에게도 왕안석이 지닌 정치적 지향 자체는 부정의 대상이 아니었다. 주희는 왕안석의 신법 가운데 적지 않은 조항에 대해 그 적극적인 의미와 긍정적 가치를 인정한다. 다만 실행의 구체적인 방향 및 세부적 조치에 문제가 있었다고 한다.

육구연 역시 왕안석이 정통 유학을 계승한 인물이라는 사실에 대해서는 추호도 의심을 보이지 않는다. 왕안석이 일관되게 주장했던 이른바 '先王의 법도' 역시 요순 및 공자 · 맹자의 道術에 입각한 것이라는 사실을 인정한다. 뿐만 아니라 왕안석의 집권과 政事를 통해 유학의 道가 진흥되어 邪術의 횡행을 제어할 수 있었다고 평가한다.

왕안석이 이렇듯 유학의 道에서 벗어나지 않는 정치적 자세를 견지했음에도 불구하고 구법당 인사들이 모두 일어나 반대했던 것은 무엇 때문일까? 육구연

---

3) 北宋末 楊時가 蔡京을 비판하며, '謹按安石挾管 · 商之術, 飾六禮以文姦言'이라고 말하고 있는 것(『宋史』 권 428, 「楊時傳」)이 그러한 대표적 사례이다.

은 당시 왕안석에 반대했던 구법당측 인사들을 '군자'라 지칭하고 있다. 구법당 역시 도덕적인 흠결이나 사상적 학문적 측면에서의 문제는 없는 집단이었다고 말하는 것이다. 왕안석과 구법당에 대해 공히 기본적으로는 긍정적 평가를 내리고 있다면, 양자 사이의 심각한 갈등과 대립은 어떻게 설명하고 있을까?

왕안석과 구법당의 대립은 양측 모두에게 그 책임이 있는 것이었다. 왕안석의 정치에도 그 나름대로 상당한 문제가 있었다. 이러한 문제가 신법의 실패를 낳게 되는 요인이 되었다. 그것은 일단 논외로 치더라도, 구법당측의 자세 역시 심각한 문제점을 안고 있었다. 구법당 인사들은 왕안석의 정사가 지니고 있는 문제점을 비판하고 그것을 보완하려는 자세를 지니지 않았다. 문제의 본질에 대해서는 눈을 가리고 지엽 말단의 요소에 대해서만 시비를 제기했을 뿐이라는 것이다. 이러한 자세는 당시 세간에 상존하던 佛老의 유풍 때문이었다. 斯道에 의거하여 천하 政事의 본의를 탐색하지 못하였다. 잘못의 본질을 짚어 그 광정을 시도하지 못한 채 주저하며 세세한 潤飾만을 추구하였다. 그리하여 만사가 큰 재앙 없이 지나치기를 기대할 뿐이었다. 왕안석이 이렇게 무사안일의 자세를 지닌 구법당 인사들에 대해 '流俗'이라 비판했던 것도 지나친 평가는 아니었다.[4]

희녕 연간의 왕안석에 대한 반대파들은 왕안석에게 신랄한 비판을 가하였지만 그것은 모두 감정적 비난에 지나지 않았다. 도리에 입각한 분석이 아니었다. 거의 대부분 평정을 잃고 있었다. 바로 그렇기 때문에 위로는 신종의 신뢰를 받을 수 없었고, 또 아래로는 왕안석의 잘못을 보완하기는커녕 오히려 그 의지만 굳게 만들었다. 그렇기 때문에 신법의 죄악으로부터 구법당 인사들도 자유로울 수 없다고 말한다.

왕안석과 신종 사이의 신뢰는 절대적인 것이었다. 육구연은 이러한 관계를 왕안석이 재상으로 승진한 직후에 있었던 사건을 예로 들어 설명한다. 희녕 3년(1070) 2월 왕안석 및 신법에 대해 비판하는 상주문이 쇄도하자 신종의 마음

4) 『陸九淵集』권 9, 「與錢伯同」, p.121.

이 조금 흔들렸다. 이를 보고 왕안석은 파직과 낙향을 요청하였고, 신종은 놀라서 자신의 잘못을 뉘우치자 왕안석이 다시 정사를 보기 시작하였다. 이러한 정황을 두고 육구연은, '왕안석의 신임은 가히 파격적이었다.'고 말하고 있다.

왕안석은 이러한 신임을 바탕으로 평소 꿈꾸던 유학 전통의 부활을 위해 진력하였다. 그가 지향했던 이상적인 제도는 『주례』에 구비되어 있었다. 『주례』의 제도를 재현시킴으로써 요순의 정치를 부활하고자 한 것이다.

그렇다면 그의 선의가 구법당의 '군자'들에 의해 받아들여지지 못하고 또 신법이 실패로 귀결되기에 이른 요인은 무엇일까? 이에 대해 육구연은 명쾌하게 한 구절로 요약한다. '그의 정치가 유학의 근본에 접근하여 그것을 구현하지 못하고 지엽 말단에만 매달렸기 때문이다.'[5]라는 것이다. 유학 및 『주례』의 이상을 표방하였으되 그 정신을 제대로 구현하지 못하였다는 지적이다.

왕안석의 이러한 잘못은 이미 「萬言書」에도 그대로 드러나 있었다. 그는 「만언서」에서 당시 정치의 문제점을 지적하며, 세부적인 문제에 대해서는 치밀한 분석을 가하고 있으나 정치의 綱領 내지 원칙과 관련하여서는 간단히 언급하며 지나치고 있다고 말한다. 왕안석이 제시한 정치의 강령은, 그 첫머리에 등장하는 유명한 귀절, 즉 '현재의 法度는 先王의 법도에 부합되지 못하고 있다.'는 내용이 고작이었다. 그 선왕의 법도에 대해 더 이상의 논의와 고찰을 진행시키지 못했던 것, 바로 여기에 왕안석이 지닌 문제점이 함축되어 있었다.

왕안석이 지닌 정치적 지향 자체에는 아무런 하자가 없었다. 유학적 斯義를 구현하려는 지향은 높이 평가해야만 한다. 하지만 애석하게도 그의 政術은 이러한 의지를 실현시킬 수 없는 것이었다.

그렇다면 왕안석의 정치, 즉 신법을 두고 지엽말단에만 매달려 대의를 그르쳤다고 말하는 바, 그 구체적 정황은 어떠한 것이었을까? 육구연은 왕안석의 정치가 어떠한 문제점을 지니고 있었는가 하는 점과 관련하여 단적인 사례를 하나 들고 있다. 왕안석이 발탁된 직후, 신종은 知諫院이 올린 상주문을 내보

---

5) 위와 같음.

이며 왕안석의 의견을 물었다. 지간원에서 올린 상주문 가운데, 왕안석의 개혁이 지나치게 복잡하니 '簡易'하게 조정해야 한다는 내용이 있었다. 이에 대해 왕안석은, '아직 간이를 말할 단계가 아니다.'고 말했다. 육구연은 이때 왕안석의 발언 가운데 그가 취한 정책의 폐단이 압축되어 있다고 지적한다. 즉 왕안석은 법도의 수립을 말하지만, 법도는 '간이'를 위한 것인데 그의 정치는 법도의 과다함에 매몰되었다는 것이다.

육구연은 다음과 같이 말하기도 한다. 왕안석은 신종의 의지를 진작시켜 요순을 본받게 하려 했다. 이것은 옳지만, 매사를 법으로 해결하려 했던 것, 여기에 왕안석의 잘못이 있었다.

앞서 육구연은 도학 전통의 부활에 있어 왕안석이 중대한 역할을 했다고 평가했음을 말한 바 있다. 왕안석의 학문이 정통 유학을 계승하고 있다는 사실에 대해서도 육구연은 아무 의심이 없었다. 하지만 신법의 폐단을 지적하는 논조는 이러한 평가와는 다소 상충되는 듯한 인상을 보인다. 왕안석 신법에 있어, 법도의 과도한 발포 내지 국가 권력측의 지나친 간여가 내재해 있다고 지적하고 있기 때문이다.

이밖에 육구연은 신법의 실패와 관련하여 人事 측면에서의 잘못도 제기한다. 신법이 시행된 이후 반대가 빗발치는 와중에, 왕안석은 자신의 정책이 『주례』에 의거하고 있음을 믿으며 미동조차 하지 않았다. 이에 구법당의 君子들은 비판을 거듭하다 받아들여지자 않자 사직해 조정을 떠났고, 투기적인 小人들만 왕안석에 부회하며 충복의 역할을 하였다. 이러한 정황에 대해 냉철히 파악하지 못하고 소인에 둘러싸여 그들의 교활한 뜻이 이루어지도록 방조했던 것은 왕안석의 잘못이었다.

육구연은 元祐 연간의 정치 및 紹聖의 更化에 대해서도 논평을 가한다. 신종 사후에 집권한 원우 구법당들은 결코 불편부당하지 못했다. 그들은 옥석을 가리지 않고 모든 신법을 파기하였으며, 희녕연간의 정치 및 인사에 대해서도 전면적으로 부정하였다. 이렇듯 옳고 그름을 가리지 아니하고 감정적 好惡에 근거하여 일체를 更張하는 잘못을 범하였다. 이로 인해 소인들이 다시 일어설 구실을 제공하였다는 것이다. 紹聖의 更化는 이처럼 원우의 구법당 정치로 말미암아 비롯된 것이었다고 지적한다.

○○○

唐·虞·三代之時, 道行乎天下. 夏·商叔葉, 去治未遠, 公卿之間, 猶有典刑. 伊尹適夏, 三仁在商, 此道之所存也. 周歷之季, 跡熄澤竭, 人私其身, 士私其學, 橫議蜂起. 老氏以善成其私, 長雄於百家, 竊其遺意者猶皆逞於天下.

唐, 虞, 三代[6]의 때 道가 천하에 행해졌다. 夏와 商의 말엽에도 治世로부터 멀리 떨어지지 않아 公卿 사이에는 아직 법도가 있었다. 伊尹이 夏로 가고[7] 三仁이 商에 있었던 것[8]이 바로 그러한 道의 잔존을 보여준다. 그러다 周의 말년에 이르러 道의 자취가 사라지고 그 영향이 다하여, 사람들은 자기 몸만을 돌보고 선비들은 자신의 학문만을 옳다 여겨 온갖 의론이 벌떼 같이 일어났다. 老子는 그 사사로움을 그럴 듯하게 완성하여 諸子百家 가운데 우두머리 노릇을 했고, 그것을 본받은 자들이 천하에 들끓게 되었다.

---

6) 唐·虞·三代: 聖王이 통치하던 이상적 시대(太平盛世)인 唐堯와 虞舜, 夏·商·周를 가리킨다.

7) 이 전후의 사정에 대해 『史記』 권3, 「殷本紀」에서는, "伊尹去湯適夏, 旣醜有夏, 復歸于亳."이라 적고 있다.

8) 三仁: 殷의 紂王이 포악한 정치를 하던 시기 존재하던 세 사람의 仁者. 『논어』, 「微子篇」에서는, "微子去之, 箕子爲之奴, 比干諫而死, 孔子曰 殷有三仁焉."이라 하고 있다.

至漢而其術益行, 子房之師, 實維黃石, 曹參避堂以舍蓋公. 高・惠收其成績, 波及文・景者, 二公之餘也. 自夫子之皇皇, 沮・溺・接輿之徒固已竊議其後. 孟子言必稱堯・舜, 聽者爲之藐然. 不絶如綫, 未足以喻斯道之微也. 陵夷數千百載, 而卓然復見斯義, 顧不偉哉?

漢에 이르러 그 학술은 더욱 성행하여, 張良의 스승은 사실상 黃石이었고,[9] 曹參은 正堂을 양보하고 蓋公으로 하여금 거주하도록 하였다.[10] 高祖와 惠帝가 그것에 의거하여 정치를 펴고 또 (그것이) 文帝와 景帝에까지 파급된 것도 張良・曹參 두 사람의 영향 때문이었다. 孔夫子가 찬란히 빛날 때에도, 長沮・桀溺・接輿의 무리[11]는 실로 老子의 학문을 따르고 있었다. 孟子가 말할 때마다 堯舜을 언급하자 듣는 자들은 어리둥절한 모습을 보였다. 이렇게 유학의 도는 가느다란 선과 같이 이어졌으나 끝내 사라져 버리지는 않았다. 그러다 천 수백 년 동안의 쇠미함에서 일어나 유학이 다시 우뚝 서는 것을 보게 되었으니 어찌 돌아보아 偉業이라 하지 않을 수 있으랴?

裕陵之得公, 問唐太宗何如主? 公對曰: 「陛下每事當以堯・舜爲法, 太宗所知不遠, 所爲未盡合法度.」 裕陵曰: 「卿可謂責難於君, 然朕自視渺然,

---

9) 『史記』에서는 이와 관련하여, "夜未半, 往有頃, 父亦來. 喜曰. 當如是. 出一編書曰. 讀此則爲王者師矣. 後十年興, 十三年, 孺子見我濟北, 穀城山下黃石即我矣. 遂去, 無他言, 不復見. 旦日, 視其書, 乃太公兵法也. 良因異之, 常習誦讀之."(권55, 「留侯世家」)라 적고 있다.

10) 『史記』에서는 이와 관련하여, "聞膠西有蓋公, 善治黃老言, 使人厚幣請之. 既見蓋公, 蓋公爲言, 治道貴清靜, 而民自定. 推此類, 具言之. 參於是, 避正堂舍蓋公焉"(권54, 「曹相國世家」)이라 적고 있다. 여기서 正堂이란 齊國의 丞相인 曹參의 政廳을 가리킨다.

11) 長沮・桀溺・接輿: 春秋 시대 楚國의 은사들. 『논어』, 「微子篇」에 이들과 孔子 사이의 접촉이 기록되어 있다.

恐無以副此意, 卿宜悉意輔朕, 庶同濟此道.」

신종(裕陵)[12]은 公(왕안석)을 만나자, '唐太宗은 어떠한 황제요?' 라고 물었다. 이에 公은 다음과 같이 대답하였다.

"폐하께서는 매사에 堯와 舜을 모범으로 삼으셔야 합니다. 太宗은 아는 바가 많지 않았고 그 정치도 法度에 다 합치하지는 않았습니다."

신종이 말했다.

"卿은 진정 군주에게 너무 지나친 것을 요구하는 사람이오. 하지만 朕은 아주 작은 사람일 뿐이어서 卿의 뜻에 부응하지 못할까 걱정이오. 卿은 마땅히 성심을 다해 朕을 보필해 주어서, 함께 이 道를 펼쳐 갈 수 있게 되기를 바라오."

自是君臣議論, 未嘗不以堯·舜相期. 及委之以政, 則曰:「有以助朕, 勿惜盡言.」又曰:「須督責朕, 使大有爲.」又曰:「天生俊明之才, 可以覆庇生民, 義當與之戮力, 若虛捐歲月, 是自棄也.」秦·漢而下, 南面之君亦嘗有知斯義者乎? 後之好議論者之聞斯言也, 亦嘗隱之於心以揆斯志乎? 曾魯公曰:「聖知如此, 安石殺身以報, 亦其宜也.」

이로부터 신종과 公은 서로 논의하여 堯舜 시대를 재현하고자 하였다. 신종은 公에게 政事를 맡기며, '짐을 도울 수 있는 것이라면 아끼지 말고 모두 말하시오.'라고 말했다. 또, '모름지기 짐을 독려하여 治世를 구현토록 해 주시오.'라고 말했다.

또 다음과 같이 말하기도 하였다.

"하늘이 (경과 같은) 뛰어난 인물을 낳았으니, 백성을 감싸고 보살필 수 있

---

12) 裕陵: 북송의 제6대 황제인 神宗. 陵墓의 명칭이 永裕陵인 관계로 永裕, 혹은 裕陵이라 칭해졌다.

게 될 것이오. 마땅히 함께 온 힘을 다하여야 할 것이오. 만일 세월을 허송하게 되면 이는 책무를 다하지 않는 일이요."

秦漢 이래로 南面의 군주로서 일찍이 이렇듯 도리를 자각한 사람이 있었던가? 후일의 議論을 좋아하는 자들은 이 말을 듣고서도, 그냥 흘려버린 채 그 뜻을 헤아리지 않은 것은 아니었던가? 曾公亮[13]은, '군주의 의지가 이와 같기에, 왕안석이 몸을 다하여 보답하려 했던 것도 또한 마땅한 것이었도다.'라고 말했다.

公曰:「君臣相與, 各欲致其義耳. 爲君則欲自盡君道, 爲臣則欲自盡臣道, 非相爲賜也.」秦·漢而下, 當塗之士亦嘗有知斯義者乎? 後之好議論者之聞斯言也, 亦嘗隱之於心以揆斯志乎? 惜哉! 公之學不足以遂斯志, 而卒以負斯志, 不足以究斯義, 而卒以蔽斯義也.

公(왕안석)은 다음과 같이 말했다.

"군주와 신하는 서로 만나 각각 그 본분을 다하려 해야 한다. 군주는 군주의 본분을 다하려 해야 하고, 또한 신하는 신하의 본분을 다하려 해야 한다. 서로 은혜를 주고받는 관계는 아니다."

秦漢 이래로 집정 대신으로서 이렇듯 도리를 자각한 사람이 있었던가? 후일의 議論을 좋아하는 자들은 이 말을 듣고서도, 그냥 흘려버린 채 그 뜻을 헤아리지 않은 것은 아니었던가? 안타깝도다! 公의 학문은 유가의 뜻을 완수하기에 부족하여 마침내 유가의 뜻을 저버리게 되었으며, 유가

13) 曾公亮(999~1078): 福建의 泉州 晋江人으로 仁宗 天聖 연간의 進士. 翰林學士·知開封府 등을 거쳐 嘉祐初에는 參知政事에 발탁되었으며 이후 樞密使를 거쳐 嘉祐 6년(1061)에는 재상인 同平章事에 임용되었다. 인종 말기에는 재상인 韓琦와 함께 英宗의 추대에 공을 세웠고, 神宗의 즉위 이후에는 재상으로서 王安石을 추천하여 그 발탁에 영향을 미쳤다. 후에는 王安石 新法에 반대하다가 熙寧 3년(1070) 재상의 직위에서 물러나게 된다.

의 도리를 제대로 이해하지 못했기에 마침내 유가의 도리에 해를 끼치게 되었다.

昭陵之日, 使還獻書, 指陳時事, 剖析弊端, 支葉扶疎, 往往切當, 然覈其綱領, 則曰:「當今之法度, 不合乎先王之法度.」公之不能究斯義, 而卒以自蔽者, 固見於此矣. 其告裕陵, 蓋無異旨. 勉其君以法堯·舜, 是也, 而謂每事當以爲法, 此豈足以法堯·舜者乎? 謂太宗不足法, 可也, 而謂其所爲未盡合法度, 此豈足以度越太宗者乎? 不知言, 無以知人也. 公疇昔之學問, 熙寧之事業, 舉不遁乎使還之書. 而排公者, 或謂容悅, 或謂迎合, 或謂變其所守, 或謂乖其所學, 是尚得爲知公者乎?

인종(昭陵)[14] 시기 使臣의 직무를 마치고[15] 돌아와 상주문[16]을 올렸는데 여기서 현안 문제에 대해 진언하며 폐단을 분석하였다. 내용이 매우 다양하지만 그 지적은 대부분 합당하였다. 그 주장의 핵심을 살펴보자면, '지금의 法度는 先王의 法度에 합치하지 않는다.'는 것이었다. 公이 '유가의 도리를 제대로 이해하지 못했기에 마침내 유가의 도리에 해를 끼치게 되었던 것'은, 진실로 여기에서도 보인다. 신종에게 말했던 것에 무릇 다른 뜻이 있었던 것이 아니다. 그 군주를 권면하여 堯舜을 본받게 하는 것이었다. 이는 좋다. 하지만, '매사에 마땅히 法을 세워야 한다.'고 말했으니, 이것이 어찌 요순을 본받는 것이라 할 수 있겠는가? '太宗은 본받기에 부족하다.'고 말한 것은 옳다. 하지만, '태종의 조치가 모두 法度에 부합되지

---

14) 昭陵: 북송의 제4대 황제인 仁宗. 그 陵墓의 명칭이 英昭陵이었던 것에서 유래하는 지칭이다.

15) 仁宗 嘉祐 3년(1058) 2월부터 10월까지 江南東路의 提點刑獄으로 근무하였던 것을 가리킨다.

16) 「上仁宗皇帝言事書」(『臨川先生文集』 권39), 혹은 「上皇帝萬言書」(『王文公文集』 권1)라 일컬어지는 상주문을 가리킨다.

않는다.'고 말했으니, 이것이 어찌 태종을 뛰어넘는 것이라 할 수 있겠는가? 그 말을 모르면 그 사람을 알 수 없다. 公이 일찍이 닦았던 학문과 熙寧 연간의 정치는, 모두 使臣의 직무를 마치고 올렸던 상주문에 드러나 있다. 公을 비난했던 사람들은, 때로 '그가 군주에게 비위를 맞추었다.'고 하고, 때로 '군주에게 영합했다.'고 하고, 때로 '자기의 소신을 바꾸었다.'고 말하고, 또 때로는 '자기의 배운 바를 저버렸다.'고 말한다. 이 어찌 公을 아는 것이라 할 수 있겠는가?

氣之相迕而不相悅, 則必有相訾之言, 此人之私也. 公之未用, 固有素訾公如張公安道·呂公獻可·蘇公明允者. 夫三公者之不悅於公, 蓋生於其氣之所迕. 公之所蔽, 則有之矣, 何至如三公之言哉? 英特邁往, 不屑於流俗, 聲色利達之習, 介然無毫毛得以入於其心, 潔白之操, 寒於氷霜, 公之質也. 掃俗學之凡陋, 振弊法之因循, 道術必爲孔·孟, 勲績必爲伊·周, 公之志也. 不蘄人之知, 而聲光赫奕, 一時鉅公名賢爲之左次, 公之得此, 豈偶然哉? 用逢其時, 君不世出, 學焉而後臣之, 無愧成湯·高宗. 君或致疑, 謝病求去, 君爲責躬, 始復視事, 公之得君, 可謂專矣.

기질이 달라 서로 합치되지 못한 즉 반드시 서로 헐뜯는 말이 나오게 된다. 이는 인지상정이다. 公이 執政으로 발탁되기 이전[17]에도 張方平,[18] 呂

17) 왕안석은 治平 4년(1067) 9월 중앙으로 불리워 翰林學士에 임용되었다가, 神宗 熙寧 2년(1069) 2월 부재상인 參知政事에 발탁된다. 그가 중앙으로 擢用되기 이전에도, 司馬光이 "遠近之士, 識與不識, 咸謂, 介甫不起而已, 起則太平可立致, 生民咸被其澤矣."(『溫國文正司馬公文集』권60, 「與介甫書」)라 하듯 朝野에서 큰 명망을 얻고 있었다.

18) 張方平의 王安石 발탁 반대와 관련하여 『宋史』에서는, "曾公亮議用王安石, 方平以爲不可"(권318, 「張方平傳」)라 기술하고 있다.

誨,[19] 蘇洵[20]과 같이 그를 비난하는 사람이 있었다. 이들 세 사람이 公을 좋아하지 않았던 것은 기질이 서로 달랐기 때문이다. 公에게도 단점은 있었다. 하지만 어찌 그들 세 사람이 말하는 정도까지야 되겠는가?[21] 당당하게 앞서 나가며 流俗에 거리끼지 않는 것, 오락이나 女色, 이익 추구 등을 터럭 만큼도 마음에 두지 않는 것, 潔白의 節操가 얼음이나 서리보다도 차가웠던 것, 이것이 바로 公의 바탕이었다. 고루한 俗學을 쓸어내는 것, 타성에 젖은 弊法을 개혁하는 것, 학술이 공자와 맹자를 따르게 하는 것, 伊尹 및 周公에 버금가는 공적을 세우는 것, 이것이 바로 公의 뜻이었다. 남이 알아주기를 구하지 않았으되 빛나는 인망을 모았던 것이 한 시대의 名賢들보다 오히려 앞서 있었다.[22] 公이 이러한 위치에 이르렀던 것이 어찌 우연이겠는가? 이로써 한 시대에 뜻을 얻어 불세출의 군주가 그에게 배워 신하로 삼았으니 (신종은) 成湯이나 高宗[23]에 못지 않았다. 군주가 때로 (그에게) 의심을 품으면 病이라 칭하며 사직을 구하였다. 이에 군주가 잘못을 시인하여 다시 정무를 보게 되었으니, 公이 군주로부터 신임

---

19) 呂誨는 왕안석의 임용에 대해, "王安石旣執政, 士大夫多以爲得人. 呂誨獨言, 其不通時事, 大用之, 則非所宜."(『宋史紀事本末』권8, 神宗 熙寧 2년 6월)라 발언하고 있다.

20) 神宗의 즉위 이전, 즉 왕안석의 중앙 발탁 이전에 이미 「辨姦論」(『嘉祐集』권9)을 적어 왕안석의 간사함을 공박하였던 것으로 유명하다. 張方平의 「文安先生墓表」(『樂全集』권39)에 의하면 「辨姦論」은 '王安石之母死' 시기에 작성되었다고 하며, 왕안석의 모친은 仁宗 嘉祐 8년(1063) 작고하였다.

21) 예컨대 呂誨의 경우 왕안석에 대해, "大姦似忠, 大佞似信, 安石外示朴野, 中藏巧詐, 陛下悅其才辨而委任之. 安石初無遠畧, 惟務改作立異, 罔上欺下, 文言飾非, 誤天下蒼生, 必斯人也."(『송사』권321, 「呂誨傳」)라 말하고 있다. 또 蘇洵은 「辨姦論」에서, "陰賊險狠與人異趣, 是王衍·盧杞合而爲一人也, 其禍豈可勝言哉?"(『嘉祐集』권9)라고 極言하고 있다.

22) 이러한 정황에 대해 劉安世(1048~1125)는 "當時天下之論, 以金陵不作執政爲屈"(『元城語錄』권上)이라 말하고 있다.

23) 成湯·高宗: 成湯은 商의 開國 君主인 湯王, 高宗은 商의 중흥을 이끌어낸 군주인 武丁.

을 얻은 것은 실로 파격적이었다.

新法之議, 擧朝讙譁, 行之未幾, 天下恟恟, 公方秉執周禮精白言之, 自信所學, 確乎不疑. 君子力爭, 繼之以去, 小人投機, 密贊其決, 忠樸屛伏, 憸狡得志, 曾不爲悟, 公之蔽也. 典禮爵刑, 莫非天理, 洪範九疇, 帝實錫之, 古所謂憲章·法度·典則者, 皆此理也. 公之所謂法度者, 豈其然乎? 獻納未幾, 裕陵出諫院疏與公評之, 至簡易之說曰:「今未可爲簡易.」修立法度, 乃所以爲簡易也. 熙寧之政, 粹於是矣. 釋此弗論, 尙何以費辭於其建置之末哉?

新法과 관련된 議論으로 온 朝野가 시끄러워졌으며, 시행된 지 얼마 되지 않아 천하가 흉흉해졌다. 公은 〈周禮〉의 純正한 내용을 들어 대응하며[24] 자신의 학문을 믿고 전연 의심하지 않았다. 하지만 君子들[25]은 公과 힘껏 맞서다가 잇따라 사직하였다. 반면 小人들은 기회를 엿보며 신법의 실행을 은밀히 도왔다. 충직한 사람들은 은퇴하고 간사하고 교활한 자들이 뜻을 얻었다. 하지만 이러한 정황을 종내 깨닫지 못했으니 이는 公의 잘못이다. 典禮와 爵刑은 天理에 따라야만 한다. 〈洪範〉의 九疇는 실로 天帝가 하사한 것이다.[26] 옛날의 이른바 憲章과 法度, 典則이란 것도 모두 동일한 이치에 따른 것이다. 公의 이른 바 法度란 것이 과연 그러하였던

---

24) 왕안석 新法은 『周禮』의 古義를 재현한다는 취지를 지니고 있었다. 왕안석은 『周禮』에 대해 "其人足以任官, 其官足以行法, 莫盛乎成周之時. 其法可施於後世, 其文有見於載籍, 莫具乎周官之書."(『臨川先生文集』권84, 「周禮義序」)라고 말하고 있다.

25) 熙寧 연간 왕안석 신법을 비판하며 반대편(구법당)에 섰던 인사들을 가리킨다. 宋代의 史書에는 '諸公'이라 지칭하기도 한다.

26) 〈洪範〉의 九疇: 夏의 禹王이 堯舜 이래의 사상을 集大成한 天地의 大法으로서, 정치 도덕의 기본적 九條 법칙을 가리킨다. 禹王이 황하를 治水할 때 하늘에서 내려온 『洛書』를 보고 만들었다고 전해진다.

가? 종묘의 奉祀 직후 신종은 諫院의 상주문을 公에게 보여주며 논박하라 하였다. 그 가운데 '簡易하게 해야 한다.'는 말에 대해서, '지금은 簡易할 수 없다.'고 말했다. 法度를 세우는 것은 簡易하게 하기 위해서이다. 熙寧 연간의 정치는 이로 말미암아 무너진 것이다. 이에 대해서는 논하지 않고, 어찌 그 세부적인 조치 사항에 대해 굳이 힘들여 말할 필요가 있겠는가?

爲政在人, 取人以身, 修身以道, 修道以仁. 仁, 人心也. 人者, 政之本也, 身者, 人之本也, 心者, 身之本也. 不造其本而從事其末, 末不可得而治矣. 大學不傳, 古道榛塞, 其來已久. 隨世而就功名者, 淵源又類出於老氏. 世之君子, 天常之厚, 師尊載籍, 以輔其質者, 行於天下, 隨其分量, 有所補益, 然而不究其義, 不能大有所爲. 其於當世之弊有不能正, 則依違其間, 稍加潤飾, 以幸無禍. 公方耻斯世不爲唐·虞, 其肯安於是乎? 蔽於其末而不究其義, 世之君子, 未始不與公同, 而犯害則異者, 彼依違其間, 而公取必焉故也. 熙寧排公者, 大抵極詆訾之言, 而不折之以至理. 平者未一二, 而激者居八九. 上不足以取信於裕陵, 下不足以解公之蔽, 反以固其意, 成其事, 新法之罪, 諸君子固分之矣.

정치는 사람에 달린 것이고, 사람을 취하는 것은 그 인품(身)을 기준으로 해야 한다. 인품(身)은 道로써 닦으며, 道는 仁으로써 닦는 것이다. 仁이란 사람의 마음이다. 사람이란 정치의 근본이고, 인품(身)이란 사람의 근본이며, 마음은 인품(身)의 근본이다. 그 근본을 돌보지 않고 그 지엽말단을 좇는다면, 그 지엽말단은 다스려지지 않는다. 儒學이 전해지지 않아 옛 도리가 막힌 지 오래되었다. 그리하여 세속을 따라 공명을 이루려 하는 자들은 모두 老子에 의거하였다. 세상의 君子는 두터운 天常에 의거하고 典籍을 기록된 師道를 좇아 자신의 자질을 배양한다. 그리고 천하에 나아갈 때는 자신의 分과 능력에 따라 政績을 남기는 것이다. 그런데 올바른 도리에 바탕을 두지 아니하면 공적을 이룰 수 없다. 당시의 폐단을 바로잡을 수 없다면, 그 상태 그대로 놓아두며 약간 변경을 가함으로써 禍亂이 없게 되기를 기하는 것이다. 公은 이 시대가 唐虞 시기와 같지 않음을 부끄러이 여겼으니 어찌 그러한 자세를 취할 수 있었겠는가? 그 지엽말단에 가리워 근본된 도리를 추구하지 않으면서, 세상의 君子들은 처음부터 公과 같이 하지 않았다. 그리고 폐단이 나타나면 비난을 가하였다. 이는 군자들은 그 상태 그대로 놓아두자고 하고, 公은 반드시 고치려 했기 때문이다. 熙寧 연간에 公을 비판했던 사람들은 모두 극도로 헐뜯는 언사를 쓰며 균형 잡힌 이치로 논평하지 않았다. 냉정한 사람은 하나 둘에 불과했고, 흥분한 사람이 여덟 아홉에 달했다. 따라서 위로는 신종의 신뢰를 얻을 수 없었으며, 아래로는 公의 잘못을 풀어줄 수 없었다. 오히려 그 의지를 견고하게 하여 신법을 강행하게 하였다. 신법으로 말미암은 폐해는 진실로 君子들도 나누어 져야만 하는 것이다.

元祐大臣一切更張, 豈所謂無偏無黨者哉? 所貴乎玉者, 瑕瑜不相揜也. 古之信史直書其事, 是非善惡靡不畢見, 勸懲鑑戒, 後世所賴. 抑揚損益, 以附己好惡, 用失情實, 小人得以藉口而激怒, 豈所望於君子哉? 紹聖之變, 寧得而獨委罪於公乎? 熙寧之初, 公固逆知己說之行, 人所不樂, 既指爲流俗, 又斥以小人.

元祐 연간의 大臣들은 新法을 모두 폐지하였으니[27] 어찌 불편부당한 것이라 할 수 있겠는가? 구슬에서 귀하게 여기는 것은 티도 가리지 않는 것

27) 哲宗 즉위의 초기인 元祐 연간(1086~1094), 宣仁太后가 攝政하며 司馬光 · 呂公著를 필두로 한 舊法黨 인사를 등용하여 神宗 시기의 新法을 모두 舊法으로 회귀시킨 것을 가리킨다.

이다. 옛날의 올바른 史書에서는 모든 사안을 直書하여 是非와 善惡이 모두 드러나게 하였다. 그리하여 권선징악과 鑑戒를 후세 사람들이 믿을 수 있었다. 만일 損益을 자의로 加減하여 자신의 好惡에 따라 바꿈으로써 진실을 가리게 된다면, 小人들이 이를 핑계로 삼을 수 있을 것이다. 어찌 君子에게 바람직스럽겠는가? 紹聖 연간의 개변[28]을 어찌 모두 公에게 허물을 돌릴 수 있겠는가? 熙寧 연간의 초기에 公은 자신의 주장이 실행될 때 남들이 좋아하지 않는 것을 알고, 그들을 가리켜 流俗이라 하고 또 小人이라 배척하였다.

及諸賢排公, 已甚之辭, 亦復稱是. 兩下相激, 事愈戾而理益不明. 元祐諸公, 可易轍矣, 又益甚之. 六藝之正, 可文姦言, 小人附託, 何所不至. 紹聖用事之人如彼其傑, 新法不作, 豈將遂無所竄其巧以逞其志乎? 反復其手, 以導崇寧之姦者, 實元祐三館之儲. 元豊之末, 附麗匪人, 自爲定策, 至造詐以誣首相, 則疇昔從容問學, 慷慨陳義, 而諸君子之所深與者也. 格君之學, 克知灼見之道, 不知自勉, 而戛戛於事爲之末, 以分異人爲快, 使小人得間, 順投逆逞, 其致一也. 近世學者, 雷同一律, 發言盈庭, 豈善學前輩者哉?

또 이후 여러 賢者들이 公을 비판할 때도 극심한 언사를 사용하며 똑같이 말하였다. 양편이 모두 격앙되어 事勢는 더욱 뒤틀렸고 이치는 더욱 모호해졌다. 元祐 연간의 사람들은 이런 문제를 바로잡을 수 있었으나 오히려 더 심화시켰다. 六藝의 올바른 내용이라 할지라도 姦言을 수식하는

28) 북송의 제7대 황제 哲宗(1077~1100)은 9세의 나이로 등극하였다가, 紹聖 元年(1094) 宣仁太后의 사후 親政에 나선다. 이후 대거 신법당 인사를 등용하여 元祐 연간의 舊法을 神宗 시기의 新法으로 되돌렸다. '紹聖'이란 연호 자체, 神宗의 聖政을 紹述한다는 의미였다.

데 쓰일 수 있다. 그러니 小人들의 견강부회가 어디엔들 이르지 않으리오? 紹聖 연간의 집권 세력들은 심히 강경했다. 그러니 신법이 효과를 거두지 못하자 그 간사함을 드러내 그 뜻을 펴는 데 무엇인들 하지 않았으리오? 몇 차례 주역이 바뀌어 崇寧 연간의 간사함[29]을 이끌어 내게 된 것은 실로 元祐 연간 館閣에 있던 (구법당) 인사들이었다. 그들은 元豊 연간의 말엽에 (신법당의) 나쁜 무리에 의부하여 哲宗의 책립을 위해 획책하였다. 그 과정에서 심지어 거짓으로 재상을 모함하기도 했다. 이들은 과거 (신법당 시기에) 조용히 학문에 종사하며 慷慨히 도리를 설파했던 바 있으며, 또한 (구법당) 諸君子의 깊은 동조자들이었다. 군주를 바로잡는 학문을 지니고 극히 쉬우며 빛나는 도를 지니고 있으되, 스스로 노력하는 것을 알지 못하였다. 그리하여 만사의 모든 국면에서 부딪히며 다른 사람과 구분하는 것을 통쾌하다 여겼다. 이러한 연고로 小人이 틈을 노릴 수 있게 되었으니, 小人과 君子가 결국 동일한 결과를 초래하게 되었던 것이다. (이러함에도 불구하고) 근래의 학자들은 한 가지 의견에 부화뇌동하며 (왕안석을 비판하는) 목소리만 가득하니, 이 어찌 先學들을 바르게 잇는 것이리오?

公世居臨川, 罷政徙于金陵. 宣和間, 故廬丘墟, 鄉貴人屬縣立祠其上. 紹興初, 常加葺焉. 逮今餘四十年, 隳圮已甚, 過者咨嘆! 今怪力之祠, 綿綿不絶, 而公以蓋世之英, 絶俗之操, 山川炳靈, 殆不世有, 其廟貌弗嚴, 邦人無所致敬, 無乃議論之不公, 人心之疑畏, 使至是邪? 郡侯錢公, 期月政成, 人用輯和. 繕學之旣, 慨然撤而新之, 視舊加壯, 爲之管鑰, 掌于學官, 以時祠焉. 余初聞之, 竊所敬嘆! 旣又屬記於余, 余固悼此學之不講, 士心不明, 隨

29) 蔡京을 위시한 인물들의 新法 정치를 가리킨다. 徽宗의 즉위 직후에는 向太后의 垂簾聽政 아래 新舊 양당의 조화를 도모하는 '建中靖國'의 정치가 펼쳐졌다. 하지만 1년후 휘종은 親政에 나서며 蔡京 등의 신법당 인사를 등용하여 전면적으로 新法을 부활시키고 구법당 인사에 대해 대대적인 탄압을 가하게 된다.

聲是非, 無所折衷. 公爲使時, 舍人曾公復書切磋, 有曰:「足下於今, 最能取於人以爲善, 而比聞有不相曉者, 足下皆不足之, 必其理未有以奪足下之見也.」竊不自揆, 得從郡侯, 敬以所聞薦於祠下, 必公之所樂聞也.

淳熙十有五年, 歲次戊申, 正月初吉, 邦人陸某記.

公은 대대로 臨川縣[30]에서 살다가 재상을 사직하고 난 다음에는 金陵[31]으로 옮겼다. 宣和 연간에 옛 집이 폐허화하자 향촌의 貴人이 縣 당국에 권유하여 그 자리에 사당을 세웠다. 紹興 연간의 초기까지는 이 사당을 정기적으로 보수하였다. 하지만 지금까지 40여년이 흐르자 흙 담벼락이 너무 많이 무너져 지나는 사람들이 탄식하였다. 지금 怪力의 사당조차 면면히 이어지고 있다. 公은 한 시대의 영웅으로서 絶世의 기품을 지니고 山川과 같이 빛나는 靈氣를 지닌 불세출의 인물이다. 하지만 그 사당의 모습은 장엄하지 못하여 지역 사람들이 치성을 드릴 수 없는 상태이다. 議論의 불공정함과 人心의 두려워하는 것이 어찌 이런 지경에까지 이르게 했는가? 郡侯 錢公[32]이 부임한 이래 시간이 흘러 정치가 안정되고 人事가 적절히 상태에 다다랐으며 학교 시설의 보수가 일단락되었다. 이에 慨然히 그 사당의 보수에 나서 옛 규모보다 증설하였다. 열쇠를 시설하고 學官에게 관리토록 한 다음 정기적으로 제사를 지내게 했다. 나는 처음 이러한 사실을 전해 듣고 혼자 가만히 경탄하였다. 그런데 또 나에게 祠堂記를 부탁해오자, 나는 公의 학문이 이어지지 않고 선비들이 사실을 잘 알지 못하며 是非의 판단이 온당하지 못하다는 사실에 가슴 아팠다. 公이

30) 臨川縣: 江南西路 撫州의 州治. 오늘날의 江西省 撫州市.
31) 金陵: 江南東路의 路治인 江寧府, 오늘날의 江蘇省 南京市.
32) 郡侯 錢公: 江南西路의 撫州 知州인 錢象祖. 孝宗 淳熙 13년(1186)부터 淳熙 15년(1188)까지 撫州 知州로 재직하였다. 李之亮, 『宋兩江郡守易替考』(成都, 巴蜀書社, 2001), p.493 참조.

使臣의 직위에 있을 때,[33] 舍人 曾公[34]은 답신을 보내 권면하며 다음과 같이 말했다.

"귀하는 지금 남의 말 가운데 옳은 것을 가장 잘 받아들인다고 합니다. 하지만 듣자니 귀하가 납득하지 못하는 것은 부족한 견해라 여긴다 합니다. 필시 귀하의 판단을 돌리지 못하기 때문이 아닌가 생각합니다."[35]

나는 스스로 돌아보지 못하고 郡侯의 권유에 따라 삼가 들은 바를 적어 사당 아래 바친다. 필시 公이 듣기 좋아하실 거라 여긴다.

淳熙 15년(1188) 戊申의 해 正月 初 吉日에 동향 사람 陸某가 적다.

---

33) 王安石이 江南東路 提點刑獄으로 재직하던 시기, 즉 仁宗 嘉祐 3년(1058)을 가리킨다.

34) 舍人 曾公: 中書舍人 曾鞏(1019~1083). 曾鞏은 仁宗 嘉祐 2년(1057) 進士科에 급제하여 지방관을 두루 역임하다가 神宗 元豊 5년(1082) 中書舍人에 임용되고 이듬해 사거한다.

35) 曾鞏의 『元豊類稿』 권16에 실려 있는 「與王介甫第二書」의 일부이다. 「與王介甫第二書」는 仁宗 嘉祐 3년(1058)에 작성되었다. 李震, 『曾鞏年譜』(蘇州, 蘇州大學出版社, 1997), pp.187~189 참조.

10. 주희 삼조명신언행록의 왕안석편

朱熹 三朝名臣言行錄의 王安石 篇

해 제

『三朝名臣言行錄』은 북송 神宗, 哲宗, 徽宗 시기 名臣의 言行을 輯錄한 朱熹의 著書이다. 주희는 먼저 太祖 이래 太宗, 眞宗, 仁宗, 英宗에 이르는 5朝 名臣의 言行을 집록하여 『五朝名臣言行錄』을 편찬하고 그 속편으로 이 책을 저술하였다.

주희가 『五朝名臣言行錄』과 『三朝名臣言行錄』(합하여 『八朝名臣言行錄』)을 저술한 것은 그의 나이 43세 되던 해인 孝宗 乾道 8년(1172)의 일이다. 이 무렵 그는 실로 왕성한 저작활동을 보이고 있었다. 주희의 저술활동은 만년에 이르기까지 단절 없이 지속되지만 이 시기야말로 그의 일생 가운데 저술활동이 가장 활발하게 진행되는 때였다. 특히 그 중에서도 『八朝名臣言行錄』을 위시하여 『資治通鑑綱目』·『伊洛淵源錄』 등 역사서의 성격을 지닌 저술들은 모두 이 시기에 완성되었다.

주희는 『八朝名臣言行錄』의 自叙에서, 편찬의 의도와 저술 방침을 분명히 밝히고 있다. 『名臣言行錄』은 세상의 教化를 목적으로 편찬되었다는 것이며, 이를 위해 文集을 위시한 기존 서적 여기저기에 어지럽게 흩어져 있는 名臣의 발언과 행적(嘉言과 懿行)을 輯錄하였다는 것이다. 名臣들의 言行을 일목요연하게 정리함으로써 教化에 도움을 주고자 한다는 것, 이것이 바로 주희 자신이 밝히고 있는 저술의 취지였다.

이곳에 수록되어 있는 내용은 文集과 筆記史料 등에서 광범위하게 채록한 것들이다. 왕안석의 행적과 언행, 당시인 및 후대인의 왕안석에 대한 논평, 왕안석 주변 인물의 동태 등 다양한 내용이 수록되어 있다. 주로 名臣인 왕안석의 단면을 보여주는 여러 일화를 전하고 있으나, 그 내용이 꼭 긍정적인 측면만 담고 있지는 않다. 때로는 왕안석에게 그다지 호의적이지 않는 인물의 논평도 등장한다.

○○○

王安石은 進士科에 응시할 때부터 명성이 있었으며, 仁宗 慶曆 2년(1042) 5등[1]으로 과거에 합격하여 揚州判官을 초임직으로 맡았고 이어 知鄞縣이 되었다. 그는 독서를 좋아하였고 기억력이 특출하여, 後進들이 가지고 오는 문장이라든가 혹은 과거 답안지 가운데 우수한 것들은 한 번 읽고는 곧 입으로 암송하여 종신토록 잃어버리지 않았다. 그가 문장을 지을 때는 붓을 놀리는 것이 마치 나는 것 같아서 처음 볼 때는 별로 마음을 기울이지 않는 듯해 보이나 문장이 완성되면 보는 사람마다 모두 그 精妙함에 탄복해 마지 않았다. 또 아우들과 우애가 깊어서 俸祿을 받게 되면 며칠내에 모두 아우들을 위해 주어버리는 바람에 집안에는 하나도 남지 않게 되어도 아무렇지 않게 여겼다. 그 議論은 고상하면서도 파격적이었는데 언변과 博識으로써 자신의 주장을 잘 피력하였기 때문에 남들이 그 주장을 꺾기가 힘들었다.

왕안석은 처음 하위직을 맡았을 때 결코 승진에 연연해 하지 않았다. 仁

1) 王安石은 22세 되던 해인 仁宗 慶曆 2년(1042) 第一甲 第四名, 즉 4등의 성적으로 進士에 及第하였다. 본문에서 5등이라 하는 것은 착오이다.

宗 皇祐年間(1049~1054) 文潞公(文彦博)이 재상으로 있으면서 왕안석과 張瓌·曾公定·韓維 등을 천거하며, 이들 네 사람이 名利에 無慾하므로 조정에서 이들을 파격적으로 발탁함으로써 당세의 浮薄한 명리추구의 풍조에 대해 주의를 환기시키자고 주장하였다. 이에 따라 그들의 성명을 기록하여 추후의 인사에 대비하라는 勅旨가 내려졌다. 至和年間(1054~1056)이 되자 왕안석을 중앙으로 소환하여 館職으로 승진하는 시험[2]에 응시하게 하였으나 固辭하여, 群牧判官에 除授하였으나 이 역시 固辭하였다. 하지만 조정에서 사양을 허용하지 아니한 까닭에 어쩔 수 없이 群牧判官職을 받아들였다. 그 이후에도 왕안석은 간절히 지방직을 요청하여 결국 知常州가 되었다. 이로부터 그의 명망은 천하에 두루 퍼졌고 士大夫들은 그와 안면이 없는 것을 한스러이 여겼다. 조정에서는 늘 좋은 官職을 수여하고자 했지만 오히려 그가 받아들이지 않을까 근심할 지경이었다.[3]

常州 知州를 마치고 江南東路提點刑獄이 되었다가, 嘉祐年間(1056~1063)에 중앙으로 불리워져 館職이 제수되고 三司度支判官에 임명되었으나 固辭하였다. 하지만 사양이 허용되지 않았다.[4] 그 얼마 후에는 修起居注에 임명되었는데, 새로 館職을 맡았으며 館閣內에 선배들도 많은 마당에 그 선배들보다 상위직으로 나아갈 수 없다며 固辭하였다. 그 사양의 上奏는 무려 10여 차례나 올려졌다. 이에 勅旨로써 閤門司[5] 의 서

---

2) 이러한 정황에 대해 『宋史』에서는, "舊制 秩滿許獻文求試館職 安石獨否."(권 327, 「王安石傳」)라 전하고 있다.

3) 王安石은 자신의 관직에 대한 사양에 대해, "臣祖母年老 先臣未葬 弟妹當嫁 家貧口衆 難住京師. 比嘗以此自陳乞不就試 慢廢朝命 尚宜有辠 幸蒙寬赦 即賜聽許不圖遜事之. 臣更以臣為恬退 今臣無葬嫁奉養之急 而逡巡辭避 不敢當清要之選 雖曰恬退可也. 今特以營私家之急擇利害 而行謂之恬退 非臣本意."(『臨川文集』 권 40, 「乞免就試狀」)라 말하고 있다.

4) 王安石이 三司度支判官職에 임명되는 것은 仁宗 嘉祐 5년(1060) 5월의 일이다(『宋史紀事本末』 권 37, 「王安石變法」 참조).

5) 황제의 관료에 대한 예물 하사라든가 혹은 宣答의 하달, 官員의 朝參·飮宴·儀禮 등을 관장하는 東西上閤門司의 簡稱.

리로 하여금 왕안석의 근무처인 三司로 가서 직접 사령장을 전달하게 하였으나 그는 수령하지 않았다. 서리가 따라다니며 전달하려 하자 왕안석은 변소로 피신해 버렸다. 그러자 서리는 어쩔 수 없이 사령장을 책상 위에 놓아두고 갔는데, 왕안석은 사람을 시켜 뒤따라가 다시 되돌려 주게 했다. 이에 결국 조정에서도 그 뜻을 꺾을 수 없었다. 그 해 연말 다시 인사명령이 내려지자 왕안석은 7, 8 차례의 상주문을 올려 사양하다가 받아들여 知制誥가 되었다. 이 이후로 다시 官職을 사양하는 일은 없어졌다.(『溫公瑣語』)

司馬溫公(司馬光)이 일찍이 말했다.

"예전에 王介甫(왕안석)와 함께 群牧司判官職에 있었던 적이 있다. 당시 包孝肅(包拯)이 장관으로 있었는데 매우 청렴하면서도 엄격하다는 정평이 있었다. 어느 날 群牧司內의 모란이 활짝 피어 包公이 모란을 玩賞하는 술잔치를 열었다. 包公이 술을 들어 두루 권하고 다니는 바람에 나는 평소 술을 좋아하지 않지만 어쩔 수 없이 몇 잔 마실 수밖에 없었다. 하지만 介甫만은 자리가 파할 때까지 한 잔도 마시지 않았으며 包公 또한 끝내 강권하지 못했다. 이를 보고 나는 그의 뜻을 꺾기 힘들다는 것을 알았다."(『邵氏聞見錄』)

仁宗 嘉祐年間(1056~1063)의 말엽 왕안석이 知制誥의 신분으로서 京師의 刑獄을 감찰하게 되었다.[6] 그런데 開封의 어느 젊은이가 鬪鶉[7]을 어떻게 입수하자 친구 하나가 보고는 달라고 하였으나 주지 않았다. 그 친구는 흉허물 없는 사이라 생각하고 빼앗아 달아났고, 이를 보고 메추라기의 주인은 쫓아가 옆구리를 차서 그 친구가 즉사해 버렸다. 開封府에서는 범

6) 이때가 仁宗 嘉祐 5년(1060) 11월이었다.

7) 싸움 메추라기.

인을 잡아 治罪하고 死罪에 처하려 했다. 왕안석은 開封府의 刑獄을 감찰할 때 이 사건을 문제로 삼았다.

"법률에 의하면 공공연히 略取하는 것이나 竊取하는 것이나 모두 절도이다. 이 편에서 주지 않으려 하는데 저쪽에서 강제로 가지고 갔으니 바로 절도인 것이다. 그러니 이 편이 쫓아가 구타한 것은 도둑을 잡은 일인 셈이며 비록 그가 죽었으나 그 사실을 문제 삼아서는 안 된다. 개봉부에서는 아무 죄 없는 사람을 死罪에 처하려 한다."

개봉부의 관원은 이에 불복하였고 마침내 이 일이 審刑院과 大理寺[8]에 올려져 재심을 받게 되었는데 개봉부의 處決이 옳다고 판정하였다. 이어 勅旨가 내려져 왕안석의 죄도 사면해 주었다. 죄의 사면을 받은 자는 殿門에 나아가 사례하는 것이 관례였으나 왕안석은 다음과 같이 말했다.

"나는 본디 罪가 없었다. 그러니 사례할 필요도 없다."

어사대와 閤門에서는 수 차례 공문을 보내 사례를 종용하였으나 종내 말을 들으려 하지 않았다. 이에 어사대에서는 탄핵의 상주를 올렸지만 執政은 왕안석의 聲望이 두텁다는 이유로 불문에 부쳤다.[9] 왕안석은 결국 끝내 사례하지 않았다.(『瑣語』)

仁宗朝 왕안석이 知制誥로 있을 때의 일이다. 어느 날 꽃을 玩賞하는 낚시 대회의 잔치가 열려, 내시들이 금박을 입힌 접시에 낚시밥을 가득 담아 책상 위에 놓아두었다. 그런데 왕안석은 그 낚시밥을 다 먹어버렸다. 이튿날 인종이 宰執들에게 말했다.

---

8) 刑獄의 覆審 기관. 각지에서 處決한 獄案 가운데 중앙으로 寃訴 내지 上奏가 행해진 것을 재심하는 직능을 담당하였다. 먼저 大理寺에서 裁斷한 후 審刑院에 넘겨져 다시 詳議하는 형식을 취했다. 그러한 연후에 그 결과를 두 기관이 합동으로 조정에 보고토록 되어 있었다.

9) 저간의 사정에 대해 『長編』에서는, "臺司因劾奏之 執政以其名重 釋不問"(권 197, 仁宗 嘉祐7年 10月 甲午)이라 전하고 있다.

"왕안석은 사악한 사람이오. 어쩌다 잘못해서 낚시밥을 먹었다면 한 알 먹고는 바로 그만 두어야 할 것이오. 다 먹어버린다는 것은 보통 사람의 性情이 아니오."

인종은 이후로 왕안석을 좋아하지 않았다.

훗날 왕안석은 스스로 『仁宗日錄』을 저술하였는데 여기서 대략 祖宗에 대해 비판인 태도를 취하였고 仁宗에 대해서는 더욱 심하였다. 仁宗朝의 대신들이었던 富弼이나 韓琦 · 文彦博 등에 대해서도 마찬가지로 모두 비판적이었다.(『邵氏聞見錄』)

韓魏公(韓琦)이 知揚州로 있을 때 介甫(왕안석)가 새로 과거에 급제하여 揚州의 簽書判官事로 부임하였다. 魏公은 비록 개보의 문장에 대해서는 높이 샀으나 행정 능력은 가벼이 여겨서, 개보가 古義를 인용하며 업무를 따지고 들어도 迂闊하다고 말하며 대부분 따르지 않았다. 그러다 개보는 임기가 만료되어 갔다. 그 후 누군가 韓魏公에게 서한을 바쳤는데 그 가운데 古字가 많았다. 이를 보고 韓魏公이 웃으며 屬僚들에게 말했다.

"개보가 여기에 없는 것이 안타깝구나. 그가 어려운 글자들을 잘 알았는데."

개보는 이야기를 전해듣고, 韓魏公이 자신을 가벼이 여긴다 생각하고는 원망하게 되었다. 후일 개보가 知制誥가 되었을 때에도 그의 발언 가운데 적지 않은 것이 위공에 의해 제지되었다. 이후 개보는 모친상을 당하였고,[10] 복상이 끝났을 때 위공이 아직 宰執으로 있자 개보는 그냥 金陵에 머무르며 朝政에 참여하려 하지 않았다. 이때 曾魯公(曾公亮)은 개보가 위공을 원망하는 것을 알고 천자에게 강력히 천거하여 억지로 朝廷에 나서게 하였다. 曾魯公은 그로써 위공을 견제하고자 했던 것이다.(『涑水記聞』)

---

10) 仁宗 嘉祐 8년(1063) 8월의 일이었다.

韓琦가 知揚州로 있을 때 왕안석은 揚州의 簽判이었는데, 매일 밤 새벽까지 책을 읽다가 잠깐 잠을 잤다. 그리고 해가 높이 떠올랐을 때가 되어서야 깨어 서둘러 청사로 나가느라 盥漱[11]도 채 못하는 경우가 많았다. 韓琦는 이를 보고 왕안석이 아직 나이가 젊어 밤 늦도록 술 마시고 노느라 그런 것이라고 생각하였다. 어느 날 한기는 조용히 왕안석에게 말했다.

"그대는 아직 젊은이이니 독서를 그만두어서는 안 되네. 자포자기해서는 안 되는 것일세."

왕안석은 아무 대답을 하지 않았다. 그리고 물러나서는 말했다.

"韓公은 나를 모르는 사람이다."

훗날 한기는 왕안석이 현명하다는 사실을 알고 자신의 門下로 거두려 하였으나 왕안석은 끝내 머리를 굽히지 않았다. 館職[12]을 위한 시험에 응하지 않은 것 등이 그러한 예이다. 그래서 왕안석은 『熙寧日錄』에서 한기를 많이 비판하며 늘, '韓公은 풍채만 좋은 사람일 따름이다' 라고 말하며 「畵虎圖詩」를 지어 貶毁하였다.[13]

왕안석이 재상이 되고난 다음 신법을 행할 때, 한기가 그 불편함을 지적하자 神宗이 잘못을 깨닫고 신법을 폐지하려 한 적이 있다. 그러자 왕안석은 크게 노하여 한기의 章奏를 條例司에 보내 공박하고 그 내용을 천하에 포고하게 했다. 이후에도 여러 차례 한기의 잘못을 들추었으나 신종은 英明하였던 까닭에 한기에게 禮를 지켜 돌아보며 끝내 파직시키지 않았다.

---

11) 盥漱는 세수와 양치질.

12) 崇文院이라 통칭되었던 三館(昭文館, 史館, 集賢院) 및 秘閣의 관원에 대한 통칭. 본디의 職掌은 禁中의 圖書를 收藏하는 三館 및 秘閣에서 編書와 校書, 讀書 등을 담당하는 것이었으나, 그보다는 名流와 賢俊을 집결시켜 제왕의 咨詢과 訪問에 응하도록 하는 것에 주안점이 두어졌다. 따라서 館職은 宰執 등 고위직으로 진출하는 경로와 같은 기능을 하였다.

13) 『臨川先生文集』권 5, 「虎圖」를 가리킨다.

한기가 작고하자 왕안석은, '옛날 幕府의 젊은이가 이제 백발이 되어, 가슴 아파 차마 靈柩를 따르지 못하네' 라는 挽詩[14]를 지었다. 그때까지도 한기가 '젊은이'라 말했던 것을 잊지 못하고 있었던 것이다.(『邵氏聞見錄』)

神宗 熙寧 2년(1069) 韓琦가 判永興軍으로부터 判北京大名府로 轉任되어 궁궐을 지나다 御前에 나왔다. 당시 왕안석이 정치를 주도하고 있었다. 신종이 한기에게 물었다.

"卿과 왕안석의 의론은 다른데 어찌된 연유요?"

한기가 말했다.

"仁宗께서 先帝(英宗)를 황태자로 세우실 때 왕안석이 이의를 제기한 바 있습니다. 그 이후 臣과 의론이 갈렸습니다."

신종은 한기의 말을 전하며 그때의 사정을 물으니 왕안석은 다음과 같이 대답했다.

"仁宗께서 先帝를 황태자로 세우려 하실 때 春秋가 아직 많지 않았습니다. 만일 이후에라도 皇子가 생기면 先帝는 어떻게 되었겠습니까? 바로 그 때문에 臣은 한기 주도의 황태자 책봉에 이의를 제기했던 것입니다."

왕안석의 强辯은 모두 이와 같았다. 한기가 영종을 황태자로 책봉하자고 청할 때 인종은 이렇게 말한 바 있다.

"조금만 기다리시오. 후궁 가운데 태기가 있는 사람이 있소이다."

그러자 한기가 말했다.

"후궁이 아들을 낳는다면 책립한 황태자를 옛 처소로 물러나게 하면 될 뿐입니다."

무릇 한기에게는 전후의 배려가 다 되어 있었던 것이다.(『邵氏聞見錄』)

---

14) 『臨川先生文集』 권 35, 「忠獻韓公挽辭」를 가리킨다.

王安石이 金陵에 있으며 모친의 服喪을 끝냈다. 英宗이 이에 여러 차례 불렀으나 응하지 않았다. 왕안석은 仁宗 시기 英宗을 황태자로 책봉하자는 논의가 일어났을 때 韓琦와 다른 의견을 제시한 바 있었던 까닭에 감히 入朝하지 못했던 것이다. 왕안석은 비록 좋은 성적으로 과거에 합격하였으며 文學의 재능이 있으나 사람을 경원시하는 경향이 있어 중앙의 사대부들로부터 그다지 聲望을 얻지 못했다. 이에 韓氏와 呂氏 두 가문의 형제들과 깊이 사귀었다. 韓氏와 呂氏는 조정의 名族으로써 천하의 선비들은 韓氏 가문에 드나들지 않으면 呂氏 가문에 드나드는 형국이었다. 韓氏 형제로는 字가 子華인 韓絳이 있었는데 왕안석과 同年의 과거합격자였으며, 다음으로 字가 持國인 韓維가 있었는데 학술이 더욱 높았음에도 出仕하지 않다가 大臣의 천거를 받아 館職에 제수되었다. 呂氏 가문의 呂公著는 字가 晦叔으로 가장 현명하였으며 역시 왕안석과 同年의 진사 출신이었다. 子華와 持國・晦叔은 조정에서 다투어 왕안석을 稱揚하였고 이로 인해 왕안석의 명성이 높아졌다. 왕안석은 명망을 지니고 있는 일세의 사대부들, 이를테면 사마광과 같은 인물들과는 모두 연결을 맺어 가까이 지냈다.

이에 앞서 영종 治平年間 神宗이 潁王으로 있을 때 持國(韓維)이 그 翊善[15]이 되어 경전을 講論할 때마다 신종의 칭찬을 들었다. 이에 持國이 말했다.

"이는 제 학설이 아니라 제 친구인 왕안석의 說입니다."

그리하여 신종은 즉위하자 바로 왕안석을 불렀고 마침내 중책을 맡기기에 이르렀다.(『邵氏聞見錄』)

왕안석이 翰林學士로 불리워져 처음 入對하자 神宗이 물었다.[16]

15) 皇太子 혹은 皇子를 講學하는 學官.

16) 神宗 熙寧 元年(1068) 4월의 일이다(『九朝編年備要』 권 18).

"지금의 정치에 있어 무엇을 먼저 해야만 하겠소이까?"

왕안석이 대답하였다.

"政術을 택하는 것이 先行되어야만 합니다."

"唐太宗은 어떻소이까?"

"폐하께서는 마땅히 堯舜을 모범으로 삼으셔야만 합니다. 太宗은 지식이 그다지 많지 않아 그 政事도 先王에 다 부합되지는 않았으니 모범으로 삼을만 하지 않습니다. 堯舜의 道는 극히 간단하여 번잡하지 않고 또 극히 중요한 방침을 취하면서도 迂闊하지 않으며 극히 쉬워 어렵지 않습니다. 다만 末世의 학자들이 두루 알지 못한 채 항상 고상하여 미칠 수 없을 것이라 지레 판단했던 것일 뿐입니다."

"卿은 진정 君主에게 너무 지나친 것을 요구하는 사람이오. 朕은 아주 작은 사람일 따름이어서 卿의 뜻에 부합하지 못할까 걱정이오. 성심을 다해 朕을 보필해 주어서 함께 이 道를 펼쳐 갈 수 있게 되기를 바라오."

이후 어느 날 신종을 모시다가 대화가 諸葛亮과 魏徵에게 미치게 되었다. 왕안석이 말했다.

"폐하께서 능히 堯舜과 같이 하신다면 皐陶나 夔·稷·契[17]과 같은 輔臣이 반드시 생길 것입니다. 또 폐하께서 능히 殷의 高宗(武丁)과 같이 하신다면 傅說[18]과 같은 輔臣이 반드시 나타날 것입니다. 魏徵이나 제갈량은 政術에 通曉한 사람들이 수치스러워 하는 인물들입니다. 어찌 칭할만한 가치가 있겠습니까? 다만 폐하의 政術 선택이 잘못되고 誠心이 부족하게 되면, 비록 皐陶나 夔·稷·契·傅說과 같은 賢者가 있을지라도 소인들에 의해 가리워져 그 재능을 펼칠 수 없게 될 것입니다."

신종이 대답했다.

"자고로 治世에도 조정에 소인이 없었던 적이 없지 않았소이까? 요순

17) 모두 堯舜 시대의 賢臣들.

18) 殷 高宗 시기의 賢相.

시기에도 이른 바 四凶[19]이 있었소이다."

"四凶을 가려내 誅殺하였기 때문에 堯舜이 될 수 있었던 것입니다. 만일 四凶으로 하여금 그 姦慝함을 내키는 대로 펼치게 하였다면 皐陶나 夔·稷·契이 어찌 종신토록 녹봉을 받으며 조정에 있으려 했겠습니까?"

그 얼마 후 왕안석은 大政에 參預하게 되었다.(『溫公日錄』)

왕안석이 參知政事가 된 후[20] 어느 날 신종이 말했다.

"사람들 모두 卿에 대해 알지 못해서, 卿이 단지 經術에 대해서만 잘 알 뿐 세상 일에는 밝지 못하다고 생각하고 있소."

왕안석이 대답했다.

"經術이란 바로 세상 일을 처리하기 위한 것입니다. 다만 후세의 이른바 儒者들이 대부분 용렬하였던 까닭에, 세상 사람들이 생각하기를 經術이란 세상 일에 아무 쓸모가 없는 것이다고 하는 것일 뿐입니다."

"그렇다면 卿은 무슨 일부터 착수할 생각이오?"

"풍속을 변화시키고 法度를 바로 세우는 일이야말로 가장 다급한 일입니다."

이후 青苗法과 市易法·坊場[21]·保甲法·保馬法·洛水 開鑿·免役法 등이 차례로 시행되었으며, 制置三司條例司가 설치되어 知樞密院 陳升之와 왕안석이 함께 이끌게 되었다. 그러자 御史中丞인 呂誨가 10가지 조목

19) 共工, 驩兜, 三苗, 鯀의 통칭.

20) 神宗 熙寧 2년(1069) 2월의 일이다.

21) 坊場錢의 시행을 가리킨다. 免役法이 시행되면서 전국 26,000여 곳의 坊場(酒坊과 河渡)을 實封投狀의 형식으로 민간에 불하하여 경영시키고 그 대신 관아에 錢物을 납입시켰다. 이를 坊場錢이라 불렀는데 모두 常平司에 귀속되었다. 坊場의 운영권은 이전까지는 衙前에게 그 보수의 형식으로 부여되고 있었다. 實封投狀이란, 입찰 방식을 통해 최고액의 납입을 제시한 사람에게 관아 소유 이권(坊場, 官田 등)의 운영권을 넘기는 것이다.

을 논하며 공박하였고 이에 왕안석은 강력히 사임을 요청하였다.[22] 신종은 呂誨를 파직시켰다. 이어 韓琦가 상소하여 청묘법을 공격하고 諸路에 파견된 提擧官[23]들을 소환할 것을 주장하였다. 한기의 상주가 올라오자 왕안석은 병을 칭하며 分司職을 요청[24]하였으나 신종이 허락하지 않았다. 왕안석은 조정에 나와 사례한 후 다음과 같이 上言하였다.

"폐하께서 先王의 바른 道를 통해 천하의 流俗을 변화시키려 하시니, 당연히 폐하와 천하의 流俗 사이에 어느 쪽이 대세를 장악하느냐 하는 것이 당면 문제가 되었습니다. 流俗 쪽의 세력이 큰즉 천하의 사람들은 流俗으로 돌아갈 것이며, 폐하의 힘이 무거워진다면 천하의 사람들은 모두 폐하에게 돌아올 것입니다. 저울의 균형이란 물건의 輕重에 따르는 것으로서, 千鈞[25]의 물건이라 할지라도 조금만 加減하게 되면 다른 쪽으로 기울어지고 맙니다. 현재 간사한 무리들이 先王의 正道를 무너뜨리고 나아가 폐하의 하고자 하시는 바를 가로막으려 하고 있습니다. 그러니 지금이야말로 폐하께서 流俗의 세력과 輕重을 다투는 때입니다. 만일 아주 조금의 세력이라도 다른 쪽에 가해지게 된다면, 그 힘 자체는 보잘 것 없으나 그로 인해 천하의 대세가 流俗 쪽으로 돌아가버릴 것입니다. 바로 그러하기에 이론이 紛紛한 것입니다."

신종은 이러한 생각에 동조하였고 왕안석은 다시 政事를 주도하게 되

---

22) 熙寧 2년(1069) 6월의 일이다. 이에 대해서는, 『宋史紀事本末』권 8, 「王安石變法」 참조.

23) 神宗 熙寧 2년(1069) 9월 각지에 파견되어 新法의 실시를 총괄토록 한 관리. 정식 명칭은 提擧常平官였다. 이에 앞서 制置三司條例司에서는 各路에 王廣廉 등 12명의 관원을 提擧常平廣惠倉兼管句農田水利差役事, 즉 簡稱하여 提擧常平使란 직함으로 파견하여 靑苗法의 시행 및 이후에 시행될 각 新法의 조항을 담당케 하였다. 提擧常平官은 提擧常平司(倉司)의 휘하 관원으로서 每路에 2인을 기준으로 하여 전국에 2, 30명이 파견되었다.

24) 神宗 熙寧 3년(1070) 2월의 일이다.

25) 鈞은 30근.

었다.(『溫公日錄』)

왕안석이 知制誥로 있을 때[26] 夫人인 吳氏가 첩을 하나 샀다. 어느 날 왕안석이 그 여인을 보고 말했다.

"그대는 누구인가?"

"夫人께서 좌우에서 시중을 들라 하셨습니다."

"성은 무엇인가?"

"첩의 남편은 군대의 하급 장교였는데 미곡을 운반하는 도중 배가 가라앉아 버렸습니다. 그래서 집안의 재산을 다 팔고도 모자라 첩까지 팔아 배상했습니다."

왕안석은 가여워하며 말했다.

"부인이 얼마의 돈으로 그대를 샀는가?"

"90萬錢[27]입니다."

왕안석은 그 남편을 불러 이전처럼 부부가 되도록 하고 90만전의 돈은 없던 것으로 하였다.

司馬光이 方籍을 따라 太原府通判으로 갔을 때의 일이다. 당시 그에게는 아직 아들이 없어서, 부인이 첩을 하나 샀으나 그는 돌아보지도 않았다. 부인은 무언가 꺼리는 것이 있지 않나 생각하고, 하루는 첩을 불러 말했다.

"내가 외출하게 되면 너는 잘 단장하고 서재로 들어가도록 해라."

그러면 사마광이 돌아보지 않을까 생각했던 것이다. 첩이 부인의 말대로 하자 사마광이 놀라서 말했다.

---

26) 왕안석이 知制誥로 재임한 기간은 仁宗 嘉祐 6년(1061) 6월부터 嘉祐 8년(1063) 8월까지이다.

27) 미곡으로 치면 300石 전후에 해당한다. 당시 米價는 대략 1石當 3貫 전후의 수준을 보이고 있었다. 1貫은 1,000錢이었다.

"夫人이 외출했는데 네가 어찌 이곳으로 왔느냐?"

그는 즉시 바깥으로 내쫓았다.

方籍은 이 사실을 알고 僚屬들에게 사마광을 칭찬해 마지 않았다.

왕안석과 사마광은 이처럼 모두 女色과 유희를 좋아하지 않았으며, 관직에 연연해 하지도 않았고 또 재산에 대해서도 욕심이 없었다. 두 사람은 修注[28]에 제수되었을 때 모두 6, 7 차례나 사양하다가 받아들여지지 않자 어쩔 수 없이 취임하였다.[29] 사마광은 知制誥에 제수되자 辭令書를 잘 작성하지 못한다는 이유로 거듭 사양하여 待制[30]가 되었으며, 왕안석은 지방관으로 전전하다 만년에야 고위직을 받아들였다. 또 왕안석은 봉록을 받게 되면 모두 동생들에게 가져가게 하였다. 사마광 역시 太原府의 通判으로 있을 때 賓客의 접대비용을 제외하고 나머지는 받지 않았다. 또 만년에 洛陽에 거주하면서 園宅을 사들였는데 兄을 명의로 하였다. 이러한 까닭에 왕안석과 사마광 두 사람은 평생토록 서로 친밀하였다. 그러다 新法을 둘러싼 議論이 서로 맞지 않아 편지를 써서 절교하게 되었던 것이다.[31] (『邵氏聞見錄』)

---

28) 同修起居注의 簡稱.

29) 仁宗 嘉祐 5년(1060) 11월의 일이다. 하지만 본문에서 司馬光과 王安石 공히 거듭 사양하다가 그것이 받아들여지지 않아 결국 취임하였다고 적고 있는 것에는 약간 착오가 있다. 司馬光은 5차례의 사양 후에 취임하였지만 王安石은 완강히 사양하여 朝廷에서도 同修起居注의 除授를 포기하였기 때문이다. 이때의 사정에 대해 『續資治通鑑長編』에서는, "度支員外郎直祕閣判度支勾院司馬光 度支判官祠部員外郎直集賢院王安石 同修起居注. 光五辭而後受 安石終辭之 最後有旨 令閤門吏齎敕 就三司授之. 安石不受 吏隨而拜之 安石避於廁 吏置敕於案而去 安石遣人追還之 朝廷卒不能奪."(권 192, 仁宗 嘉祐 5년 11월 辛亥)이라 전하고 있다.

30) 天章閣待制의 간칭.

31) 神宗 熙寧 3년(1070) 2월과 3월에 걸쳐 司馬光과 王安石 사이에 「與王介甫書」(『傳家集』 권 60), 「答司馬諫議書」(『臨川文集』 권 73), 「與王介甫第二書」(『傳家集』 권 60)가 왕래되며 양인 사이의 관계가 결정적으로 악화된 것을 가리킨다.

왕안석은 明州의 知鄞縣으로 있을 때[32] 讀書하고 文章을 지으며 이틀에 한 번 縣廳에 나가 집무하였다. 이곳에서 堤防을 쌓고 陂塘을 修築하여 水利와 교통에 두루 도움이 되게 하였다 또 백성들에게 식량을 대여하여 추수 후에 이자를 붙여 갚도록 함으로써 관아 보유의 미곡을 증식해갔다. 이밖에 학교를 신설하고 保伍法을 엄히 시행하였는데 이러한 조치에 지역민들이 모두 편하게 여겼다. 神宗 熙寧年間의 초엽 執政이 되어 시행하였던 新法들은 모두 당시의 조치와 경험에 근거한 것이었다. 하지만 왕안석은 한 고을에서 시행하는 것은 可하나 天下에서 시행하는 것은 不可하다는 사실을 몰랐다. 또한 각처에 파견한 新法 관원들 대부분이 刻薄한 小人들이어서 功利에 급급하다보니, 하천 둑을 터서 민전에 河泥를 공급한다[33] 며 남의 墳墓나 가옥, 심지어 비옥한 田土까지 못쓰게 만드는 경우가 많았다. 이러한 폐단은 일일이 기록하기도 힘들 정도이다. 이를테면 청묘법은 2할의 利息을 징수하는 것으로 되어 있으나 백성들이 대여하고 갚을 때 드는 제반 비용을 합하면 7, 8할에 이르기도 했다. 더욱이 胥吏들이 백성들을 윽박지르기도 했고 新法과 舊法이 교차되는 과정에서의 혼란 등으로 인해 그 폐단은 가중되었다. 保甲法과 保馬法은 더욱 폐해가 커서 그로 말미암은 분란이 그칠 날이 없었다.

대저 新法은 祖宗의 法度를 모두 바꾼 것이었다. 다만 役法만은 新舊의 兩法, 즉 差役法과 募役法에 공히 일장일단이 있어서, 吳(浙西)와 蜀(四川)의 백성들은 모역법을 편하다고 하는 반면 秦(陝西)과 晉(山西)의 백성들은 차역법을 편하다고 여겼다. 왕안석과 사마광은 모두 이른 나이에 顯貴하

---

32) 仁宗 慶曆 7년(1047)으로서 당시 왕안석의 나이는 27살이었다.

33) 淤田法을 가리킨다. 하천의 둑을 터서 다량의 진흙을 함유한 河水를 척박한 농토에 흐르게 함으로써 토질을 개량시키는 것이었다. 淤田의 방식은 이미 진한시대부터 존재하였으며 북송시대에도 仁宗 시기에 河東의 絳州 등에서 시행된 바 있다. 왕안석은 京東西 · 河北 · 河東 · 京畿 등지에서 운하와 汴河 · 黃河 · 汾水 · 漳水 등의 하수를 이용한 淤田을 대량으로 시행하였다.

게 되어 각지방을 별로 돌아다니지 못한 까닭에 사방의 풍속을 두루 알지는 못했다. 그래서 왕안석은 모역법만을 고집하고 사마광은 차역법만을 고집하였다. 蘇軾과 范純仁은 사마광 문하의 사대부이면서도 차역법에 불편한 점이 있다고 생각하였으며, 章惇은 반면 왕안석 문하의 사대부이지만 모역법에 상당한 문제점이 있다고 생각하였다. 소식과 범순인 · 장돈 세 사람은 비록 賢德함이란 점에서는 상당한 차이가 있으나 공히 총명하며 政事에 通曉한 인물들이었다. 그들은 남북의 풍속을 두루 알고 있었기에 그 논의는 매우 공정하였고 그렇기 때문에 役法 논의에 있어 한 쪽으로만 치우치지는 않았던 것이다.

元祐年間(1086~1094)의 초엽 사마광이 모역법을 폐지하고 차역법을 부활시킬 때 장돈은 다음과 같이 말했다.

"保甲法 및 保馬法은 하루라도 늦게 폐지하면 그 하루 만큼 해악이 생긴다. 하지만 役法은 熙寧 연간의 초엽 모역법으로써 차역법을 대체시킬 때 논의가 면밀하지 못하고 서두르다 보니 상당한 폐단이 생겼던 것이다. 지금 다시 차역법으로써 모역법을 대체시키려 하면 반드시 면일한 검토와 논의를 거쳐야만 될 것이다. 5일을 기한으로 주고 차역법을 실시하라는 것은 너무 졸속한 처사이다. 후일 반드시 폐단이 생길 것이다."

사마광이 그 말에 따르지 않자 장돈은 太皇太后의 주렴 앞에서 사마광과 논쟁을 벌이다가,

"이렇다면 더 이상 보좌할 수 없습니다."

라고까지 말했다. 태황태후는 그 불손함에 노하여 장돈을 파직시켰다.

그런데 蔡京이란 인물은 당시 知開封府로 있었는데 그 5일의 기한대로 관내의 모역법을 모두 차역법으로 바꾸었다. 그 이후 政事堂에 와서 사마광에게 보고하니, 사마광은 기뻐하며 말했다.

"사람들이 모두 그대만 같으면 법이 시행되지 못할 걱정이 없을 것이오."

紹聖年間(1094~1098)의 초엽 장돈이 재상이 되어 다시 차역법을 모역법으로 바꾸고자 했다. 그래서 관련 기구를 설치하고 검토시킨 바 오래토록 결말이 나지 않았다. 당시 蔡京이 提擧로 있었는데 이를 보고 장돈에게 말했다.

"熙寧 및 元豊 년간의 법대로만 시행하면 됩니다. 더 이상 무슨 검토가 필요합니까?"

장돈이 그 말을 듣고 모역법을 실시하였다. 채경은 이처럼 권세를 관망하며 그에 따라 소신을 바꾸어 갔다. 그는 사마광과 같이 어진 사람이나 장돈과 같이 거친 사람 모두 능히 기만할 수 있었다. 그러니 참으로 小人이라 할 것이다.(『邵氏聞見錄』)

神宗이 어떠한 일로 왕안석에게 물으니 왕안석이 말했다.

"폐하께서는 그 일을 누구한테 들으셨습니까?"

"卿은 왜 누구한테 들었느냐고 묻는 것이오?"

"폐하께서 다른 사람과 비밀을 지키며 臣에게만 숨기십니다. 어찌 君臣間에 마음을 터놓는 사이라 할 수 있겠습니까?"

신종은 어쩔 수 없이 말했다.

"李評에게 들었소이다."

왕안석은 이로부터 李評을 싫어하여 끝내 그를 내쫓아 버렸다.

그 후 이번에는 왕안석이 어떤 은밀한 일을 신종에게 물었다. 신종이 말했다.

"누구한테 들었소?"

왕안석은 대답하려 들지 않았다. 신종이 다그쳐 말했다.

"朕은 卿에게 숨김이 없는데 卿만 朕에게 숨기는 일이 있어서야 되겠소?"

왕안석은 어쩔 수 없이 말했다.

“朱明之가 臣에게 말한 것입니다.”

신종은 이로부터 朱明之를 싫어하게 되었다. 朱明之는 왕안석의 妹夫였다. 훗날 왕안석이 재상직에서 물러나 金陵으로 가자, 呂惠卿은 자기와 친밀한 자들을 불러 좌우에 두려 했다. 그래서 주명지를 侍講으로 추천하자 신종이 허락하지 않으며 말했다.

“왕안석에게 다른 妹夫가 없소이까?”

呂惠卿은 直講 沈道原이 있다고 대답하자, 신종은 그를 侍講으로 삼게 했다. 이후 여혜경은 자기 동생인 呂升卿을 侍講으로 삼았는데, 呂升卿은 본디 학문이 부족하여 進講할 때마다 經典은 제쳐두고 財政의 利害라든가 토목 공사 따위를 이야기했다. 그러다 신종이 경전에 대해 물으면 자신은 대답하지 못하고 沈道原에게 눈짓하여 곁에서 대신 대답하게 했다.(『涑水記聞』)

熙寧 6년(1073) 11월 어느 臣僚가 新法에 따르지 않자 왕안석은 큰 죄를 가하려 했으나 神宗이 허락하지 않았다. 이에 왕안석이 처벌을 고집하며 말했다.

“이렇게 하지 않으면 법이 시행되지 않습니다.”

신종이 말했다.

“듣자니 민간에서 신법 때문에 상당히 고초를 겪고 있다고 하더이다.”

“큰 추위나 폭우만 쏟아져도 백성 가운데는 원망하는 자가 생깁니다. 사소한 원망을 어떻게 일일이 돌아볼 수 있겠습니까?”

“어찌 큰 추위나 폭우가 쏟아질 때의 원망과 비교할 수 있겠소?”

왕안석은 기분이 상하여 물러나 병을 핑계로 집안에 머물며 입조하지 않았다. 그 며칠 후 신종은 使者를 보내 위로하니 그제야 나왔다. 이때 왕안석의 黨與가 이렇게 말했다.

“지금 기회에 만일 재상의 門人들 가운데 폐하가 좋아하지 않는 사람들을 파격적으로 승진시키지 않으면, 향후 권세가 가벼워져 장차 틈을 노리는 자가 생길지도 모릅니다."

왕안석이 그 말대로 따랐다. 왕안석이 入朝하여 章惇과 趙子幾 등의 발탁을 상주하자, 신종은 入朝한 것에만 기뻐한 나머지 모두 들어주었다. 이로부터 왕안석의 권세는 더욱 막강해졌다.(『涑水記聞』)

왕안석이 政事를 주도하며 천하의 일을 개혁하려 할 때 명망있는 관원들이나 옛 친우들은 그에 협력하지 않았다. 어쩔 수 없이 그는 신진 인사들을 발탁하여 서둘러 승진시킨 다음 이용하였다. 이로 인해 얼마되지 않아 그 개혁은 신속히 진척이 되었으며, 御史臺 및 館閣을 위시한 내외의 요직은 모두 신진 인사들로 채워졌다.

그러다 三司에서 市易法을 두고 논쟁을 벌이면서 여혜경이 법제를 그르치고 있다고 공박하였다.[34] 이에 왕안석은 그 말을 받아들여 재상직으로부터의 파직을 강력히 요청하였다.[35] 왕안석이 사직을 결정하고 御前에서 물러나오자 呂嘉問과 張諤은 그를 붙들고 울음을 터뜨렸다. 왕안석

---

34) 神宗은 熙寧 7년(1074)년 曾布와 呂惠卿에게 市易法의 실시 정황에 대해 점검하여 보고하라 명하였다. 이에 曾布는, 呂嘉問이 상주하여 熙寧 6年에 시역법으로 획득한 재원이 80萬貫이라 하였으나 허위 회계 처리된 것이며, 이러한 조작에 呂惠卿도 상당히 연루되어 있다고 공박한 것을 가리킨다. 이에 대해서는, 『續資治通鑑長編』 권 252, 神宗 熙寧 7년 4월 甲申 참조.

35) 이러한 曾布의 市易法 비판에는, 市易法과 免行錢法의 시행으로 피해를 본 神宗의 母后인 向太后의 부친 向經 및 太皇太后 曹氏의 동생 曹佾의 책동이 긴밀히 연관되어 있다. 이에 대해서는, 『續資治通鑑長編』 권 251, 神宗 熙寧 7년 3월 戊午 참조. 曾布는 向太后 및 太皇太后 曹氏의 市易法에 대한 비판과 불만을 보고 市易法 빛 市易司에 대해 회의적인 자세로 돌아서게 되었다. 이러한 왕안석의 퇴진을 둘러싼 정황에 대해 『續資治通鑑長編』은, "他日太皇太后及皇太后 又流涕為上言新法之不便者 且曰王安石變亂天下. 上流涕退 命安石議裁損之 安石重為解乃已 會久旱百姓流離 上憂見顏色 每輔臣進對嗟嘆懇惻 益疑新法不便 欲罷之. 安石不悅屢求去."(권 252, 神宗 熙寧 7년 4월 丙戌)라고 적고 있다.

은 그들을 위로하며 말했다.[36]

“이미 후임으로 呂惠卿을 추천했네.”

두 사람은 그 말을 듣고 눈물을 거두었다.

여혜경은 參知政事가 된 후 羿를 쏘고자 하는 뜻[37]을 지니게 되었다. 또 당시의 관원들은 그가 神宗의 신임을 얻고 있는 것을 보고 장차 왕안석의 자리를 대신할 것이라고 여기며 다투어 그에게 附隨하였다. 얼마 후 鄧潤甫는 모함으로 王安國을 파직시켰으며[38] 또 李逢의 사건이 발생하자 李士寧을 끌어들여 왕안석에게 누가 미치게 하려고 했다.[39] 이밖에도 왕안석이 주도하여 編定하였던 『熙寧編敕』이 불편하므로 重修하자고 주장하였으며, 手實法을 제정하여 백성들로 하여금 家內의 모든 재산을 신고하게 하였다. 田土를 지급하여 募役을 실시함으로써 募役法을 변질시키려 하기도 했다. 이처럼 呂惠卿은 기회가 있을 때마다 왕안석이 처사를 비판하고 뒤흔들려 했으므로 기강이 매우 문란해졌다.

神宗은 결국 단안을 내려 왕안석을 다시 불러 재상의 직위에 앉혔다.[40] 그러자 鄧綰은 불안을 느껴 자신이 이전에 행한 일을 뒤덮으려고 張若濟

---

36) 王安石이 宰相職에서 물러나 判江寧府로 나가는 것은 神宗 熙寧 7년(1074) 4월의 일이다. 그 직후 韓絳이 宰相이 되고 翰林學士 呂惠卿이 參知政事로 승진한다(『宋史』권 15,「神宗紀 2」 참조).

37) 원문은 射羿, 스승을 배반한다는 의미.

38) 神宗 熙寧 8년(1075) 鄭俠이 呂惠卿을 극렬히 비난하는 상주문을 올려 置罪될 때, 王安石의 아우인 王安國이 평소 鄭俠과 친하며 그 上奏와 관련이 있다는 이유로 함께 罷職되었던 것을 가리킨다. 당시 鄭俠 사건의 처리를 담당한 인물이 鄧綰과 鄧潤甫였다. 자세한 사정에 대해서는,『宋史紀事本末』권 37,「王安石變法」을 참조.

39) 이 사건의 顚末에 대해『東軒筆錄』에서는, “李士寧者 蜀人 得導氣養生之術 又能言人休咎. 王荊公與之有舊 每延於東府 迹甚熟. 荊公鎭金陵 呂惠卿參大政 會山東告李逢·劉育之變 事連宗子世居 御史府沂州各起獄推治之. 劾者言士寧嘗預此謀 敕天下捕之 獄具 世居賜死 李逢劉育磔于市 士寧決杖 流永州 連坐者甚衆. 始興此獄 引士寧者 意欲有所誣蠛 會荊公再入秉政 謀遂不行.”(권 5)이라 기록하고 있다.

40) 神宗 熙寧 8년(1085) 2월의 일이다.

의 일을 터트림으로써 도리어 여혜경을 공격하였다.[41] 이에 조정에서는 張諤을 兩浙路察訪으로 삼아 그 사건을 조사하게 했는데 張諤은 가능한 한 일을 덮으려 했다. 이를 보고 鄧綰은 다시 마음을 바꿔 대세를 관망하게 되었다. 이렇게 되자 여혜경은 불안해져서 왕안석 형제의 잘못 몇 가지를 조목조목 열거하여 신종에게 상주하였다. 신종으로 하여금 왕안석을 불신하게 만들려 했던 것이다. 하지만 신종은 여혜경의 상주를 왕안석에게 보여주었다. 왕안석이 表를 올려,

"忠直해 보인다 해도 다 믿을 수는 없습니다. 그러기에 매사를 명백히 짚고 넘어가야 합니다. 의로움이 간사함을 이기지 못합니다. 그러기에 사람들이 의로움에 등을 돌리기도 합니다."[42]

라고 말하였던 것은 그러한 정황 때문이었다.

얼마 후 여혜경은 罷職되어 知亳州로 나갔으며 鄧綰과 張諤의 무리 역시 모두 파직되었다. 하지만 이후 왕안석 문하의 사람들은 그에게 모두 확고한 추종을 보이지 않게 되었으며 따라서 왕안석은 함께 일을 도모할 사람이 없어졌다. 결국 그는 다시 사직을 요청하여 判江寧府로 나갔다.[43] 그가 詩에서,

"구름의 하얀 색 덧없이 쉬이 변하고,
老松의 기개 있는 푸르름 끝까지 유지되기 어렵도다."[44]

라고 읊은 것은 바로 그러한 정황을 말하는 것이었다.(『東軒筆錄』)

왕안석이 다시 재상이 되고 여혜경이 쫓겨나자 그 문하의 사람들은 다

---

41) 그 전후 사정에 대해 『宋史紀事本末』에서는, "中丞鄧綰亦欲彌縫前附惠卿之迹 以媚安石. 安石子雱 復深憾惠卿 遂諷綰發惠卿兄弟强借秀州華亭富民錢五百萬 與知華亭縣張若濟買田 共爲姦利事 置獄鞫之."(권 37, 「王安石變法」)라 전하고 있다.

42) 『臨川先生文集』 권 60, 「乞退表 4」에 실려 있다.

43) 神宗 熙寧 9년(1076) 10월의 일이다.

44) 『臨川先生文集』 권 17, 「招呂望之使君」의 일부이다.

시 온갖 아첨을 하며 지위를 유지하려 했다. 하지만 왕안석은 神宗에게 더욱 강력히 파직과 은퇴를 요청하고 있었다. 그때 練亨甫란 자가 中丞[45]인 鄧綰에게 말했다.

"公이 폐하께 이렇게 上言해 보시지요. 승상의 아들인 王雱은 樞密使로 아우들은 모두 兩制[46]로 임명하고 그리고 사위와 조카들에게 모두 館職을 준 연후에, 京師에 저택과 田畓을 賜與하여 함께 모여 살게 한다면, 승상의 마음을 붙들어 맬 수 있을 것입니다."

鄧綰은 그 말대로 신종에게 상언하였다. 신종은 그 말을 듣고 아첨의 정도를 헤아릴 수 있었다.

그 후 어느 날 왕안석이 다시 신종에게 사직을 요청하자 신종이 말했다.

"朕을 위해 그냥 머물러 주시오. 모든 것을 卿이 원하는 대로 해 주겠소이다. 다만 아직 편안한 저택만 물색하지 못한 상태라오."

왕안석은 놀라 말했다.

"臣에게 무슨 원하는 것이 있습니까? 또 저택을 하사해 주신다는 것은 무슨 말씀인지요?"

신종은 웃으며 대답하지 않았다. 이튿 날 왕안석이 간절하게 그 연유를 말해달라 청하자 신종은 鄧綰이 올리 상주문을 내어 보여주었다. 왕안석은 즉시 등관의 파직을 요청하였다. 이에 앞서 등관은 자신의 추종자인 方揚을 臺官[47]으로 삼고자 했으나 그 그릇이 부족하여 다른 사람들로부터 지탄을 받을까 우려하였다. 그래서 그를 彭汝礪와 함께 추천하였지만 등관의 목적은 方揚에게 있었다. 그 얼마 후 신종이 彭汝礪를 좌천시키자, 등관은 허겁지겁 상주문을 올렸다.

---

45) 御史中丞의 簡稱.

46) 內制(翰林學士) 및 外制(中書舍人), 즉 誥命의 起草를 담당하는 관원. 『朝野類要』에서는 "兩制 翰林學士官 謂之內制 掌王言大制誥詔令赦文之類. 中書舍人 謂之外制 亦掌王言凡誥詞之類."(권 2)라 적고 있다.

47) 御史臺의 관료.

"臣이 평소 彭汝礪의 사람됨을 잘 몰라서 이전에 잘못 추천했습니다. 이전의 추천 상주를 없던 것으로 해주십시오."

이상과 같은 두 일을 보면서 신종은 그 간사함을 꿰뚫어 보게 되었고, 결국 등관을 中丞에서 落職시켜 知虢州로 내려보냈다. 아울러 練亨甫도 校書職에서 落職시켜 漳州推官으로 내보냈다. 등관을 좌천시키는 制書에서는 이렇게 말하고 있다.

"마음 씀씀이가 偏僻되고 천성도 간사하도다. 또 인재를 추천함에 있어서도 분수를 지키지 않았다. 朕은 너를 대할 때 誠心을 다했거늘 너는 朕을 대함에 매양 그 뜻이 간사한 데 있었다."(『東軒筆錄』)

최초 여혜경은 왕안석의 知遇를 입어 그 발탁으로 執政의 지위에까지 이르렀다. 그런데 왕안석이 재상을 사직하고 金陵으로 내려가자 배반하고 말았다. 하지만 왕안석이 재차 재상이 되고, 華亭의 사건[48]을 규명하기 위해 徐僖와 王古·蹇周輔 등 세 사람을 처리의 담당자로 임명하면서 여혜경은 궁지에 몰리게 되었다. 그런데 練亨甫·呂嘉問과 鄧綰이 그 내부에서 다투면서 여혜경의 계략이 통하게 되어, 사건이 왕안석의 아들인 王雱에게까지 파급되었다. 당시 王雱은 중병에 걸려 있었는데 이에 대한 울분이 덧붙여져 마침내 죽고 말았다.[49] 왕안석은 이후 슬픔을 견디다 못해 마침내 재차 사직을 요청하여 나갔던 것이다.[50]

---

48) 呂惠卿 兄弟가 秀州 華亭縣의 富民으로부터 500萬錢을 强借하여 華亭縣 知縣 張若濟와 함께 華亭縣內의 田土를 買入했던 사건을 가리킨다.

49) 王雱(1044~1076)은 神宗 熙寧 9년(1076) 7월 33살의 나이로 作故한다. 『宋史紀事本末』에서는 그 전후의 사정에 대해, "呂惠卿既出守陳 而張若濟之獄久不成 王雱令門下客呂嘉問·練亨甫共取鄧綰所列惠卿事 雜他書下制獄 王安石不知也. 省吏告惠卿於陳 惠卿以狀聞 且上書訟安石 盡棄所學 隆尙縱橫之末數. 方命矯令 罔上要君 力行於年歲之間. 雖失志倒行逆施者 殆不如此. 帝以狀示安石 安石謝無有. 歸以問雱 雱言其情 安石咎之. 雱憤恚 疽發背死"(권 37, 「王安石變法」)라 기록하고 있다.

50) 이 항목에는 출처가 기록되어 있지 않다.

元豊年間(1078~1085)의 末葉 神宗은 왕안석이 빈한하다는 말을 듣고 內侍 甘師顔을 시켜 金 50兩을 보냈다. 그런데 왕안석은 파격적인 행동과 허세를 좋아하는 사람이라서 그 金을 즉시 定林寺라는 사찰에 시주하였다. 이에 甘師顔은 常例[51]도 감히 받지 못하고 그대로 돌아와 신종에게 아뢰었다. 신종은 御藥院에 명하여 江寧府를 통해 왕안석 집안을 찾아가 甘師顔의 常例를 받아오게 하였다.

언젠가 왕안석이 呂惠卿에게 편지 한 통을 보내며 신종에게는 알리지 말라고 하였다. 그런데 당시 여혜경은 왕안석과 이미 갈라진 이후라서 그 편지를 그대로 신종에게 바쳤다. 또 신종이 王韶에게 熙河 經營[52] 당시 소요되었던 경비가 얼마나 되느냐고 묻자, 왕안석은 사실 그대로 대답할 필요가 없다고 말했다. 하지만 그 무렵 王韶는 이미 왕안석을 등진 상태였던 까닭에 왕안석이 한 말을 신종에게 아뢰었다.(晁以道의 「論神廟配享劄子」[53])

왕안석은 만년에 金陵의 鍾山書院에서 '福建子'[54]란 세 글자를 허다히

---

51) 常例錢의 약칭, 통상적인 사례금.

52) 王韶(1030~10811)를 이용하여 熙河路를 개척했던 것을 가리킨다. 王韶는 熙寧 元年(1068) 「平戎策」을 상주하여, 西夏를 공략하기 위해서는 그 서남방의 河湟地區를 선취하여 서하로 하여금 腹背에서 위협당하는 형세를 만들어야 한다고 주장했다. 이에 熙寧 3년(1070) 3월 神宗과 王安石은 王韶를 파견하여 河湟地區에 거주하는 靑唐의 兪龍珂 부족을 공략시켰다. 결국 兪龍珂 부족의 항복을 받고 진군을 계속하여, 熙寧 5년(1072) 10월에는 河湟지구를 거의 대부분 장악하고 이곳에 熙河路를 설치하였다. 이후에도 熙河路를 기점으로 한 정복이 지속되어, 熙寧 6년(1073) 10월까지 5州 2,000여리의 강역을 개척하였다. 이러한 戰勝에 고무되어 神宗은, "洮河之舉 小大並疑 惟卿啟廸 迄有成功. 今解朕所御帶賜卿 以旌卿功"라 하였으며, 나아가 "群疑方作 朕亦欲中止 非卿助朕 此功不成. 賜卿帶以傳遺子孫 表朕與卿君臣一時相遇之美也."(『續資治通鑑長編』 권 247, 神宗 熙寧 6년 10월 辛巳)라고 말하기까지 하였다.

53) 晁說之, 『景迂生集』 권 3, 「論神廟配享劄子」에 실려 있다.

54) 福建 泉州 출신인 呂惠卿을 가리킨다. 新法의 실행시기를 통해 왕안석의 절대적

적었다. 여혜경에 대한 원한이 그 만큼 컸던 것이며 여혜경에게 당했던 일, 그리고 여혜경을 잘못 보았던 일 등이 한스러웠던 것이다. 그는 산에 오르내릴 때 보면 멍한 모습을 하고 있었으며 마치 미친 사람마냥 혼잣말을 하기도 했다.

田晝가 말했다.

"荊公(왕안석)은 만년에 조카인 王防에게 말했다.

'내가 옛날에는 좋은 벗들과 많은 交往하였는데 國事로 인해 단절되고 말았다. 이제 閑居하니 만큼 편지를 써서 다시 來往하고 싶다.'

王防은 기뻐하며 책상 위에 붓과 종이를 갖다 놓아주었다. 荊公은 수 차례나 붓을 들어 편지를 쓰려하다가 끝내 장탄식을 하고 그만두었다. 마음속에 부끄러운 점이 있었던 것이다."

왕안석이 병이 들었을 때 王安禮가 邸報[55]를 갖다 보여 주었다. 마침 거기에는 사마광이 재상이 되었다는 소식이 적혀 있었다. 왕안석이 구슬프게 말했다.

"司馬十二[56]가 재상이 되었구나"

왕안석은 자신이 지은 이른바 『日錄』을 조카인 王防으로 하여금 수습하게 했다. 그는 병이 심해지자 왕방에게 그것을 불태우라 명했는데 왕방은 다른 서적을 대신 태웠다. 후일 조정에서는 蔡卞의 요청에 따라 江寧

신임을 받으며 사실상 2인자 역할을 했던 呂惠卿은 후일 왕안석을 배반하였다. 『宋史』에서는 왕안석의 呂惠卿에 대한 신임을, "安石言於帝曰 '惠卿之賢 豈特今人 雖前世儒者 未易比也. 學先王之道而能用者 獨惠卿而已.' 及設制置三司條例司 以為檢詳文字事 無大小 必謀之 凡所建請章奏 皆其筆."(권 471, 「呂惠卿傳」)이라 기록하고 있다. 하지만 여혜경은 이후 왕안석을 배반하여, "惠卿既叛安石 凡可以害王氏者 無不為."(『宋史』권 471, 「呂惠卿傳」)이라 할 정도가 되었다.

55) 정부에서 발행하는 官報. 唐代 이래로 각지의 州郡에서 京師에 邸를 개설하고, 이 邸에서 중앙의 詔令과 奏章 등을 傳抄하여 해당 지방에 전했던 것에서 연유한다. 宋代에 최초로 邸報라 칭해졌으며, 清代에는 京報라 칭해지며 상인에 의해 報房이 경영되었다. 明 崇貞年間 이래로 활자판으로 인쇄되었다.

56) 十二는 司馬光의 排行.

府에 있는 王防의 집에서 『日錄』을 취하여 바쳤다. 당시 蔡卞이 역사 편찬을 주도하고 있었는데, 이 『日錄』의 내용을 가감하여 더욱 姦僞를 더한 다음 그것으로써 元祐 연간에 편찬한 바 있는 『神宗正史』를 모두 고쳐 썼다.[57] 왕안석은 처음 재상이 되었을 때 師臣을 자임하였으며 神宗 또한 극진히 대우하였다. 두 번 째 재상이 되었을 때에는 신종도 점차 내키지 않아하게 되었으며 議論 또한 왕안석과의 사이에 상당한 차이가 생겼다. 그런 까닭에 『日錄』의 내용에도 이런 것이 반영되었는데 哲宗이 그것을 감추고 세상에 내놓지 않았다. 현재 세상에는 다만 그 가운데 70여권이 남아 있을 뿐이다.

왕안석이 작고하자 사마광은 병중에 그 소식을 듣고 呂公著에게 말했다.

"介甫(왕안석)는 다른 것은 없고 다만 執拗했을 따름이오. 그에게 두터운 예의를 표하도록 하시오."

사마광의 도량과 덕망은 이와 같았다.(『邵氏聞見錄』)

왕안석이 金陵에 있을 때 조정에서 新法 조항들을 바꾸어 간다는 소식을 들었으나 아무 동요 없이 그러려니 여겼다. 그런데 役法까지 폐지했다는 애기를 듣자 놀라서 소리를 질렀다.

"이런 것까지 바꾼단 말인가?"

한참 후 그는 다시 말했다.

"이 免役法은 폐지해서는 안 된다. 내가 先帝(神宗)와 2년 동안이나 검토하여 모든 정황을 다 曲盡히 검토한 다음 시행한 것이다."

하지만 그대로 폐지되고 말았다.(『卮史』)

57) 哲宗 紹聖 元年(1084) 12월 蔡卞을 國史修撰으로 하여 완성된 重修 神宗實錄을 가리킨다.

왕안석이 일찍이 다음과 같이 말했다.

"新法을 의논한 이래로 시종 그것에 찬동한 자는 曾布이고, 반면 시종 시행해서는 안 된다고 반대한 자는 司馬光이다. 그 나머지는 모두 이전에는 반대했다가 뒤에는 찬성하거나 혹은 나갔다 들어왔다 했다."[58]

왕안석은 天性이 효성스럽고 우애가 깊어 俸祿이 집안에 들어온 다음 아우들이 모두 가져가 버려도 아무 말을 하지 않았다. 하지만 그 아들인 王雱이 장성하여 집안 일을 도맡아 처리하면서는 그런 일은 없어졌다.

여러 아우들 또한 모두 文學의 재질이 있었다. 王安禮는 字가 和甫인데 右丞을 역임하였으며 호방한 성격을 지니고 있어 天子 앞에서도 전연 위축되지 않았다. 어느 날 宰執들이 신종을 알현하는데 신종이 인재가 없다는 것을 탄식하였다. 그러자 左丞인 蒲宗孟이 말했다.

"천하 인재의 절반은 司馬光의 邪說로 인해 못쓰게 되었습니다."

그 말을 듣고 신종은 아무 말 없이 오랫 동안 蒲宗孟을 똑바로 쳐다보았다. 포종맹은 심히 두려워 어쩔 줄 몰라 했다. 신종이 말했다.

"포종맹은 사마광을 좋지 않게 평가하는가? 사마광은 다른 것은 그렇다 치고 樞密副使 직위를 사양한 것[59] 하나만 놓고 보더라도, 朕이 즉위한 이래 그러한 인물은 그 혼자 뿐이었소. 다른 사람들은 그만두고 떠나라고 윽박질러도 안 가려 하오."

당시 蘇軾이 御史獄에 갇혀 있었는데 小人들이 신종에게 죽이라고 권

58) 이 항목에도 출처가 기록되어 있지 않다.

59) 神宗 熙寧 3년(1170) 2월 樞密副使職에 임용되었을 때 이를 固辭하였던 것을 말한다.

하였다.[60] 왕안례는 그래서는 안 된다고 말했다.[61]

王安國은 字가 平甫로서 더욱 바르고 文學의 재능이 있었다. 어느 날 왕안석이 여혜경과 더불어 新法을 논할 때 王安國은 안에서 피리를 불고 있었다. 왕안석이 사람을 보내 말했다.

"청컨대 學士는 피리를 그만 불었으면 좋겠소."

왕안국은 즉시 응답했다.

"원컨대 승상께서는 아첨꾼을 멀리 하시오."

여혜경은 이에 심히 원한을 품었다. 후일 왕안석이 파직되고 나서 왕안국은 여혜경의 모함을 받아 시골로 돌아가게 되었고 여기서 쓸쓸히 죽었다.[62]

---

60) 神宗 元豊 2년(1079) 蘇軾이 詩文으로 神宗과 조정의 政事를 비난한 혐의로 御史臺(烏臺)의 감옥에 갇혔던 것, 즉 烏臺詩案을 가리킨다. 당시 御史 舒亶은 蘇軾의 詩文을 통한 朝政 貶毁 혐의에 대해, "近上謝表 頗有譏切時事之言 流俗翕然爭相傳誦 志義之士 無不憤惋. 蓋陛下發錢以本業貧民 則曰 贏得兒童語音好 一年强半在城中. 陛下明法以課試羣吏 則曰 讀書萬巻不讀律 致君堯·舜知無術. 陛下興水利則曰 東海若知明主意 應教斥鹵變桑田. 陛下謹鹽禁則曰 豈是聞韶解忘味 邇來三月食無鹽. 其他觸物即事應口 所言無一不以詆謗為主 小則鏤板 大則刻石 傳播中外自以為能."(『續資治通鑑長編』권 299 元豊 2년 7월 己巳)이라 고발하였다. 烏臺詩案의 顚末에 대해 『詩林廣記』에서는, "元豐二年已未七月 太子中允權監察御史何大正·舒亶諫議大夫李定言 公作為詩文 謗訕朝政 及中外臣僚 無所畏憚. 國子博士李宜之狀亦上. 七月二日奉聖旨 送御史臺根勘. 二十八日皇甫遵到湖州追之過南京文定張公上劄 范蜀公上書救之. 八月十八日赴臺獄. 時獄司必欲置之死地 煅煉久之不决 子由請以所賜爵贖之 而上亦終憐之 促具獄. 十二月二十四日 得旨責檢校尚書水部員外郎黃州團練副使本州安置 先生四十四歲."(「後集」 권 4)라 적고 있다.

61) 『宋史』에서는 당시 御史獄에 갇힌 蘇軾의 사정이 매우 위급한 상태였으나 아무도 도와주려 하지 않았다고 전하고 있다. 이러한 국면에서 王安禮가 神宗에게 蘇軾을 변호하고 나섰고 이에 대해 李定과 張璪 등이 강하게 王安禮를 견제하였지만 아랑곳 하지 않았다고 한다. 이러한 王安禮의 노력으로 인해 蘇軾은 死地에서 벗어날 수 있었다고 한다.(『宋史』권 27, 「王安禮傳」 참조)

62) 王安國(1028~1074)의 作故 전후의 정황에 대해 『宋史』에서는, "及安石罷相 惠卿遂因鄭俠事陷安國 坐奪官 放歸田里. 詔以諭安石 安石對使者泣下. 既而復其官 命下而安國卒 年四十七."(권 27, 「王安國傳」)이라 적고 있다.

王雱은 字가 元澤인데 성격이 험악하였다. 왕안석의 가혹한 처사 가운데 대부분은 王雱으로 말미암은 것이었다. 여혜경의 무리는 이런 왕방에 대해 비굴할 정도로 떠받들었다. 왕안석은 처음 條例司를 설치하고 程顥를 불러 그 僚屬으로 삼았다. 정호는 어진 선비였다. 어느 무더운 여름 날 왕안석이 정호와 더불어 얘기를 나누고 있는데, 왕방이 흐트러진 머리에 맨 발을 하고 손에는 여인의 머리 장식을 든 채 밖으로 나와서 부친인 왕안석에게 물었다.

"무슨 얘기를 하고 계십니까?"

"新法에 대해 사람들이 너무 반대하고 있어서 程君과 더불어 논의하고 있는 중이다."

그러자 왕방은 두 다리를 쭉 뻗고 앉아 큰 소리로 말했다.

"大路에 韓琦와 富弼의 머리를 잘라 내건다면 新法은 아무 탈 없이 시행될 것입니다."

왕안석은 놀라 말했다.

"철없은 어린 아이로다."

이에 정호가 정색을 하고 말했다.

"지금 參政과 國事를 논하고 있는데 子弟들이 낄 자리가 아니다. 물러나게."

왕방은 툴툴거리며 나갔다. 정호는 이후 왕안석과 신법을 둘러싼 의견을 달리 하게 되었다.

후일 왕방이 죽자 왕안석은 재상직을 사직하였다. 그리고 슬픔을 떨쳐버리지 못했다.[63] 왕안석은 金陵의 鍾山에 있을 때, 왕방이 중죄인처럼 목에는 무거운 쇠 칼을 한 채 손이 묶여 있는 환상을 보았다. 이에 왕안석은

---

63) 神宗 熙寧 9년(1076) 왕안석의 맏아들인 王雱(1044~1076)이 33살의 나이로 요절하였다. 이로 인해 왕안석은, "及子雱死 尤悲傷不堪 力請解幾務."(『宋史』권 327, 「王安石傳」)라 할 정도로 충격을 받았다고 한다.

자신이 살고 있는 半山[64]의 집과 정원을 절에 시주하고 왕방의 冥福을 빌어달라 청하였다.[65] (『邵氏聞見錄』)

王安國은 항상 형이 하는 일을 못마땅히 여겼다. 西京國子監 教授로 있을 때 그는 女色과 오락에 탐닉하였다. 당시 왕안석이 재상의 직위에 있었는데 편지를 보내, '鄭의 소리를 이제 관두도록 하라'[66]고 견책하였다. 그러자 왕안국은 답신을 보내, '安國 또한 형님이 아첨꾼을 멀리 하기를 원합니다'[67]라고 말했다. 그가 임기를 마치고 京師에 이르자, 神宗은 왕안석의 연고 때문에 御殿으로 불렀다. 그러자 사람들은 왕안국이 필시 侍講에 임명될 것이라고들 생각했다. 신종은 그에게 그 형의 政事가 어떠하며 여론은 어떠한지를 물었다. 그러자 왕안국은,

"민간으로부터의 착취가 너무 심한 것이 아쉽고, 사람을 제대로 알아보지 못하고 있습니다." 라고 말했다.

신종은 불쾌히 여겨 아무 말이 없었으며, 그 때문에 다른 특별한 직책에의 배려도 없었다.

그로부터 한참 후에 왕안국은 館職에 임명되었다. 그러자 그는 강력히

---

64) 建康府城과 鍾山 사이에 위치한 지역으로 왕안석의 거처가 있던 곳. 왕안석의 自號 半山은 여기서 유래하였다.

65) 왕안석은 만년 불교에 심취하여 자신의 소유한 전택을 거의 전부 佛寺에 기증한다. 元豐 7년(1084) 64세가 되던 해 그는 이틀 동안 말도 하지 못할 정도의 중병을 앓았다. 이에 神宗은 이해 5월 蔡卞을 江寧府에 파견하여 문병토록 하였다. 6월 병에서 회복된 왕안석은 神宗에게 상주하여 자신이 거주하는 半山園을 佛寺에 기증하고 싶다는 의사를 피력하였다. 신종은 이를 윤허하고 '報寧禪寺'라는 寺名을 하사하였다. 이와 동시에 왕안석은 자신의 아들인 王雱 및 부모의 명복을 빌기 위해 상당 규모의 전답을 蔣山의 太平興國寺에 기증하였다. 본문에 등장하는 半山園의 기증에 대해 『漁隱叢話』에서는, "半山報寧禪寺 荊公故宅也. 其地名白塘 舊以地卑積水為患 自荊公卜居 乃鑿渠决水以通城河. 元豐七年 公病愈 乃請以宅為寺 因賜寺額. 由城東門至蔣山 此半道也 故今亦名半山寺."(後集 권 25)라 전하고 있다.

66) 鄭의 소리(鄭聲)란 『詩經』「國風」「鄭風」의 음란한 歌聲을 말한다.

67) "放鄭聲 遠佞人"은 『論語』「衛靈公篇」에 나오는 귀절이다.

형에게 간언을 하면서, 천하가 흉흉하며 신법을 좋아하지 않는다고 말했다. 이러한 怨聲이 장차 고스란히 왕안석에게 돌아갈 것이며 따라서 집안에까지 화가 미칠 것을 우려하였다. 왕안석이 듣지 않자, 왕안국은 사당에 가서 통곡하며 말했다.

"이제 우리 집안은 滅門되게 생겼습니다."

또 한 번은 曾布에게, 丞相을 오도하여 법령을 모두 뒤바꾸었다고 질책하였다. 그러자 증포가 말했다.

"귀하는 남의 子弟일 뿐입니다. 조정의 變法이 귀하와 무슨 상관이 있습니까?"

왕안국이 발끈하며 화가 나서 말했다.

"승상은 내 형이고 승상의 아버지는 내 아버지이다. 승상은 너로 인해 패가망신하게 되었으며, 또 그 累가 선조에까지 미쳐 墳墓가 파헤쳐질 지경이다. 그런데 어찌 나와 아무 관련이 없단 말이냐?"(『涑水記聞』)

왕안석 자료 역주

초판 인쇄 2017년 11월 23일
초판 발행 2017년 11월 30일

지은이 이근명
발행인 김인철
총괄 · 기획 가정준 Director, University Knowledge Press
편집장 신선호 Executive Knowledge Contents Creator
도서편집 박현정 Contents Creator
전자책편집 이리나 e-Contents Creator
재무관리 김은혜 Managing Creator
마케팅 파트장 백승이 Chief Marketing Creator
마케팅 박종원 Marketing Creator
발행처 한국외국어대학교 지식출판원
02450 서울특별시 동대문구 이문로 107
전화 02)2173-2493~7
팩스 02)2173-3363
홈페이지 http://press.hufs.ac.kr
전자우편 press@hufs.ac.kr
출판등록 제6-6호(1969. 4. 30)
디자인 · 편집 (주)이환디앤비 02)2254-4301
인쇄 · 제본 네오프린텍 02)718-3111

ISBN 979-11-5901-245-7 93150 정가 30,000원

*잘못된 책은 교환하여 드립니다.

HUINE은 한국외국어대학교 지식출판원의 어학도서, 사회과학도서, 지역학 도서 Sub Brand이다. 한국외대의 영문명인 HUFS, 현명한 국제전문가 양성(International +Intelligent)의 의미를 담고 있으며, 휴인(携引)의 뜻인 '이끌다, 끌고 나가다'라는 의미처럼 출판계를 이끄는 리더로서, 혁신의 이미지를 담고 있다.